GERSTENBERG VERLAG

50 Klassiker
FILMREGISSEURE

*Von Georges Méliès bis Zhang Yimou
dargestellt von Nicolaus SCHRÖDER*

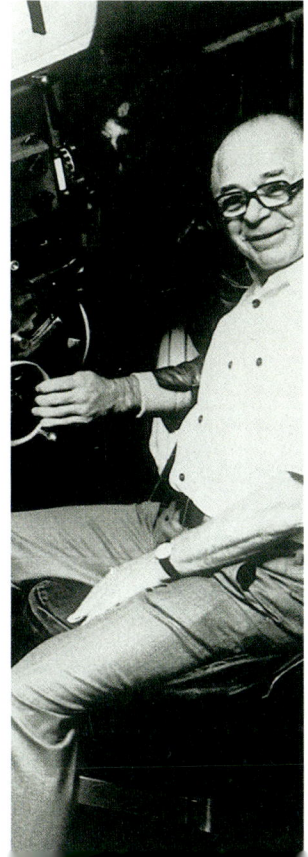

6 **Klassiker – kein Kanon**

10 **Georges Méliès**
Der Pionier

16 **Charlie Chaplin**
Ikone mit Melone

22 **Cecil B. DeMille**
Hollywoods Mann
fürs Große

26 **Ernst Lubitsch**
Der klassische Modernist

34 **Erich von Stroheim**
The man you love to hate

38 **Friedrich Wilhelm
Murnau**
Ein romantischer Modernist

42 **Fritz Lang**
Der Realismus des
Phantastischen

50 **Jean Renoir**
Realismus und Poesie

56 **Sergej M. Eisenstein**
Montage einer Revolution

62 **John Ford**
Der konservative Utopist

68 **Alfred Hitchcock**
Mr. Suspense

74 **Howard Hawks**
Meister aller Genres

80 **Yasjiro Ozu**
Der ruhende Blick

84 **Luis Buñuel**
Der Bürger als Anarchist

88 **Jacques Tati**
Der Witz der Moderne

94 **Busby Berkeley**
Wahnsinn mit Methode

100 **John Huston**
Der Unerschrockene

106 **Luchino Visconti**
Zwischen Untergang
und Utopie

112 **Billy Wilder**
Lubitschs Lehrling

118 **Akira Kurosawa**
Shakespeares Samurai

124 **Maya Deren**
Sinn und Sinnlichkeit

128 **Roberto Rossellini**
Realismus und Moral

134 **Ingmar Bergman**
Selbstanalyse als Kunst

140 **Federico Fellini**
Der aufrichtige Lügner

148 **Blake Edwards**
Der Mann der Frauen

152 **François Truffaut**
Der konservative Romancier

158 **Roman Polanski**
Zweifel am Glück

INHALTSVERZEICHNIS

162 **Satyajit Ray**
Indischer Neorealismus

166 **Stanley Kubrick**
Der Blick des Forschers

170 **Claude Chabrol**
Der verkehrte Charme der Bourgeoisie

176 **John Cassavetes**
Die Wahrheit eines Augenblicks

182 **Jean-Luc Godard**
Montierte Kunst

188 **Richard Leacock**
Die Wahrheit, möglicherweise

192 **Andrej Tarkowskij**
Zwischen Mystik und Avantgarde

196 **Francis Ford Coppola**
Der letzte Tycoon

204 **Milos Forman**
Zwischen Sarkasmus und Moral

212 **Johan van der Keuken**
Arbeiten mit Bildern

216 **Martin Scorsese**
Gewalt und Leidenschaft

222 **Steven Spielberg**
Hightech-Idyllen für die ganze Familie

226 **Rainer Werner Fassbinder**
Der kurze Reichtum des westdeutschen Films

230 **Woody Allen**
Geschichten für Bildungsbürger

236 **Chantal Akerman**
Denken mit offenen Augen

240 **Pedro Almodóvar**
Ein modebewusster Bürgerschreck

244 **Kathryn Bigelow**
Action und Intelligenz

248 **Tim Burton**
Ein amerikanischer Surrealist

252 **Lars von Trier**
Reise ins Licht

256 **Jane Campion**
Pazifische Bilderstürme

260 **Aki Kaurismäki**
Der lakonische Romantiker

266 **Wong Kar-wai**
Sturm über Asien

270 **Zhang Yimou**
Farbe, Licht und tiefere Bedeutung

274 Der Oscar

278 Glossar

280 Personenregister

282 Werkregister

Klassiker – kein Kanon

Was macht einen Regisseur zum Klassiker? Bei einigen ist der Status eindeutig: Chaplin, Eisenstein oder Hitchcock haben gleich mit einer ganzen Reihe von Filmen Geschichte geschrieben. Auf ihr Werk wird immer wieder Bezug genommen, sie sind Vorbilder, die zitiert oder kopiert werden. Chaplins zappeliger Gang, Eisensteins Hafentreppe oder Hitchcocks obsessive Blicke gehören längst zum Alphabet der Filmsprache. Doch was ist mit dem amerikanischen Musical-Spezialisten Busby Berkeley, mit dem Reisefilmer Johan van der Keuken, der belgischen Genre-Grenzgängerin Chantal Akerman und Wong Kar-wai, dem wichtigsten aktuellen Vertreter des Hongkong-Kinos – alles Klassiker?

Mit Berkeley und van der Keuken geraten Genres ins Blickfeld, die allzu leicht übersehen werden. Der eine, ein Musical-Choreograph, erinnert mit seinen prachtvollen Inszenierungen an eine Epoche, die längst vergangen ist, der andere gehört zu den Erfindern des Filmessays, eines Genres, das immer wieder die Gegenposition zur glamourösen Hollywood-Maschinerie sucht. Und während Chantal Akerman in ihrer Filmographie das Kunststück gelingt, vom avantgardistischen Skandalfilm *Jeanne Dielman, 23 Quai du Commerce, 1080 Bruxelles*, über ihr Musical *Golden Eighties* bis zum unabhängig produzierten Filmessay *D'Est* das ganze Spektrum des Kinos abzudecken, weist die Montagekunst Wong Kar-wais in die Zukunft des Kinos. Bei aller Unterschiedlichkeit haben die hier vorgestellten Künstler das Medium Film mit ihrem Werk nachhaltig geprägt und tun es noch heute. Dabei gehört das Miteinander des absolut Konträren, das Nebeneinander von Glamour und Avantgarde, von Pop und Agitprop, von Kunstgewerbe, Kunst und reinem Kommerz zum Kino wie zu kaum einem anderen Medium.

In dem Band *50 Klassiker Film* war

■ Szenenphoto aus dem Film *Take me out to the Ball Game* (1949) des Musicalspezialisten Busby Berkeley

■ Alfred Hitchcock bei den Dreharbeiten zu *Rope* (*Cocktail für eine Leiche*, 1948)

die Verfügbarkeit der erwähnten Werke ein wichtiges Auswahlkriterium, jetzt können mit *50 Klassiker Filmregisseure* endlich Lücken geschlossen werden. So stehen mit Georges Méliès, Jean Renoir, John Ford, Yasjiro Ozu, Ingmar Bergman, Satyajit Ray oder Zhang Yimou Regisseure im Mittelpunkt, deren Arbeiten man im Filme-Buch vermisst.

Die Gliederung dieses Bandes ist chronologisch, wobei die Hauptschaffenszeit der Regisseure im Mittelpunkt steht, damit so Zusammenhänge hergestellt werden. Bei Richard Leacock ist darum nicht das Entstehungsjahr seines ersten Dokumentarfilms (*Canary Bananas*, 1935) ausschlaggebend, sondern das Jahr 1960, in dem er mit *Primary* die Cinéma-Vérité-Revolution lostrat. Gleichzeitig mit der Erneuerung des Dokumentarfilms begannen in Frankreich die Regisseure der Nouvelle Vague, den Spielfilm zu revolutionieren. Dabei folgten Nouvelle Vague wie Cinéma-Vérité dem gleichen Impuls, es ging um Gegenmodelle zu den Realitätsentwürfen des Establishments. Keine durch Kommentare verkleis-

■ Szenenphoto aus dem Film *Le voyage dans la lune* (*Die Reise zum Mond*, 1902) von Georges Méliès

terten Kulturfilme und kein pappiger Studiorealismus, sondern das Leben selbst oder wenigstens das, was man dafür hielt, sollte auf die Leinwand kommen. Eine neue und weniger komplizierte Kameratechnik sowie hochempfindliches Filmmaterial erleichterten den Zugriff auf die Realität.

Dank der chronologischen Gliederung lassen sich die Anfänge des Mediums ebenso nachvollziehen wie die ersten Aufbrüche, die mit dem Werk von Lang, Murnau oder Eisenstein verbunden sind. Welcher Regisseur mit seinen Filmen Genres definierte, findet genauso Beachtung wie der sich durch Singularität auszeichnende Filmkünstler – so zum Beispiel Ozu, Tati oder Deren. Die Abfolge der unterschiedlichen Strömungen vom poetischen Realismus des französischen Kinos der 1930er über den italienischen Neorealismus der 1940er bis zur Nouvelle Vague und deren Einflüsse auf den Jungen Film – wie in West und Ost das Kino der nachfolgenden Regiegeneration bald genannt wurde – wird genauso deutlich wie die heute weit weniger spektakulär anmutende Entwicklung des Films seit 1970.

Zudem lässt die Wahrnehmung eines Films oder Lebenswerks und der Wandel, dem sie im Lauf der Jahre unterworfen ist, das Koordinatensystem aufscheinen, in dem sich Filmkritik bewegt. Unversehens treten zeitgeschichtliche Bezüge zu Politik und Kultur hervor. Dass auf das Werk von Tarkowskij, Bergman oder

■ Szenenphoto aus dem Film *The African Queen* (1957) von John Huston

■ Szenenphoto aus dem Film *Chungking Express* (1994) des Regisseurs Wong Kar-wai

Buñuel vor Jahren nur mit dem schwersten philosophisch-theologischem Gerät reagiert wurde, erscheint beim Wiedersehen ihrer Filme vollkommen widersinnig. Die zeitgenössischen Rezensionen verstellen den Blick auf überraschend poetische, polemische und manchmal erstaunlich heitere Filme.

Was bleibt, ist die Erkenntnis der Zeitbezogenheit von Kritik und Geschichtsschreibung. Es gibt keine endgültigen Urteile, höchstens Zwischenberichte zur Lage. Wandert der Blick zurück, so wird im Nachhinnein so manches Urteil – auch das eigene – fraglich. Die Zeit, in der die Filme des Einen gefeiert, während die eines Anderen verdammt wurden, wird erfahrbar. Was also macht einen Regisseur zum Klassiker? Vielleicht ist gerade die Aufmerksamkeit, wenn nicht die Aufregung, die ein Werk auch noch nach Jahrzehnten hervorruft, die das verlässlichste Kriterium für einen echten Klassiker ist.

Georges Méliès (1861–1938)
Der Pionier

Die Herren, die aus der eben angelegten Barkasse springen und grüßend an der Kamera vorbeilaufen, sind im Hauptberuf Wissenschaftler, Photographen, Erfinder. Sie grüßen einen Kollegen, der seine neue Erfindung an ihnen ausprobiert. Die Aufnahmen lassen die Brüder Lumière umgehend entwickeln. Am Abend des 10. Juni 1895 ist der Film *Le débarquement du congrés de photographie à Lyon* (*Die Ankunft des Kongresses für Photographie in Lyon*, 1895) die Kongress-Sensation.

Im Sommer 1895 drehen die Brüder noch eine ganze Reihe solcher Alltagsszenen: Louis Lumière, wie er seinen Sohn füttert, Louis Lumière, der seinen Arbeitern erklärt, wie sie eine Mauer einreißen sollen, die Frauen der Familie Lumière auf dem Bahnsteig ihres Urlaubsorts in Südfrankreich bei der Einfahrt eines Zuges, die Wellen des Meeres und der Gärtner der Familie, der nass wird, als ein Junge ihm mit dem Gartenschlauch einen Streich spielt. Dieser Sketch in *L'Arroseur arrosé* (*Der begossene Rasensprenger*) ist der deutlichste Hinweis auf eine Inszenierung. Zur Bestrafung zerrt der Gärtner den aus der Kameraeinstellung flüchtenden Jungen wieder zurück ins Bild. Er weiß, was er zu tun hat. Der Chef filmt.

Demonstrationsmaterial sollten solche Aufnahmen sein. Sie sollten für die Produkte der Brüder werben. Aus diesem Grund bereisten Vertreter der Firma Lumière in den folgenden Monaten Europa, sie filmten in Wien, Budapest, Prag, London und Köln

■ Erfinder, Produzent, Autor, Regisseur, Schauspieler, Bühnenbildner, Theaterdirektor und Illusionist: Georges Méliès in *La conquête du pôle* (*Die Eroberung des Pols*, 1912)

DER ZAUBERER

Méliès benutzte die Kamera als Zauberapparat. Er entdeckte das Wunder für den Film. Wenn sich der Dokumentarfilm um die objektive Realität, um die schärfste Wiedergabe bis hin zur Mikroskopierung bemühte, so ist für ihn die Welt der Objekte und Tatsachen nur ein Anlass – sie zu verwandeln. Die meisten Kameratricks stammen aus dieser Zeit. Zum Teil hat man sie schon wieder vergessen, denn man braucht sie heute kaum noch. Aber damals, als von 15 kurzen Filmen eines Programms mindestens fünf Phantastische Filme oder Zaubergrotesken waren, bedeutete Filme-Machen, tatsächlich mit der Kamera zaubern können.   Hans Richter, 1939

■ Surreale Träume für die Laufkundschaft: Szenenphoto aus *Les 400 farces du diable* (*Die vierhundert Streiche des Teufels*, 1906)

stadtbekannte Sehenswürdigkeiten, Feiern, Umzüge und Aufmärsche, die kurz darauf auf der Leinwand zu sehen waren. Das Publikum strömte in die Vorführungen, zahlte und staunte. Dass die Begeisterung an dieser Attraktion bald abebben würde, davon waren die Lumières überzeugt, die sich eine weitere Vermarktung ihrer Idee wohl auch gar nicht vorstellen wollten. Es waren Schausteller wie Charles Pathé oder der Kölner Schokoladen- und Automatenkönig Ludwig Stollwerk, die von der kommerziellen Potenz der bewegten Bilder überzeugt waren. Doch denen verweigerten die Lumières ihre neuen Geräte zuerst genauso wie Georges Méliès, der im Dezember 1895 in Paris erstmals die Filmaufnahmen der Brüder sah.

Georges Méliès ist ein begabter Maler und Zeichner, kann sich für Technik begeistern und verfügt über einiges Kapital – aber vor allem ist er ein begabter Illusionist, der sein Publikum im eigenen Theater seit Jahren mit selbstkonstruierten Spielautomaten, Kunststücken und Tricks verzaubert. Mit optischen Spielereien wie der Laterna Magica arbeitet er schon länger, doch jetzt gibt es endlich eine Technik, die Bilder von Bewegungen in bewegte Bilder verwandelt. Méliès lässt sich Filme und einen Projektor aus London kommen. Dann baut er sich selbst eine Kamera. Die ersten Méliès-Filme unterscheiden sich thematisch kaum von denen der Lumières. Dann beginnt er die Kamera für seine Kunststücke ein-

■ Sein bekanntester Film:
Le voyage dans la lune (Die Reise zum Mond, 1902)

zusetzen. In den Filmen sieht sein Publikum Georges Méliès als Zauberer, wie er Menschen verschwinden und wieder auftauchen lässt und wie sich Möbel durch Geisterhand bewegen. Als sein Filmatelier in Montreuil fertig ist, beginnt er Geschichten zu erfinden, die den Rahmen des bisher Dagewesenen sprengen. Hier, um das Jahr 1897/98, beginnt die Geschichte des Spielfilms.

Ein Zug vollbesetzt mit Mitgliedern der Gesellschaft für inkohärente Geographie reist durch die Arktis. Aufgetürmte Eisschollen bilden eine Rampe, die den Zug geradewegs in den Himmel katapultiert. Vorbei an den Gestirnen zerrt die feuerspeiende Lok die Waggons geradewegs in den Schlund der sengenden Sonne. Die verschluckt sich und spuckt die Forscher wieder aus. Umgeben von feurigen Nebeln erwachen die Reisenden auf einem Planeten. Sie finden einen unversehrt gebliebenen Waggon. Sie steigen ein, vergessen draußen aber einen ihrer Gruppe. Zum Glück, denn als der die Tür aufstemmt, findet er seine Kollegen zu einem Eisblock gefroren. Ein Feuer unter dem Wagen taut die Wissenschaftler wieder auf. Die finden kurz darauf eine Art Rakete, die sie wieder zur Erde bringt. An einem Fallschirm stürzt die Raumfähre ins Meer, um als U-Boot an Fischen und Wassergetier vorbei die Forschungsreise fortzusetzen. Rund eine viertel Stunde braucht Georges Méliès für so eine Geschichte. Damit gehört *Le voyage à travers l'impossible* (*Die Reise durch das Unmögliche*, 1904) schon zu den längeren Filmen.

Bewegen sich Filme über eine Expedition zu den Polen, durch einen Tunnel unter dem Ärmelkanal oder über eine Reise zum Mond noch im Spektrum der Geschichten Jules Vernes, so erzählen *Les quatre cents farces du diable* (*Die vierhundert Streiche des Teufels*, 1906) oder *Le locataire diabolique* (*Der diabolische Mieter*, 1908) vollends phantastische Geschichten, in denen der Teufel einen unbescholtenen Ingenieur zu Erfindungen verleitet oder ein Mann eine ganze Wohnungseinrichtung, inklusive eines Mittagessens, aus einem magischen Koffer zaubert, in dem anschließend alles wieder verschwindet.

Wer die Filme sieht, versteht, was die Surrealisten an diesen Traumgespinsten faszinierte, die Méliès mit großem Raffinement schuf. Er war Autor, Regisseur, Architekt, Maler – nicht nur die Kulissen, auch die Filmkopien wurden koloriert und so zu Farbfilmen –, Produzent und oft auch Darsteller in jenen Traumwelten. Diese besitzen etwas so unverstellt Kindliches, dass sie immer wieder mit den kunterbunten Traumwelten des Zöllners Rousseaus' verglichen werden. Doch den Landschaften und Szenen dieses Naiven fehlt vollkommen das überbordend Phantastische, das sich wie ein Leitmotiv durch die Filme Georges Méliès' zieht.

■ Die Brüder Lumière betrachteten sich als Erfinder und Unternehmer. In ihren Filmen sahen sie Demonstrationsobjekte für die neue Technologie, die sie in ihrer Fabrik produzierten.

DIE ERFINDER

Auguste und Louis Lumière gehören zu den ersten, die öffentlich Filme vorführten. Die Fabrikanten von phototechnischen Geräten stellten ihre Erfindung am 10. Juni 1895 der Photographischen Gesellschaft in Lyon vor. Photographen und Wissenschaftler sahen die Unternehmer als Zielgruppe für ihre Erfindung. *La sortie des usines* (*Arbeiter verlassen die Fabrik Lumière*), *Le déjeuner de bébé* (*Babys Frühstück*), *L'arrivée d'un train en gare de La Ciotat* (*Ankunft eines Zuges*), *L'arroseur arrosé* (*Der begossene Rasensprenger*) sind Titel aus dem 1895 entstandenen Repertoire der Brüder, das keineswegs so kunstlos ist, wie es die Lumières immer behauptet haben. Wechselnde Einstellungsgrößen, Kamerabewegung, Montage, Einbeziehung der Kamera in die Inszenierung, der Raum außerhalb des Kamerabildes – die Lumières gehören ebenso zu den Pionieren der Filmsprache wie der Filmtechnik. Schon 1897 verkaufen die Brüder ihr Patent an den kapitalkräftigen Jahrmarktsschausteller Charles Pathé und konzentrieren sich wieder auf die Produktion und Weiterentwicklung phototechnischer Geräte. Louis Lumière starb am am 6. Juni 1948, sein zwei Jahre älterer Bruder Auguste folgte ihm am 10. April 1954.

■ Bizarre Filmwelten aus dem ersten Filmstudio der Welt: Szene aus *Le locataire diabolique* (Der diabolische Mieter, 1909)

■ Szenenphoto *La conquête du pôle* (1912)

Trotzdem blieb Méliès zu sehr dem Theater und der Malerei verhaftet. So sehr er auch die Entwicklung des Films vorantrieb, von der Definition der verschiedenen »Gewerke« des Films (Autor, Regisseur, Kameramann, Bühnen-, Kostüm-, Maskenbildner) bis hin zu Fragen wie der Vereinheitlichung der Filmperforation, für die er sich einsetzte, so ging doch die Weiterentwicklung der Filmsprache, die nach der Jahrhundertwende vehement einsetzte, an ihm vorbei. Während bei anderen die Kamera bewegt wurde und David Wark Griffith in seinen Montagen zeigte, dass man eine Handlung als kontinuierlich begreift, auch wenn die räumliche Kontinuität unterbrochen ist, blieb bei Méliès die Kamera das Auge des Theaterzuschauers, der mal etwas näher an die Bühne herantritt und mal im Sessel sitzen bleibt. Die Totale blieb seine liebste Einstellung, und hier schaffte er Filmgemälde, die mal an Delacroix und mal an Breughel oder Hieronymus Bosch erinnern. So beschränkt die filmischen Mittel zu seiner Zeit auch waren und so oft er auch schamlos kopiert und plagiiert wurde, so blieben die Filme von Georges Méliès doch immer einzigartig. Er war der erste Autorenfilmer.

GEORGES MÉLIÈS

 BIOGRAPHIE

Georges Méliès wurde am 8. Dezember 1861 in Paris geboren. Sein Vater war Schuhfabrikant und wünschte, dass sein Sohn die gut gehende Fabrik weiterführt. Seine Mutter achtete auf die künstlerische Ausbildung des musisch Begabten, der nach seinem Militärdienst für ein Jahr nach London zieht, um sein Englisch zu vervollkommnen. 1882 beginnt er in der Fabrik seiner Eltern, sich mit der Instandsetzung und Weiterentwicklung der Maschinen zu beschäftigen. Er ist regelmäßiger Besucher der Zaubershows des Illusionisten Robert Houdin. Neben der Arbeit in der Fabrik konstruiert er Spielautomaten, wie sie in Houdins Theater das Publikum begeistern und zeichnet politische Karrikaturen für die Satirezeitung *La Griffe*. Als Robert Houdin stirbt, übernimmt Méliès 1888 dessen Theater am Boulevard Haussmann. Die Eltern finanzieren seinen Einstieg ins Showgeschäft, der vielversprechend beginnt. Am 28. Dezember 1895 ist Georges Méliès im Publikum, das im Indischen Salon des Grand Café am Boulevard des Capucines die erste öffentliche Filmvorführung der Brüder Lumière verfolgt. Méliès ist begeistert und will sofort die Technik kaufen. Doch die Brüder winken ab. Sie möchten ihn nicht in den finanziellen Ruin treiben, behaupten sie, denn kommerziell lasse sich ihre Erfindung nicht auswerten. Georges Méliès ist da ganz anderer Meinung. Kurz darauf lässt er sich von dem Londoner Filmpionier William Paul einen Projektor samt einiger Filme kommen. Die Kamera baut er sich selbst. Schon im Frühjahr 1896 führt Georges Méliès in seinem Theater erste selbstgedrehte Filme von Straßenszenen vor. Im Oktober 1896 gründet er die Produktionsfirma Star-Films und baut in Montreuil das erste Filmatelier der Welt. Hunderte von Filmen entstehen, die bald schon mehrere Minuten lang sind. Autor, Regisseur, Produzent, Darsteller und Verkäufer dieser Filme – es gibt noch keine Verleihe – ist Georges Méliès. Theoretisch verfügt Méliès in dieser Zeit über ein vertikal gegliedertes Filmimperium, wie es die Hollywood-Firmen jahrzehnte später etablieren. Praktisch leidet seine Firma unter ständiger Geldnot. Die Konkurrenz ist auch im eigenen Land groß, und in den USA werden seine Filme vertrieben, ohne dass er am Gewinn beteiligt ist. Daran ändert auch eine Filialgründung in New York nichts. 1912 dreht Georges Méliès seinen letzten Film. Die Geschäfte gehen schlecht. Mit Kriegsausbruch 1914 muss auch sein Theater schließen, und aus dem Filmstudio wird die Variété Artistiques, wo er mit Tochter und Sohn auftritt. Nach Kriegsende 1918 tingelt die Familie mit ihrem Programm durch die Theater des Landes. 1923 wird sein Pariser Theater abgerissen. Méliès betreibt am Bahnhof Montparnasse einen Kiosk. Hier wird er 1928 vom Regisseur Réné Clair und anderen erkannt. Er wird zum Ritter der Ehrenlegion ernannt. Die Auszeichnung übergibt Louis Lumière. Mit seiner zweiten Frau, seiner Lieblingsschauspielerin Jeanne d'Alcy, bekommt Georges Méliès einen Platz in einem Altersheim. Er stirbt am 21. Januar 1938 und wird auf dem Friedhof Père Lachaise beerdigt.

Sein Credo
Das Kino sollte vor allem dazu dienen, die Jugendlichen zu fesseln, aber es hat auch das Interesse der Erwachsenen nötig, die jene begleiten. Daher diese enorme Anhäufung überraschender Tricks, mit denen bei den verdutzten Erwachsenen Neugierde an der unbegreiflichen Aufnahmetechnik geweckt werden soll, während sich die Jugend an den gewollt einfachen Szenarios erfreut.

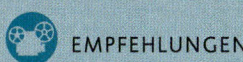 EMPFEHLUNGEN

Fünf Filme:
- Le voyage à travers l'impossible (Die Reise durch das Unmögliche)
- Le voyage dans la lune (Die Reise zum Mond)
- Les quatre cents farces du diable (Die vierhundert Streiche des Teufels) Le locataire diabolique (Der diabolische Mieter)
- La conquête du pôle (Die Eroberung des Pols)

Lesenswert:
Jacques Malthête, Laurent Mannoni: *Méliès. Magie et Cinéma*, Paris 2002 (Austellungskatalog)

Elizabeth Ezra: *Georges Méliès*, Manchester 2000

 AUF DEN PUNKT GEBRACHT

Georges Méliès war der erste, der Spielfilme in einem Studio, mit Schauspielern, einer Kulisse, Spezialeffekten und nach einem Drehbuch herstellte. Dass seine Filme ihr Publikum heute noch bezaubern, macht ihn zum Pionier der Kinounterhaltung.

Charlie Chaplin (1889–1977)
Ikone mit Melone

■ Charlie Chaplin als Monsieur Verdoux (1947). »Denn sein Vorrang vor den anderen Clowns, denen er stolz sich zurechnet – soviel ich weiß, ist deren Club der einzige, dem er angehört –, verführt zu Interpretationen, die ihm um so mehr Unrecht antun, je höher sie ihn erheben: dadurch entfernen sie sich von dem Unauflöslichen, das aufzulösen allein die Chaplins würdige Aufgabe … wäre.«
Theodor W. Adorno, 1964

Dass der Regisseur und Hauptdarsteller von *Monsieur Verdoux* (1947) derselbe Charles Chaplin sein sollte, der als Charlie oder Charlot, als Tramp mit Schnauzer, Melone, Stöckchen, engem Jackett und viel zu großen Schuhen der erste Superstar des Kinos wurde, mochten viele nicht so recht glauben. Charlie, der Tramp, als Serienmörder – wie sehr sich die Zeiten verändert hatten, ließ sich 1947 kaum deutlicher zeigen.

Um seine Familie durchzubringen, wird Monsieur Verdoux zum Serienmörder und Erbschleicher, der mit dem Erlös seiner Morde an der Börse spekuliert. Für die unmoralischen Taten gibt es ein moralisches Motiv. Doch als die kranke Ehefrau stirbt, verliert Verdoux nicht nur sein Motiv, sondern auch den Lebensmut. Er verweigert die Flucht und lässt sich gefangen nehmen. Dass sein Handeln absolut rational ist, macht Chaplins Verdoux umso erschreckender; der Romancier James Agee 1947 in einer Rezension: »In den Begriffen des Realismus gedacht, besteht der einzige Unterschied zwischen freiem Handel mit Mord und freiem Handel mit elastischen Socken im Unterschied der gesetzlichen Haftbarkeit und des Reingewinns.« Der metaphorische Gehalt des Plots – der sich

mühelos als Kapitalismuskritik lesen lässt, die »Zerstörung der Seele« (Agee) durch Geld und Gewalt thematisiert und nach dem Verhältnis zwischen Individuum und Gesellschaft fragt – verstörte Kritik und Publikum, die vom Mann mit der Melone kurzweilige Späße erwarteten und sonst gar nichts. Chaplins *Monsieur Verdoux* bedeutete einen Schlussstrich unter einer Epoche. Es war der Versuch eines radikalen Neuanfangs, entsprechend vehement war die Reaktion.

Den alten Charlie hatte der Regisseur Mack Sennett erfunden: »Er ist ein Tramp, ein Gentleman, ein Dichter, ein Träumer und ein einsamer Bursche. Immer hofft er, es möge ihm etwas Romantisches und Abenteuerliches begegnen. Er möchte die Menschen glauben machen, er sei ein Wissenschaftler, ein Musiker, ein Herzog oder ein Polospieler. Und dabei ist er durchaus imstande, fortgeworfene Zigarettenstummel aufzuheben oder einem Säugling einen Lutscher wegzunehmen.« 1913 engagierte Sennett den jungen Entertainer aus Fred Karnos Vaudeville-Show und ließ ihn in seinen kurzen Slapstickfilmen auftreten. Hier wurde Charlie geboren. Doch es war Chaplin, der diese Kunstfigur immer weiter interpretierte. Ob Bettler, Pilger, Goldgräber, Hilfsarbeiter oder Zirkusartist, Charlie passte sich allen Rollen an und blieb selbst als Hund (*A Dog's Life*, 1918) doch immer erkennbar.

Der tägliche Überlebenskampf zwingt Charlie in diese Rollen. Ihnen passt er sich perfekt an, so perfekt, dass es unausweichlich

■ Das zähe Leder quer im Hals: Genauso wollten die Fans ihren Charlie.

■ Als Filmfigur immer erkennbar: Charlie Chaplin in *Modern Times* (1936), *Shoulder Arms* (1918) und im Studio

Charlie Chaplin ist der erste Filmstar, dem *Time* eine Titelgeschichte widmete. Die Chaplin-Ausgabe erschien am 6. Juli 1925.

schief geht. Die Lawine, die Charlie mit seinen Rollenspielen regelmäßig auslöst, reißt alles fort, den schönen Schein einer bürgerlichen oder jedenfalls sichereren Existenz und Charlies Aussicht auf das kleine Glück im stillen Winkel. Chaplins Charlie ist ein entwurzelter Prolet, der sich im Dickicht der großen Städte verirrt. Bei jedem Befreiungsversuch gerät er tiefer in den Dschungel, bis nichts mehr geht. *Modern Times* (*Moderne Zeiten*, 1936) ist das Ende dieser Entwicklung. In einer hochindustrialisierten Welt, in der komplexe Arbeitsabläufe einer undurchschaubaren Gesellschaft gegenüberstehen, ist für einen Entwurzelten wie Charlie kein Platz.

Folgerichtig gewinnt in Chaplins Filmen jetzt die Gesellschaft an Bedeutung, in der ein hoffnungsloser, weil ständig hoffender Individualist wie der Tramp sich nicht mehr zurechtfindet. Und so verzerrt er die Helden seines nächsten Films zur absoluten Kenntlichkeit. Der dicke Hering ist zweifellos ein Narr, der diabolische Berater heißt Garbitsch, was nicht von ungefähr wie das englische »garbage«, Müll, klingt, und der Chef mit dem kleinen Schnauzer hört auf den Namen Hynkel. Im Zirkus hätte das Clowns-Trio

■ Chaplin war vor und hinter der Kamera ein Perfektionist, der weder Zeit noch Geld sparte, wenn es galt, eine Vision zu verwirklichen.

große Chancen. Doch hier stehen die drei für Göhring, Goebbels und Hitler. Darf man das?

Als der Film im Oktober 1940 in den USA uraufgeführt wurde, war das strittig. »Dies ist ein großes Unternehmen. Wir haben

Filmtheater überall in der Welt, auch ein paar in Berlin. Wir machen keine Hassfilme«. Noch 1941 gab MGM-Boss und Mussolini-Bewunderer Louis B. Mayer diese Einschätzung zum Besten. Dabei hatte sich Chaplin in *The great Dictator* (*Der große Diktator*, 1940) keineswegs auf Veralberung beschränkt. Die Geschichte vom jüdischen Friseur (Chaplin), der dank seiner Ähnlichkeit mit Hynkel (Chaplin) in die Rolle des Diktators schlüpft und so die Diktatur besiegt, bezieht sich ganz konkret auf die Judenverfolgung in Deutschland. Doch der Plot ist das Schwächste an diesem Film, der schwer an seinem vor Moral triefenden Finale trägt, in dem das Hynkel-Double in einer langen Rede seine enthusiasmierten Zuhörer zu Umkehr und Menschlichkeit ermahnt. Seinen wirklichen Höhepunkt erreicht der Film viel früher, nämlich in Chaplins Persiflage auf Hitler, den er als verklemmt und brutal, albern und gefährlich darstellt – Chaplins Befund war 1940 bereits erschütternd genau. Soviel Einsicht wurde dem deutschen Publikum erst 1958 zugetraut, da lief der Film gekürzt in westdeutschen Kinos an.

Dass Charlie Chaplin in seinen Tonfilmen – die Ausnahme ist der hemmungslos kitschige *Limelight* (*Rampenlicht*, 1952) – sich als ein Regisseur politischer Filme erweist, ist ihm, wenn es überhaupt wahrgenommen wurde, angelastet wor-

> **CHAPLIN IN BERLIN**
> *Ich verlange am Schalter eine Bahnsteigkarte, und in der Tat, mein Verdacht bestätigt sich schon. »Die Ausgabe von Bahnsteigkarten ist gesperrt«, erwidert der diensttuende Beamte und schickt mich zum Bahnhofsvorstand ... Kurz vor der fahrplanmäßigen Ankunft ist der Fernbahnsteig so dicht besetzt, dass sich niemand mehr frei bewegen kann. Nicht nur der eine Bahnsteig, auch die anderen sind mit Menschenmassen übersät. Nicht nur alle Bahnsteige, sondern ebenso die Zugänge und die Vorräume im Erdgeschoß. ... Vor dem Speisewagen der rote Wagen: in diesem Wagen nur kann er sein. ... Chaplin steigt aus. »Charlie!«, »Hoch Charlie!«, braust's durch die Halle. ... Er lacht mit offenem Mund, und was ich nach den Abbildungen nie begriffen habe, wird mir mit einem Schlag klar: dass der wirkliche Chaplin übereinstimmt mit dem Vagabunden im Film. Das ist das Lachen, das ich aus dem Zirkusfilm kenne, dieses aufgelöste Glückslachen des Hilflosen, der wider gegen jede Regel einmal das große Los zieht.* Siegfried Kracauer, 1931

■ Vor politischen Statements scheute Chaplin nicht zurück; und gerade in seinen Tonfilmen bezog er immer wieder Position – nicht immer zur Freude des Publikums. Szenen aus *The great Dictator* (1940), *A King in New York* (1957)

Einmal nahm Chaplin an einem Charlie-Chaplin-Doppelgängerwettbewerb teil. Er belegte den dritten Platz.

Schon 1916 ist Charlie Held eines Comicstrips. *Pa's imported Son-in-law* heißt Ed Careys Geschichte.

den. Ebenso heftig wie die Ablehnung von *Monsieur Verdoux* war die Reaktion auf *A King in New York* (*Ein König in New York*, 1957), der in Deutschland erst gar keinen Verleih fand. Die Geschichte um einen König, der aus seinem Land fliehen muss, in den USA hemmungslos vermarktet und anschließend des Kommunismus verdächtigt wird, wurde als kleinliche Abrechnung Chaplins verstanden, der vor den Nachstellungen und Verdächtigungen der McCarthy Administration in die Schweiz emigriert war. 1976, neunzehn Jahre nach seiner Uraufführung, hatte der Film auf dem Internationalen Forum der Berliner Filmfestspiele seine Deutschlandpremiere. Vor dem Hintergrund von Diskussionen über Rasterfahndung nach vermeintlichen Terroristen und Berufsverboten gewann der Film von 1957 eine erstaunliche Aktualität.

Was einer Begeisterung für Chaplins Tonfilme heute im Weg steht, ist ihre formale Betulichkeit. Die Kulissen, die Kostüme und das Licht erinnern an eine andere Epoche. Chaplins Inszenierungsstil sieht man die Bühnentableaus an, in denen der Tramp groß wurde. Darüber kann auch sein sicheres Gespür für die Besetzung, für Timing und Sentiment – Qualitäten, die auch seinen letzten Film *A Countess from Hong Kong* (*Die Gräfin von Hongkong*, 1967) auszeichnen – nicht hinwegtäuschen. Am Vorabend des Pariser Mai von 1968 nimmt sich auch die Liebesgeschichte zwischen einem amerikanischen Diplomaten und einer russischen Exilantin wie aus einem anderen Jahrhundert aus. Charlie selbst hat es da leichter: Er ist 1968 längst zu einer Ikone geworden, an deren richtigem Bewusstsein auf keiner Seite der Barrikade Zweifel herrschen.

■ Go West – was aussieht wie ein Happyend, beschrieb Rudolf Arnheim 1932 als »dezenteste Form des Selbstmords«: Charlie Chaplin und Paulette Goddard in *Modern Times* (1936)

CHARLIE CHAPLIN

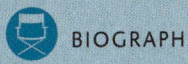 BIOGRAPHIE

Charles Spencer Chaplin wird am 16. April 1889 in London geboren. Die Eltern trennen sich früh, seine Mutter kommt in eine psychiatrische Klinik, der Vater trinkt sich zu Tode. Mit fünf Jahren lebt Charles im Armenhaus, und seit seinem achten Lebensjahr arbeitet er als Bühnenkünstler. 1906 ergattert Charles Chaplin ein Engagement bei einem Tourneetheater. Ende 1913 engagiert Mack Sennett den jungen Komiker für seine Keystone-Company. 1917 ist Chaplin der höchstbezahlte Filmschauspieler der Welt. 1919 gehört er mit Mary Pickford und Douglas Fairbanks zu den Gründern von United Artists. *The Kid* (*Der Vagabund und das Kind*, 1921), *The Gold Rush* (*Goldrausch*, 1925), *The Circus* (*Zirkus*, 1928), *City Lights* (*Lichter der Großstadt*, 1931) und *Modern Times* (*Moderne Zeiten*, 1936) machen Chaplins Figur des Tramps zur Kino-Ikone. 1940, zu einer Zeit, in der die großen Hollywood-Studios sich noch nicht entschieden haben, ob sie vielleicht nicht doch mit Nazi-Deutschland weiter Geschäfte machen sollten, dreht er mit *The great Dictator* (*Der große Diktator*) die erste Anti-Nazi-Komödie. Über *Monsieur Verdoux* kommt es endgültig zum Bruch mit dem Hollywood-Establishment, das Chaplin schon immer für einen Kommunisten gehalten hat. Nach wiederholten Vorladungen vor den McCarthy-Ausschuss für »unamerikanische Umtriebe« steigert sich der Streit um Chaplin so, dass ihm nach einem Auslandsaufenthalt die Wiedereinreise in die USA nicht erlaubt wird. Er lässt sich in der Schweiz nieder, wo er 1954, auf dem Höhepunkt der Korea-Krise, von Maos Weggefährten Tschou-En-lai eingeladen wird, *Limelight* vorzuführen. Die Privatvorführung in der chinesischen Botschaft in Genf sowie Chaplins Reisen in die Sowjetunion werden in den USA als Beweis der linksradikalen Gesinnung Chaplins bewertet, dem weiterhin die Einreise untersagt bleibt. Erst 1972, zur Verleihung des Ehren-Oscars für sein Lebenswerk, wird ihm die Rückkehr gestattet. Charles Chaplin stirbt am 26. Dezember 1977 in Corsier-sur-Vevey am Genfer See.

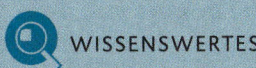 WISSENSWERTES

Charlies Bewunderer
»Brechts Haltung zu Chaplin war gewiss unterschieden zu meiner Haltung zu Schönberg. Denn Brecht war ja nicht der persönliche Schüler von Chaplin, und Chaplin hat Brecht nicht gefördert, wie Brecht ein junger Mann war. Aber sie hatte etwas davon. Brecht nahm bewusst die Haltung des respektvollen Zuhörers einem großen theatralischen Genie gegenüber – als theatralisches Genie vielleicht das größte des zwanzigsten Jahrhunderts, soweit wir es bis jetzt wissen – ein. Und ich habe selten einen so aufmerksamen und herzlichen Zuhörer bei den vielen Geschichten, die der Chaplin uns doch immer erzählt hat, gesehen. Die besten Lacher waren eben der Brecht – und ich.«
Hanns Eisler, 1970

»In siebzig Jahren wird es ein Filmmuseum geben, und die Filmleute werden manchmal hineingehen und sich im kühlen Vorführraum, wo die besten Jahrgänge lagern, einen alten Meister zeigen lassen, der durch eine Expertise von Geheimrat Coogan als eigenhändig erklärt und im Kunsthandel auf hunderttausend Mark geschätzt ist; da werden sie eine Stunde auf ihren Sitzen zappeln und dann mit verdrehten Augen auf die Straße torkeln wie betrunkene Enten, und dann werden sie mit fehlerfrei synchronisierter sowie verschleierter Stimme einander ins wulstige Ohr flüstern: »»Kunststück, ein echter Chaplin!««
Rudolf Arnheim, 1929

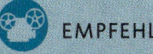 EMPFEHLUNGEN

Fünf Filme:
- *Shoulder Arms*
- *The Gold Rush* (*Goldrausch*)
- *Modern Times* (*Moderne Zeiten*)
- *The great Dictator* (*Der große Diktator*)
- *A King in New York* (*Ein König in New York*)

Lesenswert:
Charles Chaplin, Enno Patalas: *Die Geschichte meines Lebens*, Frankfurt/M. 1998

Patrick Roth: *Meine Reise zu Chaplin*, Frankfurt/M. 1997

 AUF DEN PUNKT GEBRACHT

Wer heute eine Melone und einen Spazierstock sieht, denkt an ihn. Charlie der Tramp ist die Kino-Ikone schlechthin, und Charles Chaplin ist ihr Schöpfer. Darüber ist Chaplin als Regisseur sehenswerter Tonfilme in Vergessenheit geraten.

Cecil B. DeMille (1881–1959)
Hollywoods Mann fürs Große

»Ich bin groß. Es sind die Filme, die klein geworden sind.« Norma Desmonds Satz aus *Sunset Boulevard* (*Boulevard der Dämmerung*, Billy Wilder, 1950) gilt den Filmen des Mannes, der über Jahrzehnte hinweg Hollywoods Mann für das Glamouröse und Spektakuläre war: Cecil B. DeMille. »Bigger than life« war alles, was er anfasste. Seine Filme bedeuteten Masse: Heerscharen von Komparsen in gigantischen Kulissen. Der Aufwand, den er betrieb, lässt sich nur in Superlativen beschreiben. Cecil B. DeMille hat in Wilders (s. S. 112) Film einen Gastauftritt. Damals hatte DeMille gerade den Historienfilm *Samson and Delilah* (1949) abgeschlossen, und so wie Billy Wilder *Sunset Boulevard* mit DeMille, Gloria Swanson (als Norma Desmond) und Erich von Stroheim (als ihren Diener Max) in dem riesigen Studio auf dem Paramount-Gelände inszenierte, ist der Film ein Abschiedsblick auf das goldene Zeitalter der Traumfabrik geworden.

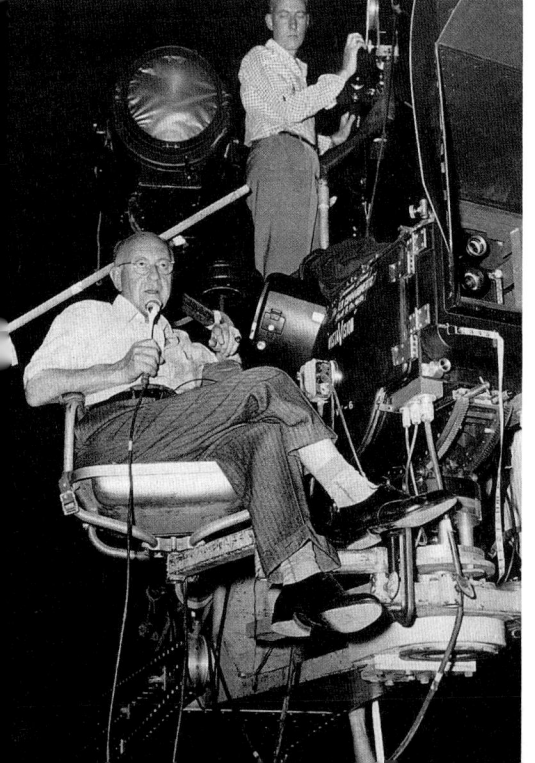

■ Kreis geschlossen: Cecil B. DeMille bei den Dreharbeiten zum Remake seines Klassikers *The Ten Commandments* (*Die zehn Gebote*, 1956)

Cecil B. DeMilles Aufstieg begann 1914, zu einer Zeit, als die unseriöse Piratenindustrie der amerikanischen Westküste, die anfangs unter Bruch der Edison-Patente Filme plagiiert hatte, längst zu einem hochprofitablen Industriezweig mit Studios, Stars und Skandalen geworden war. Widersprüche mussten ständig überbrückt werden. Auf der einen Seite gab es Jazz, Partys, Sex und Rauschgift, auf der anderen Seite Prohibition und Puritanismus. DeMille löste diese Aufgabe vorbildlich. Seine lässigen Boulevardkomödien deuteten auf der Bildebene eine Libertinage an, die in den Zwischentiteln verurteilt wurde; so bediente er einerseits die voyeuristische Gier und stärkte andererseits die Moral. Als auch das nicht mehr half und die Boulevardpresse nach einer Reihe von Skandalen Hollywood zu Beginn der 1920er Jahre endgültig zum Sündenbabel erklärt hatte, reagierten die Studiobosse. Sie regten eine Zensurbehörde an – das 1922 gegründete Hays-Office – und gelobten bei der Stoffauswahl Besserung. *The Ten Commandments*

(*Die zehn Gebote*, 1923) hieß Cecil B. DeMilles Antwort auf die neuen Anforderungen. Der Regisseur geschmeidiger Salonkomödien konvertierte zum Inszenator monumentaler Bibelfilme, und der Monumentalfilm sollte zu DeMilles Genre werden.

Doch die gängige Lesart der Karriere Cecil B. DeMilles, der heute höchstens als erzkonservativer Regisseur von Sandalenfilmen in Erinnerung ist, bedarf der Ergänzung. Wirken auch die Filme des Zeitgenossen D. W. Griffith (*Birth of a Nation*, 1915, *Broken Blossoms*, 1919) heute auf den ersten Blick weitaus moderner, so sind DeMilles Filme durchaus richtungsweisend gewesen. Vom naturalistischen Theater beeinflusst, das um die Jahrhundertwende am New Yorker Broadway Furore gemacht hatte, setzte DeMille auf einen Bühnennaturalismus, den sich Hollywood-Produktionen bis dahin nicht geleistet hatten. Seine Filme protzten mit einem nie dagewesenen Reichtum: Kostüme, Kulisse, Dekoration, an nichts schien man zu sparen. Und der Pomp auf der Leinwand korrespondierte mit dem Luxus der Filmtheater. Grauman's Chinese Theater, Metropolitan Theater oder Loew's Paradise – so hießen die Kinos dieser Epoche, deren Pracht noch heute jedes moderne Kino in den Schatten stellt. Gold, Samt, Gemälde, Putten, Brunnen, livriertes Personal und Platz für ein großes Orchester oder wenigstens eine anständige Orgel gehörten dazu.

Die Opulenz des Dekor und der Inszenierung kaschiert die ausgesprochene Effizienz des Regisseurs und unabhängigen Produzenten DeMille. So sparte der Einsatz gleich mehrerer Kameras, die aus unterschiedlichen Perspektiven das Geschehen filmten, teure – weil personalaufwendige – Drehzeit. Und die Möglichkeit an bis zu drei drehfertig vorbereiteten Sets weitgehend chronologisch – also der Handlung folgend – zu drehen, beschleunigte die Arbeit ebenso. Technisch war dieses Verfahren weitaus komplizierter: Drei Sets für einen DeMille-Film gleichzeitig vorzubereiten, ist selbst unter heutigen Studiobedin-

■ Von der Zeit überholt: Szenenphoto aus *The Ten Commandments* (*Die zehn Gebote*, 1956)

HILFE VOM KANZLERAMT
Bundeskanzler Dr. Adenauer versicherte dem amerikanischen Regisseur Cecil B. DeMille, der ihn in Bonn besuchte, er werde sich für dessen Film *Die zehn Gebote* einsetzen, wenn dieser in Deutschland gezeigt werde. Der Kanzler bezeichnete den Film als ein ausgezeichnetes Mittel zur Verbreitung guter Ideen.
Mitteilung des Bundespresseamtes, 1957

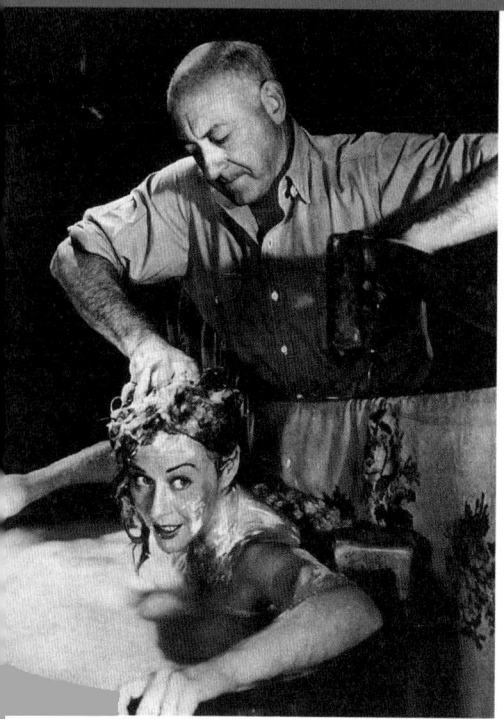

■ Die große Zeit: Claudette Colbert und Cecil B. DeMille bei den Dreharbeiten zu *Cleopatra* (1934)

gungen kaum vorstellbar. Zudem erforderte der gleichzeitige Einsatz mehrerer Kameras eine spezielle Lichtführung, die auf harte Kontraste verzichtete. Das von DeMille eingeführte kontrastarme Low-Key Lightning, das einen gleichmäßig erhellten Raum nur mit vereinzelten Spotlights konturierte, war weniger eine ästhetische Errungenschaft, als eine zeitökonomische Notwendigkeit. So konnte eine von mehreren Kameras gleichzeitig aufgenommene Szene, ohne Anschlussfehler – zum Beispiel durch Schatten, die plötzlich aus der falschen Richtung fallen – montiert werden. Bis zu 50 Einstellungen schaffte DeMilles Crew so pro Drehtag, ein bis heute gültiger Rekord! So fortschrittlich er in der Arbeitsorganisation im Studio war – DeMille beschäftigte einen Stab von Regieassistenten, die für die zahlreichen 2nd-Unit-Teams und das zusätzliche Aufnahmematerial zuständig waren –, so konservativ war er bei der Montage seiner Monumentalfilme. Lange Einstellungen, Totalen, um Fülle und Pracht der Ausstattung ins Bild zu rücken; strikte Eindeutigkeit und ein zermürbend gravitätischer Erzählfluss wollen heute ausgehalten sein.

Am Ende waren es wieder *The Ten Commandments* (*Die zehn Gebote*, 1956), mit denen Cecil B. DeMille seine lange und kommerziell ausgesprochen erfolgreiche Karriere beendete. Ulrich Gregor dazu 1958 in der Filmkritik: »Um die Monotonie solchen ›Stils‹ aufzulockern und die Zuschauer für verdoppelte Eintrittspreise zu entschädigen, hält DeMille sich – außer an den Sexus ägyptischer Prinzessinnen – an den Pomp der Szenerie. Hier wird das ›Unerhörte‹ keinen Augenblick gescheut: gigantische Panoramen, Sklavendefilés, Massenszenen mit tausenden von Statisten, Säulen, Obelisken, Pyramiden präsentieren sich ohne Unterlass. ... Charlton Heston ist ein Edelkeit verkörpernder Moses: jeder Zoll die Erscheinung des erleuchteten Patriarchen. Seine Grundhaltung ist die des Verkündenden: zu seinem Volk gewandt, mit weit ausgebreiteten Armen und einem dekorativ abgespreizten Hirtenstab.« Selbst Charlton Heston, Yul Brynner, Anne Baxter und Edward G. Robinson konnten das Blatt nicht mehr wenden. Die Zeit der Bibelepen war endgültig vorbei. Und doch war Cecil B. DeMille der erste, der Kino in Dimensionen von Steven Spielberg, George Lucas und James Cameron träumte.

CECIL B. DEMILLE

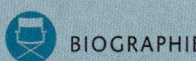
BIOGRAPHIE

Cecil Blount DeMille wurde am 12. August 1881 in Ashfield, Massachusetts geboren. Seine Eltern Henry Churchill und Beatrice DeMille schrieben Theaterstücke. Der New Yorker Regisseur und Theaterproduzent David Belasco war ein Freund der Familie und inszenierte einige ihrer Stücke. Belasco war im New York des ausgehenden 19. Jahrhunderts ein gefeierter Bühnenimpressario. Der pompöse Naturalismus seiner Inszenierungen wurde stilbildend für eine ganze Epoche. Henry DeMille starb, als Cecil zwölf Jahre alt war. Die Mutter brachte die Familie mit Unterricht für höhere Töchter und einer Theater Company durch. Zu jung, um sich für den spanisch-amerikanischen Krieg zu melden – darauf legte Cecil B. DeMille zeitlebens Wert –, schrieb er sich bei der New Yorker Academy of dramatic arts ein und gab 1900 sein Bühnendebüt. Bis 1912 stand er bei der Company seiner Mutter unter Vertrag. 1913 gründeten DeMille, Sam Goldwyn und Jesse L. Lasky die Jesse L. Lasky Feature Play Co., aus der später Paramount hervorging. Für Lasky inszenierte DeMille ab 1914 seine ersten Filme. Ein Jahr später wurde die Komödie *The Cheat* (1915) sein erster Erfolg. Bis zu seinem ersten Bibelfilm, *The Ten Commandments* (*Die zehn Gebote*, 1923), blieben Gesellschaftskomödien sein bevorzugtes Genre. DeMille begann früh seine Filme selbst zu produzieren. Er gehörte zu den ersten, der Publikumsumfragen veranstalteten, um seine Filme entsprechend der Zuschauerwünsche umzuschneiden, aber auch um das Sujet seiner zukünftigen Filmprojekte zu erfragen. Die Karrieren von Glora Swanson, Claudette Colbert und Charlton Heston wurden durch Rollen in DeMille-Filmen wesentlich befördert. Kommerziell war er bis weit in die 1940er Jahre Hollywoods erfolgreichster Regisseur. In der McCarthy-Ära gehörte der Gründer der erzkonservativen DeMille Foundation of Political Freedom zu den Scharfmachern. Cecil B. DeMille starb am 21. Januar 1959.

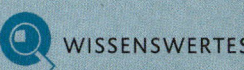
WISSENSWERTES

Das Radio
Das Potential des Radios erkannte Cecil B. DeMille früher als andere. Ab dem 1. Juni 1936 produzierte Cecil B. DeMille für Lux Radio Theatre of the Air Hörspiele. Die Manuskripte waren im wesentlichen Zweitverwertungen von Filmdrehbüchern. Sein 100 000-Dollar-Engagement endete am 22. Januar 1936 abrupt, als er sich weigerte den Zwangsbeitrag von einem Dollar für die American Federation of Radio Artists zu bezahlen.

Die Scheune
DeMille-Scheune wird das Gebäude genannt, in dem 1914 der erste DeMille-Film *The Squaw Man* produziert wurde. Das gelbe zweistöckige Gebäude wurde 1895 erbaut und 1913 von dem Produzenten und angehenden Regisseur im Namen der Jesse L. Lasky Feature Play Co angemietet. Die Paramount, die aus der Lasky Company hervorging, riss das Gebäude ab, um es auf dem neuen Studiogelände wiederaufzubauen. Nach verschiedenen anderen Nutzungen diente es zuletzt als Kulisse für die Fernsehserie *Bonanza*. 1979 schenkte die Paramount die Überreste des Gebäudes dem Geschichtsverein von Hollywood. Die Scheune bekam einen neuen Standort und ist jetzt die Kulisse für ein Filmmuseum.

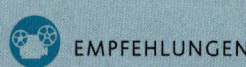
EMPFEHLUNGEN

Fünf Filme:
- *The Ten Commandments* (*Die zehn Gebote*)
- *Union Pacific*
- *The King of Kings*
- *The Affairs of Anatol*
- *The Cheat*

AUF DEN PUNKT GEBRACHT
Cecil B. DeMille prägte das Kino in Hollywoods goldenem Zeitalter.

Ernst Lubitsch (1892–1947)
Der klassische Modernist

■ »Ernst Lubitschs Filme sind gemacht wie Mode und wirken wie Mode. Sie sind verführerisch. Sie wecken Wünsche und Lüste.« Frieda Grafe

»Lubitsch hat das moderne Hollywood erfunden.« Jean Renoirs Feststellung klingt sonderbar. Bei Lubitschs Ankunft in Amerika um die Jahreswende 1922/23 war Hollywood alles andere als eine zurückgebliebene Industrie. Die großen Filmstudios MGM, Columbia, Fox und Paramount hatten ein Studiosystem etabliert, das alle Bereiche der Branche erfasste. Ob Produktion, Vertrieb oder Abspiel, ob Kopierwerk, Verleih oder Kino, ob Kulissenbauer, Autoren, Stars oder Musikarrangeure – über alles konnten die Studiobosse verfügen. Als der Berliner Ernst Lubitsch an der Westküste eintraf, hatte die »Traumfabrik« (Ilja Ehrenburg) die industrielle Mythenproduktion längst aufgenommen.

Lubitschs Kostümfilme hatten es den amerikanischen Studiomanagern angetan. Seine *Madame Dubarry* (1919) sorgte in den USA für den ersten kommerziellen Erfolg eines deutschen Films. Die folgenden Filme *Anna Boleyn* (1920), *Sumurun* (1920) und *Das Weib des Pharao* (1921) konnten es in Dekors, Statisterie und Exotik mit den damals beliebten Monumentalfilmen aufnehmen, wobei Lubitsch versuchte, seine Filme zu »entopern« (Lubitsch). Die historischen Gestalten erschienen bei ihm menschlich, und bei Massenszenen bemühte er sich bei aller Monumentalität um Natürlichkeit. Das war neu und gefiel. Dabei war Hollywoods Neueinkauf weit mehr als ein geschickter Arrangeur von Schauspielern vor aufwendiger Kulisse.

Früher als andere hatte Lubitsch verstanden, dass Kino kein abgefilmtes Theater ist. Seine erste Bühnenerfahrung hatte er als Schauspieler gemacht; er war als Zweitbesetzung bei Max-Reinhardt-Inszenierungen vor allem auf komische Rollen festgelegt und begann bald, mit Burlesken das Filmmedium für sich zu entdecken. *Fräulein Seifenschaum* (1915) hieß sein Regiedebüt, dem weitere Einakter folgten, bis er mit *Schuhpalast Pinkus* (1916) seinen ersten Erfolg erzielte. Erzählt wird die Geschichte des aufmüpfigen Teenagers Sally Pinkus (Ernst Lubitsch), der erst von der Schule, dann aus der Lehrstelle fliegt und sich trotzdem eine Anstellung in einem Schuhgeschäft erschleicht. Dort bedient er eine reiche Kundin, die ihm umgehend das Kapital für einen eigenen Laden vorschießt, der dank Sallys Skrupellosigkeit und Clever-

> **LUBITSCH-TOUCH I**
> Der Lubitsch-Touch ist das Unausgesprochene, das jedermann als solches versteht, und es ist eine Inszenierung, gedacht als Falle, fürs Unbewusste. Es stimmt nicht, was ein Zensor vom Hays Office meinte: Man weiß genau, was er sagt, aber man kann nicht beweisen, dass er es sagt. Seine berühmten Auslassungen, seine Elipsen, die ihren vollendeten Ausdruck in der Funktion der Türen in seinen Filmen finden, sind kein süffisantes, anzügliches Verschweigen. Alles liegt offen zutage in Bildern ohne Worte. Zu beiden Seiten der Türen ist außen. Man staunt, oder man lacht laut auf, Augen und Mund weit offen.
> Frieda Grafe, 1979

ness ein großer Erfolg wird. Ähnlich wüst sind die Plots anderer früher Lubitsch-Filme. In ihnen nehmen die Träume der kleinen Leute unversehens Gestalt an. Mit halsbrecherischen Manövern gelingt es, dem normalen Lauf der Dinge ein Bein zu stellen. Dass die große Welt dabei als die verrüsckte Ausgabe der Welt der kleinen Leute erscheint, deren Bewohner zwar keine materielle Not leiden, denen aber manche Peinlichkeit blüht, lässt keinen Neid aufkommen, zumal das Happyend so unwahrscheinlich ist, dass niemand auf die Idee verfallen kann, hier würde es mit rechten Dingen zu gehen.

■ Komödien für moderne Menschen: Miriam Hopkins, Frederic March und Gary Cooper in *Design for Living* (Serenade zu dritt, 1932)

■ Die Lockungen der freien Welt: Greta Garbo und Melvyn Douglas in *Ninotchka* (1939)

Als Kunst wurden Lubitschs Einakter von der zeitgenössischen Kritik nicht angesehen, so waren sie auch nicht gemeint. Und doch erscheinen sie in ihrer Frechheit, mit der Tabus wenn schon nicht gebrochen, dann wenigstens bloßgestellt werden, und ihrer latenten Anarchie, die sich immer absolut harmlos gibt, als frühe Versuchsanordnung jenes Kinos, mit dem sich Lubitsch in den

> **LUBITSCH-TOUCH II**
> *Obwohl Lubitsch im Lauf der Zeit viele Nachahmer fand, gelang es keinem, das Wesentliche zu erfassen. Stil ist schwer zu beschreiben. Er entsteht von innen heraus, durch das feinverästelte Wirken von Herz und Verstand, nicht aus dem, was offen zutage liegt – wie etwa Lubitschs Hang, als Kontrapunkt zu den Machenschaften seiner Figuren mit der Kamera auf unbelebten Gegenständen zu verweilen. ... Nein, viel wesentlicher (wenn auch nicht das wahre Geheimnis, denn das starb wohl mit ihm – wie das Geheimnis eines jeden großen Künstlers) war seine geradezu wunderbare Fähigkeit, zu spotten und zu preisen, und zwar gleichzeitig und mit solcher Perfektion, dass man nie wirklich sagen kann, wo die Satire endet und die Glorifizierung beginnt.*
> Peter Bogdanovich, 1972

USA etablierte. Und wer genau hinsieht, findet den Lubitsch-Touch, das gewisse Etwas, an dem sich alle seine US-Komödien erkennen lassen, in einer rudimentären Form schon in diesen Filmen.

In den USA ist Ernst Lubitsch Hollywoods Mann für Europa, das bei ihm zu einem etwas fremden Operettenort wird, der sich nicht nur durch sonderbare Regeln und spleenige Angewohnheiten seiner Bewohner vom amerikanischen Alltag unterscheidet. Pikanterie und Dekadenz schimmert hinter diesen europäischen Existenzen auf, die in noblen Hotels leben, in Palästen kleiner Phantasiefürstentümer residieren und oft unter Geldnot, jedoch nie unter Personalmangel oder offensichtlicher Armut leiden. Selbst die abgerissenen Vertreter einer postrevolutionären Sowjetdelegation (*Ninotchka*, 1939) logieren in Lubitschs Paris im ersten Haus am Ort.

■ Erfolgreiche Berliner: Lubitschs *The Patriot* mit Emil Jannings (links) wurde 1928 mit einem Oscar ausgezeichnet.

Die Spielregeln der Fremde formuliert Lubitsch regelmäßig in der Exposition. So wird zu Beginn von *Bluebeard's eighth Wife* (*Blaubarts achte Frau*, 1938) der Kauf eines Schlafanzugs zur eleganten Lektion. Weil der amerikanische Millionär Michael Brandon (Gary Cooper) nur eine Schlafanzugjacke kaufen möchte, will er auch nur die Hälfte des Preises bezahlen. Die Entscheidung über den Rabatt übersteigt die Kompetenz von Verkäufer, Abteilungs- und Filialleiter. Die Hartnäckigkeit des Kunden lässt die Angestellten schließlich den im Bett liegenden Patron anrufen. Der schläft zwar auch nur in Schlafanzugjacke, was, so Brandon, die meisten Männer tun, hält einen Preisnachlass aber trotzdem für »reine Anarchie«. So muss Brandon sich mit Nicole de Loiselle (Claudette Colbert) einigen, die nach einer separaten Schlafanzughose sucht, was nicht nur amerikanische Millionäre erstaunt. Die Hierarchie des Kaufhauses verdeutlicht die Kamerabewegung, die den Verkäufer auf seinem Weg nach oben, zum Abteilungsleiter begleitet, mit dem sie umgehend über die

■ Exotik für ein verarmtes Publikum: Paul Wegener in *Sumurun* (1920)

Wendeltreppe zum Filialleiter aufsteigt, der nur noch zum Telephon greift, um dem Patron Mitteilung zu machen. Geheimnisvolles Europa, wo erfolgreiche, in Pyjamajacken frühstückende Geschäftsleute sich von Dienern ans Telephon rufen lassen und junge Frauen Schlafanzughosen kaufen.

Merkwürdig ist auch das Paris aus dem Film *One Hour with you* (*Eine Stunde mit dir*, 1931/32), der mit dem Tagesbefehl beginnt, die Pariser Polizei möge dafür sorgen, dass Liebespaare keine Parkbänke blockieren, sondern zum Wohle der Gastronomie für ihre Rendezvous Bistros und Hotels aufsuchen. So verquer solche Intros auf den ersten Blick erscheinen, so wirkungsvoll locken sie das Publikum in die Geschichten über mondäne Frauen, ihre eifersüchtigen Männer, charmante Diebe und ihre aufregenden Komplizinnen hinein: Herzensbrecher allesamt und jede Figur ein Gegenmodell zum tradierten Rollenbild.

Design for Living (*Serenade zu dritt*, 1933) erzählt von einer Frau zwischen zwei Männern, die einen dritten heiratet, um am Ende doch mit ihren beiden Geliebten glücklich zu werden. Dass sie mit allen Sex hat, steht außer Frage, wird aber nie gezeigt. Eifersucht, Begehren, die Kunst der Verführung und der Genuss, verführt zu werden – darum geht es. Die Frau ist die Aktive, sie wählt die Männer und bestimmt das Spiel. Dass *Design for Living* den 1927 erlassenen »Hays Code«, die Zensurbestimmungen des amerikanischen Ex-Postministers Will H. Hays, überstehen konnte, der einem weitreichenden Bildverbot gleichkam, zeigt die Besonderheit der Lubitsch-Filme. Die zünden ihre Pointen in den Köpfen des Publikums, während auf der Leinwand eine geschlossene Tür, ein verlassen daliegender Hotelflur oder ein achtlos zurückgelassenes Requisit zu sehen ist, dessen wahre Bedeutung wir kennen.

Montage bedeutet bei Lubitsch – und da ähnelt er einem anderen Meister der Filmerzählung – die Verlagerung der Aufmerksamkeit auf das Nicht-Sichtbare. Wie bei Hitchcock (s. S. 68), bei dem die Zuschauer in der entscheidenden Szene immer etwas mehr wissen als die Filmfigur, die sich ahnungslos in Gefahr begibt, arbeitet Lubitsch mit dem Vorwissen seines Publikums. Er erzeugt Erwartungen, die er erfüllt oder vollkommen ad absurdum führt. Seine Filme sind Kommunikation, sie verschweigen nichts, vielmehr ziehen sie das Publikum in einen Kommunikationsprozess hinein. So hinterlässt ein ausgelassenes Bild keine Leerstelle, sondern betont genau das Gegenteil: Wir wissen längst, was passiert! Das Publikum ist zum Komplizen geworden, und hier beginnt tatsächlich das moderne Hollywood.

Realität hat bei Lubitsch nichts mit Abbildern zu tun, mit Ori-

> Der neue Lubitsch-Film *Eine Stunde mit dir* ist die vollendete Substanzlosigkeit.
> Siegfried Kracauer, 1932

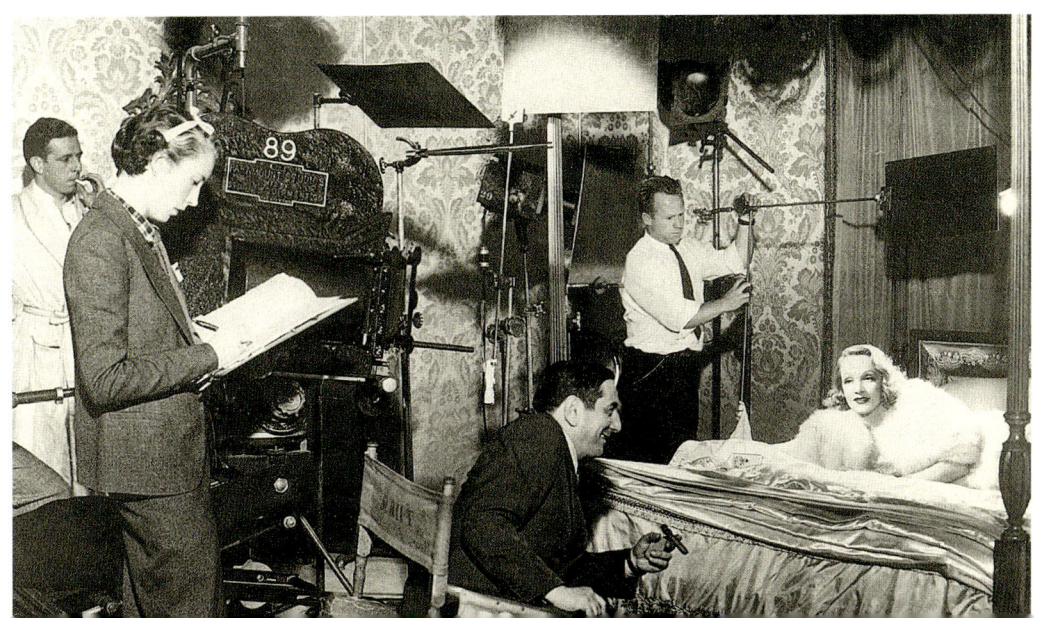

■ Inszenierung des Unsichtbaren: Ernst Lubitsch und Marlene Dietrich bei den Dreharbeiten zu *Angel* (1937)

■ Siebzehn Jahre nach der Uraufführung 1942: Plakat zum westdeutschen Kinostart von *Sein oder Nichtsein* 1959

ginalschauplätzen oder wenigstens getreuen Nachbildungen. Die Orte und Räume sind elegante, aber durch und durch funktionale Bühnenbilder, deren jeweilige geographische Erkennungszeichen wie Markenlabel präsentiert und gleichzeitig meist auch ironisiert werden. So transportiert der Gondoliere, mit dem der Auftakt von *Trouble in Paradise* (*Ärger im Paradies*, 1932) in Venedig angesiedelt wird, kein Liebespaar über die nächtlichen Kanäle, sondern den Müll der feinen Leute. Ähnlich verhält es sich mit der Mode. »Sie ist nicht beiläufig, aber auch nicht Zeichen für etwas. Sie ist Annonce, Versprechen und nicht Auskunft« (Frieda Grafe). Mode, Ausstattung und Filmarchitektur funktionieren bei Lubitsch als perfekter Resonanzkörper der Geschichte. In Lubitschs Hollywoodfilmen stört nichts Überflüssiges die Wahrnehmung. Das visuelle Konzept und die Konstruktion der Drehbücher mit ihren schrägen Expositionen, überraschenden Wendepunkten und Nebenhandlungen folgen einer strikten Ökonomie. Am Ende ist alles erzählt.

Das ist Lubitsch oft als Kälte oder sogar Zynismus ausgelegt worden. Dies betrifft besonders seine politischen Filme *Ninotchka* (1939) und *To be or not to be* (*Sein oder Nichtsein*, 1941/42). Sowjetkommunismus und Hitler-Faschismus als Komödienstoff – schon das war inakzeptabel, die Art, wie Lubitsch sich der Themen annahm, ging dem Publikum vollends zu weit. Dabei zeigen gerade diese Filme die Meisterschaft ihres Regisseurs, der bei allem handwerklichen Können Position bezieht. Lubitsch bleibt sich hier treu. Individualismus, Toleranz und ein gesundes Misstrauen gegen jede Autorität sind die Eigenschaften, mit denen seine Helden den Diktatoren trotzen. Pathos und Patriotismus sind ihre Sache nicht. Auch dadurch wirken Lubitschs Filme immer aktueller als die seiner meisten Nachfolger.

ERNST LUBITSCH

 BIOGRAPHIE

Am 29. Januar 1892 wird Ernst Lubitsch in Berlin als Sohn eines Schneidermeisters geboren. Zu dieser Zeit wohnen seine Eltern in der Lothringer Str. 82, der heutigen Torstrasse. Ein befreundeter Schauspieler vermittelt den Kontakt zu Max Reinhardts Deutschem Theater. Hier arbeitet er zuerst als Statist und Zweitbesetzung. 1914/15 beginnt er, Filme zu inszenieren, in denen er auch selbst auftritt. 1916 feiert er mit *Schuhpalast Pinkus* seinen ersten Erfolg als Darsteller und Regisseur. Ende 1922 reist Lubitsch nach Hollywood, wo er mit Gesellschaftskomödien schnell Fuß fasst. *Trouble in Paradise (Ärger im Paradies)*, *Design for Living (Serenade zu dritt)*, *Bluebeard's eighth Wife (Blaubarts achte Frau)* sind Meilensteine der Komödie. Mit *Heaven can wait (Ein himmlischer Sünder)* inszeniert Ernst Lubitsch 1943 seinen ersten Farbfilm. Die Geschichte um einen alten Lebemann, der sich nach seinem Tod freiwillig in der Hölle meldet, spielt im New York des ausgehenden 19. Jahrhunderts. Dass Lubitschs New York mit seinen französischen Kinderfräulein, Dienern und gütigen Patriarchen an das Berlin der Jahrhundertwende erinnert, wirkt wie eine Hommage auf ein Land und eine Gesellschaft, die 1943 längst Vergangenheit sind. Lubitsch inszeniert noch einen Film, dann zieht er sich aus gesundheitlichen Gründen zurück und beschränkt sich auf die Filmproduktion. Am 30. November 1947 stirbt Ernst Lubitsch in seinem Haus in Hollywood.

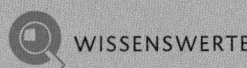 WISSENSWERTES

Die Frauen
Pola Negri *(Madame Dubarry, 1919)*, Henny Porten *(Anna Boleyn, 1920)*, Jeanette MacDonald *(One Hour with you, 1931/32)*, Miriam Hopkins *(Design for Living, 1933)*, Marlene Dietrich *(Angel, 1937)*, Claudette Colbert *(Bluebeard's eighth Wife, 1937/38)*, Greta Garbo *(Ninotchka, 1939)* – die Frauen sind bei Ernst Lubitsch nicht nur schön und begehrenswert, sie sind das eigentliche Zentrum seiner Filme. Von ihnen geht die Bewegung aus, sie sind die Aktiven, denen die Männer nur hinterherhecheln können. Die Regisseurin Helma Sanders-Brahms: »Seine Frauen sind tapfer – ja tollkühn –, sie sind gescheit und geschickt, aber immer sind sie auch die besungene Geliebte aus dem Hohelied Salomonis: *Kehre wieder, oh Sulamith …* Sie haben die List der Rebecca, die mit einem Linsengericht den blinden Ehemann täuscht, die Kühnheit der Judith, die dem Tyrannen im Ehebett den Kopf abschlägt, aber vor allem sind sie der *Weizenhaufen, mit Rosen besteckt,* Mythos für den Mann, der vor ihnen in die Rolle des bewundernden Trottels verfällt. Und das ist dann die Komödie.«

Die Emigranten
Ernst Lubitsch gehörte zu den politisch interessierten Hollywood-Regisseuren, die vor öffentlichen Stellungnahmen zur Situation in Europa und besonders zu Nazi-Deutschland nicht zurückschreckten. 1939 gehörte er zu den Gründungsmitgliedern des »European Film Fund«. Die vom Agenten Paul Kohner organisierte Initiative half vor den Nazis Geflohenen bei der Einreise in die USA und gewährte Emigranten für die ersten Monate Unterstützung. Lubitsch gab Geld, seinen Namen, verweigerte jedoch jede weitere Unterstützung. Einen Emigranten wie Billy Wilder beschäftigte er nur, weil er von den Fähigkeiten des jungen Autors überzeugt war. Als der kommerzielle Erfolg von *Bluebeard's eighth Wife* und *Ninotchka* ausblieb, beendete Lubitsch die Zusammenarbeit. Die deutsche Kolonie in Hollywood war eine Klassengesellschaft. Lubitsch gehörte zu ihren Stars. Der Emigrant Alexander Granach, Darsteller des Kopalski in *Ninotchka*, 1940: »Gesellschaftsfähig in Hollywood ist man erst, wenn man mehrere Tausend die Woche verdient. Bei Lubitsch wird man nicht eingeladen unter 5000 Wochenverdienst.«

Fünf Filme:
- *Schuhpalast Pinkus*
- *Design for Living (Serenade zu dritt)*
- *Bluebeard's eighth Wife (Blaubarts achte Frau)*
- *To be or not to be (Sein oder Nichtsein)*
- *Heaven can wait (Der Himmel soll warten)*

Lesenswert:
Hans Helmut Prinzler, Enno Patalas (Hg.): *Lubitsch*, Katalog Int. Filmfestspiele Berlin 1984

Herbert Spaich: *Ernst Lubitsch und seine Filme*, München 1992

 AUF DEN PUNKT GEBRACHT

Seine Komödien sind immer noch das Maß der Dinge. Gleichzeitig so bösartig und liebevoll zu sein und dabei trotzdem immer genau auf den Punkt zu kommen, hat nach Ernst Lubitsch niemand wieder geschafft.

Erich von Stroheim (1885–1957)
The man you love to hate

Dass wenigstens im Kino die Welt in Ordnung war, darüber wachten in Hollywood schon früh Kirchenfunktionäre und Frauenverbände. Nicht nur jede Darstellung von Sexualität war tabu, sondern auch jede Form der Andeutung. Und dass Sex nur etwas für verheiratete Paare war, stand außer Frage; Ehebruch lag jenseits jeder Vorstellung. Die Filme waren ebenso prüde, wie die Zensur der Moralapostel und wie das Publikum es vorgab zu sein – und dann kam er: die Stiefel hochglanzpoliert, die Breeches maßgeschneidert, der weiße Uniformrock zwei Nummern zu klein, kahlrasierter Schädel, ein Monokel im hochmütigen Auge. Das war Erich Oswald Hans Carl Maria Stroheim, Freiherr von Nordenwald. Dass der Adelstitel so falsch wie die Uniform war, ist vollkommen nebensächlich. ›Von‹, wie von Stroheim von Freunden und Bewunderern nur genannt wurde, war echter als jeder Adelige es nur sein konnte. Dafür sorgte schon die Inszenierung der eigenen Person.

■ Die Dekadenz der alten Welt: Erich von Stroheim in *Foolish Wives (Närrische Weiber,* 1922)

Der offen zur Schau gestellte Fetischismus, die adretten, immer zu engen Uniformen, die Kettchen und Ringe, die bei jedem Photo genauso ins Auge springen, wie die krallenhaft maniküreten Fingernägel und das grimmig entschlossene Gesicht mit den sinnlichen Lippen, schon das war zuviel für das puritanische Publikum. Stroheims Maskeraden waren reine Provokation, so wie die Photos, auf denen er schon mal im Korsett posierte, mit Strumpfhaltern für die Seidenstrümpfe und der behandschuhten Hand seiner Kollegin Mae Busch zwischen den Zähnen – dieses Photo entstand 1921 für *Foolish Wives (Närrische Weiber).*

Die Geschichte spielt in Monaco, wo ein russischer Graf (selbstverständlich Stroheim) eine amerikanische Ehefrau verführt, um kurz darauf einem Mädchen nachzusteigen. Der Plot erinnert an *Blind Husbands* (1918), in dem ein k. u. k. Offizier (Stroheim) eine amerikanische Touristin verführt. Beide Male endet das Drama blutig, doch jede Sentimentalität, jeder Hinweis auf eine göttliche Gerechtigkeit, die straft und vergibt, fehlt. Die Lust ist Stroheims Thema, die Lust, die auch in der puritanischsten Seele lodert, ausbricht und selbst nach dem gewaltsamen Tod des Verführers weiterschwelen wird. »Ich wurde für den Auswurf der Hölle gehalten. Ich wurde gejagt, in Quarantäne gehalten«, so Erich von Stroheim Jahre später über *Blind Husbands*. »Universal erzielte einen gewaltigen Gewinn, und ich wurde gleichzeitig verflucht und berühmt unter dem Beinamen ›The man you love to hate‹.«

■ Angriff auf den Moralkodex: Francilla Bellington und Erich von Stroheim in *Blind Husbands* (1919)

Die Medieninszenierung von Stroheims war ein voller Erfolg, doch seine Filme waren nicht weniger erfolgreich, und sie waren radikal. Stroheim malte seine lasterhaften Geschichten mit einer bis dahin noch nie gesehenen Akribie aus, und sie trafen auf ein bigottes Publikum, das sich allzu gerne in moralische Verurteilung, Bestrafungsphantasien und pathetische Entsagung flüchtete. Dabei setzte er ganz auf die Emotion seines Publikums, dem er keine Geschichte erzählen, sondern das er teilhaben lassen wollte an der Verwirrung, der Qual und der Erlösung seiner Charaktere. Wobei Erlösung bei ihm – wenn er den Film denn so beenden konnte wie geplant – niemals ein Happyend meinte.

Authentizität war für Stroheim kein laues Bekenntnis, sondern unabdingbare Voraussetzung für seine Arbeit. Elf Monate Drehzeit für *Foolish Wives*, eine komplett im Studio nachgebaute Promenade Monacos, samt einer Fülle originaler Ausstattungsdetails verschlangen Unsummen. Bei seinem nächsten Film kontrollierte Studioboss Irvin Thalberg die Ausgaben seines Regisseurs gleich selbst. Ungerührt gab Stroheim für die stets vollbekleidet antretende Soldatenkomparserie Seidenunterwäsche mit handgesticktem k.u.k-Monogram in Auftrag. Das brachte das Fass zum Überlaufen, Stroheim wurde gefeuert und Rupert Julian beauftragt, *Merry-Go-Round* (1922) zu inszenieren.

Stroheims chronisch schlechtes Verhältnis zu seinen Produzenten sollte auch bei den nächsten Filmen fortbestehen, die alle in Fassungen ins Kino kamen, an denen Stroheim nicht mehr betei-

Erich von Stroheim, Autor, Schauspieler, Akrobat und Militärexperte lässt Herrn Griffith grüßen und ihn fragen, ob er in seinem nächsten Film eine Rolle für ihn habe.
Billet des Kleindarstellers von Stroheim an David Wark Griffith

■ Authentisch bis zum Monogramm in der Unterwäsche: Szenenphoto aus *Queen Kelly* (1928)

> **ECHT AUS PRINZIP**
> *Bei Stroheim gesteht die Realität, so wie der Verdächtige in der unermüdlichen Befragung durch den Kommissar. Das Prinzip seiner Regie ist einfach: die Welt so nah und eindringlich zu betrachten, dass sie schließlich ihre Grausamkeit und Hässlichkeit enthüllt.*
> André Bazin

ligt war. Bei *Greed* (*Gier*, 1923) konnte er zwar die Dreharbeiten abschließen, doch die von Stroheim aus einer Rohfassung von 47 Filmrollen montierte Fassung von 24 Rollen nahm das Studio genausowenig ab, wie die 18-Rollen-Fassung des Stroheim-Freundes Rex Ingram. Zehn Rollen, das sind gut zweieinhalb Stunden, blieben von *Greed* übrig, dessen Bilder den Kunst- und Filmtheoretiker Rudolf Arnheim 1928 an Hieronymus Bosch, Matthias Grünwald und George Grosz erinnerten.

Zu wirklichen Katastrophen entwickelten sich die letzten Filme Stroheims. Der zum Teil in Technicolor gedrehte Zweiteiler *The Wedding March* (1926–28) wurde wieder nicht abgenommen und von Studio-Cuttern fertiggestellt. Der später Josef von Sternberg zugeschriebene Umschnitt war nicht nur wie gewünscht kürzer, sondern er schien es auch ganz bewusst auf die Zerstörung des Films angelegt zu haben, wie die Filmhistorikerin Lotte H. Eisner berichtete. *Queen Kelly* (1928/29) erging es nicht besser. Gloria Swanson, der Star und neben Joseph Kennedy die Produzentin des Films, sorgte nach einem Viertel der Dreharbeiten für Stroheims Entlassung. Der von Edmund Goulding fertiggestellte Film kam in den USA gar nicht heraus. Aus dem bestehenden Material – zum Teil Probeaufnahmen – ließ Gloria Swanson eine Fassung für den europäischen Markt herstellen, die nichts mit Stroheims epischem Drama zu tun hat. Alle anderen Schnittversionen und das Ausgangsmaterial wurden genauso vernichtet wie alle bekannten Kopien zu *The Devil's Passkey* (1919), der noch in den 1950er Jahren einer Aufräumaktion im Universal-Achiv zum Opfer fiel.

So hat André Bazin recht, der 1949 schrieb, dass das schmale Werk des Regisseurs Stroheims »fast nur im Gedächtnis jener« existiere, »die es zu seiner Zeit geblendet hat.«

ERICH VON STROHEIM

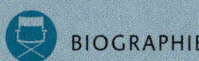 BIOGRAPHIE

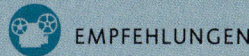 EMPFEHLUNGEN

Als Sohn von Benno Stroheim, einem Hutmacher aus der heute polnischen Stadt Glivice, und Johanna Bondy wurde Erich Oswald Stroheim am 22. September 1885 in Wien geboren. Seine Mutter war Mitglied der jüdischen Gemeinde in Wien. Die später von ihm selbst kolportierte Biographie als »hot-blooded young Erich«, dem nach Ausschweifungen und einem Duell ein Onkel ermöglichte, unter der Bedingung auszuwandern, nicht mehr nach Österreich zurückzukehren, ist schon Teil seiner Inszenierung als Erich Hans Oswald Carl Maria Stroheim von Nordenwald, mit der er seine Hollywood-Karriere begann. Ab 1914 bekam er erste Engagements in Filmen von David Wark Griffith, der ihn später auch als Regieassistenten beschäftigte. Die Zusammenarbeit mit Griffith, der zu den innovativsten Regisseuren seiner Zeit gehörte und früh die dramaturgische Wirkung von Großaufnahmen, Parallelhandlungen und Zeitsprüngen erkannte, wurde prägend für Stroheim. Als Schauspieler festgelegt auf brutale deutsche Offiziere, die mit weißen Handschuhen und Reitgerte die Menschen terrorisieren, baute Stroheim diesen Charakter zu seinem Markenzeichen aus. *Blind Husbands*, 1918 für 50 000 Dollar produziert, ist Stroheims Regiedebüt, das zu einem großen kommerziellen Erfolg wurde. Die nächsten Projekte waren kommerziell zwar ausnahmslos erfolgreich, doch reagierten die Studiobosse immer heftiger auf den besonders bei Ausstattungsfragen pedantischen Regisseur. Seit seinem zweiten Film *Foolish Wives* (*Närrische Weiber*, 1921) konnte Stroheim keine Produktion mehr so beenden, wie von ihm geplant. Entweder wurde er noch während der Dreharbeiten entlassen, oder ein anderer schnitt und kürzte den Film. Nach dem Zerwürfniss mit Gloria Swanson und Joseph Kennedy während der Dreharbeiten zu *Queen Kelly* (1928/29) konnte Erich von Stroheim bei keinem Film mehr Regie führen. Als Schauspieler war er weitaus erfolgreicher. Neben Paraderollen wie dem Hauptmann von Rauffenstein in *La grande illusion* (*Die große Illusion*, Jean Renoir, 1936/37), dem Feldmarschall Rommel aus *Five Graves to Cairo* (*Fünf Gräber bis Kairo*, Billy Wilder, 1943) oder als Ludwig van Beethoven in *Napoleon* (Sacha Guitry, 1954) sind es vor allem die zahlreichen Krimis, in denen Stroheim als geheimnisvoller und immer unberechenbarer Mann in Erinnerung bleibt. Als Regisseur stand er das letzte Mal in Billy Wilders *Sunset Boulevard* (*Boulevard der Dämmerung*, 1950) vor der Kamera. Hier spielt er den Ex-Regisseur und Diener einer Diva, deren Einlieferung in die Irrenanstalt er vor laufenden Wochenschaukameras als große Filmszene inszeniert. Erich von Stroheim, der zuletzt in Frankreich lebte, starb am 12. Mai 1957.

Die fünf Filmfragmente:
- *Blind Husbands*
- *Foolish Wives* (*Närrische Weiber*)
- *The merry Widow* (*Die lustige Witwe*)
- *Greed* (*Gier*)
- *Queen Kelly*

Lesenswert:
Wolfgang Jacobsen, Helga Belach, Norbert Grob (Hg.): *Erich von Stroheim*, Berlin 1994

 AUF DEN PUNKT GEBRACHT

Er gehört zu den tragischen Helden des Kinos. Erich von Stroheims Filme existieren fast nur noch als Fragmente, der Kraft ihrer Bilder kann man sich trotzdem nicht entziehen.

Friedrich Wilhelm Murnau (1888–1931)
Ein romantischer Modernist

Das Faszinierende am Kino der Weimarer Republik ist sein unglaublicher Formenreichtum, der alle Stilrichtungen des aktuellen Films vorwegnahm. Science Fiction, Horror, Melodram, romantische Komödie, Thriller, Kostümfilm – die Herausbildung der unterschiedlichen Genres führte zu einer noch heute gültigen Filmsprache. Wie modern das Kino der Weimarer Zeit immer noch ist, zeigt kein Werk deutlicher als das F. W. Murnaus.

■ Der Vater aller Vampire: Max Schreck in *Nosferatu, eine Symphonie des Grauens* (1922)

Für fast jedes Genre erfand Murnau mit seinen Mitarbeitern Bilder und Szenen mit Vorbildcharakter: den *Gothic*-Horror aus *Nosferatu, eine Symphonie des Grauens* (1921), die wahnhaft verzerrte Gegenwart aus *Phantom* (1922), den melodramatischen Humor aus *Der letzte Mann* (1924), die schwelgerische Studiokünstlichkeit aus *Faust* (1925/26) und die romantischen Liebesgeschichten aus *Sunrise* (1926/27) oder *Tabu* (1931). Ohne Murnau wäre der Film nicht das, was er heute ist.

Dabei war Murnau kein Avantgardist, dessen Filme nur von einer kleinen Schar verstanden wurden und als Flaschenpost für die Nachwelt funktionierten. Vielmehr schuf er Unterhaltungskino, das sowohl auf die populären Mythen der Zeit zurückgriff wie auf den bildungsbürgerlichen Kanon mit Adaptionen von Goethe, Hauptmann oder Molière. Dafür befreite Murnau den Film vom Theater: keine deklamierende Gestik der Darsteller mehr, keine Bühnentableaus als Kulisse, stattdessen ein natürlich wirkendes Licht, eine Kamera, die als integraler Bestandteil der Inszenierung im wahrsten Sinn mitspielt, und schließlich das Drehen an Originalschauplätzen, womit der Bruch mit dem Theater am deutlichsten vollzogen war.

Nosferatu, eine Symphonie des Grauens (1921) setzte Zeichen. »Den frostigen Luftzug aus dem Jenseits« und eine »Ahnung des Übernatürlichen« (Béla Balázs, 1924) fand Murnau nicht im

Filmstudio, sondern in Rostocks brüchigen Patrizierhäusern oder den tosenden Stromschnellen und jagenden Wolken Transsylvaniens. Die schockierendsten Bilder haben hier eine fast dokumentarische Qualität, wobei die Nähe zur Malerei der Romantik ebenso unübersehbar ist, wie die Nähe zu Rembrandt und Holbein in seinem Film *Faust* oder zu Gaugin in *Tabu*. Die literarische Qualität der Stoffe spielt bei Murnau überhaupt keine Rolle. Sein Diktum »Kino ist nicht Bühne. Film ist Projektion« meint sowohl den Umgang mit dem physischen Raum, in dem er den Film inszeniert, als auch mit dem psychischen Raum, der Imagination und Assoziationskraft seines Publikums.

> **BILDER VERSTEHEN**
> *Die Anspielung auf andere Künste haben bei Murnau argumentative Funktion. Durch sie ergibt sich erst, was er die Dramen fürs Auge nennt. Mit ihrer Hilfe notiert er Veränderung. Denn auch in kontemplativer Haltung sitzt man in seinen Filmen nicht vor Bildern, sondern vor Einstellungen, das heißt, vor bewegten Bildern, in denen, auch wenn sie eher statisch und unseren Augen oft quälend langsam scheinen, der Druck von Zeit zu spüren ist, in der Bewegung Vergänglichkeit.*
> Frieda Grafe, 1988

So folgt die Kamera, die im Stummfilm *Der letzte Mann* (1924) den Trompetenton deutlich machen soll, der den degradierten Hotelportier weckt, dem Ton der Trompete des lärmenden Musikers über den Hinterhof hinauf durchs Fenster zum Ohr des Schlafenden. Und wenn in Murnaus erstem amerikanischen Film *Sunrise* (1926/27) die einschüchternde Pracht der Großstadt gezeigt werden soll, so ist die gebaute Kulisse tatsächlich *bigger than life*, um die Wirkung zu zeigen, welche die Bauten auf die Provinzler machten.

Murnaus Umgang mit Raum, Licht und Zeit, mit dem er den Film vom Theater emanzipierte, muss dem Selbstverständnis seines Autors Carl Mayer entsprochen haben, der vermutlich der erste wirkliche Drehbuchautor der Filmgeschichte ist. Seinen Drehbüchern fehlen jegliche technischen Angaben. Ein »größer« weist auf die Einstellungsgröße hin, das ist alles. Die Sprache ist knapp, jedes Wort allein auf Wirkung aus. Das »Expressionistische«, das seinen Texten immer attestiert wird, ist kein Reflex auf eine zeitgenössische Mode, sondern

■ Der Dandy hinter der Kamera: F. W. Murnau bei der Arbeit

> **BILDER LESEN**
> Wir sehen den leeren Flur eines Hotels: Gesamter: Nacht. Notlicht nur. Doch! Seltsam! Ein Schatten? Hier vorne? Es scheint. Denn:
> Größer: Tatsächlich! Der alte Portier. Lauscht er? Gleichsam um die Ecke? Dumpf? Und! Jetzt: Sein Blick scheint gebannt. Dumpf.
> In seiner Hand, die sich jetzt öffnet.
> Groß: Langsam. Krampfend fast. Denn: Jener Schlüssel! Er hält ihn fest.
> Aus Carl Mayers Drehbuch zu *Der letzte Mann* (F. W. Murnau, 1924)

zeigt, wie sehr Photographie und Film die Wahrnehmung expressionistischer Künstler beeinflusst hatten. Der plakative Expressionismus von *Das Cabinet des Dr. Caligari* (Robert Wiene, 1919), zu dessen Autoren Mayer zählt, fehlt Murnaus Filmen. Sie handeln von Innenwelten, von Menschen, die Sehnsüchten, Trugbildern und Alpträumen aufsitzen, ihnen folgen und dadurch aus der Bahn ihres Lebens geworfen werden. Das war immer auch das Thema von Carl Mayer.

Für seinen letzten Film verließ Murnau das Filmstudio endgültig. Die Sehnsucht nach dem einfachen Leben – ein bizarres *zurück zur Scholle* schimmert schon durch die ersten Filme des smarten Dandys Murnau – trieb ihn in die Südsee. Unberührte Natur, schäumende Gischt und das funkelnde Licht der Lagune auf Bora-Bora sind so authentisch wie die unglückliche Liebesgeschichte von Matahi und Reri. Einem einheimischen Kult gemäß, wird Reri von einem Priester zur ewigen Jungfrau erklärt. Am Schluss entführt sie der Priester, und Matahi, der schwimmend das Boot der beiden noch erreichen und ein Seil fassen kann, bleibt auf offener See zurück, als der Priester die Leine kappt. Matahi ertrinkt, die Geliebte im Boot des Priesters aus den Augen verlierend. Diese Einstellung sollte das Schlussbild von Murnaus Werk werden. Auf der Fahrt zur Premiere dieses Films verunglückte F. W. Murnau tödlich. *Tabu* gewährt noch immer einen Einblick in das Paradies.

■ Melodramatischer Humor: Emil Jannings in *Der letzte Mann* (1924)

FRIEDRICH WILHELM MURNAU

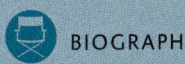 **BIOGRAPHIE**

Friedrich Wilhelm Murnau wurde am 28. Dezember 1888 in Bielefeld als Friedrich Wilhelm Plumpe geboren. Er studierte in Berlin Philologie und Kunstgeschichte, begann Theater zu spielen und lernte Franz Marc, Renée Sintenis und Else Lasker-Schüler kennen. Nach dem Ersten Weltkrieg, den er als Flieger überlebte, begann Murnau Filme zu inszenieren. *Der Bucklige und die Tänzerin* (1920) war die erste Zusammenarbeit mit dem Drehbuchautoren Carl Mayer. Ein Jahr später inszenierte Murnau Henrik Galeens Adaption von Bram Stokers *Dracula*, die unter dem Titel *Nosferatu, eine Symphonie des Grauens* zu einem stilbildenden Klassiker wurde. Neben Literaturadaptionen wie *Phantom* (1922), nach Gerhart Hauptmann, oder Goethes *Faust* (1925/26) sind es vor allem *Der letzte Mann* (1924) und der bei der ersten Oscar-Verleihung allein mit drei Preisen ausgezeichnete Film *Sunrise* (1926/27), die heute Murnaus Ruf als Regisseur ausmachen. Sein letzter Film ist *Tabu* (1930), an dem er ab 1929 auch mit dem *Nanuk*-Regisseur Robert Flaherty auf Tahiti zusammenarbeitete. Auf dem Weg zur Premiere, zu der er auf Anraten einer Wahrsagerin nicht mit dem Flugzeug anreisen wollte, verunglückte Friedrich Wilhelm Murnau mit dem Auto. Er starb am 11. März 1931 im Krankenhaus von Santa Monica. Sein Grab befindet sich auf dem Friedhof Stahnsdorf bei Berlin.

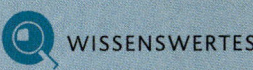 **WISSENSWERTES**

Der Autor
»Der erste Eindruck, visuell: Gedrungener Körper, wuchtiger Kopf. Das Gesicht durchfurcht, sichtbarer Zeuge von erlebtem Leben. Große Augen, forschend; um den Mund herum ein feines Lächeln.« Das Stakkato, mit dem der Filmkritiker Hans Feld hier seine Begegnung mit **Carl Mayer** beschreibt, ist Mayers drängender Sprache entlehnt. Der am 20. Februar 1894 in Graz geborene Mayer wurde als Co-Autor von *Das Cabinet des Dr. Caligari* (Robert Wiene, 1919) bekannt. Mit den Drehbüchern zu *Der Bucklige und die Tänzerin* (1920), *Genuine* (1920), *Der Gang in die Nacht* (1920), *Schloss Vogelöd* (1921), *Der letzte Mann* (1924), *Tartüff* (1925), *Sunrise* (1926) und *Four Devils* (1928) schrieb er die Vorlagen zu den bedeutendsten Murnau-Filmen. 1933 emigrierte Mayer über Prag nach London, wo er 1944 starb. Dort wurde er auf dem Highgate Cemetery beerdigt, neben dem Grab von William Friese-Greene, der 1890 in England den ersten Film vorgeführt hat.

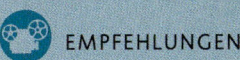 **EMPFEHLUNGEN**

Fünf Filme:
- *Nosferatu, eine Symphonie des Grauens*
- *Der letzte Mann*
- *Faust*
- *Sunrise*
- *Tabu*

Lesenswert:

Hans Helmut Prinzler (Hg.): *Friedrich Wilhelm Murnau. Ein Melancholiker des Films*, Berlin 2003

Lotte H. Eisner: *Murnau*, München 2003

Eric Rohmer: *Murnaus Faustfilm. Analyse und szenisches Protokoll*, München 1980

 AUF DEN PUNKT GEBRACHT

Er gehört zu den Erfindern des modernen Films. Noch heute wirken Friedrich Wilhelm Murnaus Filme auf geheimnisvolle Weise alterslos.

Fritz Lang (1890–1976)
Der Realismus des Phantastischen

Als Fritz Lang für den Film zu arbeiten beginnt, ist das Kino ein Bastard, der bestenfalls heimlich bestaunt, aber keinesfalls als Kunst verstanden wird. Über die Feuilletons lernt das Bürgertum kennen, woran sich das Proletariat erfreut. »Diese wahnsinnigen Filmtitel sind von suggestiver Frechheit«, schwärmt Wilhelm Cremer 1913 im Berliner Börsen-Courier, »sie hämmern sich in die Köpfe ein, sie foltern, beleidigen, verführen. Wie ein Karussel drehen sich die Worte: *Der Giftring – Die Vampyrtänzerin – Max als Opfer des Bordeauxweines – Agathes Osterei – Miß Saharet, die unvergeßliche Wirbeltänzerin – Die Braut des Todes – Wie Frau Betty ihren Mann kuriert – Russische Rache.*« Die Titel wecken Erwartungen, und dass »der Höhergebildete« das Lokal verlässt, »vor allem froh, dass das Kinema schweigt«, wie Alfred Döblin noch 1909 mutmaßte, ist schon damals ein Trugschluss. Längst umschmeicheln die Produzenten das Bürgertum mit Bibelfilmen, Historiendramen, Literatur- und Theaterverfilmungen. Es gibt die ganze Palette: von Dokumentar- und Lehrfilmen über Burlesken, Komödien, Dramen, Kriminalfilmen bis hin zu Werbespots und Experimentalfilmen. In Europa sind Dänemark und Frankreich die führenden Filmnationen, und in Übersee ist Hollywood von einer Piratenindustrie, die Edisons Patente ignoriert, zu der Traumfabrik gewachsen, als die Ilja Ehrenburg die Studios Jahrzehnte später beschreiben wird.

Der Erste Weltkrieg hatte seinen Höhepunkt erreicht, als die ersten Bücher von Fritz Lang verfilmt werden. *Die Peitsche* (1916), *Die Hochzeit im Excentricclub* (1917), *Hilde Warren und der Tod*

■ Die Gefühlslagen einer zutiefst verängstigten Gesellschaft werden ausgelotet: Peter Lorre in *M – eine Stadt sucht einen Mörder* (1931)

(1917), *Die Rache ist mein* (1918/19), *Bettler GmbH* (1918/19) müssen ihren Produzenten eher unangenehm in Erinnerung geblieben sein – anspruchslose Ware für ein erschöpftes Publikum. Von den Filmkopien übersteht keine die Zeit, doch der Autor dieser Filme bleibt der Branche erhalten. 1919 inszeniert er seinen ersten Film nach eigenem Buch: *Halbblut*. »Ich habe ihn in fünf Tagen gemacht, glauben Sie, er könnte wirklich etwas taugen?«, entgegnet Fritz Lang 1967 dem Regisseur Peter Bogdanovich, als der sich nach dem Debüt erkundigt. Das Triviale, die Kolportage und das Exotische liefern den Stoff für diese Filme. *Die Spinnen* (1919) ist so ein Abenteuerfilm, in dem Lang alle diese Elemente vermischen kann. Für Erich Pommer dreht er diesen Film, der so erfolgreich wird, dass Lang gleich einen zweiten Teil fertigstellen muss, was ihn daran hindert, wie vorgesehen die Regie der Pommer-Produktion *Das Cabinet des Dr. Caligari* (Robert Wiene, 1919) zu übernehmen.

■ Bohémien und Visionär: Fritz Lang

Bei Joe May, einem anderen Meister der Kinofrühzeit, der mit seiner Serie *Die Herrin der Welt* (ab 1919) die Säle füllt, lernt Fritz Lang die Frau kennen, mit der er seine größten Erfolge als Filmregisseur feiern kann, Thea von Harbou. Ihr Metier ist das Phantastische, das in der Umsetzung von Fritz Lang zum Inbegriff des Kinos der Weimarer Republik wird. Das *Dr.-Mabuse*-Sequel (1921/22), der Zweiteiler *Die Nibelungen* (1922/24) und *Metropolis* (1925/26) vermengen Kolportage mit romantischen Klischees, das Sagenhafte mit dem Trivialen. »Alles, was man an den deutschen Filmen von Fritz Lang nicht mag, hat man versucht aufs Konto von Thea von Harbou abzuschreiben«, bemerkt Frieda Grafe 1976. »Sie hat haarsträubende Dinge geliefert, sie hat damit geholfen den bürgerlichen Kulturbegriff mit in den Ruin zu treiben. Aber Lang würde die Mitautorenschaft an vermeintlichen Geschmacklosigkeiten nie leugnen.«

Die spätere Rezeption der deutschen Lang-Filme wird wesentlich

SO IST DAS LEBEN

Die stündlichen Wunder unseres Alltags haben die der 1001 Erzählungen der Scheherezade mit Siebenmeilenstiefeln eingeholt und überholt. Jede Zeitung bringt täglich Berichte über menschliche Tragödien und Komödien, über absonderliches und Allgemeingültiges, und diese Berichte sind von einer solchen Phantastik oder Zufälligkeit oder Romantik erfüllt, dass kein Dramaturg irgendeines großen Konzerns wagen könnte, einen solchen Stoff vorzuschlagen, ohne ein schallendes Hohngelächter über sich ergehen lassen zu müssen über die Unwahrscheinlichkeit oder Zufälligkeit oder Kitschigkeit der Konflikte. So ist das Leben. – Es schien mir nun richtig, dem Lebensrhythmus unserer Tage, der Sachlichkeit der Zeitepoche, durch die wir hindurchgehen, zu entsprechen und einen Film rein auf Tatsachenberichte aufzubauen. Fritz Lang über *M – Eine Stadt sucht einen Mörder*, 1931

- Pathos und Bombast vor atemberaubender Kulisse: Metropolis (1926)

»Ein Film über einen Mann, der pfeift.«
Alfred Hitchcock über Fritz Langs M – Eine Stadt sucht einen Mörder

von Siegfried Kracauer beeinflusst. In *Von Caligari zu Hitler* beschreibt Kracauer Aufbruch und Niedergang der Weimarer Republik anhand der Handlungsmotive zeitgenössischer Filme. Langs Arbeiten werden zu Kronzeugen der Anklage, wenn Kracauer im Schlussabsatz seines 1947 in den USA erschienenen Buchs schreibt: Auf dem Parteitag »in Nürnberg erschien das Ornament der Masse aus den *Nibelungen* in gigantischem Ausmaß: ein Meer von Flaggen und Menschen, die kunstvoll ausgerichtet waren. Seelen wurden durch und durch manipuliert, wie um den Eindruck zu schaffen, das Herz vermittle zwischen Hirn und Hand.« Damit ist *Metropolis* gemeint, bei dem im Finale die Liebe zwischen der Arbeitertochter Maria und dem Fabrikantensohn Freder die Aussöhnung des rebellierenden Proletariats mit seinen Ausbeutern besiegeln soll. Doch das Happyend, die Verbindung von Kapital und Arbeit – die die Nazis mit der Deutschen Arbeitsfront im April 1933 tatsächlich erzwangen – wird durch Bilder unterlaufen, die den Status quo der Hierarchie noch unterstreichen. Die letzten Einstellungen erlauben keinen Zweifel, dass unmenschliche Arbeitsbedingungen und Ausbeutung weiter existieren. In *Metropo-*

lis bleibt die Aussöhnung eine Behauptung der Zwischentitel, die Bilder erzählen eine andere Geschichte.

Realismus ist bei Fritz Lang eine Frage der Abstraktion. Nie bildet er ab, er konstruiert mit den Mitteln des Kinos Situationen, die ihre Kraft aus der Nähe zur Realität beziehen, welche bloß abgebildet kaum entschlüsselt werden kann. Heute erscheinen Langs Filme wie Seismographen, die den Zeitgeist mit seinen Moden und Macken nicht nur aufzeichneten, sondern ihn als zentralen Bestandteil der filmischen Erzählung aus- und so zur Disposition stellten. Die Trivialität der Abenteuergeschichten, die mystische Überhöhung, das ornamentale Gepränge griffen in ihrer Übersteigerung auf, was in der Weimarer Republik virulent war. Kracauers Vorwurf des Präfaschismus, den er auch und gerade gegenüber Langs Filmen erhebt, richtet sich letzlich gegen eine Zeit und Gesellschaft, in der diese Filme entstanden. Dass sich Lang mit seinen Filmen nicht stärker distanziert hat, könnte man ihm vorwerfen, das hieße aber, die Vielschichtigkeit und Widersprüchlichkeit seiner deutschen Filme zu missachten.

Deutlich wird dies bei *M – Eine Stadt sucht einen Mörder* (1931), Langs erstem Tonfilm. Eine einfache Geschichte: Ein Kindermörder hält eine Großstadt in Atem. Eine Verbrecherorganisation sieht ihren Ruf in Gefahr und sich bei der Arbeit gestört. Die Polizei bekommt Druck aus der Politik. Verbrecherorganisation und Polizei machen sich unabhängig voneinander auf die Suche. Wenn in einer zentralen Szene der Chef der Verbrecherorganisation schreit: »Aber diese Bestie hat kein Recht zu existieren. Die muss weg! Die muss ausgerottet werden, vertilgt! Ohne Gnade und Barmherzigkeit«, schneidet Lang anschließend auf eine Sitzung im Polizeipräsidium, wo es weniger emotional, aber genauso dringlich um die Ergreifung des Mörders geht. Neben dem Unterhaltungswert erlaubt gerade das Konstrukt der Verbrecherorganisation, populistische Parolen eben nicht als Volkes Stimme auszugeben. Lang denunziert nicht, und er vermeidet auch Belehrung. Trotzdem erklärt er, warum der Rechtsstaat einen Kindermörder vor der Lynchjustiz schützen muss. 1931 begegnete ein an den Obrigkeits-

»Die Franzosen zeigten sich von einem Film, der ihnen wie eine Mischung aus Wagner und Krupp und im Ganzen als alarmierendes Zeichen deutscher Vitalität erschien, beunruhigt.«
Siegfried Kracauer über *Metropolis*

■ Filmplakat *Metropolis*, Deutschland 1926

staat immer noch gewöhntes und durch die Liberalität der Weimarer Republik verunsichertes Publikum einem Film, der Demokratieverständnis voraussetzt.

Aber weniger der Inhalt als die Form macht die Sonderstellung von *M* in Fritz Langs Filmographie aus. Vom Romantischen, Symbolreichen und Expressiven hat sich Langs Stil immer stärker dem Konkreten zugewandt. Doch die Mittel, mit denen er diesen Realismus präsentiert, bleiben artifiziell. Neben dem Einsatz des Lichts, das bei Lang Räume strukturiert, des Setdesigns, das, von allen Nebensächlichkeiten befreit, die Arbeit der Schauspieler wie ein perfekter Resonanzkörper unterstützt, ist es die Mise en scène, die besonders die Nouvelle-Vague-Regisseure an Langs Stil begeisterte. Was sich schlicht mit Inszenierung übersetzen ließe, meint hier die ganze Organisation eines Raumes. Dies betrifft vor allem die Strukturierung des raumzeitlichen Kontinuums des Films. Die Lang regelmäßig vorgeworfene Kälte, die von seiner Perfektion ausgeht, hängt mit der schlichten Funktionalität im Gebrauch der filmischen Mittel und dem Verzicht auf alles Überflüssige zusammen. *M – Eine Stadt sucht einen Mörder* ist nicht nur Langs erster Tonfilm. 1931 markiert dieser Film einen Neubeginn, der viel weitreichender ist als das gepfiffene Grieg-Motiv, das den Mörder überführt. Der im Berliner Studio gedrehte *M* ist Fritz Langs erster »amerikanischer« Film.

■ Fritz Langs US-Filme erlangten weniger Bekanntkeit

Der Bruch, den die Emigration für die Biographie Fritz Langs bedeutete, bleibt in seinen amerikanischen Filmen nahezu unsichtbar. Frieda Grafes Faustregel, »reine Sensation seine deutschen Filme, mehr gesellschaftsbezogen die amerikanischen«, trifft den Kern, wobei Lang mit Ausnahme seiner drei Anti-Nazi-Filme, darunter seine Brecht-Kooperation *Hangman also die* (*Auch Henker sterben*, 1942), keine explizit politischen Filme macht. Das Hollywood-Unterhaltungskino ist seine Domäne. Dabei sind seine Filme, bei aller Banalität der Stoffe, strenge Erkundungen des jeweiligen Genres, schnörkellose Inszenierungen in Räumen, denen man das Studio immer ansieht, die aber mehr von ihren Bewohnern und der Gesellschaft preisgeben, als es Originalschauplätze je könnten.

1957 kehrt Fritz Lang noch einmal nach Deutschland zurück. Arthur Brauners CCC-Filmkunst bietet Fritz Lang die Regie bei dem

■ Erste Arbeit nach der Rückkehr aus der Emigration: *Der Tiger von Eschnapur* mit Debra Paget (1958)

Remake von *Der Tiger von Eschnapur* und *Das indische Grabmal* an, wofür Fritz Lang gemeinsam mit Thea von Harbou 1920 das Drehbuch geschrieben hatte, das er selbst jedoch nie realisieren hatte können. Zusammen mit *Die tausend Augen des Dr. Mabuse* (1960) sind die letzten Filme Langs der Versuch, den Kreis zu schließen und die Filmographie da enden zu lassen, wo sie begann, beim Phantastischen, Trivialen, Kolportagehaften. Die Filme scheitern in dem Maße, in dem sich sein Produzent direkt in die Dreharbeiten einmischt und die Studioangestellten anweist, dem Regisseur nicht länger zu folgen. »Jede zweite Idee von Fritz Lang wurde als zu teuer, als zu abwegig unterminiert«, erinnert sich Alexander Kluge, der die Dreharbeiten beobachtete. »Das war die Zerstörung eines Filmkonzepts, und es ist der Meisterschaft von Fritz Lang zu verdanken, dass noch immer ein Film von Qualität entstanden ist.« *Cahiers du Cinéma*, die Zeitung, in der Chabrol, Godard, Rivette und Truffaut schreiben, zählt *Das indische Grabmal* zu den zehn besten Filmen des Jahres 1959.

Als Fritz Lang seine letzten Filme dreht, ist das westdeutsche Kino nicht nur kommerziell am Ende. Der abgewirtschafteten Branche fehlen Autoren, Regisseure und vor allem fehlt ihr der Mut und die Erinnerung an die Filmemacher, die das Medium erfanden. Fritz Lang war einer von ihnen.

FRITZ LANG

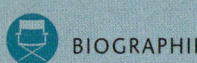 ## BIOGRAPHIE

Fritz Lang wird am 5. Dezember 1890 in Wien geboren. Seine Eltern sind der Stadtbaumeister Anton Lang und dessen Frau Paula. Ein Architekturstudium bricht Fritz Lang ab, um an der Wiener Akademie der Graphischen Künste Malerei zu studieren. Er wechselt an die Staatliche Kunstgewerbeschule in München und bereist den Mittelmeerraum. Ab 1913 lebt Lang als Kunstmaler in Paris und kehrt 1914 nach Wien zurück, um sich als Kriegsfreiwilliger zu melden. Im Lazarett beginnt Lang Kurzgeschichten und Drehbücher zu schreiben, die der Produzent und Regisseur Joe May kauft. Erich Pommer wird auf das Talent aufmerksam und holt Lang 1918 als Dramaturg zur Decla. Nach seinem Regiedebüt *Halbblut* (1919) arbeitet Lang weiter als Autor. Wieder bei Joe May unter Vertrag, lernt Lang die erfolgreiche Autorin Thea von Harbou kennen. Mit *Das wandernde Bild* beginnt 1921 eine Zusammenarbeit, die 1933 mit *Das Testament des Dr. Mabuse* und Langs Emigration endet. *Der müde Tod* (1921), die beiden *Dr. Mabuse*-Filme (1922, 1933), *Die Nibelungen* (1924) und natürlich *Metropolis*, 1927 sowie *M – Eine Stadt sucht einen Mörder* (1931), gehören zu den großen Erfolgen des Paares, das zwischen 1922 und 1933 auch verheiratet ist. Der 1933 nach Paris emigrierte Erich Pommer verpflichtet Lang für die Verfilmung des Franz-Molnar-Stücks *Liliom* (1934). Im selben Jahr reist Lang mit einem MGM-Vertrag nach Hollywood. Es dauert bis 1936, bis Lang seinen ersten amerikanischen Film herausbringen kann. *Fury* (1936), von MGM eher lustlos und mit kleinem Budget produziert, wird ein Überraschungserfolg. Nach seinen MGM-Erfahrungen bindet sich Lang, der 1936 zu den Mitbegründern der Anti-Nazi-League gehört, in Hollywood nicht mehr langfristig an ein Studio, sondern arbeitet als unabhängiger Regisseur. In Zusammenarbeit mit Bert Brecht entsteht *Hangman also die* (*Auch Henker sterben*, 1942), der mit *Man Hunt*, (*Menschenjagd*, 1941) und *Ministy of Fear* (*Ministerium der Angst*, 1944) zu Langs Filmen gegen den Faschismus gehört. In den Folgejahren dreht Lang in den USA erfolgreiche Genrefilme, deren Qualität in Deutschland erst durch die Verehrung erkannt wird, die Fritz Lang durch die Regisseure der Nouvelle Vague erfährt. *Der Tiger von Eschnapur* (1958/59), *Das indische Grabmahl* (1958/59) und *Die tausend Augen des Dr. Mabuse* (1960), Langs letzte, für Arthur Brauners CCC-Filmkunst realisierten Filme, die allesamt auf Lang/Harbou-Erfolge aus den 1920er Jahren basieren, werden künstlerische und kommerzielle Pleiten. Für Jean-Luc Godard steht Fritz Lang 1963 an der Seite von Brigitte Bardot und Michel Piccoli vor der Kamera. In *Le mépris* spielt Lang einen Regisseur, der gegen den Widerstand seines Produzenten (Jack Palance) die Odyssee verfilmen will. Die Odyssee-Sequenz ist die letzte Regiearbeit Fritz Langs. Er stirbt nahezu erblindet am 2. August 1976 in Beverly Hills.

 ## WISSENSWERTES

Die Frau
Am 27. Dezember 1888 wird **Thea von Harbou** in Tauperlitz bei Hof geboren. Als Schülerin veröffentlicht die begeisterte Karl-May-Leserin erste Tiergeschichten. Sie bringt im Selbstverlag einen Gedichtband heraus. 1906 veröffentlicht die *Deutsche Zeitung* mit *Wenn's Morgen wird* ihren ersten Roman. Im selben Jahr debütiert sie im Düsseldorfer Schauspielhaus. Sie arbeitet als Schauspielerin und schreibt Romane, die zum Teil sehr erfolgreich sind. 1914 heiratet sie ihren Schauspielkollegen Rudolf Klein-Rogge, der in späteren Jahren in Harbou/Lang-Filmen immer wieder Rollen übernimmt. 1919 beginnt Thea von Harbous Arbeit für den Regisseur und Produzenten Joe May. Hier lernt sie 1920 Fritz Lang kennen, mit dem sie bis 1933 eng zusammenarbeitet. Von 1922 bis 1933 sind sie verheiratet. 1931 trennt sich das Paar, 1932 tritt von Harbou in die NSDAP ein und wird 1933 Vorsitzende des Verbandes Deutscher Tonfilmautoren. Komödien, Literaturverfilmungen, Historien- und Propagandafilme – Thea von Harbou gehört zu den vielbeschäftigten Autoren des Nazi-Kinos. Nach einer kurzen Internierung in der britischen Besatzungszone arbeitet sie nach dem Krieg schon bald wieder für den Film, erst als Synchronautorin (z. B. für die deutsche Fassung von Carol Reeds *The third Man / Der dritte Mann*, 1949), dann wieder als Drehbuchautorin, die sich dem Zeitgeschmack schnell anzupassen weiß und jetzt mit Arzt- und Heimatfilmen Erfolg hat. Thea von Harbou stirbt am 1. Juli 1954 in West-Berlin.

Der Produzent
Am 20. Juli 1889 wird **Erich Pommer** in Hildesheim geboren. 1907 beginnt er in Berlin, wohin die Familie 1905 gezogen ist, eine kaufmännische Ausbildung bei der französischen Filmfirma Gaumont. Er arbeitet als Vertreter und übernimmt beim Konkurrenten Eclair 1913 die Vertretung für Zentral- und Osteuropa in Wien. Unter Pommers Leitung beginnt Eclair

im selben Jahr, Filme zu produzieren. Nach der durch den Krieg erzwungenen Unterbrechung nimmt Pommer 1918 die Filmproduktion wieder auf. Das Cabinet des Dr. Caligari (Robert Wiene, 1919/20), Michael (Carl Theodor Dreyer, 1923/24), Der letzte Mann (Friedrich Wilhelm Murnau, 1924), Asphalt (Joe May, 1928/29) oder Der blaue Engel (Josef von Sternberg, 1929/30) und Die Drei von der Tankstelle (Wilhelm Thiele, 1930) sind Belege für die Vielseitigkeit und Qualität seiner Produktionen. Für Fritz Lang wird Erich Pommer schnell unverzichtbar, sichert er dem Regisseur doch die Arbeitsbedingungen, die dieser für seine immer aufwendigeren Projekte benötigt. Erst als Lang mit dem weit überzogenen Etat für Metropolis (1925/26) die Ufa in die Pleite treibt, die kurz darauf im Hugenberg-Konzern aufgeht, endet die Zusammenarbeit vorerst. Pommer geht in die USA, arbeitet kurz für MGM und kehrt zurück, als ihn die neue Ufa wieder zum Produktionsleiter beruft. Die Organisation der Arbeit mit Drehplänen, aber auch die Verwendung von Kamerakränen gehen auf Anregung Pommers zurück, der in den nächsten Jahren die größten kommerziellen Erfolge der Ufa produziert. Mit Fritz Lang arbeitet er 1934 im Pariser Exil das letzte Mal zusammen. Dann trennen sich ihre Wege. Pommer arbeitet erst in England, dann in Hollywood und kehrt schon 1946 als Filmoffizier zurück und ist am Wiederaufbau der westdeutschen Filmproduktion wesentlich beteiligt. Seinen größten Erfolg als Filmproduzent feiert er in Deutschland mit dem Hans Albers und Hildegard Knef-Film Nachts auf den Straßen (Rudolf Jugert, 1951). Von der restaurativen Atmosphäre der BRD enttäuscht, kehrt Pommer 1956 nach Hollywood zurück. Erich Pommer stirbt am 8. Mai 1966 in Los Angeles.

Heimspiel
1958 kehrte Fritz Lang noch einmal nach Westdeutschland zurück. Für das West Berliner CCC-Studio inszenierte er drei Remakes von Stoffen, die seine Ex-Frau Thea von Harbou schon in den 1920ern geschrieben hatte. Langs Comeback scheiterte. Enno Patales dazu 1959 in der Zeitschrift Filmkritik: »Langs deutsches Comeback wirkt wie das eines Veteranen, der dreißig Jahre kein Filmstudio besucht, kein Drehbuch in der Hand gehabt und keinen Film gesehen hat: dramaturgisches Ungeschick, künstlerische Indifferenz und schlechter Geschmack vereinen sich in ihm wie sonst nur bei Veit Harlan.... So bedeutet Der Tiger von Eschnapur den posthumen Sieg der Thea von Harbou, dieser ewigen Frauenschaftsführerin des deutschen Films, über den Emigranten Lang.«

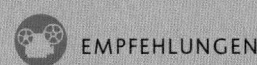 EMPFEHLUNGEN

Fünf Filme:
- Metropolis
- M – Eine Stadt sucht einen Mörder
- Liliom
- Clash by Night
- The big Heat (Heißes Eisen)

Lesenswert:
Patrick Mc Gilligan: Fritz Lang. The nature of the beast, New York 1997

Michael Töteberg: Fritz Lang, Reinbek 1985

 AUF DEN PUNKT GEBRACHT

Er gehört zu den Fixsternen der deutschen Filmgeschichte. Wobei gerade die US-Produktionen seine Vielseitigkeit zeigen. So gehört der gebürtige Wiener zu den wenigen Nicht-Amerikanern, die ausgezeichnete Western inszenieren konnten.

Jean Renoir (1894–1979)
Realismus und Poesie

»Genau das ist für mich ein guter Film: das Streicheln des Laubes, wenn ich mit einem Freund eine Bootsfahrt mache.«
Jean Renoir

■ Nicht nur für die Regisseure der Nouvelle Vague wurde Jean Renoir zum prägenden Vorbild. Noch heute wirken seine Filme erstaunlich alterslos.

»Während meiner Anfänge im Kino habe ich getan, was ich konnte, um eine Gegenposition zu meinem Vater zu beziehen. Seltsamerweise ist in den Produktionen, mit denen ich mich von Renoirs Ästhetik zu entfernen glaubte, ihr Einfluss am sichtbarsten.« Das Zitat aus Jean Renoirs Lebenserinnerungen entspricht der Erwartung: Jean, der Sohn des Impressionisten Auguste Renoir, musste kämpfen, um sich aus dem Schatten des übermächtigen Vaters zu befreien. Doch wenn der Sohn im nächsten Satz die Philosophie seines Vaters beschreibt, befinden wir uns unvermittelt im Zentrum des Kinos von Jean Renoir: »Seiner Vorstellung nach war die Welt ein Ganzes, gebildet aus ineinander verschachtelten Teilen. Das Gleichgewicht der Welt hängt von jedem einzelnen Stück ab. Dieser Glaube an die Einheit der Welt fand bei Renoir seinen Ausdruck im Respekt und der Liebe gegenüber allem Lebendigen.«

Der Realismus Jean Renoirs ist phänomenologisch. Die Erscheinung wird nicht nach den Erfordernissen des Dramas korrigiert, sondern Renoir »findet« mit Darstellern und Drehorten eine Realität, die das Drama spiegelt. In *La règle du jeu* (*Die Spielregel*, 1939) kulminiert der Beziehungsreigen der Gutsbesucher in einer Treibjagd. Angeschossene Fasane fallen vom Himmel, flüchtende Kaninchen überschlagen sich, die Großbürger schießen, ihre Treiber treiben; die Klassengesellschaft scheint intakt und doch liegt schon ein Hauch von Tragik über dieser zunächst spielerischen Szene, die jäh ins Tragische umschlägt, als einer der Jäger eine Schrotladung in den Bauch bekommt und zusammenbricht, als sei er erjagtes Wild. Die Szene ist nicht auf den Jagdunfall hin inszeniert. Es gibt keine deutlichen Vorzeichen, kein Musikthema und auch keine Zwischenschnitte, die auf das, was kommt, vorbereiten. Der Unfall passiert, und die Szene mit all ihren aberwitzigen Einstellungen von abgeschossenen Tieren erhält ihren Sinn. Dass er die Idee herbeizwingen würde, in dem er von der Wirklichkeit ausgehe, schrieb der Renoir-

■ Jean Renoir wurde zum Vorbild für die Regisseure der Nouvelle Vague: Paul Meurisse und Cathérine Rouvel in *Le déjeuner sur l'herbe* (*Das Frühstück im Grünen*, 1959)

Bewunderer André Bazin. »Seine Liebe, seine Sensibilität, seine Komplizität mit den Dingen, Tieren und Menschen führen uns zwingend zur moralischen Evidenz. Bei Renoir macht eine Schwalbe den Sommer.«

Das hat Auswirkungen. Schnelle Schnitte, spektakuläre Perspektiven, grelle Effekte fehlen in Jean Renoirs Filmen. Entdeckung und Beobachtung stehen im Mittelpunkt. Ruhige Kameraschwenks knüpfen Verbindungen und stellen Beziehungen her, die das in der Einstellung Gesagte unterlaufen. Während im Zimmer gelogen wird, blickt die Kamera aus dem Fenster und offenbart den tatsächlichen Hergang der Geschichte. In *La grande illusion* (*Die große Illusion*, 1937) schwenkt die Kamera durch die Stube des preußischen Offiziers (Erich von Stroheim, s. S. 34) und legt mit der kargen Reinlichkeit des Raums die ganze wurzelbürstige Einfalt dieser Person dar. Renoir zerteilt die Räume nicht mit Schnitten, sondern er erforscht sie in langen Einstellungen oder bedachtsamen Kamerabewegungen. Die Charaktere nehmen sich dieser Räume an, sie fügen sich ein, erobern oder zerstören sie. Die Räume machen das Drama erst möglich, sie schaffen die Bühne.

Renoirs Stummfilme, anfangs finanziert durch den Verkauf von Bildern seines Vaters, sind Erkundungen des Mediums, Expedi-

- Als Schauspieler von händeringender Hilflosigkeit und hier gerade darum überzeugend: Jean Renoir mit Marcel Dalio und Nora Grégor in *La règle du jeu* (*Die Spielregel*, 1939)

- Jean Renoir konnte zwar mit den Stars seiner Zeit zusammenarbeiten, der große kommerzielle Erfolg seiner Vorkriegsfilme blieb jedoch aus: Kinoplakat zu seiner Zola-Verfilmung *Bestie Mensch* (1938)

tionsreisen mit erkennbar unbekanntem Ausgang und Liebeserklärungen an seine erste Frau Andrée Heuschling, einem Ex-Modell seines Vaters, die als Cathérine Hessling im Mittelpunkt fast aller frühen Renoir-Filme steht. Sie spielt das Dienstmädchen, die Hure, die Schauspielerin, die Femme fatal, die Tänzerin oder das kleine Mädchen mit den Schwefelhölzern. Der Themenvielfalt entspricht die Unterschiedlichkeit der Form: hier die von Mack Sennett und Charles Chaplin (s. S. 16) beeinflusste Burleske oder der Slapstick; dort die obsessiven Verstrickungen eines Erich von Stroheim; bis hin zur wilden Avantgarde, die bei Renoir immer absolut charmant ist, reicht das Spektrum der Vorbilder. Dann kam der Tonfilm, und mit ihm fand Renoir zu seiner endgültigen Form.

In den ersten Jahren begrenzte eine ausgesprochen schwerfällige Technik die Ausdrucksfähigkeit des Tonfilms. Nur in speziell hergerichteten Studios waren Direkttonaufnahmen möglich, die Schauspieler mussten nicht nur ausgesprochen akzentuiert sprechen – was Theaterstars wie Emil Jannings, Heinrich George oder Fritz Kortner in einem grotesk bühnenhaften Stil konservierten –, sie waren durch schwache Mikrophone auch in ihrer Bewegungsmöglichkeit eingeschränkt. Anders bei Renoir: Er verzichtet auf den Direktton und setzt Töne, Vogelgezwitscher, knarrende Scharniere, Windgeräusche ein wie die Musik. Die Tonspur ergibt sich aus dem Bild. Der nachsynchronisierte Dialog, die Geräusche und die Musik werden zu einer Sinfonie, die das Bild nicht nur ergänzt, sie scheint so mit ihm verschmolzen, dass man glaubt, der Film sei mit Originalton aufgenommen, was damals in dieser Qualität technisch noch gar nicht möglich war.

Der andere Grund für die ästhetische Zeitlosigkeit, die an Renoirs Filmen heute begeistert, ist die Kamera, die immer integraler Bestandteil der Inszenierung ist. Mal wird sie kaum bewegt wie in *La carrozza d'oro* (*Die goldene Karosse*, 1952). In dieser Hommage an das Theater

> **ESSEN MIT JEAN RENOIR**
> »Mein Traum, in den Filmen wie im Theater und im Leben, das ist, eine Verbindung mit den anderen Menschen herzustellen.« (1962) Darum: Mehrere Filme von Renoir kurz hintereinander zu sehen, das heißt, bei ihm zu Besuch zu sein. Mit ihm und den Freunden von ihm zusammenzusitzen, in einem weiten hellen Raum oder unter den jahrhundertealten Olivenbäumen von Les Colettes, die Auguste Renoir gemalt und er, Jean Renoir, gefilmt hat; es gibt Rotwein, frisches Brot, Käse, Oliven, Trauben, und Jean Renoir erzählt von der peinlich sauberen Palette seines Vaters oder von den ersten Versuchen mit panchromatischem Filmmaterial oder von der Freundschaft in Indien, stets dabei einem Zusammenhang der Gedanken folgend.
>
> Helmut Färber, Frankfurter Rundschau, 1999

und an Anna Magnani wirkt sie phasenweise wie in der Kinofrühzeit vor der Bühne festgeschraubt. Und mal ist sie so entfesselt wie in *La règle du jeu* (1939), wo sie wie ein stumm kommentierender Gast zusieht und mitmacht. Dass trotz aller Bewegung oder Nicht-Bewegung die entscheidenden Dinge immer wieder außerhalb des Bildes geschehen, hinter der Tür, vor der die Kamera wartet, erhöht den Reiz, den Geschichten Renoirs zu folgen.

Thematisch fällt bei den Tonfilmen die große Zahl von Literaturverfilmungen auf. Theaterstücke wie von Georges Feydeau (*On purge bébé*/*Baby wird bestraft*, 1931) oder von Prosper Mérimée (*La carrozza d'oro*) hat er verfilmt sowie Romane und Erzählungen von Georges Simenon *La nuit du carrefour* (*Die Nacht an der Kreuzung*, 1932), Flauberts *Madame Bovary* (1933), Guy de Maupassants *Une partie de campagne* (*Eine Landpartie*, 1936), Gorkis *Les bas-fonds* (*Nachtasyl*, 1936), Zolas *La bête humaine* (*Bestie Mensch*, 1938) und Robert Louis Stevensons Jekyll-and-Hyde-Stoff (*Le testament du docteur cordelier*/*Das Testament des Dr. Cordelier*, 1959). Die literarischen Vorlagen hat Renoir dabei so gegen den Strich gebürstet, dass die Nähe zu den jeweiligen Romanen oder Theater-

■ Ritterliches Verhalten in unritterlichen Zeiten: Erich von Stroheim, Jean Gabin und Pierre Fresnais in *La grande illusion* (*Die große Illusion*, 1936/37)

■ Renoir fand mit seinen Darstellern und seinen Drehorten eine Realität, die das Drama spiegelt: Radha in *Le fleuve* (1950)

stücken erst auffällt, wenn der Film schon lange vorbei ist.

Jean Renoir gehört zu den wenigen Regisseuren, denen die Übersetzung von Literatur in eine filmische Wirklichkeit gelang. Dafür ist nicht die Buchstabentreue des Dialogs verantwortlich, sondern der Mut, sich im Sinn der Vorlage fortreißen zu lassen und das Buch als Ausgangspunkt einer Improvisation zu verstehen. Dabei hat er sich von seinen Schauspielern genauso verleiten lassen, wie von den Drehorten. In Renoirs Filmen haben Nebenfiguren immer wieder Szenen, die durch ihre Länge einen Stellenwert bekommen, der im Erzählzusammenhang überhaupt keinen Sinn ergibt. Dafür ist die dargestellte Situation vielleicht besonders gut gelungen, man muss unwillkürlich lachen oder erhascht etwas von einem Gefühl, das vielleicht genau zu diesem Moment im Film passt. So fremd Renoir ein Beharren auf Erzählökonomie gewesen sein muss, so bereitwillig begeisterte er sich für den Zufall, wenn Passanten unvermittelt in die Kamera blickten oder ein Schmetterling durchs Bild flatterte: Renoir ließ dann die Kamera einfach noch ein bisschen weiterlaufen.

Renoirs Filme waren immer unzeitgemäß: von Cineasten und Kollegen bewundert, doch kommerziell selten erfolgreich. *La grande illusion* ist in Deutschland immer noch am bekanntesten. Dabei gehört die antimilitaristische Geschichte um einen deutschen Offizier, französische Kriegsgefangene und ritterliches Verhalten in unritterlicher Zeit zu den Filmen, die am ehesten durch ihre Besetzung (Stroheim/Gabin/Dalio) in Erinnerung bleiben. Einen Rückblick auf das eigene Werk lieferte Renoir in seinem letzten Film *Le petit théâtre de Jean Renoir* (*Das kleine Theater des Jean Renoir*, 1969). Hier lässt er seine Filme und sein Leben noch einmal Revue passieren. Er durchstreift seine Erinnerungen und trifft sich »mit all denen, die heute an der Theorie der Verschachtelung (oder des Ineinandergreifens) der verschiedenen Dimensionen des Schauspiels und des Lebens arbeiten, und ist ihnen – wie wenn er sie foppen wollte – immer voraus.« (Michel Delahaye). In Deutschland muss das Werk Jean Renoirs noch entdeckt werden.

JEAN RENOIR

BIOGRAPHIE

Jean Renoir wurde am 15. September 1894 als Sohn des Malers Auguste Renoir geboren. Er verlebte eine glückliche Kindheit in Paris und auf dem Land, in Essoyes, Burgund, wo seine Mutter aufgewachsen war. Später kauften die Renoirs den Hof Les Colettes in Cagnes am Mittelmeer, dessen alter Olivenhain auf den Bildern Augustes und in Filmen Jeans zu sehen ist. Jean Renoir begann als Töpfer. »Der Keramiker stellt sich eine Vase vor, macht sie, glasiert sie, brennt sie. Und nimmt nach ein paar Stunden etwas aus dem Ofen, was ganz anders aussieht als seine Vorstellung ... wie der Film.« Seine ersten Filme finanziert der junge Renoir mit dem Verkauf einiger Bilder seines Vaters. Die Hauptrolle in den avantgardistischen Stummfilmen spielt Andrée Heuschling; sie ist das letzte Modell seines Vaters, die als Cathérine Hessling die Hauptrollen in den frühen Renoir-Produktionen spielt und die Jean 1919 heiratet. *On purge bébé* (1931) ist Renoirs erster Tonfilm und ein großer kommerzieller Erfolg. Der realistische Einsatz des Tons wird eines seiner Markenzeichen. Die heute als Klassiker der Filmgeschichte bewerteten Filme *La grande illusion* (*Die große Illusion*, 1937) und *La règle du jeu* (*Die Spielregel*, 1939) werden bei ihrer Uraufführung hart kritisiert. 1940 emigriert Renoir in die USA, wo er einen Vertrag von der 20th-Century-Fox erhält. Die Assimilation in der amerikanischen Filmindustrie gelingt. Seine Filme sind relativ erfolgreich. Fox-Boss Darryl F. Zanuck: »Renoir hat viel Talent, aber er ist keiner von uns.« Nach dem Zweiten Weltkrieg arbeitet Renoir wieder in Europa und dreht in Indien *Le fleuve* (*Der Strom*, 1950). André Bazin und die jungen Filmkritiker um *Cahiers du Cinéma* sind die ersten, die auf die große Modernität des Werks Jean Renoirs hinweisen, der mit *Toni* (1935) den Neorealismus vorwegnimmt und 1959 mit *Le déjeuner sur l'herbe* (*Das Frühstück im Grünen*) einen Nouvelle-Vague-Film dreht. Jean Renoir zieht nicht mehr nach Frankreich zurück. Er lebt in Hollywood. Die Fernsehproduktion *Le petit théâtre de Jean Renoir* (*Das kleine Theater des Jean Renoir*, 1969) ist sein letzter Film. 1975 wird er für sein Lebenswerk mit dem Oscar ausgezeichnet. Jean Renoir stirbt am 12. Februar 1979 in Hollywood.

WISSENSWERTES

Die Stars
Zu den Lieblingsschauspielern Jean Renoirs gehörten **Michel Simon** und **Jean Gabin**. Der 1895 in Genf geborene Simon trat 1928 in der Militärklamotte *Tire au flanc* (*Schieß in die Flanke*) erstmals in einem Renoir-Film auf. Seine Rollen bei Renoir reichen vom kleinen Angestellten, der sich in *La chienne* (1931) verführen lässt, bis hin zum anarchischen Landstreicher, der in *Boudu sauvé des eaux* (*Boudu – Aus den Wassern gerettet*, 1932) jede Eingliederung in die bürgerliche Gesellschaft verweigert. Der 1904 geborene Jean Gabin spielte bei Renoir die starken Typen, die einer Idee folgend notfalls durch die Wand rennen, obwohl sie wissen, dass sie sich dabei verletzen werden. Simon und Gabin sind in ihrem Hang zum *overacting* absolute Renoir-Stars. Jean Renoir: »Es gibt kein übertriebenes Spiel. Entweder ein Schauspieler spielt richtig, oder er spielt falsch.«

EMPFEHLUNGEN

Fünf Filme:
- *Le déjeuner sur l'herbe* (*Das Frühstück im Grünen*)
- *Le fleuve* (*Der Strom*)
- *La règle du jeu* (*Die Spielregel*)
- *La grande illusion* (*Die große Illusion*)
- *Toni*

Lesenswert:
Jean Renoir: *Mein Leben und meine Filme*, Zürich 2002

Jean Renoir: *Mein Vater Auguste Renoir*, Zürich 1998

AUF DEN PUNKT GEBRACHT

Sein Werk ist die Inkarnation des französischen Kinos. Geschichten, Motive, Ästhetik – Jean Renoirs Filme haben das französische Kino geprägt und wirken nach bis heute.

Sergej M. Eisenstein (1898–1948)
Montage einer Revolution

Ihren identitätsstiftenden Mythos verdankt die sowjetische Revolution nicht zuletzt dem Film. Das Aufbegehren der Arbeiter und Bauern gegen ihre Unterdrücker, die brutale Niederschlagung der Revolte, die Meuterei auf dem Panzerkreuzer Potemkin und schließlich der Sieg über die Zarendynastie sind Mythen, die wenig mit dem historisch verbürgten Ablauf der Revolution zu tun haben. Dafür wesentlich verantwortlich ist Sergej Eisenstein, der mit seinen Filmen das Bild und vor allem den Rhythmus der Revolution definierte. Die Dynamik seiner Montagen vermittelt tatsächlich den Beginn einer neuen Zeit. Und dass die Zukunft in jedem Fall besser sein würde als das, was überwunden war, stand damals außer Frage.

Streik (*Staschka*, 1924) war der erste Film des Theaterregisseurs Eisenstein, der sich durch seine spektakulären Inszenierungen einen Namen gemacht hatte. Der Übermut und die Experimentierfreude des Theatermanns sind bei diesem Film über die Niederschlagung eines Arbeitskampfes im vorrevolutionären Russland unübersehbar. Zivile Polizisten und ihre verdrehten Strategien werden hemmungslos verlacht, doch das Ende ist grausam. Die »Montage der Attraktion«, mit der Eisenstein schon im Theater sein Publikum mit »mathematisch berechneten« Schocks wachrütteln wollte, übertrug er hier erstmals auf den Film. Die blutige Niederschlagung der Streikenden koppelt er mit einer Schlachthausszene. Im Rhythmus der Montage wirkt das metaphorische Bild von der Schlachtung eines Ochsen unmittelbar und brutal.

Noch während der Dreharbeiten zu *Streik* lernte Eisenstein den einflussreichen Parteifunktionär Kirill Schutko kennen, der von Eisensteins Debütfilm so begeistert war, dass er dem Regietalent den wichtigsten Staatsauftrag des Jahres 1925 zuschanzte. Zur 20. Wiederkehr der gescheiterten Revolution von 1905 sollte ein Film produziert werden, für den Schutkos Ehefrau Nina das Drehbuch geschrieben hatte. Ihr umfangreiches Buch reihte die verschiedenen Höhepunkte des Jahres

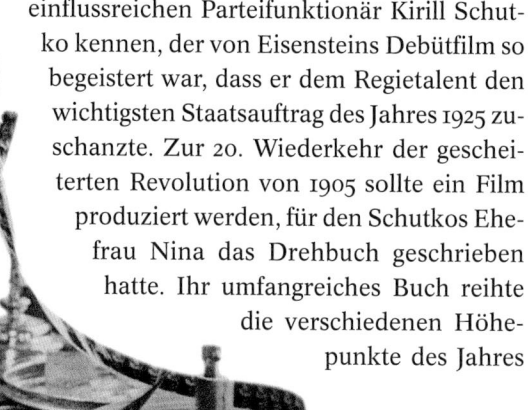

■ Arbeit am Mythos: Sergej M. Eisenstein

■ Übermut und Experimentierfreude: Szenenphoto aus *Streik (Statschka,* 1932?)

aneinander, unter ihnen die Meuterei auf der Potemkin im Hafen von Odessa. Aus dieser Episode wurde das endgültige Buch zu Panzerkreuzer Potemkin (*Bronenosez Potjomkin*, 1925).

Doch weniger der resolute Zugriff des Regisseurs auf das Drehbuch, als vielmehr der Elan, mit dem Eisenstein versuchte, aktuelle Tendenzen der Kunst und Theorie in Filmsprache umzusetzen – von der Raumwirkung der aktuellen Malerei, über den inneren Monolog der Literatur bis zur Beschäftigung mit dem Unbewussten –, sollte den Film *Panzerkreuzer Potemkin* prägen. Dass Montage mehr ist als die geschickte Verknüpfung verschiedener Filmbilder, zeigt kein Film besser als dieser. Die um die kollektiven Helden (die Mannschaft der Potemkin und die Bewohner Odessas) konstruierte Geschichte basiert darauf, dass eine Situation in ihr genaues Gegenteil umschlägt. Der atmosphärische Wechsel von Unterdrückung zu Widerstand und Befreiung überträgt sich unmittelbar auf das Publikum. Der Film entspricht Eisensteins später formuliertem Ideal einer Inszenierung, »die in ihrem Wesen realistisch, in der Struktur mythologisch, in ihren verallgemeinerten Formen episch und in der wechselnden Vielfalt der musikalischen und bildlichen Zeichnung emotional ist«.

■ Bilder für die Ewigkeit: der Kinderwagen auf der Hafentreppe aus *Panzerkreuzer Potemkin* (Bronenosz Potjomkin, 1925)

Durch den großen Erfolg von *Panzerkreuzer Potemkin* wird Eisenstein zum führenden Regisseur der Sowjetunion, bei dem staatstragende Monumentalfilme in Auftrag gegeben werden. So entsteht mit *Oktober* (Oktjabr, 1927–28) das offizielle Filmbild der Oktoberrevolution, dessen Produktionssumme um das Zwanzigfache höher ist als bei üblichen Filmen. *Oktober* wird jedoch erst veröffentlicht, nachdem man Trotzki auf Weisung Stalins aus dem Film herausgeschnitten hat. Auch der Film *Die Generallinie* (General'naja lnija, 1926–29), der die Segnungen der Revolution für das Landproletariat schildern soll, wird zensiert. »Freud ist hier mit Konstruktivismus gekoppelt, Maschinen sollen einen Orgasmus erleben und Tiere wie mythische Wesen kopulieren«, beschreibt die Eisenstein-Biographin Oksana Bulgakowa das Projekt, für das Stalin einen neuen Titel verlangt sowie einen neuen Schluss, der, obwohl die Kinokopien schon gezogen sind, noch eingefügt werden muss. Als *Das Alte und das Neue* (Staroe i novoe) hat der Film Premiere.

1929 bemühte sich Eisenstein um Filmprojekte außerhalb der Sowjetunion. Die Paramount gab ihm einen Regievertrag, ohne dass es zu einem Film kam. Schließlich machte er sich, vom amerikanischen Millionär, Schriftsteller und Sozialisten Upton Sinclair finanziert, für einen Film über die mexikanische Revolution nach Mexiko auf. Nach einer Drehzeit von vierzehn Monaten brach Sinclair die Dreharbeiten ab, die Montage zu *Qué viva México!* (1930–32) übernahmen Cutter von MGM. Das nächste sowjetische Projekt *Die Beshin-Wiese* (*Bezin lug*, 1935–36) wurde noch vor der Fertigstellung verboten, und Eisenstein zu öffentlicher Selbstkritik gezwungen: »Ich habe einen Film geschaffen, der nicht aus dem Fleisch und Blut unserer sozialistischen Wirklichkeit, sondern weit eher aus der Verknüpfung von Assoziationen und aus einer theoretischen Vorstellung von dieser Wirklichkeit heraus entstanden ist.«

> **DER MONTIERTE REGISSEUR**
> Er nimmt die Worte Inspiration und Kunst nicht in den Mund und sieht sehr ungewöhnlich aus – breitschultrig, neuerdings kahlrasiert, dickbeinig. Falls etwas künstlerisch Exotisches an ihm ist, so handelt es sich um die Exotik eines Exzentrikers im Straßenanzug oder, genauer gesagt, um die einer neuen Maschine. Eisenstein ähnelt einem für den Gebrauch in der Landwirtschaft hergerichteten Verbrennungsmotor.
> Viktor Schklowski, 1927

Mit einem Film über den russischen Nationalhelden Alexander Newsky (*Aleksandr Newskij*, 1938) übte Eisenstein tätige Reue und erhielt den Auftrag zu *Iwan der Schreckliche* (*Iwan Grosni*, 1941–46). Um den Terror gegen die eigenen Landsleute zu rechtfertigen, wünschte sich Stalin das Porträt eines absolutistischen Herrschers. Während der erste Teil des Films, für den Eisenstein noch mit dem Stalin-Preis geehrt wurde, in seinem Hymnencharakter *Aleksandr Newskij* gleicht, wurde der zweite Teil mit der Schilderung der Intrigen am Hofe Iwans zu einer Shakespeare-Paraphrase, die den Stalinismus bis zur Kenntlichkeit entlarvt. Wieder ist eine Selbstkritik fällig: »Wir vergaßen, dass die Hauptsache

■ Noch während der Dreharbeiten verboten: *Die Beshin-Wiese* (*Beshin lug*, 1935)

■ Als Stalinismus-Parabel verstanden und verboten: Nikolai Tscherkassow in *Iwan der Schreckliche (Iwan grosny, 1944)*

in der Kunst ihr ideologischer Gehalt ist.« Diesmal war es nicht der »Formalismus«, der Eisenstein noch bei *Die Beshin-Wiese* vorgeworfen wurde, dicsmal war es die erschütternde Wirkung von Nikolaj Tscherkasov, der als Iwan die Abgründe des Herrschers mit aller Intensität sichtbar machte. Die Ambivalenz dieses Charakters unterminierte die geforderte propagandistische Wirkung des Films und bot genügend Raum für Assoziationen zu lebenden Diktatoren. Die fälligen Schnittauflagen musste Eisenstein nicht mehr ausführen. Er starb am 11. Februar 1948 an einem Herzinfarkt, der Film blieb unter Verschluss. Der Einfluss Eisensteins auf das sowjetische Kino blieb davon unberührt. Seine Filme gaben der Revolution eine Aura, die noch Jahrzehnte später wirkte.

SERGEJ M. EISENSTEIN

 BIOGRAPHIE

Sergej Michailowitsch Eisenstein wurde am 23. Januar 1898 als Sohn von Julia Ivanovna und Michail Osipovic Eisenstein in Riga geboren. Er wuchs in großbürgerlichen Verhältnissen auf und begann ein Architekturstudium. 1918 meldete er sich freiwillig zur Roten Armee und arbeitete bei einem Agitpropzug als Karikaturenzeichner. Nach der Armeezeit studierte er in Moskau japanische Philologie und arbeitete als Bühnenbildner und Kostümzeichner beim »Proletkult«, der Theaterbühne der Gesellschaft für proletarische Kultur. Nach Proletkult-Definition sollte sich das Revolutionäre Theater nicht mit dem »Aufknacken der alten Nüsse von Seelenrätseln« beschäftigen, sondern ein Instrument für soziale Proklamationen sein. In seine Inszenierung des Ostrowski-Stückes *Eine Dummheit macht auch der Gescheiteste* baute Eisenstein auch einen kleinen Film ein, der sich wie eine Art innerer Monolog der Hauptfigur ausnahm. Anfang der zwanziger Jahre war das einer von Eisensteins ersten praktischen Inszenierungsversuchen, die in der 1923 veröffentlichten Theorie zur *Montage der Attraktionen* mündeten. Attraktion hieß für Eisenstein »jedes aggressive theatralische Moment, jedes Element, das die Gedanken und die Psyche des Zuschauers beeinflusst«. In seinem Regiedebüt *Streik* (*Staschka*, 1924) wendete er dieses Prinzip erstmals auf den Film an. *Panzerkreuzer Potemkin* (*Bronenosez Potjomkin*, 1925), Eisensteins zweite Regiearbeit, wurde ein überragender Erfolg. Die folgenden Filme *Die Generallinie* (*General'naja Inija*, 1926–29) und *Oktober* (*Oktjabr*, 1927–28) gehören heute zu den Klassikern des sowjetischen Revolutionskinos. Aber auch international wurde Eisenstein beachtet. Er bereiste Westeuropa und die USA. Doch die geplanten Filmprojekte zerschlugen sich. Das Material zu dem in Mexiko gedrehten Film *Qué viva México!* (1930–32) behielt der amerikanische Autor Upton Sinclair, der die Dreharbeiten finanziert hatte. Zurück in Moskau drehte Eisenstein den Film *Die Beshin-Wiese* (*Bezin lug*, 1935–36), den er nach Zensureingriffen nicht fertigstellte, sowie *Alexander Newski* (*Aleksandr Newskij*) und *Iwan der Schreckliche I-III* (*Iwan Grosni*, 1941–46), dessen dritter Teil nicht beendet wurde. In der Nacht vom 10. auf den 11. Februar 1948 arbeitete der herzkranke Sergej Eisenstein an einem Text zur Geschichte des sowjetischen Films, als er einen tödlichen Herzinfarkt erlitt.

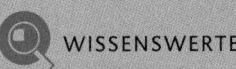 WISSENSWERTES

Der Kameramann
Am 8. April 1897 wurde **Eduard Tisse** in Latvia geboren. Bei dem Dokumentarfilmer Dsiga Wertow begann er seine Ausbildung als Kameramann. Tisse photographierte alle Filme Sergej Eisensteins. Er starb am 18. November 1961 in Moskau.

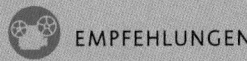 EMPFEHLUNGEN

Fünf Filme:
- *Streik* (*Staschka*)
- *Panzerkreuzer Potemkin* (*Bronenosez Potjomkin*)
- *Die Generallinie* (*General'naja Inija*)
- *Oktober* (*Oktjabr*)
- *Iwan der Schreckliche* (*Iwan Grosni*)

Lesenswert:
Sergej M. Eisenstein, O. Bulgakowa (Hg): *Das dynamische Quadrat. Schriften zum Film*, Köln 1987

Oksana Bulgakowa: *Sergej Eisenstein – drei Utopien. Architekturentwürfe zur Filmtheorie*, Berlin 1996

Sergej M. Eisenstein: *YO. Ich selbst 1/2. Memoiren*, Berlin 1998

Sergej M. Eisenstein: *Eisenstein und Deutschland. Texte, Dokumente, Briefe*, Berlin 1998

Oksana Bulgakowa: *Sergej Eisenstein. Eine Biographie*, Berlin 1998

 AUF DEN PUNKT GEBRACHT

Er gehört zu den Erfindern des modernen Films. Grundlegende Aspekte der Montage gehen auf Sergej Eisenstein zurück.

John Ford (1895–1973)
Der konservative Utopist

Mit Heimat kannte er sich aus. Als ihm der amerikanische Regisseur Peter Bogdanovich vorgestellt wurde, fragte John Ford spontan: »Serbisch?« Damit war der damals 70-jährige Ford, so Bogdanovich, der erste, der die Herkunft seines Familiennamens genau lokalisieren konnte und ihn nicht für russisch, polnisch, ungarisch oder bestenfalls jugoslawisch hielt. Für John Ford, den auf Sean Aloysius O'Fearna getauften Sohn irischer Einwanderer, war Heimat ein zentraler Begriff, egal ob es gerade um das Leben Maria Stuarts (*Mary of Scotland*, 1936) oder um ein Südseedrama ging (*Donovan's reef/Die Hafenkneipe von Tahiti*, 1963), ob die irische Provinz (*The quiet Man/Der Sieger*, 1952) den Hintergrund lieferte oder Ford Kriegsfilme und Western inszenierte. Wo jemand herkommt, wohin er wieder zurück möchte, der Ort, von dem jemand träumt, den er hasst, der einfach da ist und immer bleiben wird, bezeichnet das magische Zentrum des Kinos von John Ford.

■ Seit einer Hauptrolle bei John Ford war er ein Star: John Wayne in *The Horse Soldier* (*Der letzte Befehl*, 1959)

145 Titel führt die International Movie Data Base unter dem Namen des 1973 im Alter von 79 Jahren gestorbenen Regisseurs auf. In manchen Jahren stellte er gleich drei Filme fertig. Der Großteil der von Ford verfilmten Stoffe ist an Banalität und Trivialität kaum zu überbieten. Sie werden von Männern bevölkert, die losziehen, um eine unlösbare Aufgabe zu bewältigen, die ihre Ehre wiederherstellen müssen, die ums Überleben kämpfen oder sich für die Gemeinschaft aufopfern. Frauen müssen in diesen Büchern kaum mehr tun, als diese Helden bewundern oder fürchten. Doch wie Ford diese einfachen Geschichten erzählt, greifen sie viel weiter und können den Charakter einer Parabel annehmen, wenn der Held, der eben noch die Gemeinschaft vor einem Unglück bewahrt hat, zum Schluss als Relikt einer vergangenen Epoche geschildert wird, der einsam der Abendsonne entgegenreiten muss, weil es für so einen im Grunde asozialen Charakter in der Gesellschaft, die er gerade gerettet hat, keinen Platz gibt. Frauen prägen bei Ford diese Gemeinschaften. Sie sind zwar in den klassischen Rollenbildern verankert, sind aber an Lebensklugheit den Männern überlegen.

In Fords Filmen wird nicht viel geredet. Die Hand-

- Kritischer Rückblick auf ein brutales Zeitalter: Szenenphoto aus *Cheyenne Autumn* (1963)
- John Ford inszenierte am Ende seiner Karriere melancholische Rückblicke auf den amerikanischen Traum.

lung erschließt sich ausnahmslos über das Bild. Die einzelnen Einstellungen sind klar strukturiert. Kamerabewegungen sind selten, die Auflösung einer Szene ist einfach, jeder Effekt wird vermieden. Schnörkellos ist dieser Stil, dessen Klarheit Gelegenheit für Entdeckungen gibt. Da gibt es kleine, sprechende Gesten und Blicke oder Ausstattungsdetails. Wenn der Verräter in *The Informer* (*Der Verräter*, 1935) das Kopfgeld bei der Polizei mit einem Lineal und dem Kommentar »Zähl es besser nach!« über den Tisch geschoben bekommt, wenn in *The Searchers* (*Der schwarze Falke*, 1939) die Frau unvermittelt liebevoll über den Mantel ihres Schwagers streicht oder man der US-amerikanischen Nationalflagge in *The Man who shot Liberty Valance* (*Der Mann, der Liberty Valance erschoss*, 1962) ansieht, dass der 38. Stern nachträglich auf das verblichene Tuch genäht wurde, erzählt Ford von einem Leben, für das in der Konventionalität der Bücher, die er verfilmte, kein Platz war.

Dabei scheute sich Ford nicht vor Bildern, deren Deutlichkeit die Grenze zur Naivität über-

»Ich mag es einfach nicht, wenn ein Mann allein in der Wüste verdurstet und das Philadelphia Orchestra spielt hinter ihm.«
  John Ford über Filmmusik

KEIN MANN FÜR MCCARTHY
Auf dem Höhepunkt der Umtriebe des House Committee on Un-American Activities, als niemand vor den Nachstellungen der Schnüffler sicher war, stellte sich John Ford in einer legendär gewordenen Sitzung der Directors Guild entschieden hinter deren bedrängten Präsidenten Joseph L. Mankiewicz und erteilte den Scharfmachern um Cecil B. DeMille eine scharfe Absage. Die Autorität des großen alten Mannes, der sich mit den Worten erhob: »My name is John Ford, I make Westerns«, rettete nicht nur Mankiewicz.   Hans C. Blumenberg, Die Zeit, 1973

schreitet. Am Ende von *The Informer* taumelt der tödlich verletzte Verräter in eine Kirche. Vor dem Altar betet die Mutter des von ihm verratenen Freundes. Er bittet die alte Frau um Vergebung. Im Schlussbild ist am linken Rand ein Kruzifix zu erkennen, während der Verräter mit christusgleich geöffneten Armen vor dem Altar zusammenbricht und laut schluchzt: »Frankie! Your mother forgives me!« Eine Kamera, die von oben, von der Christusfigur auf den Sünder blickt, Zentralperspektive und zentrierte Ausleuchtung – es gibt kein Symbol, das Ford hier auslässt. Und doch kann man sich gegen die archaische Religiösität dieses Bildes nicht wehren. Die Filmpublizistin Frieda Grafe: Solche Stellen »haben etwas Rohes, Unbearbeitetes, auch Generelles. Mit ihnen stellt er sich bloß. Deshalb ist man sofort bereit, ihn zu verteidigen gegen die auf der Seite des Gesetzes, des guten Geschmacks, die wissen, was erlaubt ist.«

Die Spannung aus der Reduktion bis zur bloßen Zeichenhaftigkeit und dem lyrischen Realismus seines Stils lässt sich am besten in Fords Western erleben. Auf der einen Seite die einschüchternde Dimension der Landschaft des Monument Valley in Arizona, auf der anderen Seite die Szene in einer Farmküche inmitten dieser Einöde, die in ihrer Länge ins Anekdotenhafte abrutscht. In *The Searchers* (1939) lässt Ford diese Elemente aufeinander prallen. Die Küchenszene stellt die Figuren vor, erklärt ihre Bezüge zueinander, deutet eine nie aus-

■ John Ford: schon zu Lebzeiten eine Legende

gesprochene Liebesbeziehung an und vermittelt vor allem auch durch ihre Länge die Atmosphäre des einsamen, entbehrungsreichen Lebens der Siedler. Realistisch ist die Szene trotzdem nicht, weil schon Farm und Landwirtschaft in dieser extremen Landschaft mit ihrer kargen Vegetation Unfug sind. Doch drückt der krasse Gegensatz aus der Lebensfeindlichkeit des Monument Valley und der flachen, sich schutzbedürftig gegen die Tafelberge duckenden Farm genau das aus, was Ford immer wieder als die große Pionierleistung der Siedler gefeiert hat – die Urbarmachung und Zivilisation des Kontinents. »Es war Wildnis, jetzt ist es ein Garten«, heißt es dazu in *The Man who shot Liberty Valance* (1962), einem seiner letzten Western. Und hier klingt das Unbehagen des späten Ford an, der dem Ergebnis dieses Zivilisationsprozesses nicht mehr ungebrochen positiv gegenüber steht.

Fords wachsender Skeptizismus lässt sich an den Charakteren ablesen, die John Wayne im Laufe ihrer langen Zusammenarbeit darstellte. Wayne, der erst durch seine Arbeit mit Ford zu der Film-Ikone wurde, die er neben Humphrey Bogart, Marilyn Monroe und Marlene Dietrich heute ist, verkörperte anfangs Charaktere, deren Wagemut notwendige Regelverletzungen darstellen, auf dem

■ Monomanische Suche nach den Mördern: Szenenphoto aus *The Searchers* (*Der schwarze Falke*, 1956)

■ Bis an die Grenze zur Sentimentalität: Henry Fonda und Linda Darnell in *My Darling Clementine* (*Faustrecht der Prärie*, 1946)

■ Die Pionierleistung der Siedler nicht unterschlagen: Henry Fonda in *The Grapes of Wrath* (Früchte des Zorns, 1940)

> **MIT JOHN FORD IM KINO**
> *Es gibt keine Filme, die das Kino notwendiger brauchen als seine. Das Kino, das heißt: die Leinwand und das Publikum im Saal. … Kamerabewegungen sind bei Ford weniger wichtig als der Blick, der den Horizont absucht, angstvoll, erwartungsvoll, Gefahr witternd oder das Gelobte Land. Der Blick seiner Figuren und der Zuschauer. Man muss die Filme mit Publikum sehen. Mit denen, für die sie gemacht sind, und mit denen, die sich über ihre vermeintliche Sentimentalität oder Einfachheit erheben, weil sie nie gelernt haben, Formen als Bedingungen für Inhalte zu sehen.* Frieda Grafe, Süddeutsche Zeitung, 1972

Weg zu einem funktionierenden Gemeinwesen. Aber in *The Searchers* (1956) ist von der Aussicht auf eine funktionierende Gesellschaft nichts mehr übrig geblieben. Die monomanische Suche nach den Mördern der Siedlerfamilie endet in einem Angriff auf ein schutzloses Indianerdorf. Vom friedlichen Zusammenleben kann keine Rede sein. Kurz darauf muss in *The Horse Soldiers* (Der letzte Befehl, 1959) und *The Man who shot Liberty Valance* (1962) der von Wayne dargestellte Gunfighter für das höhere Ziel dann sogar mit Intellektuellen gemeinsame Sache machen. Der Filmkritiker und Regisseur Hans C. Blumenberg: »Wo der Colonel (Wayne) und der Arzt (Holden in *The Horse Soldiers*), der Revolvermann (Wayne) und der Rechtsanwalt (Stewart in *The Man who shot Liberty Valance*) die konträren Ideen von Faustrecht und Vernunft repräsentieren, zeigt Ford, dass zumindest in seiner Vision von Amerika das eine ohne das andere nicht möglich wird, dass die Schwächen der einen Figur notwendig die Stärken der anderen bedingen.«

John Fords Vision von Amerika, die zum Fundament seiner Filmografie wurde, ist rückwärts gewandt. So bezeichnet der Filmjournalist Hans Peter Kochenrath Ford als einen konservativen Utopisten, der »seine Heimat in einer ländlich orientierten Welt des 19. Jahrhunderts« fand. »Durch die Bilder seiner Filme schimmert die Sehnsucht nach einer erlösten, heilen Welt.« Jenseits von Amerika trübt heute der Zweifel an der Unschuld dieses Traums den Blick auf seine Filme.

JOHN FORD

 BIOGRAPHIE

1895 John Ford wird am 1. Februar als jüngstes von elf Kindern geboren. Seinen Geburtsnamen Sean Aloysius O'Fearna ändert er erst in Jack, dann in John Ford, nachdem sein älterer Bruder Francis den Namen Ford (nach dem elisabethanischen Dichter John Ford) angenommen hat. Über seinen älteren Bruder Francis kommt Ford 1914 zum Film. 1917 inszeniert er mit The Tornado seinen ersten Film. Im gleichen Jahr folgen acht weitere, in denen meistens der Westernstar Harry Carey die Hauptrolle spielt. Mit The iron Horse gelingt John Ford 1924 der Durchbruch. Die historischen Fakten des Baus der ersten Eisenbahnverbindung zwischen amerikanischer Ost- und Westküste weitgehend ignorierend, erzählt Ford hier eine Liebesgeschichte, die viele Elemente seiner späteren Western vorwegnimmt. Das betrifft vor allem den Einsatz der Landschaft als dramatisches Element. The iron Horse drehte er nicht im Studio, sondern an Originalschauplätzen. Western werden Fords zentrales Genre, das er in den späteren Jahren mit Filmen wie Stagecoach (Ringo, 1939), seiner Kavallerietrilogie (Fort Apache, 1948; She wore a yellow Ribbon, 1949; Rio Grande, 1950), The searchers (1956) und Cheyenne autumn (1964) wesentlich prägt. Seine Filme über Irland gehören zu den melancholischsten Arbeiten des irischstämmigen Regisseurs. The Informer (1935), über einen Verräter im irischen Unabhängigkeitskampf oder The quiet Man (1952) Fords einziger Liebesfilm, nehmen eine Sonderstellung im Werk des Regisseurs ein und gehören zu seinen schönsten Filmen. 1966 inszeniert Ford mit Seven Women seinen letzten Spielfilm. Auf dem Festival in Venedig wird er 1971 für sein Lebenswerk (über 120 Spielfilme, davon rund die Hälfte Western) geehrt. Aus diesem Anlass wird Peter Bogdanovichs Dokumentarfilm Directed by John Ford uraufgeführt, in dem alle wichtigen Mitarbeiter des Regisseurs zu Wort kommen. Der Film enthält Ausschnitte aus 27 Ford-Filmen. John Ford stirbt am 31. August 1973 in Palm Desert, Kalifornien.

 WISSENSWERTES

Der Star
Am 26. May 1907 wird **John Wayne** in Winterset, Iowa geboren. Der Westernstar Tom Mix verschafft dem Studenten einen Job als Bühnentischler beim Film. Er freundet sich mit dem Regisseur John Ford an und übernimmt ab 1926 erste Filmrollen. Wayne ist schon in über 70 Low-Budget-Filmen aufgetreten, als Ford ihm 1939 die Hauptrolle in Stagecoach (Ringo) anbietet. Als bärbeißiger »Ringo Kid« wird Wayne zum Star. Politisch ist Wayne ein Reaktionär, der 1944 zu den Gründern der Motion Picture Alliance for the Preservation of American Ideals gehört, deren Präsident er später wird. Als Regisseur, Produzent und Hauptdarsteller ist er für Kriegsfilme wie The Alamo (Alamo, 1960) und The green Barrets (Die grünen Teufel, 1967) verantwortlich. John Wayne stirbt am 11. Juni 1979, er spielte in 142 Filmen die Hauptrolle.

Der Bruder
Am 14. August 1881 wird **Francis Ford** geboren. Neben seiner Arbeit als Schauspieler und Produzent inszeniert Francis Ford als Regisseur 78 Stummfilmwestern. Er besorgt seinem jüngeren Bruder einen Job als Requisiteur. Später treten die Brüder gemeinsam in den Serien The broken Coin (1915) und The purple Mask (1916) als Schauspieler auf. In späteren Jahren gehört Francis Ford zum festen Schauspielerstab in den Filmen seines Bruders – vorwiegend besetzt als gewitzter Hinterwäldler und trinkfester Ire. Francis Ford stirbt am 5. September 1953

 EMPFEHLUNGEN

Fünf Filme:
- The Informer (Der Verräter)
- Stagecoach (Ringo)
- My Darling Clementine (Faustrecht der Prärie)
- The quiet Man (Der Sieger)
- The Searchers (Der schwarze Falke)

 AUF DEN PUNKT GEBRACHT

So konservativ seine Filme auf den ersten Blick auch erscheinen, so gehören sie immer noch zu den Eckpfeilern des modernen Kinos. Ihre Spannung aus formaler Reduktion und lyrischem Realismus gibt Fords Filmen eine zeitlose Modernität.

Alfred Hitchcock (1899–1980)
Mr. Suspense

»Hitchcock macht den absurden Eindruck eines Topfes, der leer vor sich hinkocht« – André Bazin traf in den 1950er Jahren den Ton der Zeit. Hitchcock galt als ein eleganter Handwerker, dessen Filme keine Substanz hatten; einer, der mit seinen Groschenheftgeschichten Erfolg in den Vorstadtkinos hatte. Das Verdikt des Filmtheoretikers hat durchaus seine Berechtigung. Ihre Nähe zur *Pulp Fiction* können die meisten Hitchcock-Stoffe nicht leugnen. Da gibt es haarsträubende Verwechslungen, im antifaschistischen Widerstand gestählte Gentlemenganoven, Heldinnen, die unter abstrusen psychischen Defekten leiden und durch noch viel abstrusere Erlebnisse geheilt werden, elegante Psychopathen mit absolut uneleganten Absichten und immer wieder Blondinen, die Männer zu Dingen verführen, die diese sonst niemals tun würden. Die literarische Qualität einer Drehbuchvorlage hat Hitchcock eher abgeschreckt. Um ein literarisches Meisterwerk »filmisch auszudrücken, müsste man, wenn man die Wörter durch die Kamerasprache ersetzt, einen Film von sechs

■ Alfred Hitchcock war auch als Selbstdarsteller eine Klasse für sich: Seine kleinen Auftritte in den eigenen Filmen sind weit mehr als »running gags«. Die Miniaturen sind meisterhafte Selbstparodien eines großen Entertainers.

GUTE STOFFE
Ich lese eine Geschichte nur einmal. Wenn mir die Grundidee zusagt, übernehme ich sie, ich vergesse das Buch vollkommen, und ich mache Kino. Ich wäre völlig außerstande, Ihnen die Geschichte von The Birds von Daphne du Maurier zu erzählen. Ich habe sie nur einmal ganz schnell gelesen. Was ich nicht verstehe, ist, dass sich jemand eines Werkes total bemächtigt, eines guten Romans, an dem ein Autor drei oder vier Jahre geschrieben hat und in dem sein ganzes Leben steckt. Man fummelt dran herum, verschreibt sich ein paar erstklassige Techniker, und schon ist man Kandidat für einen Oscar, während der Autor im Hintergrund verschwindet. An ihn denkt keiner mehr.
Hitchcock zu Truffaut

■ Der Zufall ist bei Hitchcock immer eine Falle: Farley Granger und Robert Walker in *Strangers on a Train* (Der Fremde im Zug, 1951)

oder zehn Stunden drehen. Sonst wäre das nicht ernst zu nehmen«, entgegnete Alfred Hitchcock François Truffaut in ihrem legendären Interview, mit dem der französische Regisseur seinen britisch-amerikanischen Kollegen endgültig für das Bildungsbürgertum salonfähig machte. Wie grundverschieden Literatur und Film sind, hat kein Regisseur deutlicher gemacht als Hitchcock.

Seine Regielaufbahn begann zu einer Zeit, in der sich die Sprache des Films rasant entwickelte. Das Zusammenspiel von Licht, Dekor, Einstellungsgrößen, Kamerabewegung und Montage erlaubte eine Erzählweise, mit der auf Zwischentitel beim Stummfilm weitgehend verzichtet werden konnte. Die in Europa wenig bekannten Filme von David Wark Griffith, das sowjetische Kino mit Eisenstein (s. S. 56) und Pudowkin und die Arbeiten von Lang (s. S. 42), Pabst und Murnau (s. S. 38) schufen das Fundament einer visuellen Sprache, die mit dem Ende der Stummfilmzeit, 1928, einen ersten Höhepunkt erreicht hatte. Der Filmhistoriker Enno Patalas urteilte: »Hitchcocks Suspense-Kino entsprang aus der Kombination von deutschem Expressionismus und russischem Konstruktivismus, Murnaus synthetischem Raum mit Eisenstein-Pudowkins montierter Zeit.«

So werden schon die ersten Filmminuten regelmäßig zu meis-

■ Ein Film ohne Schnitte: was als formale Spielerei abgetan wurde, entpuppte sich als einer der bedrückendsten Filme Hitchcocks. Arbeitsphoto zu *Rope* (Cocktail für eine Leiche, 1948)

■ Bilder für den Fundus der Filmgeschichte: Cary Grant in *North by Northwest* (*Der unsichtbare Dritte*, 1959)

terhaften Miniaturen, in denen das zentrale Motiv, der Konflikt und die Ausgangssituation kondensiert sind: Ein Bahnhofsportal mit Reisenden, die in das Innere strömen, dann Füße, die durch die Schalterhalle eilen. Zwei Schuhpaare tauchen immer wieder auf, das eine ein Paar solider dunkler Herrenschuhe, das andere, ein geckenhaftes Paar Schuhe mit weißer Kappe, wie sie Golfspieler tragen. Das seriöse und das unseriöse Schuhpaar steigen in den selben Zug. Sie drängen sich durch die vollbesetzten Waggons und finden schließlich ihr Abteil. Als der Zug anfährt sitzt das unterschiedliche Paar sich gegenüber. Schnell gleitet der Zug auf den parallel aus dem Bahnhof führenden Schienen seinem Ziel entgegen. An einer Weiche überkreuzen sich die Schienenstränge, die Waggons beginnen zu schaukeln, und im Innern des Abteils stößt der unseriöse mit dem seriösen Schuh leicht zusammen. Erst jetzt bekommen wir die Träger der ungleichen Schuhe zu sehen. Bruno (Robert Walker) schlägt Guy (Farley Granger) ein Geschäft vor. (Golfschuh-)Bruno will die ungeliebte Ehefrau des frisch verliebten Tennisprofis umbringen, wenn Guy Brunos Vater tötet. Dass Guy, als ihm dieser Vorschlag gemacht wird, Bruno so schnell nicht mehr los wird, steht nach dem Prolog von *Strangers on a Train* (*Der Fremde im Zug*, 1951, nach dem Roman *Zwei Fremde im Zug* von Patricia Highsmith) außer Frage.

Die Sprache der Dinge, die im Stummfilm zumeist recht stereotyp – etwa in Form von brodelnden Wasserkesseln in der kleinbürgerlichen Küche oder von zuschlagenden Türen – verwendet wurde, hat Hitchcock zu einem Fetischismus gesteigert, sodass dem Zuschauer bei der Nennung einzelner Requisiten unweigerlich der betroffene Filmtitel einfällt. Das leuchtende Glas Milch aus *Suspicion* (*Verdacht*, 1941), die Kamera mit dem Teleobjektiv aus *Rear Window* (*Das Fenster zum Hof*, 1954), die Krawattennadel aus *Frenzy* (1971), das Becken aus *The Man who knew too much* (*Der Mann, der zuviel wusste*, 1955), das Adressbuch mit dem »R« aus *Rebecca* (1940) oder der Duschvorhang aus *Psycho* (1960) haben ihre Unschuld verloren: Sie sind zu Kürzeln einer Mythologie geworden, die jeder versteht, der diese Filme einmal gesehen hat.

> **ALLES IST ANDERS**
> *Hitchcock untergrub die Grenzen, die zwischen Film und Publikum lagen. Was rechteckig ist, schliff er ab, was gerade schien, bog er um. In seinen Filmen herrscht ein Sog, ein Klima, eine Atmosphäre, die den streunenden Blick des Zuschauers zur verschwimmenden Wahrnehmung lenkt.* Karsten Witte, 1980

Doch damit es soweit kommt, müssen den Dingen die Menschen zugeordnet werden, durch die wir die tiefere Bedeutung des jeweiligen Gegenstandes überhaupt erkennen können. Erst das ungebrochene Interesse an, wenn nicht sogar die Zuneigung zu einer Person schafft die Voraussetzung dafür, das Geheimnis der Dinge zu entschlüsseln, um dem Glas Milch, das Cary Grant die Treppe hochträgt, das unheilvolle Leuchten zu geben oder in dem Becken des Orchestermusikers ein Mordinstrument zu erblicken.

Hitchcock schildert ein Geschehen niemals objektiv. Bei ihm dreht sich alles um Identifikation. Dabei wird nicht nur der Hauptfigur, sondern auch ihren Gegenspielern die Zuneigung des Publikums zuteil. Das Böse ist bei Hitchcock niemals einfach nur schlecht. Seine Mörder sind in der Regel charmanter und meist auch viel eleganter als seine Opfer. Dabei schafft es Hitchcock, sein Publikum immer wieder soweit zu manipulieren, dass es, zwar um das Unrecht wissend, dennoch mit den Bösen auf ein Gelingen der Tat hofft. In *Psycho* zum Beispiel drücken wir einer Geldräuberin die Daumen, und kurz bevor sie von Anthony Perkins umgebracht wird, hat sogar er unsere Sympathie erlangt. Dann folgt die fürchterliche Szene im Badezimmer, die uns um unsere Identifikationsfiguren bringt und dadurch noch verstörender wirkt, als das Gemetzel

■ Den Topos Verfolgung hat Hitchcock mit diesem Film bis in die letzte Verästelung abgearbeitet: Eva Marie Saint und Cary Grant in *North by Northwest* (1959)

- Der Nachbar, das Seil, die abwesende Frau und ein Verdacht: Raymond Burr in *Rear Window* (*Das Fenster zum Hof*, 1954)

- Filme über die Lust am Sehen: Belgisches Plakat zu *Rear Window*

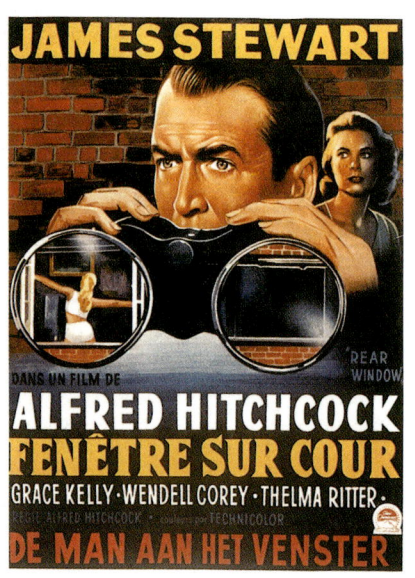

ohnehin schon ist. Das »Liebet Eure Feinde« des Neuen Testaments, das Claude Chabrol (s. S. 170) bei Hitchcock so wirkungsvoll in Szene gesetzt sieht, ist eher ein unerschütterliches Beharren auf der Ambivalenz, mit dem Hitchcock eine simple Einteilung in gut und böse verweigert.

Realität war bei Hitchcock nie auf einen Abbildrealismus beschränkt. Bei ihm ist Realität immer subjektiv. So kann es passieren, dass ein und derselbe Raum vollkommen unterschiedlich dargestellt wird, ohne dass dies mit den sonst üblichen Merkmalen einer subjektiven Einstellung kenntlich gemacht wird. Den Höhepunkt der Abstraktion erreichte Hitchcock mit dem Film *Torn Curtain* (*Der zerrissene Vorhang*, 1966) in dem Ost-Berlin und die DDR vollends zu einem symbolischen Ort verdichtet werden, zu einer im fahlen Licht unwirklich und vor allem unmenschlich wirkenden Szenerie. Zusammen mit *Topaz* (1969) gehört der Film zu den allgemein verachteten Arbeiten Hitchcocks. Doch beim Wiedersehen überrascht gerade *Torn Curtain* mit surrealem Witz und bestechender Ästhetik.

Die beiden letzten Filme *Frenzy* (1971) und *Family Plot* (*Familiengrab*, 1975) variieren noch einmal die schönsten Momente von Hitchcocks Kunst. Sie sind spannend, witzig, hinterhältig und gehen immer eine Spur zu weit, weil sie einem als Zuschauer zu nahe kommen. Wie leer der Topf ist, den André Bazin bei Hitchcock vor sich hinkochen sah, hängt immer noch von der Bereitschaft des Publikums ab, sich auf die Geschichten dieses Meisters der Kinounterhaltung einzulassen.

ALFRED HITCHCOCK

BIOGRAPHIE

Alfred Hitchcock wurde am 13.8.1899 im Londoner Eastend als dritter Sohn eines Gemüsehändlers geboren. Seine streng katholischen Eltern schickten ihren Sohn auf eine Jesuitenschule. Aus dem Cockney-Jungen wurde ein Büroangestellter bei einer Elektrofirma, der mit Werbetexten sein mageres Gehalt aufbesserte. 1920 ergatterte er einen Job als Zwischentiteltexter bei Famous-Players-Lasky in Islington. Von da an arbeitete er in den unterschiedlichsten Funktionen vom Kulissenmaler bis zum Second-Unit-Regisseur. Einem mehrmonatigen Aufenthalt in München und Berlin verdankte Hitchcock ein bayerisch gefärbtes Deutsch und die Erkenntnis, dass der Kulisse ein hoher dramaturgischer Stellenwert einzuräumen ist. Die Möglichkeiten der Filmarchitektur wurden in den zwanziger Jahren in keinem Land so vorangetrieben wie in Deutschland. Murnaus *Der letzte Mann* (1924) oder Fritz Langs *Metropolis* (1928) markieren die Höhepunkte dieser Entwicklung. Den Einfluss dieser Filmtradition hat Alfred Hitchcock immer wieder betont. *The Lodger* (*Der Untermieter*), ein Film über einen Mädchenmörder, wurde 1927 der erste Erfolg des Regisseurs, der sich schnell als brillanter Techniker einen Namen machte. Doch erst mit der Einführung des Tons stand Hitchcock das ganze Instrumentarium zur Verfügung, mit dem er von nun an sein Publikum begeisterte. Kurz vor Ausbruch des Kriegs holte ihn der Produzent David O. Selznick für *Rebecca* (1940) nach Hollywood. Hitchcock erkannte schnell, dass ein Höchstmaß an künstlerischer Freiheit nur zu erreichen war, wenn er die Filme auch selbst produzierte. *Notorious* (*Berüchtigt*, 1946) mit Ingrid Bergman und Cary Grant war sein erster Film als Produzent. Als Regisseur und vor allem Autorenfilmer anerkannt wurde Alfred Hitchcock jedoch erst durch das Engagement der französischen Filmkritiker und späteren Filmemacher François Truffaut und Claude Chabrol. Der »dunklen Seite des Genies«, so die Unterzeile zu Daniel Spotos Hitchcock-Biographie, rückte die Filmforschung seither mit dem unterschiedlichsten theoretischen Instrumentarium zu Leibe. Über keinen Regisseur ist soviel veröffentlicht worden wie über den kleinen, kugeligen Mann, der sich in den meisten seiner Filme mit einem Gastauftritt verewigte. Seinen letzten Auftritt inszenierte Hitchcock 1976 in *Family Plot* (*Familiengrab*). Dort sieht man seine Silhouette durch die Milchglasscheibe eines Standesamts, in dem Geburts- und Todesfälle registriert werden. Alfred Hitchcock starb am 29. April 1980 in Los Angeles.

WISSENSWERTES

Der Komponist
Zu den wichtigsten Mitarbeitern Hitchcocks gehört der 1911 in New York geborene Komponist **Bernard Herrmann**. *Citizen Kane* (1941) von Orson Welles, für dessen Radiohörspiele er zuvor komponiert hatte, war Herrmanns erster Filmauftrag. Für Hitchcock schuf er von *The Man who knew too much* (*Der Mann, der zuviel wusste*, 1955) bis zu *Marnie* (1964) aufwendig orchestrierte Kompositionen, die unauslöschlich mit der Erinnerung an Hitchcock-Szenen verbunden sind. Die Zusammenarbeit endete mit *Torn Curtain* (*Der zerrissene Vorhang*, 1966), für den Herrmann eine große Partitur fertiggestellt hatte, die Hitchcock auf Veranlassung der Universal als »altmodisch« ablehnte. Bernard Herrmann starb am 24. Dezember 1975, nachdem er den Score zu Martin Scorseses *Taxi Driver* (1976) fertiggestellt hatte.

EMPFEHLUNGEN

Fünf Filme:
- *Notorious* (*Berüchtigt*)
- *Rear Window* (*Das Fenster zum Hof*)
- *To catch a Thief* (*Über den Dächern von Nizza*)
- *Vertigo*
- *North by Northwest* (*Der unsichtbare Dritte*)

Lesenswert:
François Truffaut in Zusammenarbeit mit Helen G. Scott: *Truffaut/Hitchcock*, München–Zürich 1999

Enno Patalas: *Alfred Hitchcock*, München 1999

AUF DEN PUNKT GEBRACHT

Die Mittel des klassischen Stummfilms entwickelte Alfred Hitchcock weiter zu einer Filmsprache, bei der das gesprochene Wort nicht weniger, aber auch nicht mehr Bedeutung hatte als ein Geräusch. Dieser Stil hat seine Filme zeitlos gemacht.

Howard Hawks (1896–1977)
Meister aller Genres

»Ich bin ein Geschichtenerzähler, kein Künstler.« »Was ist der Unterschied?« »Keine Ahnung, aber in meiner Vorstellung gibt es einen Unterschied. Maler sind Künstler für mich. Die bloße Tatsache, dass jemand mein Werk künstlerisch nennt, bedeutet nichts.«

Für einen Geschichtenerzähler hat sich Howard Hawks erstaunlich wenig für die Handlung interessiert. Die Plots seiner Filme sind erschütternd banal, wiederholen sich, und manchmal sind sie auch noch wirr. Wer hat in *The big Sleep* (*Tote schlafen fest*, 1946) eigentlich wen umgebracht, und warum ist Philip Marlowe so gut informiert? Anderen Regisseuren würde so eine Nachlässigkeit vorgeworfen. Schließlich ist ein Krimi nur so gut, wie seine Handlung schlüssig ist. Doch hier ist alles anders. Keine Sekunde stört man sich an diesen Lücken. Längst ist man in das Geflecht aus undurchsichtigen Beziehungen verstrickt und glaubt niemandem mehr – außer vielleicht Marlowe (Humphrey Bogart), der sich am Ohrläppchen zupft und schmallippig Anstößigkeiten von sich gibt. So einer wie er hat eine wie Vivien (Lauren Bacall) verdient. Mit diesem Paar geht man durch dick und dünn. Wen interessiert da noch, was mit General Sternwoods Ex-Angestelltem passierte, der sowieso nie auftritt. Wie pragmatisch der Erzähler Hawks diesen Klassiker der Schwarzen Serie anging, zeigt die Produktionsgeschichte.

Von Oktober 1944 bis Januar 1945 wurde *The big Sleep* gedreht. Während Hawks noch an dem Film arbeitete, kam *To have and have not* (*Haben und Nichthaben*, 1945) in die Kinos. Auch in diesem Hawks-Film spielten Humphrey Bogart und das ehemalige Photomodel Lauren Bacall die Hauptrollen. Der Film wurde vor allem für Lauren Bacall ein großer Erfolg. Doch schon ihr nächster Auftritt in

■ Als Geschichtenerzähler hat Hawks immer den Schauwert beachtet: Marilyn Monroe und Jane Russel in *Gentleman prefer Blondes* (*Blondinen bevorzugt*, 1953)

Confidential Agent (*Jagd im Nebel*, Herman Shumlin, 1945) drohte ihre Karriereaussichten zunichte zu machen. An der Seite von Charles Boyer erntete Lauren Bacall vernichtende Kritiken. Die laszive Blondine wirkte überfordert. Zudem beschäftige die Klatschspalten ihre Beziehung zu Humphrey Bogart, den sie im Mai 1945 heiratete. Grund genug für ihren Agenten Warner Brothers zu bitten, den gerade fertiggestellten *The big Sleep* zu überarbeiten. Mehr gemeinsame Szenen mit Bogart/Bacall und lässigere Dialoge standen auf der Wunschliste.

Ein Jahr später machte sich Hawks an den gewünschten Nachdreh. Lauren Bacall bekam zwei große Szenen mit Bogart in atemberaubenden Kleidern und eine, in der sie ein tantenhaftes Hütchen trug, wurde gestrichen. Gestrichen wurde auch Bogarts starke Szene beim Bezirksstaatsanwalt. Zwar war die für das Verständnis der Handlung unerlässlich, sie störte jetzt aber den Rhythmus und vor allem – sie stimmte nicht mehr. Denn die neu hinzugekommenen Szenen hatten der einzig plausiblen Tatverdächtigen (Vivien/Bacall) ein wasserdichtes Alibi verschafft. Die Veränderungen sind gravierend. Die Handlung hat ihren Sinn weitgehend verloren, und doch wirkt der Film erst nach den Veränderungen richtig. Sie erzeugen das erotische Knistern zwischen den Figuren, das den

■ Lauren Bacall, Bob Steele, Humphrey Bogart in *The big Sleep* (*Tote schlafen fest*, 1946)

■ Er hatte eine Vorliebe für Flugzeuge, Autos, Pferde und richtige Männer: Howard Hawks bei den Dreharbeiten zu *El Dorado* (1966)

■ Satte Raubkatzen und schnell sprechende Stars: Werbeplakat für *Bringing up Baby* (Leoparden küsst man nicht, 1938)

»Ich habe nie etwas gemacht, von dem ich glaubte, es sei zu gut für das Publikum.«

Howard Hawks

eigentlichen Thrill von *The big Sleep* ausmacht.

Die von Hawks nachgeschobene Anekdote, dass er während der Dreharbeiten beim Autoren der Vorlage, Raymond Chandler, erfolglos herauszubekommen versucht habe, wer der Mörder eigentlich sei, kann getrost als Flunkerei für die Nachwelt angesehen werden. Chandler wusste bestimmt, wer es war. Und Hawks? »Das geschah am Anfang einer Epoche, als ich zu der Ansicht gekommen war, dass das Publikum sich ohnehin nicht mehr für Handlung interessierte.« Das gestand Howard Hawks 1977 Hans Christoph Blumenberg. Da lag die ursprüngliche Fassung des Films noch unentdeckt im Warner-Archiv. Nicht nur Hawks' laxes Verhältnis zur Plausibilität der Handlung überrascht. Absolut unvorstellbar ist, dass ein europäischer Regisseur wegen Imageproblemen seiner Darsteller auch nur einen Schnitt verändert hätte. Die nachgedrehten Szenen bewirken jedoch weit mehr als eine Imagekorrektur. Sie verändern den Charakter des Films vollkommen. Aus einem passablen Private-Eye-Film wird jetzt ein erotischer Thriller, dessen tatsächliche Handlung vollkommen nebensächlich ist. Ein Jahr nach Fertigstellung der ersten Fassung war Hawks sich sicher, »dass sich die Leute nur noch für gute Szenen interessieren« und nicht für den Plot. Er sollte Recht behalten, der Film ist heute ein Klassiker.

Anders als etwa seine Kollegen John Ford (s. S. 62) und Alfred Hitchcock (s. S. 68) hat Hawks in allen Genres gearbeitet, und

> **KINO LITERATUR**
>
> *Eine amerikanische, aristokratisch-demokratische Utopie, eine Welt des Handelns, der Freiheiten und des Ehrenkodex, der Freundschaft und der Solidarität, der Herrschaft und des Kampfes, der geprüften Autorität und der erhaltenen Souveränität – gerade auch der Frauen. Hat da einer nicht sein Leben lang seine Jugendträume sich immer wieder nachbuchstabiert? Und kommen nicht nur Hemingway, Wolfe und Faulkner – seine literarischen Zeitgenossen – aus der Welt Mark Twains, wie sie versicherten, sondern auch Howard Hawks?*
>
> Wolfram Schütte, *Frankfurter Rundschau*, 1977

überall lieferte er die Referenzfilme. Western wie *Red River* (1948) und *El Dorado* (1967), Komödien wie *Bringing up Baby* (*Leoparden küsst man nicht*, 1938), *His Girl Friday* (*Sein Mädchen für besondere Fälle*, 1940), Abendteuerfilme wie *Hatari!* (1962), sein Anti-Nazifilm *To have and have not* (*Haben oder Nichthaben*, 1945), selbst Kriegsfilme wie *Air Force* (1943) oder das Musical *Gentlemen prefer Blondes* (*Blondinen bevorzugt*, 1953) haben neben seinen Krimis (*Scarface*, 1932), *The big Sleep*, 1946) Maßstäbe gesetzt.

Auf den ersten Blick wirken Hawks' Filme erstaunlich unterschiedlich. Sie haben keine ins Auge springende stilistische Besonderheit, keine Schauspieler, die immer wieder auftreten, keinerlei Eigentümlichkeit bei Beleuchtung, Kamera oder Ton. Komödien drehte er gern mit Cary Grant, den er immer wieder in Frauenkleidern auftreten ließ, für Western bevorzugte er John Wayne, und er arbeitete mit Bogart/Bacall. Ansonsten mied er große Starbesetzungen, weil sie dem unabhängigen Produzenten Hawks, der sich nie länger an ein Studio band, zu teuer waren. Licht und Farbe setzte er je nach Stoff vollkommen unterschiedlich ein, und die Kamera stand bei ihm immer da, wo man sie zuerst vermuten würde: in Augenhöhe, nie zu weit weg, aber auch nie aufdringlich nah.

Unauffälligkeit ist das herausragende Stilelement von Hawks, Einfachheit und Pragmatismus. »Ich glaube nicht an Rückblenden. Wenn Sie eine Geschichte erzählen, würden Sie in der Mitte aufhören und dann erzählen, was sich vor zwanzig Jahren ereignet hat? Hawks' Credo, »man darf die Mittel der Inszenierung nicht bemerken«, gilt auch für seinen Kollegen John Ford. Doch anders als die Filme des irisch-

■ Gangsterikone im Vorkriegskino: Paul Muni in *Scarface* (1932)

■ Hawks' Traumpaar für Screwball Comedies: Katharine Hepburn und Cary Grant in *Bringing up Baby*, 1938)

■ Mit Western von Hawks und Ford zu ewigem Ruhm: John Wayne in *Rio Bravo* (1959)

stämmigen Westernregisseurs fehlt den Arbeiten des im Mittelwesten (Indiana) geborenen Hawks jede Sentimentalität. Wenn es gefühlig wird, werden Hawks Helden wortkarg und lakonisch, die Kamera wahrt Distanz. Nicht zuletzt diese Eigenschaft inspirierte den Regisseur Jacques Rivette in seiner Hymne auf Hawks zu kräftiger Naturmetaphorik: »Jede Einstellung hat die funktionale Schönheit eines Nackens oder eines Knöchels; ihre Abfolge, geschmeidig und notwendig, den Rhythmus des Pulsschlags. Der ganze Film einem stolzen Körper vergleichbar, wird belebt durch eine weiche und tiefe Atmung.«

Zu seinen letzten Projekten gehörte ein Film über das Leben Ernest Hemingways. Burt Lancester sollte die Titelrolle spielen. Hawks, dessen Werk kaum autobiographische Bezüge bereithält, dessen Begeisterung für Jagen, Fliegen, Autos, Pferde sich höchstens in der Stoffwahl niederschlug, hätte hier unter Umständen mehr von sich preisgeben müssen. Vielleicht ist gerade das der Grund, warum Hawks, der mit Hemingway gut befreundet war, den Film nie in Angriff nahm. Auf Hans Christoph Blumenbergs Frage nach seiner Reaktion auf den Selbstmord Hemingways antwortete Hawks knapp: »Ich verlor jeden Respekt für ihn«.

> PLOT ÖKONOMIE
>
> *Das ist der gleiche Film, den Howard seit 35 Jahren macht. Das ist noch einmal Red River. Der Pharao ist der Vieh-Baron, seine Juwelen sind die Herde, und der Nil ist der Red River. Aber mit Howard ist das so, dass er weiß, dass es der gleiche Film ist. Und er weiß, wie man ihn macht.*
>
> William Faulkner über den Monumentalfilm *Land of the Pharaos* (Land der Pharaonen, 1955), an dessen Drehbuch er mitgearbeitet hat

HOWARD HAWKS

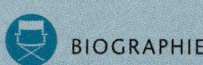

BIOGRAPHIE

Howard Hawks wurde am 30. Mai 1896 in Goshen, Indiana, geboren. Als ältester Sohn eines Papierfabrikanten wuchs er in Südkalifornien auf und studierte an der New Yorker Cornell Universität Maschinenbau. Während des Studiums jobbte Hawks in der Requisite von Famous-Players-Lasky und freundete sich mit Douglas Fairbanks an. Mary Pickford beförderte den jungen Requisiteur zum Regieassistenten, der einspringen musste, als der Regisseur Marshall Neilan bei dem Pickford-Film *The little Princess* (1917) zu betrunken war. Mit Eintritt der USA in den Ersten Weltkrieg wurde Hawks als Fluglehrer zur Luftwaffe eingezogen, später arbeitete er als Konstrukteur in einer Motorenfabrik und fuhr Autorennen. Seine Filmlaufbahn begann Hawks nach dem Ersten Weltkrieg als Drehbuchautor und Produzent. *The Road to Glory* war 1926 sein Regiedebüt. Der von Howard Hughes unabhängig von den großen Studios produzierte Film *Scarface* (1932), mit Paul Muni und George Raft, war Hawks erster großer Erfolg als Regisseur. Fliegen, Autorennen und Jagen – in seinen Filmen kehrte Hawks immer wieder zu seinen Leidenschaften zurück. Kommerziell war Howard Hawks einer der beständigsten Regisseure Hollywoods. Kein Flop und eine Reihe großer Erfolge finden sich in seiner Filmographie. Trotzdem wurde Howard Hawks für keinen Film mit einem Oscar ausgezeichnet. Erst 1973 bekam er einen für sein Lebenswerk. Howard Hawks, der bis zuletzt Motorrad fuhr, starb am 26. Dezember 1977.

WISSENSWERTES

Hawks' Entdeckungen
Wichtige Rollen vertraute Howard Hawks keineswegs nur Stars an. Rita Hayworth, Carole Lombard, Lauren Bacall, Jane Russell, Angie Dickinson, James Caan und Paul Muni verdanken den Beginn ihrer Popularität einer Rolle in einem Hawks-Film. Dabei war Schauspielerfahrung für Hawks keine Grundvoraussetzung. So war Carole Lombard zum Beispiel eine entfernte Verwandte, und Jane Russel arbeitete beim Zahnarzt von Hawks. »Be natural«, lautete die Maxime an seine Schauspieler, was gerade ambitionierten Amateuren oft schwer fällt. Zu den beliebten Hawks Anekdoten gehört sein Rat an Carole Lombard, die bei den Dreharbeiten zu *Twentieth Century* (1934) Schwierigkeiten hat, sich gegen ihren Filmpartner John Barrymore zu behaupten. Howard Hawks: »Ich sagte: Was würdest du tun, wenn ein Mann dieses oder jenes zu dir sagen würde? Sie: Ich würde ihm in die Eier treten. Ich: Warum hast du dann Barrymore nicht getreten?« Schauspieler aus Strasbergs Actors Studio wie Marlon Brando oder Stanislavsky-Anhänger waren dem effizienten Pragmatiker Hawks ein Greuel. »Montgomery Clift war einer von diesen Leuten. Aber Wayne und ich haben ihn rasch abgekühlt und dazu gebracht, natürliche Sachen zu machen und keine altmodischen Reaktionen.« (Hawks 1977 zu Blumenberg über *Red River*, 1948).

EMPFEHLUNGEN

Fünf Filme:
- *Scarface*
- *Bringing up Baby* (Leoparden küsst man nicht)
- *The big Sleep* (Tote schlafen fest)
- *Gentlemen prefer Blondes* (Blondinen bevorzugt)
- *Rio Bravo*

Sehenswert:
Die angesprochene, nie veröffentlichte erste Fassung von *The big Sleep* wird mit dem Zusatz »Directors Cut von 1945« mittlerweile als Video und DVD angeboten.

Lesenswert:
Hans Christoph Blumenberg: *Die Kamera in Augenhöhe. Begegnungen mit Howard Hawks*, Köln 1979

AUF DEN PUNKT GEBRACHT

Ob Western, Musical, Komödie, Krimi oder Abenteuerfilm, Howard Hawks war in allen Genres gleich erfolgreich. Ohne zu altern, garantieren seine Filme noch heute beste Kinounterhaltung.

Yasujiro Ozu *(1903–1963)*
Der ruhende Blick

»Geschafft! 103 Tage; 43 Flaschen Sake.«
Tagebucheintragung zum Ende der Arbeit am Drehbuch zu *Eine Geschichte aus Tokio* (1953)

■ Yasujiro Ozu erzählt Geschichten vom Älterwerden, vom Verlust der Träume und vom Leben in einer Gesellschaft, die sich beständig verändert.

Dass ein Regisseur eigentlich immer den gleichen Film dreht, scheint kein Werk deutlicher zu zeigen, als das von Yasujiro Ozu. Mit Ausnahme weniger früher Filme geht es in allen seinen Geschichten um eine Familie aus dem japanischen Mittelstand: Die Kinder werden erwachsen, ein Elternteil stirbt, eines der Geschwister kümmert sich um Vater oder Mutter und bleibt allein; oder die Eltern haben sich getrennt, und der Vater kehrt zurück, was dem gemeinsamen, mittlerweile erwachsenen Kind verschwiegen wird, bis alles herauskommt; oder die alten Eltern besuchen ihre Kinder in der Großstadt, sehen, dass nicht alles so großartig ist, wie es ihnen vorher berichtet wurde, und kehren in ihr Dorf zurück. Die Geschichten scheinen austauschbar, sie vermischen sich in der Erinnerung. Zurück bleiben Bilder von Gesichtern, Gefühle von Geborgenheit, Trauer oder einer stillen Freude sowie einzelne Beobachtungen: Das Auftauchen von Neonreklamen, Petticoats und amerikanischen Ausdrücken und der allmähliche Zerfall der traditionellen Gesellschaft, den man so unmerklich wahrnimmt, wie das Altern Chishu Ryus, der in fast allen Ozu-Filmen mitspielt, der zum Bekannten wird, den man erwartet, sobald das Licht im Kino ausgeht.

Ozus Filme sind familiär. Die Charaktere, ihre Macken und Liebenswürdigkeiten kennt man wie die Geschichten, in die sie verwickelt werden, und ihr Ende ist nur ein Abschied bis zum nächsten Mal. Die Zeitspanne, in der Ozus Filme entstanden, ist von historischen Umbrüchen geprägt. Kaiserreich, Krieg, Zusammenbruch und demokratischer Neuanfang sind die Folie, vor der sich seine Familiengeschichten entwickeln. Ohne Sentimentalität, höchstens mit einem Anflug von Melancholie beschreibt Ozu das Verschwinden traditioneller Bindungen, das Zerbrechen alter Strukturen und die notwendige Neuorientierung, die immer auch Irrtümer bedeutet, denen seine Alltagshelden aufsitzen. Das machte Ozu zum Chronisten der japanischen Gesellschaft in der Mitte des 20. Jahrhunderts und führte zu dem Missverständnis, dass seine Filme für den Export zu japanisch seien. Die große Universalität seines Werks wurde erst spät erkannt und trug Ozu die Verehrung vieler Regisseure ein und im Pantheon der Cineasten den Ehrenplatz neben John Ford (s. S. 62).

Dabei ist es weniger die thematische Begrenztheit, die den Vergleich mit dem Westernregisseur nahelegt, als die Stilsicherheit, mit der beide ihre Geschichten vom Untergang einer Epoche, von Um- und Aufbrüchen erzählen. Einstellungsgröße, Räume, Licht, Kamerabewegung und Inszenierung – alles gehorcht einer strengen Logik, die auf jede Form der Ausschmückung verzichtet. Dabei treibt Yasujiro Ozu die formale Reduktion ins Extrem. Der weitgehende Verzicht auf Kamerabewegung und Mimik der Schauspieler, die Dauer und Größe der Einstellungen, bei denen jeder Effekt vermieden wird, bis hin zum Standpunkt der Kamera, die immer wieder in der Raummitte, kniehoch aus leichter Untersicht das Geschehen aufzeichnet, sind seine formalen Erkennungszeichen.

Damit nehme seine Kamera den »Blickwinkel einer kleinen Gottheit« ein, »die menschliches Handeln beobachtet«, beschrieb der Regisseur Masahiro Shinoda die klassische Ozu-Einstellung. Die Montage seiner Szenen verlagert Ozu in die Räume. Diese sind durch Papierwände strukturiert, die sich verschieben lassen, die Einblicke mal gewähren und die mitunter eine Tiefe suggerieren, die wie ein Abgrund wirken kann oder wie eine Bühne, auf der die Schauspieler nur vorn an der Rampe spielen dürfen. Ozus Inszenierung gleicht einer kunstvollen, ausgesprochen präzisen Choreographie. Obwohl wenig passiert, gibt es keine Löcher oder Pausen. Über allem liegt eine gespannte Ruhe.

Die Einfachheit und Klarheit seines Regiestils sind das Er-

■ »Es wird nicht erwartet, dass sie etwas fühlen, sondern dass sie etwas tun«: Machiko Kyo, Ganjiro Nakamura in *Abschied in der Dämmerung* (1959)

■ Licht, Kamerabewegung und Inszenierung gehorchen einer strengen Logik: Setsuko Hara und Yoko Tsukasa in *Der Herbst* (1961)

> **STILLE WASSER**
> *Amerikanische Filme nehmen oft jene Form an, die Züge auf einer Ebene oder Schiffe auf einem Strom beschreiben. Hawks' Red River bewegt sich wie ein Viehtrieb am »cattle trail«, Fords Wagonmaster wie ein Planwagentreck auf der Wüstenebene und White Heat von Walsh rast gleich einem Schnellzug auf jenen Endpunkt zu, an dem er aus der Kurve springen und explodieren wird. Ozus Filme – trotz der zahlreichen Bahnfahrten und trotz der enigmatischen Sprache der Flüsse in ihnen – gleichen stehenden Gewässern, auf denen ein Wind spielt.* Harry Tomicek, 1988

gebnis minutiöser Planung und absoluter Kontrolle. Mit seinem Vertrauten Kôgo Noda, mit dem ihn die gleichen Arbeits- und Trinkgewohnheiten verbanden, schrieb er die Szenen und plante akribisch im Vorhinein Einstellungsgrößen, Kamerapositionen und Ausstattungsdetails. Gespielt wurde gegen die Stoppuhr, die Ozu immer zur Hand hatte. »Er hatte den kompletten Film im Kopf«, erinnerte sich Ozu-Schauspieler Chishu Ryu Jahre später, »über die Darstellung brauchten wir uns in keiner Weise mehr den Kopf zu zerbrechen.«

Ozus Umgang mit Schauspielern während der Dreharbeiten wird als despotisch beschrieben. Seine Wutausbrüche nach Fragen zum Hintergrund einer Figur sind Legende. »Es wird nicht erwartet, dass Sie etwas fühlen, sondern dass Sie etwas tun«, lautet eine der überlieferten Antworten, die seine Abneigung gegen jede Art dramatischen Schauspiels verdeutlicht. »In den Filmen von Meister Ozu sind die Personen alle Gäste des Regisseurs«, beschreibt der Schauspieler Tadao Sato die andere Seite dieser Haltung. »Wenn die Kamera bei Ozu-san eine Person erfasst, fährt sie nicht weiter in eine Großaufnahme vor, sondern verharrt in einer Kopf-Schulter-Anblick-Distanz. Es ist eine simple Etikette nicht näher heranzurücken. Das ist nur und ausschließlich eine Frage der Höflichkeit.«

In Deutschland sind es vor allem die öffentlich-rechtlichen Fernsehsender, die Ozus Werk veröffentlicht haben. Dabei ist das Fernsehen das denkbar schlechteste Medium für Ozus leise, unspektakuläre Art seine Familiengeschichten zu erzählen. Yasujiro Ozu: »Ohne all das dramatische Auf und Ab zu schildern, möchte ich die Leute fühlen machen, was das ist – das Leben«. Das ist ihm mit Geschichten gelungen, die so alltäglich sind, dass man sich kaum mehr an sie erinnert.

■ Die Eltern besuchen die Kinder und sehen, dass nicht alles so großartig ist, wie es ihnen berichtet wurde: Chishu Ryu und Chieko Higashiyama in *Die Reise nach Tokio* (1953)

YASUJIRO OZU

 ## BIOGRAPHIE

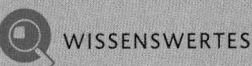 ## WISSENSWERTES

Yasujiro Ozu wurde am 12. Dezember 1903 als zweiter Sohn eines Düngerhändlers in Tokio geboren. Er wächst in Fukugawa auf, in einem kleinbürgerlichen Stadtmilieu mit kleinen Geschäften, Nudelküchen, Handwerksbetrieben, Bordellen und Märkten, wie es in vielen seiner Filme später vorkommen wird. Als er zehn ist, zieht die Mutter mit ihren Kindern nach Matsusaka, einer Handelsstadt in Honshu, aus der Ozus Vater kommt. Sein Vater arbeitet und wohnt im nahegelegenen Nagoya. Die Internatsschule muss Ozu schon bald wegen Aufsässigkeit verlassen, was den Dreizehnjährigen zum Kinobesucher macht, der sich für Charlie Chaplin, Harold Lloyd, Lilian Gish, Pearl White, Rex Ingram und King Vidor begeistert. Er scheitert an der Aufnahmeprüfung zur Hochschule und geht als Aushilfslehrer in ein Bergdorf nahe Matsusakas. 1923 zieht die Familie wieder nach Tokio zurück. Ein Onkel besorgt Ozu eine Stellung als Kameraassistent bei der großen Produktionsfirma Shochiku, für die er sein Leben lang arbeiten wird. Ende 1924 wird Ozu für zwölf Monate zur Armee eingezogen. Eine simulierte Tuberkulose fesselt ihn die längste Zeit des Wehrdienstes ans Bett. Nach seiner Rückkehr in die Firma wird der diskussionsfreudige Kameraassistent zum Regieassistenten befördert, der bald schon als Co-Regisseur genannt wird. *Das Schwert der Buße* (Zange no yaiba, 1927) ist Ozus Regiedebüt, zu dem sein Vater die Kalligraphie eines Briefes beisteuert, der in einem Insert eingefügt wird. Der elegante Stil des jungen Regisseurs gefällt. 1934 stirbt Ozus Vater, und der junge, in Japan überaus erfolgreiche Regisseur zieht in sein Elternhaus zu seiner Mutter, mit der er bis zu ihrem Tod 1962 zusammenlebt. Bis 1935 dreht er jedes Jahr bis zu drei Filme, wobei Ozu den Tonfilm meidet und seine Stummfilme nachträglich mit Geräuschen und Musiken unterlegt. *Der einzige Sohn* (Hitori musuko, 1936) ist sein erster Film mit Dialogen. 1937 wird Ozu wieder eingezogen, um als Infantrist am Krieg gegen China teilzunehmen. 1939 kehrt er zurück, hat aber große Schwierigkeiten seine Drehbücher von der Zensur genehmigt zu bekommen. 1943 wird Ozu wieder einberufen und in Singapur stationiert, wo er für die Regierung einen Film drehen soll, den er bis zum Kriegsende nicht fertigstellt. 1946 ist er wieder zurück in Japan, und ab 1947 inszeniert er wieder Filme für Shochiku. Ozu arbeitete fast immer mit den gleichen Schauspielern, beim Team gab es kaum Veränderungen, und die Bücher entwickelte er zusammen mit Kôgo Noda. Während die beiden am Buch zu *Der Geschmack von Makrelen* (Sanma mo aji, 1962) arbeiten, stirbt Ozus Mutter. Während der Dreharbeiten zu dem Film erfährt Ozu, dass er Krebs hat. An seinem 60. Geburtstag, kurz nach der Uraufführung des Films stirbt Yasujiro Ozu 1963 im Ochanomizu Krankenhaus in Tokio. Die einzige Inschrift auf seinem Grabstein ist das alte chinesische Zeichen »Mu«, »Nichts«.

Familybusiness
Bei seinen 54 Filmen arbeitete Yasujiro Ozu regelmäßig mit den gleichen Mitarbeitern zusammen. Den Autoren **Kôgo Noda** (1893–1906) lernte er in den ersten Monaten bei Shochiku kennen. Die beiden freundeten sich an und arbeiteten bei den meisten der Drehbüchern zusammen. **Chishu Ryu** (1904–1993) spielt in fast allen Ozu-Filmen mit. »Wir sehen ihm im Verlauf von 50 Filmen beim Altern zu« (Wim Wenders). **Setsuko Hara** (geboren 1920) war zwischen 1938 und 1962 der weibliche Topstar des japanischen Kinos. Ihr schauspielerischer Minimalismus, der im wesentlichen in einem angedeuteten Lächeln bestand, prädestinierte sie für Ozus pathetische Frauencharaktere. Mit Ozus Tod beendete sie ihre Filmkarriere. **Yûshun Atsuta** photographierte die meisten Ozu-Filme. Er arbeitete sich bei Ozu vom zweiten zum ersten Kameraassistenten hoch, bis er im Abspann als Director of Photography geführt wird.

 ## EMPFEHLUNGEN

Fünf Filme:
- *Der Herbst der Familie Kohayagawa* (Kohayagawa-Ke No Aki)
- *Entwurzelte Gräser* (Ukigusa)
- *Tokio in der Dämmerung* (Tokio boshuko)
- *Die Reise nach Tokio* (Tokio mo nogatari)
- *Ich wurde geboren, aber* (Uma rete we mita keredo)

 ### AUF DEN PUNKT GEBRACHT

Er gehört zu den großen Minimalisten des Kinos. Die Universalität seiner Geschichten und die Klarheit ihrer Umsetzung machen Yasujiro Ozu zum stilbildenden Klassiker der Filmgeschichte.

Luis Buñuel (1900–1983)
Der Bürger als Anarchist

»Gott sei Dank, ich bin immer noch Atheist!«
Luis Buñuel, 1959

»Nach jüngsten Informationen besitzen wir inzwischen genug Atombomben, um nicht nur alles Leben auf der Welt zu zerstören, sondern den Planeten auch aus seiner Bahn zu schleudern und nackt und kalt im All davontreiben zu lassen. Das kommt mir phantastisch vor, und ich hätte fast Lust zu applaudieren. Eins steht jetzt fest: Die Wissenschaft ist der Feind des Menschen. Sie schmeichelt den Allmachtsgelüsten, die zu unserer Zerstörung führen.« Luis Buñuel

■ Surrealist, Anarchist, Bürger: Luis Buñuel

Nach elf Einstellungen folgt die Explosion: Eine Männerhand spreizt die Augenlider einer Frau leicht auseinander, setzt das Rasiermesser an und schneidet los. Gleich in den ersten Minuten seines Regiedebüts entsteht eines der Bilder, die das Werk Luis Buñuels überschatten. Mit dem Intro zu *Un chien andalou* (*Ein andalusischer Hund*, 1928) ist es so wie mit der Szene aus *Le fantôme de la liberté* (*Das Gespenst der Freiheit*, 1974), wo eine festliche Abendgesellschaft auf Toilettenschüsseln sitzt, deren Teilnehmer sich zur Nahrungsaufnahme verschämt aufs »stille Örtchen« zurückziehen, oder mit der Beinprothese von Cathérine Deneuve in *Belle de jour* (*Belle de jour – Schöne des Tages*, 1967) – Buñuels Bilder graben sich nicht nur tief in die Erinnerung ein, sondern sie schockieren noch immer so, dass sich die Betrachter sofort in die Analyse flüchten. Von der »Abbruchhalde des Welt-Verstehens« ist dann die Rede, von Freuds »Identifizierung des Exkrements als Urform des Geschenks« und von Phantastereien, die zwischen Kastrationsängsten und Penisneid oszillieren.

Dabei ist sich Buñuel seit seinem Debüt mit *Un chien andalou* treu geblieben. Damals hatte er sich mit Salvador Dalí vorgenommen, »nur Bilder zuzulassen, die sich aufdrängen, ohne in Erfahrung bringen zu wollen, warum«. Die Maxime des Surrealismus wirft den Betrachter auf sich selbst, auf die eigene Imagination und Irritation zurück. Wer einen Film von Luis Buñuel zum ersten Mal sieht, betritt immer Neuland. Keine Geschichte folgt gängigen Mustern, kein Happyend löst die Verwirrung, und die Rituale des Alltags werden gern auf den Kopf gestellt. Die Grenzen zwischen Realität und

Traum, gestern und heute sind vollkommen nebensächlich. Je größer die Widersprüche und je unüberwindlicher die Gräben der Rationalität erscheinen, desto souveräner verknüpft Buñuel gerade das Unverknüpfbare. In seinen Filmen gestaltet er Welten, die der Realität oft nur in Nuancen widersprechen und sie gerade dadurch entlarven.

Keine Psychologie, sondern action, action, action – dieser Grundsatz kennzeichnet Buñuels Stil, der sich damit als entschiedener Verfechter des Unterhaltungskinos zu erkennen gibt. Nur ihr Handeln erklärt die Figur – und das macht die Sache nicht einfacher. Was ist das für ein ehrwürdiger Monsignore, der bei einer reichen Bürgerfamilie als Gärtner arbeiten will, was ist das für eine Gattin, die in ihrer Freizeit als Prostituierte arbeitet, oder was für ein Bettler, der durch ein Wunder seine Hand wiederbekommt, nur um dem nächstbesten Kind eine Ohrfeige zu geben? Nicht nur die verstörenden Bilder, auch die Charaktere bringen den Analyseapparat zum Rattern.

Formal ist Buñuel ein sorgfältiger Erzähler, er entwickelt seine Geschichte in langen ruhigen Einstellungen. Dabei kommt er immer umstandslos zur Sache. Atmosphärische Annäherungen, anspielungsreiches Vorbereiten, Entwicklungen in kleinen Schritten gibt es bei ihm nicht. Er erzählt so schnörkellos wie Howard Hawks (s. S. 74), nur dass die Handlung auf mehreren Realitätsebenen verlaufen und es Rückblenden und Einschübe geben kann, die manchmal wie eine Fußnote wirken. Sie erklären eine Figur, unterbrechen aber keineswegs den Erzählfluss. Die Ruhe, mit der sich die Geschichten entfalten, hängt mit der Länge der Einstellun-

> **WAS WILL UNS DER REGISSEUR SAGEN?**
> Wer sich auf die Freudsche Couch legt, der träumt freudianisch. Was in den Bewusstseinstrichter an Freud hineingeflößt wird, das kommt beim automatischen Schreiben als Libido-Metapher wieder heraus. Die Surrealisten waren vor allem vom Aggressions-Frustrations-Modell der Psychoanalyse schwer beeindruckt. Buñuels sanguinisches Temperament schmiedet in seiner Lyrik dieselben explosiven Metaphern und Bildsequenzen nach der Logik des frustrierten Begehrens ... Wenn mit diesen Bildern eine Geschichte erzählt wird, dann die Geschichte der unerfüllten, durch die Torturen der Moral behinderten Leidenschaft und all der sinnlosen Gewalttaten, die daraus entspringen.
> Gabriele Killert, Neue Zürcher Zeitung, 2000

■ Schocktherapie fürs Foyer: Szenen aus *Un chien andalou*, 1928; Anne Marie Deschott in *Le Fantôme de la liberté* (*Das Gespenst der Freiheit*, 1974)

■ Buñuels größter kommerzieller Erfolg: Cathérine Deneuve in *Belle de jour* (1967)

GESTÄNDNIS

Ich gehe zwar nicht gern ins Kino, aber ich liebe den Film als Ausdrucksmittel. Ich finde, es gibt kein besseres Mittel, uns eine Realität zu zeigen, die wir nicht jeden Tag mit Händen greifen können. Ich meine damit, dass wir durch Bücher, durch Zeitungen, durch unsere Erfahrung nur eine äußere, objektive Realität kennen. Der Film öffnet uns … ein kleines Fenster auf die Verlängerung dieser Realität. Mein Wunsch als Zuschauer geht dahin, dass der Film mir etwas »entdeckt«, und das erlebe ich selten. Luis Buñuel, Cahiers du Cinéma, 1954

gen, aber auch mit der konstanten Verweigerung der Montagekonvention zusammen. Schuss-Gegenschuss-Auflösungen bei einem Gespräch gibt es fast gar nicht. Bei Buñuel folgt die Kamera dem Gespräch lieber wie ein Beobachter, der mal zum einen, mal zum anderen, mal aus dem Fenster blickt. Kein Schnitt unterbricht das Gespräch. Soll eine Annäherung von draußen nach drinnen beschrieben werden, schneidet Buñuel nicht die Hausansicht mit dem Innenraum zusammen, sondern gleitet mit der Kamera auf das Fenster zu, die nun von draußen in das Zimmer hineinblickt, dann folgt der Umschnitt, jetzt blickt die Kamera aus dem Fenster auf die Straße, gleitet zurück in den Raum, den sie anschließend mit einem 180 Grad Schwenk untersucht. So eine Auflösung atmet schon in der maliziösen Art der Bourgeoisie. Mit der nächsten Einstellung kann Buñuel zum Angriff übergehen. Dass er bei seiner Vorliebe für Plansequenzen, Szenen, bei denen die Schauspieler die ganze Tiefe eines Raumes ausnutzen, und langen Einstellungen ein ausgesprochen sparsamer Regisseur war, der mit knappen Budgets, knapp kalkulierten Drehplänen und so wenig Material auskam, dass der Schnitt eines Films kaum länger als 14 Tage dauerte, ist heute kaum vorstellbar.

Auch wenn er immer behauptete, beim Drehen viel zu improvisieren, muss Buñuel genau gewusst haben, was er wollte. Nach eigenem Bekunden waren für Hitchcock (s. S. 68) die Dreharbeiten der langweiligste Prozess bei einem Filmprojekt, weil er genau wusste, was herauskommen würde. Die Jesuitenzöglinge Hitchcock und Buñuel verbindet mehr als nur die Akribie bei der Drehvorbereitung. Bei beiden ist der Einbruch des Schreckens in den Alltag, die Vertreibung aus dem bürgerlichen Paradies das zentrale Motiv ihres Werks. Doch wo Hitchcock sein verunsichertes Publikum mit einem Happyend aufrichtet, lässt Buñuel die Welt so zerfleddert und verdreht, wie sie am Filmende eben ist. Buñuel: »Ja, die Leute wollen immer eine Erklärung für alles. Das ist das Resultat einer jahrhundertelangen bürgerlichen Erziehung. Und für alles, was sie nicht verstehen, laufen sie dann zu Gott.«

Die ungebrochene Aktualität seiner Filme liegt heute weniger in den Schocks, die Buñuels Bilder immer noch erzeugen können. Gewaltdarstellungen, sexuelle Freizügigkeit, Tabubrüche haben ihre Skandalkraft weitgehend verloren. Doch Buñuel zeigt, dass es die Freiheit, die der Skandal erzeugen soll, noch gibt. Luis Buñuel, treuer Ehemann, Vater und Revolutionär aus tiefster Überzeugung ist immer ein Bürger geblieben.

LUIS BUÑUEL

 BIOGRAPHIE

Luis Buñuel wurde am 22. Januar 1900 in Calanda, Aragón, geboren und wuchs in Saragossa in einem reichen, streng katholischen Elternhaus auf. 1917 ging er zum Studium nach Madrid, wo er Garcia Lorca und Salvador Dalí kennen lernte. 1925 zog er nach Paris. Mit *Un chien andalou* (*Ein andalusischer Hund*) fand Buñuel 1928 Zugang zur Gruppe der Surrealisten, denen die große Popularität ihres Neumitglieds anfangs suspekt erschien. Sein zweiter Film *L'âge d'or* (*Das goldene Zeitalter*) löste 1930 einen legendären Skandal aus. Nach zwölf Tagen und zahlreichen turbulenten Vorführungen wurde der Film verboten. Das Verbot blieb bis 1980 in Kraft. Zu Beginn des Spanischen Bürgerkriegs emigrierte Buñuel in die USA, jobbte in Museen und synchronisierte Filme. Eine Denunziation Dalís, der Buñuel als Kommunisten bezeichnet hatte, kostete ihn seine Anstellung im New Yorker Museum of Modern Arts und führte zum endgültigen Zerwürfnis der beiden. Buñuel zog nach Mexiko, wo er 1947 seinen ersten abendfüllenden Spielfilm inszenierte. 1961 kehrte er nach Europa zurück, um in Spanien den Film *Viridiana* zu drehen, der in Cannes als offizieller spanischer Beitrag mit der Goldenen Palme ausgezeichnet und in Spanien nach heftiger Kritik des Vatikans sofort verboten wurde. In den folgenden Jahren drehte Buñuel seine erfolgreichsten Filme, darunter *Belle de jour* (*Belle de jour – Schöne des Tages*, 1961) mit Cathérine Deneuve, *Le charme discret de la bourgeoisie* (*Der diskrete Charme der Bourgeoisie*, 1972) mit Delphine Seyrig und seinen letzten Film *Cet obscur objet du désir* (*Dieses obskure Objekt der Begierde*, 1977) mit Fernando Rey und Angela Molina. Luis Buñuel starb am 29. Juli 1983 in Mexico City.

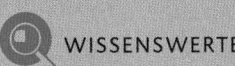 WISSENSWERTES

Die Tiere

In *Un chien andalou* liegen Eselkadaver hingestreckt über zwei aufgeklappten Konzertflügeln. Kämpfende Skorpione eröffnen *L'âge d'or*. In *Las Hurdes* (1933), treiben Insektenlarven in dreckigem Trinkwasser. In *Los olvidados* (*Die Vergessenen*, 1950) wimmelt es von Hunden, Hühnern, Schafen und Schnecken. Von der Schafherde aus *El ángel exterminador* (*Der Würgeengel*, 1966) bis hin zu den Stoffhunden und Gummihühnern in *Le charme discret de la bourgeoisie* (*Der diskrete Charme der Bourgeoisie*, 1972) – die Bildwelt Luis Buñuels ist reich an Tieren und am Ekel, den die Kreatur, vor allem wenn sie tot oder am Verwesen ist, auslöst. Die Tiere in seinem Werk gehören zu den deutlichsten Hinweisen auf seine Kindheit in Saragossa. Seine jüngere Schwester Conchita Buñuel-Garcia erinnerte sich später nicht nur an die große Ratte, die als Haustier in einem Papageienkäfig die Familie auf Reisen begleitete, sondern auch an »Affen, Papageien, Falken, Kröten und Frösche, eine oder zwei Nattern und eine afrikanische Eidechse, die die Köchin in einer Anwandlung von Gewalttätigkeit sadistisch auf der Herdplatte mit einem Schürhaken tötete. Auch das Schaf Georgio vergesse ich nie ... es war außerordentlich falsch. Ich mochte eigentlich nur Nenne, das Pferd.« Die Mäusepopulation in einer Hutschachtel zählte zu den Lieblingstieren von Luis, der sie bei seinem Auszug 1925 auf dem Speicher seines Elternhauses in die Freiheit entließ. Allein Spinnen sollen im Zentrum einer familiären Phobie gestanden haben. Das hinderte Luis Buñuel nicht, nach seinem Studium eine Zeitlang in der entomologischen Abteilung des Naturwissenschaftlichen Museums in Madrid zu arbeiten.

 EMPFEHLUNGEN

Fünf Filme:
- *Le fantôme de la liberté* (*Das Gespenst der Freiheit*)
- *Belle de jour* (*Belle de jour – Schöne des Tages*)
- *El ángel exterminador* (*Der Würgeengel*)
- *Los olvidados* (*Die Vergessenen*)
- *Un chien andalou* (*Ein andalusischer Hund*)

Lesenswert:
Heinrich von Berenberg (Hg.): *Objekte der Begierde*, Berlin 2000

Luis Buñuel: *Wenn es einen Gott gibt, dann soll mich auf der Stelle der Blitz treffen*, Berlin 1994

 AUF DEN PUNKT GEBRACHT

Bei seinen Filmen fahren die Rezensenten stets gern schweres Theoriegeschütz auf. Genützt hat es nichts. Luis Buñuels Filme sind immer noch so absurd und regelwidrig wie am ersten Tag.

Jacques Tati (1909–1982)
Der Witz der Moderne

Manchmal treffen Komiker mit ihrem Spott den Nerv ihrer Zeit so genau, dass es schmerzt. Niemand lacht befreit los, nur weil er merkt, dass er die falschen Sachen schön findet, einer dummen Ideologie anhängt oder bloß feige ist. Die richtigen Ideen zur falschen Zeit zu haben ist für Komik und Komödie tödlich – und ein Beweis wirklicher Größe. Chaplin (s. S. 16) und Lubitsch (s. S. 26) erging es so mit ihren Nazi-Komödien, die zur falschen Zeit – vor Beginn des amerikanischen Kriegseintritts – das Richtige sagten.

Jacques Tati erhob das Unzeitgemäße in seiner Filmographie gleich zum Prinzip. Wenn man sich seine fünf Filme heute ansieht, hat man den Eindruck, hier sollten Generaldebatten über den Zustand der Moderne geführt werden. Dementsprechend widerwillig wurde auf seine letzten Filme reagiert, die zu einer Zeit herauskamen, als die Segnungen der Moderne ungebrochen bejubelt wurden. Heute liegt sein Werk wie ein Fels in der Brandung, die Zeit kann ihm nichts mehr anhaben.

Das war 1967 anders. Da veröffentlichte er mit *Playtime* einen Film, bei dem er alles auf eine Karte gesetzt hatte – ökonomisch, denn der unabhängige Produzent Tati verpfändete seinen gesamten Privatbesitz, und inhaltlich sowieso: Diesmal soll Hulot, der etwas vertrottelte Held aus *Mon oncle* (Mein Onkel, 1958) in Paris einen Brief zustellen. Dabei verrät der Plot der Ge-

■ Als Maschinenstürmer missverstanden und erst spät als einer der größten Komiker des 20. Jahrhunderts entdeckt: Jacques Tati als Monsieur Hulot mit Shagpfeife, kleinem Hut und hüftsteifer Motorik

> **SEHEN UND ERINNERN**
> *Die Zeit der großen Komödianten ist vorbei. Im Stummfilm wurden zwangsläufig alle Möglichkeiten visueller Komik erprobt. Als der Tonfilm aufkam, gaben die Produzenten ihr Geld den Autoren, die dann versuchten, den Witz in die Worte zu legen. Schade. Eine komische Situation, ein Gesicht merkt man sich, einen lustigen Satz in einem Film vergisst man sofort.* Jacques Tati, 1968

schichte nichts über den Grat der Destruktion, die von Tati hier betrieben wird. *Playtime* beginnt an einem mondänen Ort. Glasfronten, Rolltreppen, Frauenabsätze klappern auf Kunststoffböden. Die Modernität hat alle tradierten Zeichen weggefegt. Wir wissen nicht, was für einen Ort wir da gerade sehen, glauben schließlich in einem Krankenhaus gelandet zu sein und befinden uns doch auf dem nagelneuen Pariser Flughafen Charles de Gaulle. Hulot ist angekommen und reist ins Zentrum von Paris, dessen Wahrzeichen nur kurz in der spiegelnden Glasfläche der Hochhäuser zu erkennen sind. Dann lernen wir mit Hulots Augen die Errungenschaften dieser neuen Welt kennen. Paternoster, die ihre Insassen ruhelos 'rauf- und wieder 'runterbaggern, Großraumbüros, in denen wie in einer Legebatterie gerackert wird, und Menschen, die für niemanden mehr Zeit haben. Am Ende des Tages landet Hulot in einer Bar, in der ein Freund aus seinem Dorf beschäftigt ist. Heute ist Eröffnungstag, und die Handwerker arbeiten noch, als die ersten Gäste eintreffen. Am Ende ist die Bar in ihrer ganzen ausgestellten Modernität eine Ruine, und der harte Kern der Gäste trifft sich in einem gemütlichen Bistro wieder, das genau so ist, wie Pariser Bistros seit Jahrzehnten aussehen.

■ Den dummen Auswüchsen der Moderne sagte er den Kampf an: Tati in *Playtime* (1967)

Der wortkarge Bote, der außer einem freundlichen »Hulot« in diesem Film nichts zu sagen bekommt, wird Zeuge einer Zerstörungsorgie in Zeitlupe, aber eigentlich ist er selbst es, der diesen wunderbaren Mechanismus in Gang setzt, an dessen Ende nichts mehr so ist wie zuvor. Dabei ist Hulot vollkommen arglos, er verhält sich wie ein Kind, das mit staunenden Augen seine Entdeckungen macht und mit noch größerer Überraschung feststellt, dass diese fremde Welt Gesetzen gehorcht, die das Kind aus seiner Welt kennt. Am Ende treffen eben doch alle im Bistro zusam-

- Der letzte große Film, der das ökonomische Ende des unabhängigen Produzenten Tati besiegelte: Tati in *Traffic* (1971)

men, das Leben kann so einfach sein. Dieses Bild vom Glück war 1967 nicht unumstritten. Gemütlichkeit und Spießigkeit lagen bei einem Publikum dicht beieinander, für das Puschen und Bommeln nicht mehr für Lebensqualität und Geschmack standen. Und Tatis Bild vom Glück wirkt tatsächlich reichlich einfältig, so als wenn der Wein in der Eckkneipe die Lösung aller gesellschaftlichen Probleme bedeuten könnte. Zumal seine Vorstellung von der Moderne in ihrer sauberen Helligkeit, den leuchtenden Farben und pflegeleichten Oberflächen 1967 geradezu berückend aussah. Ganz

»Für mich sind W.C. Fields und Buster Keaton die Größten. Denen glaubt man ihr Schicksal. Chaplins Geschichten glaubt keiner.«
Jacques Tati, 1968

PEEPING JACQUES
Bei Gelegenheit hat Jacques Tati gesagt: »Dank einer ausgeprägten Beobachtungsgabe, die vielleicht stärker ist als mein Sinn für Humor, möchte ich das Überleben des Individuums in einer Umwelt hervorheben, die mehr und mehr entmenschlicht wird.« Tati war kein Reaktionär, dazu war er zu klug, aber er war ein Konservativer, ein Mann, der sich ohnmächtig gegen den Niedergang des Alten stemmte und der wie ein trauriger Clown der Tristesse des Lebens die komischen Pointen abzwang. Michael Schwarze, 1982

genau so wollten damals viele Menschen leben.

Dass er das »Frankreich der Plumpsklos« feiern würde, hielt man Tati vor und war stolz auf den Krach der heimischen Druckspülung. Dabei ist Tati in keinem seiner Filme ein Maschinenstürmer. Um den Verlust der Kommunikationsfähigkeit, die Geringschätzung kommunikativer und sozialer Fähigkeiten, um eine fehlgeleitete Vorstellung von Effizienz geht es bei ihm spätesten seit *Mon oncle* (1958). Dort gibt Hulot als verträumter Schwager eines modernistischen Plastikfabrikanten dem Unternehmerssohn eine Lebensfreude zurück, die der im durchorganisierten Haushalt seiner Eltern nur noch bei Jungensstreichen gegen ihr adrettes Regime findet. Darin unterstützt Hulot den Kleinen nach Kräften. Jeder Versuch, die Anschläge des Neffen zu vertuschen, multipliziert ihre Wirkung.

Dass der metallene Fisch im Garten, der beim Nahen der Gäste freudig Wasser speit, am Ende gurgelnd den Dienst versagt, ist bei der ersten Ankunft Hulots klar. Doch die torrerohafte Grandezza, mit der er den Spieß des Weinglashalters in den Kies rammt und die Wasserzufuhr zum Fisch trifft, ist ein Slapstickhöhepunkt, der an Tatis Anfangszeit zurückführt.

Seine Karriere begann als Entertainer und Pantomime in den Music Halls, und wie bei Fellini (s. S. 140) oder Chaplin, deren Werk von ihrer Begeisterung für den Zauber der kleinen Vorstadtbühnen geprägt war, hat auch Tati diese Herkunft nie verleugnet. So konnte er seinen ersten langen Film *Jour de fête* (*Tatis Schützenfest*, 1948) 1961 umstandslos zur Bühnenfassung für das Pariser »Olympia« umstricken. Das wäre sogar noch bei seinem nächsten Film *Les vacances de Monsieur Hulot* (*Die Ferien des Monsieur Hulot*, 1953), der schon viel stärker dem Medium Film verbunden ist, möglich gewesen.

Schon bei dem Postboten aus *Jour de fête* fällt Tatis Nähe zu Buster Keaton

■ Lachen zu Beginn des Plastikzeitalters: Alain Bécourt und Jacques Tati in *Mon oncle* (1958)

■ Von der Varietébühne auf die Leinwand und wieder zurück: Tati in *Jour de fête* (*Tatis Schützenfest*, 1949)

auf. Wie dieser trotzt er den Nachstellungen des Alltags ohne mimische Reaktionen. Und wie Keaton verfügt Tati über eine beredte Körpersprache. Jacques Tati: »Niemand arbeitet perfekter mit den Beinen als Keaton. Seine Beine könnten eine Tonspur, ein Dialog für sich sein: erst die Frage, dann die Entscheidung, schließlich Angst.« Bei Tati ist es ähnlich, dabei fällt die gutartige Freundlichkeit seiner Helden sofort auf. Nicht der Schielende, der in *Jour de fête* mit dem Fahnenmast die Halterung verfehlt, wird, wie in Hollywood-Burlesken üblich, verlacht. Beklatscht wird die Aufmerksamkeit des Briefträgers, der, als er das Handikap des Schaustellers bemerkt, ihn per Handzeichen auf einen Punkt neben der Halterung lotst, damit der Mast punktgenau an der vorgesehenen Stelle landet. Solche Gags brauchen Zeit, und Tati nimmt sie sich. Der Sketch mit dem Metallfisch aus *Mon Oncle* wird sorgfältig vorbereitet. Bei jedem Türklingeln wird der Fisch gestartet. Kommt ein Familienmitglied, wird der Wasserhahn sofort zugedreht, und taucht Hulots Hut über der Brüstung auf, wird er gar nicht erst angestellt. Als die Begrüßungszeremonie etabliert ist, beginnt die Destruktion. Tatis unschuldigem Angriff während der Party folgt die Reparatur durch die Handwerker unter den Gästen mit anschließendem Probelauf, bei dem der stolz speiende Fisch nur noch rostige Brühe kotzt.

In seinen Attacken auf die dummen Auswüchse der Moderne blieb Jacques Tati ein Komiker der Moderne. Nach Auschwitz habe das revoltierende Individuum nichts Komisches mehr, schrieb Enno Patalas 1959 in der *Filmkritik*. »Grund zum Lachen hat man nur, wenn man den Spieß umdreht: nicht mehr über das Opfer lacht, sondern über den Täter, das heißt über die Gesellschaft.« Mitleid und Sentimentalität, wie sie Chaplins Komik durchdrangen, hat Tati immer vermieden. Den vorschnellen Urteilen seiner Zeitgenossen zum Trotz blieb Jacques Tati der modernste Komiker des 20. Jahrhunderts.

■ Ansichten vom schönen Schein der neuen Zeit: Jean-Pierre Zola und Adrienne Servantie in *Mon oncle* (1958)

JACQUES TATI

 BIOGRAPHIE

Jacques Tati (eigentlich Tatischeff) wird am 9. Oktober 1909 in Le Pecq, Île-de-France, geboren. Die Eltern handeln mit Bilderrahmen. Sie können ihrem Sohn eine Ausbildung auf dem Polytechnikum finanzieren. Der junge Tati hält sich längere Zeit in England auf, wo er sich für Rugby begeistert. Sein Rugbysketch, bei dem er Spieler (beider Mannschaften) und Publikum spielt, gehört zu seinen ersten Erfolgen als Pantomime. Sein Repertoire, mit dem er allmählich zum professionellen Kleinkünstler wird, besteht aus weiteren Sportnummern und Alltagssituationen, die er in Nummern wie *Die Straßenbahnfahrt* aufgreift. Ein gemeinsamer Auftritt mit Maurice Chevalier im Pariser Ritz bedeutet für Tati den Durchbruch. Er ist jetzt ein gefragter Entertainer, und Colette schreibt 1936 in *Le Journal*: »An dieses erstaunliche Talent reicht kein Akrobat. Seine Kunst umfasst Tanz, Sport, Satire und Flitter, in seinen Auftritten ist er der Fesselballon und sein Steuermann zugleich, der Boxer und sein Gegner, das Fahrrad und sein Fahrer. Er hat das Zeug zu einem großen Künstler.« Schon 1931 hat Tati mit *Oscar, Champion de tennis* einen seiner Auftritte abgefilmt. 1934 folgt sein erster »richtiger« Film. *On demande un brute* handelt von einem sanften Mann, der unter der Fuchtel seiner Frau steht. *Gay diamanche* (Jacques Berr, 1935) gipfelt in einem Picknick, das im Chaos endet. Von seinen frühen Filmen, die Tati als Autor und Hauptdarsteller dreht, gilt *Soigne ton gauche* (René Clément, 1936) als der gelungenste. 1939 unterbricht der Kriegsausbruch seine Karriere. Tati wird Soldat und ist in der Nähe des Dorfs Ste.-Sévrè-sur-Indre stationiert, dem er in *Jour de fête* (*Tatis Schützenfest*, 1949) ein Filmdenkmal setzt. *L'École des facteurs* (1947), ein erster Kurzfilm über einen Dorfbriefträger, macht es möglich, dass Tati Finanziers für einen abendfüllenden Spielfilm über einen Postler findet. Der internationale Erfolg von *Jour de fête* macht den Film und ihre Hauptfigur zum Markenzeichen des Komikers. Noch 1961 tritt Tati mit dem Programm *Jour de fête à l'Olympia* in Paris auf, einer Bühneninterpretation seines ersten Kinoerfolgs. Trotz des großen Erfolgs dauert es vier Jahre, bis mit *Les vacances de Monsieur Hulot* (*Die Ferien des Monsieur Hulot*, 1953) sein nächster Film fertig ist, der ein ebenso großer Erfolg wird. Hulot in kurzem Mantel, mit kleinem Hut und zierlicher Shagpfeife wird zu Tatis Alterego, das nach *Mon oncle* (1958) in allen folgenden Kinofilmen im Mittelpunkt steht. Vom ökonomischen Desaster durch den kommerziellen Flop von *Playtime* (1967) kann sich der unabhängige Produzent Tati nur schwer erholen. Der mäßige Erfolg von *Traffic* (1971) bedeutet das Ende seiner Kinokarriere. Die Fernsehproduktion *Parade* (1973) ist der letzte Tati-Film. Jacques Tati stirbt am 4. November 1982.

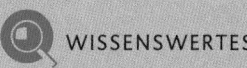 **WISSENSWERTES**

Die Tochter
Sophie Tatischeff wurde am 22. Oktober 1946 geboren. Bei Tatis *Playtime* taucht sie 1967 als Cutterassistentin erstmals im Abspann eines Tati-Films auf. Bei *Traffic* (1971) wird sie als Cutterin genannt. 1977 schneidet Sophie Tatischeff Coline Serreaus Film *Pourquoi Pas!* (*Warum nicht!*, 1977), der in westdeutschen Studentenkinos Kultstatus bekommt. Sie schreibt Drehbücher und inszeniert Filme. 1995 sorgt sie für eine filmhistorische Sensation, als sie eine Farbfassung von *Jour de fête* vorstellt. Das Material der Filmrollen wurde entwickelt, weil die Bearbeitung des Farbpositivmaterials zu teuer geworden wäre. In seiner zweiten, von ihm selbst 1963 veröffentlichten Fassung von *Jour de fête* verwendete Tati in der Schlusseinstellung eine sparsame Kolorierung. Trikolore und Rücklicht des Postrades schimmern rot. Die Renaissance des Werks von Jacques Tati, die ihren Höhepunkt in einer Retrospektive auf dem Festival in Cannes 2002 fand, ist Jacques Tatis Tochter zu verdanken. Sophie Tatischeff starb am 27. Oktober 2001.

 EMPFEHLUNGEN

Die fünf Filme:
- *Jour de fête* (*Tatis Schützenfest*)
- *Les vacances de Monsieur Hulot* (*Die Ferien des Monsieur Hulot*)
- *Mon oncle*
- *Playtime*
- *Traffic*

 AUF DEN PUNKT GEBRACHT

Er hatte das Pech, mit seinen beiden letzten Filmen in eine ungebrochen zukunftsgläubige Zeit zu geraten. Ab 1995 setzte die Wiederentdeckung Tatis ein, der mit seinen fünf Spielfilmen heute zu den größten Komikern des 20. Jahrhunderts gezählt werden muss.

Busby Berkeley (1895–1976)
Wahnsinn mit Methode

- Busby Berkeley choreographierte das Ornament der Masse wie keiner vor ihm. Der Aufwand, den Berkeley bei seinen Tanznummern trieb, war so hoch, dass andere Regisseure oft die Zwischenszenen inszenieren mussten, um mit der Produktion im Zeitplan bleiben zu können.

Musicals erzeugen keine Illusion, sie sind Illusion. Wo sonst bewegen sich erwachsene Menschen unablässig mit beschwingter Leichtigkeit, als gäbe es weder Sorgen noch Schwerkraft? Wo sonst bilden die Passanten auf der Straße immer gleich Tanzformationen, sobald Musik ertönt, und wo wirkt selbst die größte Unordnung noch so aufgeräumt, dass Gedanken an Schmutz und Verwesung aus einer anderen Welt kommen müssen? Wenn die Traumfabrik träumt, kommt ein Musical dabei heraus. Und wenn so ein Traum vollkommen unglaublich erscheint, dann kann Busby Berkeley nicht weit sein.

Manchmal wird Busby Berkeley im Vorspann als Regisseur genannt, oft als Choreograph, Schöpfer der Filme ist er in allen Fällen. Die Tanz- und Musiknummern, die Berkeley einrichtete, sind jedes Mal das Zentrum der Filme. Auf sie läuft die Handlung zu, um sie dreht sich alles. Und weil Berkeley sich neben der Choreographie für alle relevanten Aspekte der Tanzszenen interessierte – vom Bau der Dekoration, über die Kostüme der Tänzer, bis zu Kamera und Schnitt – mussten andere Regisseure oft die Verbindungsstücke inszenieren.

Mit dem Tonfilm kam das Musical. Alan Croslands *The Jazz Singer* (1927), mit dem schwarz geschminkten Al Jolson in der Titelrolle, war der erste populäre Tonfilm. Und die Musik der Zeit: Jazz

> **ALLES ANDERS I**
> *Die Antirealität, die der Musikfilm zum inhaltlichen und ästhetischen Konzept macht, ist vergleichsweise ungefährlich, denn sie bietet Märchen, kenntlich gemachte Illusionen. Die Realität realistischer Filme ist gefährlich. Sie bietet die Lösbarkeit von Konflikten, unkenntlich gemachtes Leben.*   **Alf Brustellin**

und Swing. Stars mit Musik und Tanz zusammenzubringen musste einfach ein Erfolg werden, da waren sich Hollywoods Studiobosse einig. Eine plausible Story brauchte es dafür kaum. Hauptsache das Drehbuch lieferte genügend Anlässe zum Singen und Tanzen. Backstage-Stories, die ihr Publikum hinter die Bühne führten und von der Arbeit der Tänzerinnen, Komponisten und Produzenten erzählten, boten dafür die beste Gelegenheit. Dass die bombastischen Musicalinszenierungen ein unter der wirtschaftlichen Rezession der 1930er Jahre leidendes Publikum von seinem trüben Dasein ablenken sollen, heißt es häufig. Übersehen wird dabei, wie genau dieses verspielte Genre auf die Tagespolitik reagierte. Neben allem Glamour fand der Geist des New Deal, den Präsident Franklin D. Roosevelt bei seiner Antrittsrede 1933 beschwor, seine Fortsetzung in Musicals, in denen von Arbeitslosigkeit und Armut bedrohte Tänzer gemeinsam für ihre Show kämpfen, die dann gegen alle Widerstände ein großer Erfolg wird.

▪ Busby Berkeleys Erkennungszeichen: Der Topshot von der Decke des Studios

▪ Wenn die Geigen leuchten: Shadow Waltz aus *Gold Diggers of 1933* (*Goldgräber von 1933*)

■ Sex in prüder Zeit: Wasserballett aus *Million Dollar Mermaid* (*Die goldene Nixe*, 1952) mit Esther Williams

Die Musicals dieser Jahre sind hervorragende Seismographen der Tagespolitik. Sie bieten genügend Möglichkeiten zum Swingen und Träumen, verlieren aber nie den Bezug zu ihrem Publikum. Und sie sind nicht prüde. Je strikter die Zensur darauf achtete, dass nur verheiratete Paare gemeinsam im Bett landeten, dass jede Andeutung von Sex vermieden und Homosexualität auf gar keinen Fall vorkam, desto entfesselter trieben es die Musicals, die sich um nichts anderes zu drehen scheinen als um Sex.

Mit seinen Choreographien etablierte Busby Berkeley nicht nur ein Genre, sondern er war es, der für das Musical auch das Kino neu erfand. War es vorher üblich, Tanzszenen wie Sportereignisse aufzunehmen – mehrere Kameras zeichnen die Bühnenaktion auf, ein Cutter schneidet es hinterher zusammen –, so wurde bei Berkeley die Kamera zum integralen Bestandteil der Choreographie. Der mühelose Wechsel von einer nahen Subjektiven in einen schwindelerregenden Topshot, von der Decke des Studios hinab auf die zu einem riesigen Ornament gruppierten Tänzer, wird so nicht nur ein rhythmisches Erlebnis. Eine physische Nähe zu den Tänzern stellt sich ein, die im absoluten Gegensatz zur kalten

ALLES ANDERS II

»Als ich am ersten Drehtag das Studio betrat, sah ich vier bereitstehende Kameras. Ich fragte den Kameraassistenten: ›Für was sind die vier Kameras?‹ Er sagte: ›Buzz, wir drehen immer mit vier Kameras, sie werden an vier verschiedene Standorten aufgebaut, damit wir verschiedene Kamerawinkel haben, der Cutter wählt dann die Sequenzen aus und schneidet den Film.‹ Ich sagte: ›Na gut, so werde ich das nicht machen. Ich drehe nur mit einer Kamera.‹ Er schaute mich irritiert an, denn jeder am Set wusste, dass ich eben aus New York kam und zuvor niemals eine Kamera aus der Nähe gesehen hatte. Er sagte: ›Was meinst Du damit, dass Du nur eine Kamera brauchst?‹ Ich sagte: ›Ich schneide in der Kamera!‹« So beschrieb Busby Berkeley den entscheidenden Unterschied zu seinen Vorgängern: Es geht nicht um abgefilmte Illusion, sondern um die Illusion selbst.

Pracht der Berkeleyschen Totalen steht. Solche Widersprüche erzeugen eine Dynamik, der sich niemand entziehen kann. Tempo und Thrill der Berkeley-Choreographien übertragen sich unmittelbar, bis heute.

Hier liegt das Geheimnis seiner Filme. Nicht die gigantischen Kulissenbauten, nicht die Tänzer-Armadas, nicht ihre Perfektion – Tanzstars und Artistik haben Berkeley nie interessiert – machen das Besondere aus. Bei allem Pomp können Berkeleys Choreographien ihre Bezüge zur Moderne nicht leugnen. Manche seiner Topshots erinnern an die Aufnahmen des sowjetischen Photographen Alexander Rodtschenko, der Reiz der Inszenierungen liegt gerade in Berkeleys sichtbarer Begeisterung für mechanische Strukturen; diese werden jedoch sofort wieder konterkariert, ja zerstört, sobald er in nahen Einstellungen die Individualität seiner Tänzer betont.

Berkeleys Tanznummern unterbrechen den Film

■ Popkultur der frühen Jahre: Frank Sinatra und Gene Kelly in *Take me out to the Ball Game* (1949)

■ Bombastische Unterhaltungstorte in Zeiten der Rezession: *Footlight Parade* (*Parade im Rampenlicht*, 1933)

nicht, die Handlung läuft auf sie zu, sie bilden die sich bis zum Finale steigernden Höhepunkte. Wenn in *Gold Diggers of 1933* (*Goldgräber von 1933*, Mervyn LeRoy, 1933) der Shadow Waltz beginnt und Chorusgirls mit Geigen über die spiegelnden Tanzflächen gleiten, ist ein solcher Höhepunkt erreicht. Jetzt haben sich nicht nur Ruby Keeler und Dick Powell endlich bekommen, sondern auch die Show, für die sie so hart gearbeitet haben, strebt dem Finale entgegen. Tänzerrinnengruppen, deren weiße Reifröcke fern an Schwitters Kostüme zum Triadischen Ballett erinnern, bilden wie unter einem Kaleidoskop immer neue Muster. Dann wechselt das Licht, und nur der Umriss der Geigen, die sie eben noch in den Händen hielten, ist zu sehen. Hunderte kleiner Neongeigen tanzen jetzt über eine schwarz spiegelnde Fläche, bis sie alle zusammen das Bild einer großen Geige ergeben. Das Traumpaar wird heiraten, die Show ein Erfolg, und auch die anderen Paare finden allen Unwahrscheinlichkeiten zum Trotz zusammen. Das erklärt wenigstens der angeklebt wirkende Schluss, der zwar ein extradickes Happyend ist, tatsächlich aber nach all den Geigen das Publikum wieder im Hier und Jetzt erdet. Diese Rahmenhandlung ist wie immer solide Studiokunst. Lässige Dialoge und eine manchmal augenzwinkernde Umsetzung lassen die Tanzszenen um so leuchtender strahlen.

Das Musical war das Genre der großen Studios. Filmarchitekten, Choreographen, Komponisten und Orchester, Chorusgirls und Stars – alles hatte man unter Vertrag. Busby Berkeley war einer der ganz wenigen, der mit dieser komplexen Maschine Kunstwerke schaffen konnte, die bis heute faszinieren.

BUSBY BERKELEY

 BIOGRAPHIE

Busby Berkeley wird am 29. November 1895 in Los Angeles geboren. Seine Eltern kommen beide aus dem Showgeschäft, seine Mutter als Schauspielerin, sein Vater als Regisseur und Produzent von Theaterstücken. Nach der Militärakademie betreibt Busby Berkeley einen Schuhversand. Zum Ersten Weltkrieg meldet er sich freiwillig und wird in Frankreich stationiert, wo er Rekruten das Marschieren beibringt. Wieder zurück in den USA ist Berkeley wie viele Kriegsheimkehrer seiner Generation erst einmal arbeitslos. Bei einem Spaziergang mit seiner Mutter Gertrude begegnen die beiden – so will es die Legende – auf dem New Yorker Broadway dem Regisseur John Cromwell, unter dessen Regie Berkeleys Mutter gerade gearbeitet hatte. Obwohl Busby nicht ins Showgeschäft möchte, bietet ihm Cromwell die Hauptrolle in seiner neuen Produktion *The Man who came back* an. Ein Jahr lang tourt Berkeley mit dieser Rolle durch die Provinz. Dann wechselt er zu Operettenrollen und beginnt als Theaterregisseur zu arbeiten. Als ein Theaterdirektor von ihm verlangt, in der übernächsten Woche nicht das eingeplante Stück, sondern ein Musical aufzuführen, willigt Berkeley ein, obwohl seine Schauspieler weder singen noch tanzen können. Das Stück wird ein Erfolg, und Berkeley hat seine Berufung erkannt. Schnell werden Broadwayshows auf den jungen Mann aufmerksam, der es in kürzester Zeit auf 21 Premieren bringt. Dann engagiert ihn Samuel Goldwyn nach Hollywood, wo er die musikalischen Nummern des Indianermusicals *Whoopee* (Thornton Freelan, 1930) inszeniert. Schon hier arbeitet er mit Topshots, den Einstellungen von einem Kran hoch über den Tänzern, die zu seinem Markenzeichen werden. Bei seinem Wechsel zu Warner Brothers drei Jahre später hat es Berkeley geschafft – für die Dekors, Stars und Effekte gibt ihm das Studio vollkommen freie Hand. Für Warner entstehen in den Folgejahren die bemerkenswertesten Berkeley-Filme. 1939 kehrt er zu MGM zurück, wo er seine Karriere begonnen hatte. Nach dem Zweiten Weltkrieg ist die große Zeit der Musicals endgültig zu Ende. Zwar kommen mit *Singin' in the Rain* (Gene Kelly, Stanley Donen, 1952) oder Francis Ford Coppolas *Finian's Rainbow* (1968) immer wieder aufsehenerregende Musicals heraus, doch sie bilden Ausnahmen. Busby Berkeley gerät in Vergessenheit. Bis 1970, da wird er noch einmal engagiert, um am Broadway *No No Nanette* mit Ruby Keeler, seinem Star aus den 1930ern, zu produzieren. Die Premiere am 19. Januar 1971 ist einer seiner größten Erfolge. Busby Berkeley, der nie eine Ausbildung als Tänzer oder Choreograph absolviert hat, stirbt am 14. März 1976 in Palm Springs.

 WISSENSWERTES

Die Stars
Ruby Keeler und Dick Powell sind typische Berkeley Stars. Als Sängerin sind **Ruby Keeler** gut hörbare Grenzen gesetzt. Dafür ist ihr Ausdruck herzergreifend und ihr Tanz solide. Das Tanzen wiederum gehört nicht zu den Eigenschaften, die **Dick Powell** zum unumstrittenen *Leading man* der Warner-Musicals machte. Dafür konnte Powell singen und das so überzeugend, dass selbst die schmalzigsten Liebesschwüre die Strahlkraft eines Glaubensbekenntnisses bekamen. Seine mimische Variationsfähigkeit bestand in Lächeln oder Nichtlächeln, wobei man ihm beim Nichtlächeln schon die Mühe ansah, die ihn dieser ihm selten abgeforderte Ausdruck kostete. Bei Busby Berkeleys Comeback 1971 steppte Ruby Keeler mit ihren 67 Jahren immer noch. Sie starb 1993, dreißig Jahre nach Dick Powell, mit dem sie fast ein Jahrzehnt lang ein Traumpaar gebildet hatte.

 EMPFEHLUNGEN

Fünf Filme:
- *Gold Diggers of 1933* (Goldgräber von 1933, Mervyn LeRoy)
- *Footlight Parade* (Lloyd Bacon)
- *Gold Diggers of 1935*
- *Babes on Broadway*
- *Take me out to the Ball Game*

Lesenswert:
Martin Rubin: *Showstoppers. Busby Berkeley and the tradition of spectacle*, Columbia University Press 1993

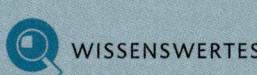 AUF DEN PUNKT GEBRACHT

Busby Berkeley schuf surreale Traumwelten von wahrhaft gigantischen Dimensionen. So wild war Hollywood nie wieder.

John Huston (1906–1987)
Der Unerschrockene

Sein Regiedebüt verdankte sich einem Auftrag, mit dem man ihm anscheinend das Maul stopfen wollte. Der Job wirkte wie eine Anerkennung für einen verdienten Mitarbeiter, war von Jack Warner aber eher als Erziehungsmaßnahme gemeint. Bereits zwei Studioregisseure hatten aus dem krausen Krimi von Dashiell Hammett wenig erfolgreiche Filme gemacht. Jetzt sollte ein Anfänger den Knochen noch einmal auskochen. Der Debütant hieß John Huston, war als Drehbuchautor bei Warner ausgesprochen geschätzt, und *The Maltese Falcon* (*Die Spur des Falken*, 1941) wurde ein Meilenstein der Filmgeschichte.

Diese Geschichte seines ersten Films ist nur eine der zahlreichen Legenden, die das Leben John Hustons umranken: Huston, ein großer, starker Mann, dessen Nase man ansieht, dass er einmal Boxer war, einer der vor nichts und niemandem Angst zu haben schien, der Krimis, Abenteuergeschichten, Biographien und moderne Literatur verfilmte, der passionierte Reiter, Spieler, Trinker und Flieger, der sich mit Malerei und Literatur auskannte, war immer für eine trockene Selbsteinschätzung gut: »Ich sehe keine Kontinuität in meinem Werk.«

■ Chandler, Freud und die Bibel: John Huston schreckte vor keinem Stoff zurück.

Sein erster Film handelt von einem Auftrag, den die geheimnisvolle Brigid O'Shaughnessy dem Detektivbüro Spade & Archer gibt. Kurz darauf ist Sam Spades Kompagnon tot, und ein Geflecht aus Spuren, Verdächtigungen und Drohungen beginnt alles zu überwuchern, als ein sterbender Seemann Sam Spade ein Papierpaket in die Hand drückt und Spade (merkwürdigerweise) weiß, was es enthält: die hässliche Falken-Statuette, hinter der alle her sind. Mit Logik darf man diesem Plot nicht kommen. Die psychologische Motivierung der Figuren ist dürftig, und die Ausstattung sieht so billig aus wie bei allen Warner-Filmen dieser Zeit. Dafür ist John Hustons *The Maltese Falcon* aufregend anders. Der Film spielt nachts, und die Nacht mit ihren grellen Lichtern und tiefen Schatten, dem nassglitzernden Asphalt und den blassen Gesichtern vermittelt die Atmosphäre eines Fiebertraums. Sam Spade, der einsame Wolf, der draußen ums Überleben kämpft, und die schöne geheimnisvolle Brigid stehen für etwas, das es vorher im

Kino noch nicht gab. Und dann das Ende: Er kann sie haben, doch er weiß, dass sie seinen Partner auf dem Gewissen hat. Was wird er tun? Er zieht sie an sich, küsst sie – und dann lässt er vor ihr das Fahrstuhlgitter ins Schloss krachen. Auf Brigid O'Shaughnessy wartet der elektrische Stuhl.

Die Männer sind nicht unverwundbar, den Frauen ist nicht zu trauen, und die Zukunft sieht finster aus – so etwas hatten Hollywood-Filme noch nie behauptet, und damit traf *The Maltese Falcon* den Nerv der Zeit. Mit *Key Largo* (*Hafen des Lasters*, 1948) und *The Asphalt Jungle* (*Asphalt Dschungel*, 1950) – einem der schwärzesten Filme der Schwarzen Serie, bei dem wirklich auf niemanden Verlass ist – folgten noch zwei weitere Filme aus amerikanischer Nacht.

Zu dieser Zeit hat Huston aber schon ein anderes Genre für sich entdeckt. Der Abenteuerfilm *The Treasure of the Sierra Madre* (*Der*

■ Das Remake des Remakes: Werbephoto mit Humphrey Bogart für *The Maltese Falcon* (*Die Spur des Falken*, 1941)

■ Filmplakat zu *The Maltese Falcon*

■ Erfolg mit Abenteuerfilmen: Humphrey Bogart und Katharine Hepburn in *The African Queen* (1957)

Schatz der Sierra Madre, 1947), nach einem Roman von B. Traven, wird ein solcher Erfolg, dass sich Huston sogar Verballhornungen des Genres und seines Stars erlauben kann. Humphrey Bogart ist seit *The Maltese Falcon*, *The Treasure of the Sierra Madre* und *Key Largo* längst ein Huston-Star, als mit *Beat the Devil* (*Schach dem Teufel*, 1953) und *The African Queen* (1957) Filme herauskommen, in denen Huston mit dem Trenchcoat- und Rauhbein-Image Bogarts Witze macht – an der Seite von Gina Lollobrigida und Katharine Hepburn wird der maulfaule Lakoniker sogar gesprächig.

Bei allem Erfolg in dieser Zeit hat sich Huston immer Vorlieben für Stoffe und Projekte bewahrt, die ihn faszinierten. So geht er die Verfilmung von *The Misfits* (*Nicht gesellschaftsfähig*, 1961) an, ein Stoff, den Arthur Miller für seine damalige Frau Marilyn Monroe geschrieben hat. Visuell ist der Film das Gegenstück zu den nächtlichen Krimis: Alles ist hell, die Sonne strahlt, doch die Atmosphäre ist noch desillusionierender. Roslyn (Marilyn Monroe) ist gerade aus ihrer Ehe ausgebrochen, und die Cowboys, die sie nun kennenlernt, machen von Lastwagen aus Jagd auf Wildpferde, um sie an Fleischfabriken zu verkaufen. Vom Mythos des Westens ist nichts mehr geblieben. Für Clark Gable und Marilyn Monroe war *The Misfits* ihr letzter Film, und er gehört zu ihren besten.

Neben seinen großen Filmen hat Huston auch eine Reihe spektakulärer Flops produziert. Wer sich daran macht, die Bibel zu verfilmen, muss schon über ein robustes Selbstbewusstsein verfügen, und wer sich dann selbst noch als Gott und Noah besetzt, der darf sich nicht wundern, wenn über ihn gespottet wird. Immerhin sorgte die Besetzung der italienisch-amerikanischen Koproduktion *The Bible* (*Die Bibel*, 1966), mit Peter O'Toole als Erzengel und Ava Gardner als Sarah, für Gesprächsstoff.

> **SARTRE ÜBER HUSTON**
> *Ein großer, trauriger, vereinsamter Romantiker, unser Freund Huston, vollkommen unbehaust, gealtert, buchstäblich unfähig, mit den Leuten zu reden, die er einlädt. Unmöglich, seine Aufmerksamkeit zu erregen.*
> Jean-Paul Sartre 1959 in einem Brief an Simone de Beauvoir

Ähnlich schief gegangen war zuvor schon ein anderes Projekt, für das Huston Jean-Paul Sartre als Drehbuchautoren angeheuert hatte. In der Annahme, dass sich Sartre als französischer Intellektueller mit Psychoanalyse auskennen müsste, gab Huston bei Sartre ein Drehbuch über Sigmund Freud in Auftrag. Was Huston vorschwebte, formuliert sein Off-Kommentar im Prolog zu *Freud* (1962): »Dies ist die Geschichte von Freud, der hinabstieg in eine Region, so finster wie die Hölle, in das Unbewusste der Menschen, und dort ein Licht anzündete.« Am Ende mussten Studioautoren das umfangreiche Sartre-Script auf Spielfilmtauglichkeit trimmen, der gesundheitlich angeschlagene Montgomery Clift spielte Freud, und Huston probierte, so eine gern kolportierte Geschichte, seine Hypnosekenntnisse an der Statisterie aus.

Von solchen Pannen hat John Huston sich immer wieder erholt. Mit Filmen über einen alternden Boxer wie *Fat City* (1972), der Kipling-Verfilmung *The Man, who would be King* (*Der Mann, der*

■ Westernhöhepunkt: Montgomery Clift, Marilyn Monroe und Clark Gable in *The Misfits* (*Nicht gesellschaftsfähig*, 1961)

HUSTON ÜBER SARTRE

Nie habe ich mit jemandem gearbeitet, der so starrsinnig und kategorisch war wie Sartre. Wenn er redete, notierte er sich sogar, was er selbst gesagt hatte. So etwas wie eine Unterhaltung gab es mit ihm nicht. Er redete ohne Unterlass, und ihn zu unterbrechen war unmöglich. Ich bin sicher, dass vieles, was er sagte, brillant war, aber es kam vor, dass ich vor Erschöpfung den Raum verließ. Das Summen seiner Stimme verfolgte mich, bis ich außer Hörweite war, und wenn ich zurückkam, hatte er nicht einmal bemerkt, dass ich weggewesen war.

John Huston in seiner Autobiographie *An open book*

König sein wollte, 1975), der Lowry-Verfilmung *Under the Vulcano* (*Unter dem Vulkan*, 1984) oder der Mafia-Komödie *Prizzi's Honor* (*Die Ehre der Prizzis*, 1985) bewies er regelmäßig seine Sonderstellung. Er blieb weder thematisch noch stilistisch zu fassen. Tatsächlich gibt es bei Huston nichts Kontinuierliches außer jene Begeisterungsfähigkeit, die man noch bei seinem letzten Film spürt. *The Dead* (*Die Toten*, 1987) beruht auf einer Geschichte aus den *Dubliners* von James Joyce. Die Geschichte handelt von einer Weihnachtsgesellschaft, die, wie jedes Jahr um die Gans versammelt, in Erinnerungen schwelgt. John Huston dazu: »Die letzte Enthüllung des Films geht letztlich sehr tief. Wir sehen einen Menschen, der wirklich niemals die Ecken seiner selbst ergründet hat, der sich selbst und seine Stellung als gegeben angesehen hat. Er entdeckt plötzlich, dass er gar nicht der ist, der er zu sein glaubte. Dieses Wissen bringt ihn dazu, in ihm unbekannte Bereiche vorzudringen. Die Grenze ist die Sterblichkeit. Er steht dem Tod gegenüber, von Angesicht zu Angesicht.« John Huston, der schon lange krank war, starb nach Fertigstellung des Films.

■ Zum Schluss noch Joyce: Anjelica Huston und Donal McCann in *The Dead (Die Toten*, 1987) nach der gleichnamigen Erzählung aus James Joyces *Dubliners*

JOHN HUSTON

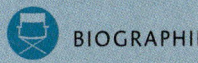 BIOGRAPHIE

John Huston wurde am 5. August 1906 als Sohn eines Schauspielerehepaares in Missouri geboren. Mit drei Jahren stand er das erste Mal auf der Bühne. Als Jugendlicher begann der leidenschaftliche Boxer mit dem Schreiben. 1932 verschaffte ihm sein Vater einen Autorenvertrag bei der Universal. Nachdem er als Dialogautor an zwei Filmen mitgearbeitet hatte, löste er den Vertrag und bereiste Europa. Mehrere Monate lebte er in London und Paris, dann kehrte er in die USA zurück und arbeitete als Redakteur und Schauspieler. Für Warner Studios gehörte er zwischen 1938 und 1941 zu den erfolgreichsten Drehbuchautoren. Seinem Wunsch, Regie zu führen, entsprach das Studio und gab ihm mit Hammetts *The Maltese Falcon* einen Stoff, der zuvor schon zwei Mal mit wenig Erfolg verfilmt worden war. *The Maltese Falcon* (*Die Spur des Falken*, 1941), mit dem neuen Star Humphrey Bogart wurde ein Überraschungshit und begründete die Schwarze Serie. Sein Debüterfolg katapultierte Huston in die Topriege der Hollywood-Regisseure. Mit düsteren Krimis und Abenteuergeschichten gelangen ihm seine größten Erfolge. In seiner Laufbahn stehen große Filme wie *The Misfits* (*Nicht gesellschaftsfähig*, 1961), mit Marilyn Monroe und Clark Gable, gleich neben großartig schiefgegangenen wie *Freud* (1962), mit Montgomery Clift, oder die gelungene Tennessee-Williams-Adaption *The Night of the Iguana* (*Die Nacht des Leguans*, 1964), mit Richard Burton, Ava Gardner und Deborah Kerr, neben dem bizarren Film *The Bible* (*Die Bibel*, 1966). Unregelmäßig arbeitete er auch als Schauspieler. Zu seinen beeindruckendsten Filmrollen gehört sein Auftritt in Roman Polanskis *Chinatown* (1974). Mit seinem letzten Film verwirklichte John Huston, der seit 1964 die irische Staatsangehörigkeit besaß, einen Herzenswunsch. 1987 verfilmte er die Erzählung *The Dead* (*Die Toten*) seines Lieblingsautoren James Joyce aus *The Dubliners*. John Huston starb nach Fertigstellung des Films am 28. August 1987.

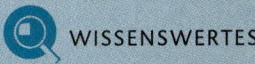 WISSENSWERTES

Familybusiness
Am 6. April 1884 wurde **Walter Huston** in Toronto geboren. Nach Abschluss der Schule besuchte der Vater von John Huston das Konservatorium. Er war ein erfolgreicher Vaudevillekünstler, arbeitete nach der Geburt Johns jedoch zuerst als Ingenieur, bevor er 1909 wieder auftrat. Nach Broadway-Erfolgen bekam er 1929 seinen ersten Schauspielvertrag. In der Titelrolle von *Abraham Lincoln* (David Wark Griffith, 1930) wurde er bekannt und erlangte mit *Dodsworth* (William Wyler, 1934) seine erste Oscar-Nominierung. Seinen Oscar verdankt er jedoch seinem Sohn John, der seinen Vater in *The Treasure of the Sierra Madre* (*Der Schatz der Sierra Madre*, 1947) besetzte. Für die Rolle neben Humphrey Bogart wurde er 1948 mit dem Oscar ausgezeichnet. Walter Huston starb einen Tag nach seinem 66. Geburtstag, am 7. April 1950. **Anjelica Huston** wurde am 8. Juli 1951 geboren. Sie wuchs in Irland und London auf, arbeitete als Photomodell unter anderem für Helmut Newton und Richard Avedon. Ab 1980 arbeitete sie als Filmschauspielerin unter anderem in dem Remake *The Postman always rings twice* (*Wenn der Postmann zweimal klingelt*, Bob Rafelson, 1980). 1985 wurde sie für ihre Rolle im John Hustons *Prizzi's Honour* (*Die Ehre der Prizzis*) mit dem Oscar ausgezeichnet. Auch seine Söhne **Tony** und **Danny Huston** begannen ihre Karrieren als Darsteller bei John Huston. Heute arbeitet Tony als Autor und Danny als Schauspieler und Regisseur.

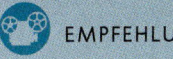 EMPFEHLUNGEN

Fünf Filme:
- *The Maltese Falcon* (*Die Spur des Falken*)
- *African Queen*
- *The Misfits* (*Nicht gesellschaftsfähig*)
- *Under the Volcano* (*Unter dem Vulkan*)
- *The Dead* (*Die Toten*)

Lesenswert:
John Huston: *An open book*, 1994

John Huston, Robert Emmet Long (Hg.): *John Huston: Interviews*, 2001

Arthur Miller, Serge Toubiana: *The Misfits. Nicht gesellschaftsfähig*, München 2000

 AUF DEN PUNKT GEBRACHT

Die Unerschrockenheit, mit der John Huston Filmprojekte anging, ist unerreicht. So entstand ein Werk vollkommen gegensätzlicher Filme, unter denen einige von zentraler Bedeutung für die Filmgeschichte sind.

Luchino Visconti (1906–1976)
Zwischen Untergang und Utopie

In seinem letzten Film adaptierte er einen dieser schwer parfümierten Fin-de-siècle-Romane, in denen Liebe, Begierde und Betrug einen Konflikt entfachen, der erst durch einen Selbstmord gelöst werden kann. Der Autor, der von den italienischen Faschisten hofierte Gabriele D'Annunzio, war im Italien der 1970er Jahre genauso indiskutabel wie sein Roman *L'innocente* (*Der Unschuldige*). Die emotionalen Defekte reicher Leute aus dem 19. Jahrhundert waren das Letzte, was ein politisch aufgeklärtes Publikum von einem Regisseur erwartete, der als Marxist und Mitbegründer des italienischen Neorealismus galt.

Doch solche Zuordnungen greifen bei Luchino Visconti schlecht. Vom Marxismus des linken Aristokraten blieb am Ende das Fundament eines materialistischen Geschichtsbilds, und auch mit dem dogmatischen Neorealismus des italienischen Kinos der späten 1940er haben seine Filme wenig zu tun. Der Film *Ossessione* (1942), der immer zu den Musterbeispielen des italienischen Neorealismus gezählt wird, unterscheidet sich deutlich von *Roma,*

■ Luchino Visconti und Dirk Bogarde am Set von *Morte a Venezia* (*Tod in Venedig*, 1970)

città aperta (*Rom, offene Stadt*, Roberto Rossellini, 1945 – s. S. 128), *Ladri di biciclette* (*Fahrraddiebe*, Vittorio de Sica, 1948) oder von *Riso amaro* (*Bitterer Reis*, Giuseppe de Santis, 1949), die bei allen Unterschieden mustergültige Beispiele des Neorealismus sind.

Dem Film *Ossessione* liegt der mehrfach verfilmte Krimi *The Postman always rings twice* von James M. Cain zugrunde. Die Geschichte von der jungen Frau eines älteren Tankstellenpächters, die sich in einen Landstreicher verliebt, den sie zum Mord an ihrem Ehemann anstachelt, nutzte Visconti für ein opulentes Bild vom ländlichen Leben in Italien. Die Zeit, die Gino braucht, ehe er sich zum Mord durchringt, seine wochenlange Unschlüssigkeit bebildert Visconti mit Szenen geselligen Beisammenseins: gemeinsame Ausflüge, gemeinsame Essen, Nähe, durchkreuzt von heimlichen Blicken zwischen Gino und Giovanna. Die Sorglosigkeit, die diese Szenen vermitteln, lassen Gino vollends zu einem italienischen Raskolnikow werden: Der Mord an Giovannas Mann wird aus Gino – ähnlich dem armen Studenten Raskolnikow aus Dostojewskis *Schuld und Sühne* – einen Ruhelosen machen. Die Liebe zu Giovanna, die gemeinsame Zukunft haben die beiden schon verspielt, bevor sie mit dem Auto verunglücken und Gino verhaftet wird.

Die literarischen Bezüge, mit denen die Charaktere, ihre Herkunft und ihr Dilemma beschrieben werden, und die Eindringlichkeit des Realen – so der alles durchdringende Staub der sommerlichen Straße, das Publikum des Restaurants, in dem der Mann an einem Gesangswettbewerb teilnimmt, und die Langeweile der heißen Nachmittage – führen weg von der reinen Lehre des Neorealismus. Der Sorgfalt, mit der Visconti die Psychologie der Figuren entwickelt, entspricht der kompositorische Aufwand der Szenen. Diese Realität ist nicht bloß abgebildet, sondern im höchsten Maß gestaltet. Viscontis Realismus ist wesentlich vom

■ Schuld und Sühne auf italienisch: Clara Calamai und Massimo Girotti in *Ossessione* (1942)

> **GESCHICHTEN VON MENSCHEN**
> *Was mich zum Film geführt hat, das ist vor allem das Bedürfnis, Geschichten von lebendigen Menschen zu erzählen, von Menschen, die inmitten der Dinge leben, und nicht von den Dingen selbst. Das Kino, das mich interessiert ist ein anthropomorphes Kino.*
> Luchino Visconti, 1943

■ Liebe vor dem Tod: Dirk Bogarde und Björn Andresen in *Morte a Venezia (Tod in Venedig,* 1970)

Realismus Renoirs (s. S. 50) geprägt. So wie dieser in seinen Filmen eine Realität *erfand*, die das Drama seiner Figuren ausdrückte, *schuf* Visconti diese Realität – wenn auch aus authentischem Material. Einen simplen Verismus beantworteten beide mit einem künstlerischen Realismuskonzept.

Bei Visconti wird dies besonders durch die Bewegung der Kamera deutlich. Schon sein Debütfilm *Ossessione* begeistert durch Plansequenzen, die komplexe emotionale Bezüge allein durch ruhige Schwenks und Kamerafahrten offen legen. Es gibt keine schnellen Schnitte wie bei Rossellini, dessen Montage in seinen frühen Filmen einer Beweisaufnahme gleicht. Wie ausgestaltet Viscontis Realismus ist, drückt sein nächster Film noch stärker aus. *La terra trema* (1947/48), ein Film über eine sizilianische Fischerfamilie, die sich vergeblich gegen das Preisdiktat des Großhändlers auflehnt, wirkt (in der Originalfassung) wie eine Oper, da die Stimmen der – einen unverständlichen sizilianischen Dialekt sprechenden – Fischer im Orchester der natürlichen Geräusche des Meeres, der Möwen und des Marktplatzes wie Gesangsstimmen eingesetzt werden.

Schon in den ersten Filmen tauchen alle wesentlichen Elemente von Viscontis Filmsprache auf: die überbordenden, aber nicht verspielten Bilder, das hohe Maß an Authentizität bei der Ausstattung, die Vorliebe für Plansequenzen. Thematisch werden seine Filme von einem Leitmotiv dominiert, das besonders seine opulenten Kostümfilme prägt: der Niedergang eines Systems, einer Klasse, der Zerfall einer Gesellschaft – Tod und Untergang. Von *Senso* (1953/54) über *Rocco e i suoi fratelli* (*Rocco und seine Brüder*, 1960) zu *Il gattopardo* (*Der Leopard*, 1962), *La caduta degli dei* (*Die Verdammten*, 1968), *Morte a Venezia* (*Tod in Venedig*, 1970) bis hin zu *Ludwig* (*Ludwig II*, 1972) – immer geht es um das Ende. Und selbst die Hoffnung, die im Untergang des Fürsten Salina aus *Il gattopardo* liegt, der mit dem Wissen stirbt, dass seine Klasse zwar untergeht, dem geliebten Neffen Tancredi und seiner reichen bürgerlichen Frau jedoch die Zukunft gehört, oder das kleinbürgerliche Glücksversprechen auf einen Arbeitsplatz am Fließband von Alfa Romeo, mit dem *Rocco e i suoi fratelli* endet, fehlt in den späten Filmen Viscontis.

In der deutschen Trilogie wird dies besonders deutlich: Eine Industriellenfamilie wie die Krupps oder Thyssens steht im Mittelpunkt von *La caduta degli dei*. Durch die mit Verrat, Inzest und Mord geführten Machtkämpfe des Industriellenclans zur Zeit der Naziherrschaft interpretiert Visconti den deutschen Faschismus als Akt einer perversen Selbstzerstörung. In *Morte a Venezia* entdeckt der sterbenskranke Komponist von Aschenbach seine Liebe zu dem Jungen Tadzio und stirbt. Und *Ludwig* handelt vom Drama einer unterdrückten Homosexualität, die in Selbstisolation, Krankheit und Wahn endet. Die Filme Luchino Viscontis sind ausladende, im Spätwerk immer dunkler werdende Gemälde untergehender Epochen und ihrer Vertreter.

Zur Genauigkeit des Erzählers Visconti gehört sein Umgang mit der Zeit. Seine Filme scheinen ihre Geschichten in Echtzeit wiederzugeben. Da flimmert die Mittagshitze auf der Terrasse und nichts bewegt sich, außer dem Schattenspiel unter den Bäumen. Dies sprengt die Zeiteinteilung des kommerziellen Kinos – was dazu führte, dass kaum ein Visconti-Film bei der Uraufführung unverstümmelt gezeigt wurde. Von den frühen Filmen kam nur *Notti bianche* (*Weiße Nächte*, 1959) ungekürzt

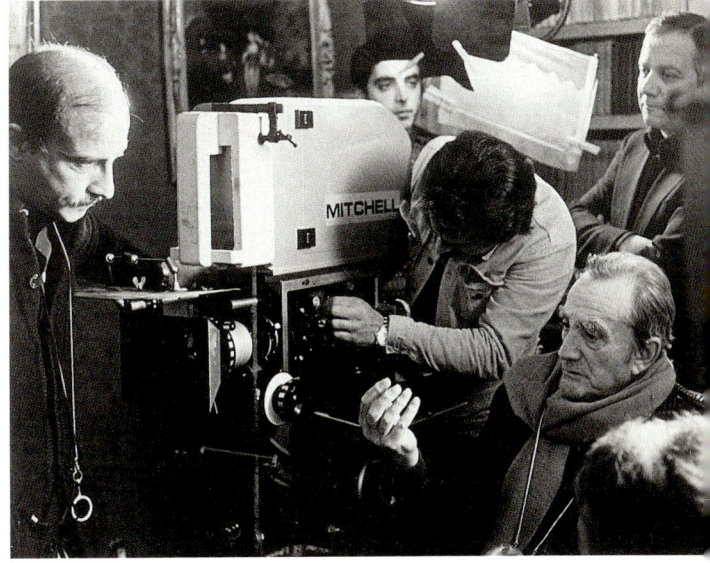

■ Authentische Interieurs, kunstvoll gestaltete Realität: Luchino Visconti am Set von *Gruppo di famiglia in un interno* (*Gewalt und Leidenschaft*, 1974)

■ So prächtig war das Kino nie wieder: Burt Lancaster und Alain Delon in *Il gattopardo* (*Der Leopard*, 1962)

in die Kinos, und nur bei der deutschen Instantfassung von *Ludwig* gelang es, mit einem Gerichtsurteil die Weiterverbreitung zu verbieten. Die originale Vierstundenfassung kam erst 1980 heraus.

Der sinnliche Reichtum seiner Filme hat Viscontis Kritiker von Anfang an verwirrt, besonders wenn sie hinter einer opulenten Ausstattung das süße Gift der Bourgeoisie witterten. Die greisen Hände, die in einer Originalausgabe von d'Annunzios 1892 erschienenem Roman *L'innocente* blättern, sind so ein Bild, das schön ist und doch nicht zu passen scheint. So beginnt Viscontis *L'innocente* (*Die Unschuld*, 1976), in der Visconti sein Publikum ein letztes Mal in die dekadente großbürgerliche Welt des 19. Jahrhunderts entführt. Und wenn sich am Ende der lebensmüde Graf die Kugel endlich in den Kopf geknallt hat, tritt die Menschenverachtung und tiefe Verlogenheit des Romans um so deutlicher hervor. Der Roman erfährt durch Visconti eine Dekonstruktion, die in der Filmgeschichte einzigartig ist. Am Ende bleibt das Bild der Hände in Erinnerung, die mit so großer Ruhe in dem alten Buch geblättert haben. Es sind die Hände von Luchino Visconti, die in seinem letzten, erst nach seinem Tod veröffentlichten, Film zu sehen sind.

> **LUDWIGS ASSISTENT**
>
> Ludwig II. besaß beim Bau von Neuschwanstein nur die Absolutheit seines Gestaltungswillens, und er verfügte über keinerlei dem Prinzip Viscontis vergleichbare Alibis. So musste er als radikal praktizierender Ästhet letztlich an der Realität scheitern. Visconti hat über ihn gesagt, er sei einige Zeitalter zu spät geboren. Man kann das auch anders sehen: Wäre er erst später, nach Erfindung des Films geboren, Visconti hätte nicht als Assistent bei Jean Renoir seine Karriere begonnen, sondern bei Ludwig Wittelsbach.
>
> Hans Peter Kochenrath, 1976

LUCHINO VISCONTI

BIOGRAPHIE

Luchino Visconti wurde am 2. November 1906 als Sohn des Herzogs Giuseppe Visconti di Modrone und einer reichen Industriellen-Tochter in Mailand geboren. Das Internat, die Kavallerieschule, die Pferdezucht auf dem elterlichen Gestüt sind die klassischen Stationen auf dem Lebensweg eines jungen Müßiggängers. 1936 zog Visconti nach Paris. Er lernte Jean Renoir kennen, dessen Film *Toni* (1934) ihn begeisterte. Visconti wurde Renoirs Regieassistent. Zurückgekehrt nach Italien schloss sich Visconti einer Gruppe von Filmemachern an, um im faschistischen Italien anti-faschistische Filme zu realisieren. *Ossessione* (1942) ist sein Regiedebüt. Neben Filmen realisierte Visconti über sechzig Theater-, Opern- und Ballettinszenierungen. Auch hier war er ein Neuerer. Zu den Skandalen, die er auslöste, gehört ein Ballett nach der Musik von Hans Werner Henze, das 1957 in West-Berlin uraufgeführt wurde. Seine Theaterarbeit hatte großen Einfluss auf seine Filme. Luchino Visconti starb am 17. März 1976, nach den Dreharbeiten zu seinem letzten Film *L'innocente* (*Die Unschuld*, 1976).

WISSENSWERTES

Die Stars
Einem Schönheitswettbewerb verdankt die am 15. April 1939 in Tunis geborene **Claudia Cardinale** ihre erste Filmrolle. Vier Jahre später, 1960, arbeitet sie in *Rocco e i suoi fratelli* (*Rocco und seine Brüder*, 1960) erstmals mit Luchino Visconti zusammen. Es folgen die Filme *Der Leopard* (*Il gattopardo*, 1962) und *Vaghe stelle dell'orsa* (*Sandra*, 1964), in denen sie die Hauptrolle übernahm. Doch da ist Claudia Cardinale schon ein gefeierter Star mit Engagements in Filmen von Federico Fellini und Blake Edwards. Mit seinem Auftritt in *Rocco e i suoi fratelli* vollzog der am 8. November 1935 bei Paris geborene **Alain Delon** seine Wandlung zum ernst zu nehmenden Schauspieler. Mit der Fähigkeit, ambivalente Charaktere darzustellen, brillierte Delon besonders in Rollen, in denen er schöne Männer mit Macht über Leben und Tod spielte. Der skrupellose Opportunist Tancredi aus *Il gattopardo* (*Der Leopard*, 1962) war seine letzte Zusammenarbeit mit Visconti. Seine erste Hauptrolle in einem Visconti-Film übernahm der am 29. Mai 1944 in Bad Ischl geborene **Helmut Berger** in *La caduta degli dei* (*Die Verdammten*, 1968), dem Auftakt der deutschen Trilogie. Die Titelrolle in *Ludwig* (*Ludwig II*, 1972) und die des Studenten Konrad in *Gruppo di famiglia in un interno* (*Gewalt und Leidenschaft*, 1974) wurden zu Höhepunkten in Bergers Laufbahn. Die aristorkratische Erscheinung des alten Fürsten Salina aus *Il gattopardo* spielte **Burt Lancaster** mit der Eleganz über Generationen vererbter Würde. Der am 2. November 1911 in New York geborene ehemalige Zirkusartist fiel gleich bei seinem Filmdebüt in Robert Siodmaks *The Killers* (1946) auf. Abenteurer, Rebellen, Indianer, harte Jungs und gefallene Boxer wurden sein Rollenfach. Mit der Titelrolle in John Frankenheimers *Birdman of Alcatraz* (1962) erlangte Lancaster den Ruf eines »seriösen« Schauspielers. *Gruppo di famiglia in un interno* (*Gewalt und Leidenschaft*, 1974) war seine zweite Zusammenarbeit mit Visconti. Burt Lancaster starb am 21. Oktober 1994 in Los Angeles. Mit seiner Hauptrolle in *La caduta degli dei* begann die Zusammenarbeit von **Dirk Bogarde** mit Luchino Visconti. Bogarde wurde am 28. März 1921 in London geboren. Als Schauspieler arbeitete er unter anderem mit Joseph Losey, Liliana Cavani, Alain Resnais, Rainer Werner Fassbinder und Bertrand Tavernier zusammen. 1977 veröffentlichte er den ersten Teil einer Autobiographie, dem weitere Teile sowie Romane folgten. Dirk Bogarde starb am 8. Mai 1999.

EMPFEHLUNGEN

Fünf Filme:
- *Ossessione*
- *Rocco e i suoi fratelli* (*Rocco und seine Brüder*)
- *Il gattopardo* (*Der Leopard*)
- *Morte a Venezia* (*Tod in Venedig*)
- *L'innocente* (*Die Unschuld*)

Lesenswert:
Luchino Visconti: *Luchino Visconti*, München 1989

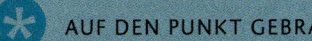

AUF DEN PUNKT GEBRACHT

Die Filmwelten Luchino Viscontis waren Versuche, Gesamtkunstwerke zu schaffen. Die epische Kraft dieser Entwürfe ist bis heute unerreicht.

Billy Wilder (1906–2002)
Lubitschs Lehrling

»Falls du ein Problem im dritten Akt hast, liegt das wirkliche Problem im ersten Akt.« Billy Wilder

In diesem Film geschieht alles im Laufschritt. Auftritt, Abgang, Türen werden aufgerissen und wieder zugeschlagen, und gibt es einmal einen Moment der Ruhe, so ist das nur ein Luftholen vor der nächsten Temposteigerung. *One, two, three* (Eins, zwei, drei, 1961), der Kampfschrei des Cola-Managers C.R. MacNamara (James Cagney), mit dem er seinen Untergebenen endlose Aufgabenlisten diktiert, richtet sich genauso an das Publikum – eins, zwei, drei: nicht träumen, mitrennen lautet die Devise.

1986 war der Film in Westdeutschland der letzte große Erfolg Billy Wilders. Vierundzwanzig Jahre nach seiner ersten Premiere begeisterte *One, two, three* ein Publikum, das über sich selbst lachen konnte. In diesem Film sind die Deutschen ausnahmslos autoritätshörige Kriecher, die ihre eigene Nazivergangenheit verdrängt haben, bis sie in einem reflexhaften Hackenschlag, einem begeistertem »Jawohl!« und einer entgleisten Bewegung des rechten Arms wieder hervorbricht. Dass die Mauer für den Premierenflop verantwortlich war, die, gebaut nach Abschluss der Dreharbeiten, Ost- von Westberlin für die nächsten 27 Jahre trennen sollte, ist glatt gelogen. Soviel Respektlosigkeit, wie sie sich Billy

■ Meister der klassischen Komödie: Jack Lemmon, Billy Wilder und Walter Matthau 1981 bei den Dreharbeiten zu *Buddy, Buddy*

Wilder in diesem Film erlaubte, wurde in der Adenauer-Republik höchstens geduldet, aber keineswegs geschätzt.

Die Liste der international geachteten Filme, die in Deutschland verspätet, verschnitten, bei der Synchronisation verharmlost oder nur mit einem beschwichtigenden Vorspann ins Kino kamen, ist lang. In ihr findet sich auch Lubitschs *To be or not to be (Sein oder Nichtsein,* 1942), der in Westdeutschland erst 1959 von einem Kleinverleih herausgebracht wurde. Doch nur Studenten mochten damals über diese Naziparodie lachen, die präzise eine Mentalität beschrieb, die den Faschismus erst ermöglicht hatte. Die Deutschen in *One, two, three* sind durch dieselbe Schule marschiert wie die Uniformträger bei Lubitsch. Die Hoheitszeichen, unter denen sie fünfzehn Jahre nach Kriegsende dienen, sind andere, Buckeln ist aber immer noch erste Bürgerpflicht – egal auf welcher Seite der Mauer.

Was 1961 zu viel war, leitete 1986 die Wiederentdeckung eines Regisseurs ein, der fortan als Meister der Komödie beschrieben und wahrgenommen wurde. *The Apartment (Das Appartement,* 1960), mit Jack Lemmon als Versicherungsangestelltem, der sein Junggesellenappartment für die amourösen Eskapaden seiner Vorgesetzten verleiht, bis er sich in Shirley MacLaine verliebt, und die Marilyn-Monroe-Klassiker *The seven Year Itch (Das verflixte 7. Jahr,* 1955) und *Some like it hot (Manche mögen's heiß,* 1959) bestätigten diesen Ruf. Billy Wilder hat seine Verehrung für den Komödienspezialisten Ernst Lubitsch (s. S. 26) immer betont, und dieser Einfluss ist bei Wilders Filmen unübersehbar. Der Witz, das Timing, der einwandfreie Aufbau der Story und der Humor, der seine Menschenliebe hinter einer gehörigen Portion Sarkasmus verbirgt, verbinden Mentor und Schützling.

Den Ex-Berliner Lubitsch lernte der Ex-Berliner Wilder erst in den USA kennen. Nach zwei Jahren relativer Erfolglosigkeit hatte die Paramount den Emigranten unter Vertrag genommen, der in

■ »Nobody is perfect«: Jack Lemmon, Tony Curtis und Marilyn Monroe in *Some like it hot*

»Wenn ein Schauspieler durch die Tür kommt, hat man gar nichts. Kommt er durchs Fenster, hat man eine Situation.«
Billy Wilder

■ Regelmäßig reizte Wilder den Sittenkodex der US-Zensur aus: Gary Cooper und Audrey Hepburn in *Love in the Afternoon* (1956)

»Die Österreicher haben das Kunststück fertig gebracht, aus Beethoven einen Österreicher und aus Hitler einen Deutschen zu machen.« Billy Wilder

Deutschland an Drehbüchern wie *Menschen am Sonntag* (Robert Siodmak, Edgar G. Ulmer, 1930) mitgearbeitet, für die Ufa unter anderem das Buch zu der Kästner-Verfilmung *Emil und die Detektive* (Gerhard Lamprecht, 1931) geschrieben und im französischen Exil mit *Mauvaise graine* (1934) seinen ersten Film inszeniert hatte. Bei der Paramount arbeiteten zu dieser Zeit unter anderem Mitchell Leisen, Preston Sturges und Leo McCarey mit Stars wie Marlene Dietrich, Claudette Colbert, Barbara Stanwyck, Mae West, Gary Cooper und Fred MacMurray. Und hier begegnete Wilder Ernst Lubitsch, der bei der Paramount zeitweise Produktionschef war. Zusammen mit Charles Brackett schrieb Wilder die Bücher zu zwei der schönsten Lubitsch-Filme – *Bluebeard's eighth Wife* (Blaubarts achte Frau, 1938) und *Ninotchka* (1939).

Angesichts der Filme, für die Wilder in seinen ersten Hollywoodjahren Drehbücher schrieb, ist es einigermaßen vermessen, von einer »Lehrzeit« zu sprechen, und doch sind die Hollywood-Drehbücher, an denen Wilder beteiligt war – der Aufbau der Geschichten, die Einführung der Personen und des Konflikts, das Plazieren der Wende- und Höhepunkte sowie das Finale –, mustergültige Beispiele für das klassische amerikanische Studiokino der Zeit. Mit ihnen wurde Billy Wilder ein amerikanischer Regisseur, ein Studiomann, der es gewohnt war, seine Geschichten mit dem ganzen Apparat und der ganzen Illusionstechnik eines großen Filmstudios zu erzählen.

So ist Wilder bei allem Erfolg seiner Komödien in erster Linie ein Regisseur des alten Hollywood geblieben, der sich auf kein Genre festlegen ließ und erstaunlich resistent gegen Moden war. Der Neorealismus kam und ging, doch Wilder drehte einen Kriegsfilm (*Five Graves to Cairo*, 1943), einen düsteren Krimi (*Double Indemnity*/Frau ohne Gewissen, 1944), ein trashiges Musical (*The Emperor Waltz*/Ich küsse ihre Hand, Madame, 1948), oder er antwortete den Nouvelle-Vague-Rebellen, die das Filmatelier als den

Ort der Manipulation ausgemacht hatten, mit einem Liebesfilm (*Irma la douce*, 1963), der komplett in einem Studio-Paris gedreht wurde, das seinen Kulissencharakter nicht verheimlichte.

Hervorragend waren Wilders Filme immer dann, wenn er Widerstand spürte, wenn eine prüde Selbstzensur ausgetrickst werden musste oder er einer Gesellschaft entgegentrat, die nur noch vergessen wollte (*A foreign Affair/Eine auswärtige Affäre*, 1948; *Sunset Boulevard/Boulevard der Dämmerung*, 1950, und *One, two, three*, 1961). Gerade den beiden Berlin-Filmen sieht man an, wie genau Wilder seine Kritik plazierte. War es 1961 die devote Haltung vieler Deutscher, die ihn zur Höchstleistung anspornte, reizte er in *A foreign Affair* 1948 das deutsche Publikum mit populären Emigranten, die vor den Nazis geflohen waren und Stellung bezogen hatten. Marlene Dietrich als Nachtclubsängerin mit amerikanischem Lover und Gestapo-Ehemann und Friedrich Hollaender, der die Filmmusik schrieb und auch als Barpianist auftritt, waren nicht nur genau die richtige Rollenbesetzung, sondern im Jahr 1948 auch ein Zeichen, das jeder im Zuschauerraum verstand.

In ihrer Arbeit ähnelten sich Billy Wilder und Ernst Lubitsch in erstaunlich vielen Punkten: Beide schätzten das Schreiben im Team – bei Wilder waren es neben Brackett und Diamond auch so bekannte und kapriziöse Autoren wie Raymond Chandler und George Axelrod. Beide ließen sich im Studio regelmäßig Filmsets bauen, die ganz genau zur Dramaturgie des Buchs passten – Filmarchitekten wie Alexandre Trauner und Hal Pareira bauten die schönsten Kulissen zu Wilder-Filmen. Beide sind ausgesprochene Schauspielerregisseure – Wilder machte William Holden zum Star und Fred MacMurray, Barbara Stanwyck, Ray Milland, Marlene Dietrich, Gloria Swanson, Audrey Hepburn, Marilyn Monroe, Jack Lemmon, Shirley

> **WILDER UND DIE STARS**
> Über Greta Garbo: »Bei den größten Stars vollbringt das Zelluloid, die Emulsionsschicht auf dem Film, dieses Wunder, gibt ihnen, indem es sie scheinbar von drei Dimensionen auf zwei ›verflacht‹, eine Tiefe, ein Geheimnis – Rätsel, die auf einmal zu sprechen scheinen. Die Garbo war so ein Fall: die Geburt eines Stars aus dem Zelluloid.« Über Marlene Dietrich: »Sie war so ein Muttertyp, eine Krankenschwester, die Suppe zubereitete. Sie ist eigentlich eine Mutter Teresa mit besseren Beinen gewesen.« Über Marilyn Monroe: »Ich glaube, ihr großes Geheimnis beruhte darauf, dass sie einfach dastehen konnte und sich wundern: Warum schauen mich die Leute so an? Sie war in dieser Hinsicht völlig naiv, und ihre Verwunderung schien auszudrücken: Hat mir etwa jemand ein Schild an den Rücken gehängt?«   Billy Wilder

■ Billy Wilder: Einer der letzten großen Studioregisseure

> **NICHTS ALS GEGENSÄTZE**
>
> *Seine mit I. A. L. Diamond verfassten Drehbücher werden von Mal zu Mal böser, burlesker, brillanter, greller, galliger, giftiger, messerschärfer, lüsterner, lustvoller, lustiger, desgleichen seine Regie, indem Impakt und Ironie, Drive und aggressiv mutierter Lubitsch-Touch sich die Waage halten. In One, two, three und Kiss me, Stupid, in The fortune Cookies und The front Page schreckt er weder vor Klamauk noch Klamotte, Vaudeville noch Ketchup-Humor zurück, ist unseriös, voll hinreißend schlechtem Geschmack und schlägt ringsum unter die Gürtellinien. Doch Sabrina und Love in the Afternoon enthüllen auch den märchenhaften, zarten Träumer-Anteil, der unter Wilders abgebrühten Schichten blüht. In seinen besten Komödien feiern die Gegensätze auf erstaunliche Weise immer wieder neue circensische, bewegende Hochzeiten.*   Harry Tomicek: *Neue Zürcher Zeitung*, 2002

MacLaine, Liselotte Pulver, Kim Novak und Walter Matthau: Sie alle waren selten besser als in Wilder-Filmen. Und, wie Lubitsch, war auch Wilder kein Mann der ausschließlich leichten Komödie. Seine Filme lassen erstaunlich präzise Rückschlüsse auf ihre Entstehungszeit zu.

Doch die schönste Hommage an seinen Lehrmeister inszenierte Wilder 1957. *Love in the Afternoon* (*Ariane – Liebe am Nachmittag*, 1957) ist, wenn schon kein Remake, so doch wenigstens die Fortsetzung von Lubitschs *Bluebeard's eighth Wife* (1938), an dem Wilder als Drehbuchautor beteiligt war. Ein reicher Frauenheld stößt auf seine Frau fürs Leben, bekommt sie aber erst, nachdem sie ihm gewaltig Hörner aufgesetzt hat. Dass sie ihn dabei keineswegs betrügt, ist die besondere Pointe beider Filme: In seiner Eifersucht sieht der Mann nur, was er selbst ist – ein untreuer Liebhaber. In beiden Filmen spielt Gary Cooper die Hauptrolle. 1957 ist er für den Casanova längst zu alt, doch wie Wilder diesen eleganten und in seinen Bewegungen schon steifen Schauspieler inszeniert, macht die Figur nur um so glaubwürdiger. Der alte Playboy ist müde geworden, und das zeigt ihm Audrey Hepburn mit jedem ihrer Blicke. Dass er zum Schluss seine Traumfrau heiraten darf, ist eines dieser Lubitsch-Happy-Endings, die nur betonen, dass es sowieso ganz anders kommt. In *Love in the Afternoon* zeigt Billy Wilder, dass er vor allem immer auch ein Romantiker gewesen ist, ein Romantiker, der Sentimentalität und Kitsch mit Tempo und Witz den Garaus machte.

■ Abrechnung und Hommage: William Holden, Gloria Swanson und Erich von Stroheim in *Sunset Boulevard* (1950)

BILLY WILDER

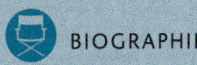 BIOGRAPHIE

Billy Wilder wurde am 22. Juni 1906 in Sucha als Samuel Wilder geboren. Seine Eltern betrieben verschiedene Gastwirtschaften, bevor sich die Familie 1910 in Wien niederließ. Nach dem Abitur, 1924, begann Wilder in Wien ein Jurastudium, das er nach wenigen Monaten abbrach, um als Journalist für *Die Stunde* zu arbeiten. 1929 schrieb er nach einer Reportage von Kurt Siodmak das Drehbuch zu *Menschen am Sonntag*, bei dem Robert Siodmak und Edgar G. Ulmer Regie führen. Alle vier machten in Hollywood Karriere. Wilder emigrierte 1933 über Frankreich in die USA. Seine Mutter und Großmutter wurden in Auschwitz ermordet. Der Anfang in den USA gestaltete sich schwierig. Erst 1938 gelang ihm mit Drehbüchern für Ernst Lubitsch der Durchbruch. Die Bücher zu *Bluebeard's eighth Wife* (Blaubarts achte Frau, 1938) und *Ninotchka* (1939), die Wilder zusammen mit Charles Brackett schrieb, katapultierten ihn in die erste Reihe unter Hollywoods Drehbuchschreibern. 1943 bekam Wilder die Möglichkeit, Regie zu führen, nachdem er, wie Wilder später sagt, ein »Volontariat« bei Howard Hawks absolviert hatte. *The Major and the Minor* (Der Major und das Mädchen, 1942) war die erste Regiearbeit Wilders, der schon ein Jahr später mit der Chandler-Verfilmung *Double Indemnity* (Frau ohne Gewissen) seinen ersten großen Erfolg hatte. Zuvor hatte er mit *Five Graves to Cairo* (1943), mit Erich von Stroheim als Feldmarschall Rommel, eine düstere Komödie über den Krieg gedreht, die bei ihrer Premiere auf ein überfordertes Publikum stieß. Wilders zwei Berlin-Filme *A foreign Affair* (Eine auswärtige Affäre, 1948 mit Marlene Dietrich) und *One, two, three* (Eins, zwei, drei, 1961 vor dem Mauerbau gedreht und nach Fertigstellung der Mauer herausgekommen) wurden erst Jahre später bejubelt. 1950 drehte er mit *Sunset Boulevard* den schönsten Film über das klassische Hollywood, das zu dieser Zeit von der Bühne abtrat, und 1981 inszenierte er mit *Buddy, Buddy* seinen letzten Film. Billy Wilder starb am 28. März 2002.

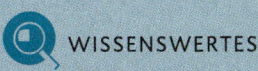 WISSENSWERTES

Die Co-Autoren

Am 26. November 1892 wurde **Charles Brackett** in Saratoga Springs, New York, geboren. An der Ostküste arbeitete er als Literaturkritiker und Autor. Beim *New Yorker* wurde er Nachfolger von Herman Mankiewicz, der als Drehbuchautor (unter anderem Co-Autor bei *Citizen Kane*, Orson Welles, 1941) nach Hollywood ging. Kurz darauf schrieb auch Brackett seine ersten Drehbücher. In den 1930er Jahren wurden Brackett und Wilder als Autorenpaar eingesetzt. Ernst Lubitschs *Ninotchka* (1939) wurde der erste gemeinsame Erfolg der Autoren. Als Co-Autor war Brackett an allen frühen Wilder-Filmen beteiligt. Die Zusammenarbeit endete mit *Sunset Boulevard* (1950), nachdem Brackett zu 20th Century-Fox wechselte, wo er auch als Produzent arbeitete. Charles Brackett starb am 9. März 1969.

I. A. L. Diamond, eigentlich Itek Domnici (das A. und das L. haben keine Bedeutung, hinter dem I. sehen sie einfach interessant aus) wurde am 27. Juni 1920 in Rumänien geboren. In Hollywood machte er sich schnell als Komödienautor einen Namen. Das Drehbuch zu dem Cary-Grant-Hit *Monkey Business* (Liebling, ich werde jünger, Howard Hawks, 1952), an dem er mit Ben Hecht und Charles Lederer zusammenarbeitete, wurde einer von Diamonds ersten großen Erfolgen. Seit *Love in the Afternoon* (1957), war Diamond der Co-Autor von Billy Wilder. I. A. L. Diamond starb am 21. April 1988.

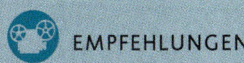 EMPFEHLUNGEN

Fünf Filme:
- *Double Indemnity* (Frau ohne Gewissen)
- *A foreign Affair* (Eine auswärtige Affäre)
- *Sunset Boulevard*
- *Love in the Afternoon* (Ariane – Liebe am Nachmittag)
- *Some like it hot* (Manche mögens heiß)

Lesenswert:
Cameron Crowe: *Hat es Spaß gemacht, Mr. Wilder?*, München–Zürich 2001

 AUF DEN PUNKT GEBRACHT

Seinem Leitspruch, »Wie hätte Lubitsch es gemacht?«, ist er treu geblieben. Billy Wilders Komödien haben den Charme, den Witz und die Respektlosigkeit seines Vorbilds. Dabei gehören Wilders Krimis zu den Höhepunkten des Genres.

Akira Kurosawa (1910–1998)
Shakespeares Samurai

»Ich habe keine einzige ausländische Besprechung gelesen, die nicht falsche Bedeutungen in meine Filme hineingelesen hätte.« Auf Interpretationen des eigenen Werks reagierte er empfindlich. Als »westlichster« Regisseur des japanischen Kinos wurde Akira Kurosawa regelmäßig beschrieben und anfangs auch als Eklektizist gescholten. Adaptionen von Shakespeare- und Dostojewski-Stoffen, seine Vorliebe für impressionistische Malerei und klassische europäische Musik mussten dafür als Beweis herhalten. Wie kurz so eine Beschreibung greift, zeigt schon der erste Film, der Kurosawa über Nacht – ganz konkret nach seiner Präsentation 1951 auf dem Filmfest von Venedig – in Europa bekannt machte. *Rashômon* erzählt eine Geschichte aus dem Japan des 12. Jahrhunderts. Und wie Kurosawa hier Epochen und Stile vermischt, wie er ganz neue filmische Ausdrucksmittel findet, indem er die Geschichte eines Verbrechens nicht ein einziges Mal chronologisch erzählt, sondern sie viermal hintereinander jeweils aus der Sicht eines anderen Beteiligten schildert, zeigt seine wahre Bedeutung für die Filmgeschichte. Zu einer Zeit, als sich das Kino selbst seiner eigenen Geschichte kaum bewusst war, begreift Kurosawa den Film als ein Medium, mit dem sich Literatur, Malerei und Musik zu einem komplexen Kunstwerk verschmelzen lassen. Nicht retrospektiv zitierend, sondern in der selbstbewussten Verwendung anderer Künste entsteht so eine Filmsprache, die sich um nationale Vorlieben und Abneigungen wenig kümmert.

Es gibt wenige Regisseure mit einer größeren thematischen und stilistischen Bandbreite: So vermischen sich in *Rashômon* impressionistische Lichtstimmungen mit dem historischen Rückgriff auf die Heian-Zeit (794–1194 n. Chr.). Die Filmmusik varriiert ein Bolero-Motiv, während die Zeitkonstruktion von *Rashômon*, die Tom Tykwer später in *Lola rennt* (1999) übernahm, jede Chronologie aufweicht. Shakespeares *Macbeth* hingegen wird in Kurosawas Film *Das Schloss im*

■ In den Filmen Akira Kurosawas entdeckte die westliche Welt ein visuelles Universum, dessen Reichtum alles sprengte, was bisher da war. Gerade das hat sein Werk in den Augen vieler Japaner lange Zeit verdächtig gemacht.

Spinnwebwald (*Kumonosu-jo*, 1957) zu einer Samurai-Geschichte und eine amerikanische Polizeigeschichte wird zum Ausgangspunkt für einen düsteren Gegenwartsfilm, der souverän die Mythen des Film Noir weiterführt wie in *Zwischen Himmel und Hölle* (*Tengoku to jigoku*, 1963).

Spätestens der Blick auf die keineswegs schlechten Remakes von Kurosawa-Filmen offenbart seine Einzigartigkeit. So geht der Western *The magnificent Seven* (*Die glorreichen Sieben*, John Sturges, 1960) auf *Shichinin no samurai* (*Die sieben Samurai*, 1953) nicht nur zurück, sondern Kurosawas Film gibt dem damals im Zenit stehenden Genre eine letzte stilistische Neuorientierung, die der Filmpublizist Joe Hembus später als den »Beginn des japanischen Zeitalters im Western« beschrieb. Westler und Cowboys sind zu Samurais, zu Mitgliedern einer überkommenen Schicht geworden, die in einem letzten Kampf zwar den eigenen Untergang besiegelt, aber dadurch eine von ihnen verachtete Gemeinschaft rettet.

Die Remakes verdeutlichen nicht nur Kurosawas handwerkli-

■ Wahrheit und Lüge als Frage der Perspektive: Toshiro Mifune und Machiko Kyo in *Rashômon* (1951)

EIN RAT VOM MEISTER

Ich weiß nicht mehr, wer gesagt hat, Schöpfung sei Erinnern. Meine eigene Erfahrung und das, was ich gelesen habe, bleiben mir im Gedächtnis und bilden die Grundlage für meine schöpferische Arbeit. Aus dem Nichts heraus kann man nichts schaffen. Deshalb habe ich seit meiner Jugend bei meiner Lektüre stets ein Notizbuch zur Hand. Darin notiere ich mir, wie ich reagiere und was mich bewegt. ... Darin lese ich, bevor ich ein Drehbuch schreibe. Oft verhelfen sie mir zum Durchbruch. Selbst für einzelne Dialogzeilen ziehe ich sie zu Rate. Ich kann Ihnen also nur empfehlen, Bücher nicht im Bett zu lesen.

Akira Kurosawa

■ Mit Shakespeare und japanischen Mythen ins Herz des Publikums: Toshiro Mifune in *Das Schloss im Spinnwebwald* (1957)

ches Können, Drehbücher so zu konstruieren, dass sie sich offenbar mühelos in andere Genres verlagern lassen. 1964 versuchte Martin Ritt mit *The Outrage* (*Carrasco, der Schänder*, 1964) aus *Rashômon* ebenfalls einen Western zu machen. Paul Newman spielte hier den Part des Schurken, dessen Verbrechen aus verschiedenen Perspektiven rekapituliert werden. Doch anders als Toshiro Mifune, der bei Kurosawa der Schurkenrolle immer neue Facetten abgewinnt, gelingt dies Newman zu keiner Zeit.

Bei aller Kunstfertigkeit Kurosawas wird leicht der moralische Rigorismus übersehen, dem seine Charaktere ausgeliefert sind. Bei ihm gibt es nichts Laues, keine Pose. Sie müssen sich verhalten und müssen letztlich scheitern. Die Hoffnung, die am Ende eines

> Akira Kurosawas Perfektionismus war berüchtigt. Vor allem die Ausstattung seiner Filme entwickelte sich zu einem Etat-Posten, den viele Produzenten nicht tragen wollten. Seine letzten Filme entstanden dank der Fürsprache seiner Bewunderer Steven Spielberg und George Lucas bei amerikanischen Geldgebern. Zuvor hatte Kurosawa mit französischen und sowjetischen Produzenten zusammengearbeitet.

Kurosawa-Films aufscheint, bleibt vage, und manchmal ist sie so traurig wie am Ende von *Leben* (*Ikiru*, 1952). Hier sitzt ein alter Mann nachts im Schnee auf einer Kinderschaukel und singt. Er, ein Amtmann kurz vor der Pensionierung, hat den Tod vor Augen. Jetzt schaukelt er auf dem Kinderspielplatz, den er gegen den Widerstand einer arroganten Stadtbürokratie, zu der er selbst einmal gehörte, erkämpft hat. Die Erkenntnis, nach einem in der Bürokratie verpfuschten Leben wenigstens am Ende einmal etwas Sinnvolles bewirkt zu haben, lässt ihn singen. Dass sich nach seinem Tod die Kollegen seiner Tat brüsten und sich an der Bürokratie nie etwas ändern wird, verschweigt Kurosawa dabei nicht. Die Ambivalenz der Charaktere fehlt den Kurosawa-Remakes, die bestenfalls die Dynamik der Geschichten übernehmen, an der moralischen und letztlich künstlerischen Dimension jedoch scheitern.

Spektakulär sind die Filme Akira Kurosawas auch durch ihre technische Brillanz. Die erste, dramaturgisch sinnvoll eingesetzte Einstellung in Zeitlupe und die gleichzeitige Arbeit mit mehreren Kameras, die einer zuvor genau festgelegten Dramaturgie folgen, führte er mit *Die sieben Samurai* ein. Drei Kameras und eine Montage, die den Raum nicht zerstört, erzeugen bei Kampfszenen eine Dynamik, die sich selbst bei Kurosawas letztem großen Ausstattungsfilm, seiner King-Lear-Adaption *Ran* (1985) noch einstellt. Die konkrete räumliche Nähe des Feindes bleibt immer spürbar,

■ Der Film als ein Medium, das Literatur, Malerei, Musik und Schauspiel vereint: Toshiro Mifune und Isuzu Yamada in *Das Schloss im Spinnwebwald* (1957)

■ Für brillante filmästhetische Lösungen war ihm kein Preis zu hoch: Szenenphoto aus *Madadayo* (1993)

■ Bei Kurosawa gibt es nichts Laues, keine Pose: Toshiro Mifune in *Die sieben Samurai* (1953)

■ Kurosawas einziger Krimi: Szene aus *Zwischen Himmel und Hölle* (1963)

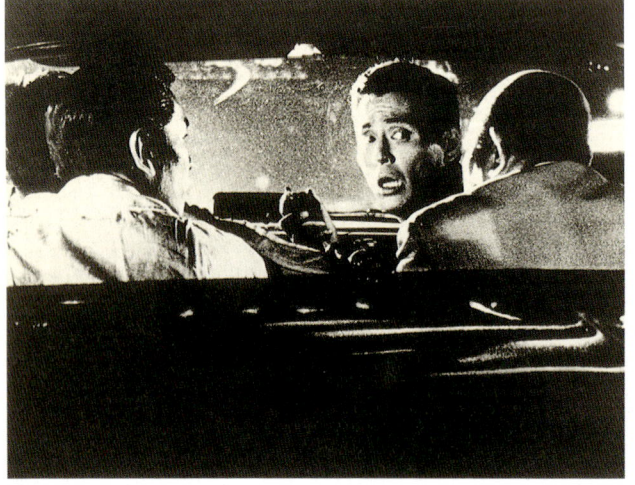

das Raum-Zeit-Verhältnis gestaltet Kurosawa dabei so, dass es phasenweise überhaupt kein Entkommen gibt.

In *Ran* ist es diese wahnsinnige Zerstörung, die irritiert. Einzig in Tod und Vernichtung scheint der Sinn des Lebens zu bestehen, und daran verzweifeln die Menschen, ohne dass sie aus diesem Teufelskreislauf ausbrechen könnten. Bei der Präsentation von *Ran* darauf angesprochen, entzog sich der damals 80-jährige Regisseur dem nachfragenden Filmjournalisten Christoph Terhechte: »Sie sollten sich hüten, ein filmisches Werk zu intensiv zu analysieren. Nehmen Sie an, vor ihnen steht eine wunderschöne Vase. Sie können diese Vase zerschlagen, um herauszufinden, aus welchem Material sie ist. Aber dann ist die Schönheit verloren. Stellen sie die Vase auf, und betrachten Sie sie einfach.«

AKIRA KUROSAWA

 BIOGRAPHIE

Akira Kurosawa wurde am 23. März 1910 in Tokio geboren. Er studierte Malerei, beschäftigte sich mit Film und Literatur und bewarb sich mit 26 Jahren auf eine Regieassistenstelle bei einer Firma, die kurz darauf von Toho übernommen wurde. Als Assistent von Kajiro Yamamoto machte Kurosawa seine ersten Filmerfahrungen. Er begann Drehbücher zu schreiben und realisierte 1943 seinen ersten Film *Sanshiro Sugata*, der gute Kritiken bekam. Seit diesem Erfolg konnte Kurosawa regelmäßig Filme inszenieren. Mit *Rashômon*, der 1951 den Hauptpreis auf dem Filmfest in Venedig errang, gelang Kurosawa der erste internationale Erfolg eines japanischen Films überhaupt. Nach *Leben (Ikiru*, 1952) und *Die sieben Samurai (Shichinin no Samurai*, 1953) avancierte er zum wichtigsten Regisseur des japanischen Kinos, dem es gelang, die Mythen der japanischen Kultur einem westlich orientierten Publikum zu vermitteln. Besonders seine Adaptionen von Dostojewski- und Shakespeare-Stoffen wurden im Westen beachtet. Kurosawas Macbeth-Bearbeitung *Das Schloss im Spinnwebwald (Kumonosu-jo*, 1957) machte Toshiro Mifune endgültig zum ersten internationalen Star des japanischen Kinos. Mifune spielte auch die Hauptrollen in Kurosawas Samurai-Komödien *Yojimbo* (1960) und *Sanjuro* (1962). Literaturverfilmungen und historische Stoffe waren bis zuletzt Kurosawas bevorzugte Betätigungsfelder. 1963 drehte er, wieder mit Mifune in der Hauptrolle, einen Polizeifilm, der zu den besten des Genres gehört. *Zwischen Himmel und Hölle (Tengoku to jigoku)* kam erst 1993 in Deutschland ins Kino und blieb Kurosawas einziger Krimi. *Madadayo* war 1993 der letzte Film Kurosawas. In ihm trifft sich ein alter Lehrer Jahr für Jahr mit seinen Schülern. Die jedes Mal gestellte Frage, ob er zum Sterben bereit sei, beantwortet der Alte regelmäßig mit »madadayo«, was »noch nicht«, aber auch »vielleicht« heißen kann. Akira Kurosawa starb am 6. September 1998 in Tokio.

 WISSENSWERTES

Der Komponist
Akira Kurosawas große Popularität in westlichen Ländern hängt wesentlich mit der Musik zusammen, die seine Filme prägt. Sein internationaler Erfolg setzte mit der Zusammenarbeit mit **Fumio Hayasaka** ein, der von *Trunkene Engel (Yoidore tenshi*, 1948) bis zu seinem Tod 1955 an allen Kurosawa-Filmen beteiligt war. Einen ersten Höhepunkt erlebten die beiden mit dem Film *Rashômon* (1951), der Kurosawa und dem japanischen Kino überhaupt einen internationalen Filmpreis eintrug. Hier war es ein verspieltes Bolero-Motiv, das, manchmal vollkommen gegen die Dramatik des Bildes eingesetzt, die Spannung noch erhöhte, ein Bolero für eine Geschichte, die im 12. Jahrhundert spielt. Solche Brüche und Mischungen von Epochen und Kulturen machen die Filme Kurosawas heute noch so interessant. Ganz gegen den Zeitgeschmack gingen Hayasake und Kurosawa sparsam mit der Musik um. Leise Orchestrierung, Leitmotive und kontrapunktischer Musikeinsatz geben eine akustische Struktur, die gut zu den manchmal opulenten Filmbildern passt. Außerdem komponierte Fumio Hayasake auch noch die Filmmusiken für Kenji Mizoguchi, dessen Werk er ebenfalls wesentlich prägte. Hayasake starb 1955, 41-jährig an Tuberkulose, mitten in der Arbeit an Kurosawas *Leben in Angst (Ikimono no kiroku*, 1955). Sein Schüler Masaru Sato setzte die Arbeit fort. Sato arbeitete später noch viele Jahre mit Akira Kurosawa zusammen.

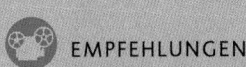 EMPFEHLUNGEN

Fünf Filme:
- *Madadayo*
- *Zwischen Himmel und Hölle*
- *Das Schloss im Spinnenwebwald*
- *Die sieben Samurai*
- *Rashômon*

Lesenswert:
Akira Kurosawa: *So etwas wie eine Autobiographie*, Zürich 1991

Stephen Prince: *The Warrior's Camera: The Cinema of Akira Kurosawa* (revidierte und erweiterte Neuauflage), Princeton 1999

 AUF DEN PUNKT GEBRACHT

Er gehört zu den bildmächtigsten Regisseuren des Kinos. Mit Akira Kurosawa wurde das Kino endgültig zu einer anderen Künsten ebenbürtigen Kunstform.

Maya Deren (1917–1961)
Sinn und Sinnlichkeit

Viel stärker noch als die Literatur kann der Film das Verhältnis von Raum und Zeit durcheinanderbringen: Ortswechsel über alle Realitätsebenen hinweg bis zu absoluten Traumwelten, Zeitsprünge, Verlangsamung bis zum Stillstand und explosionsartige Beschleunigung, parallele Handlungen, Perspektivwechsel bis hin zur totalen Identifikation macht der Film in kürzester Zeit möglich.

Künstler wie Méliès (s. S. 10), Griffith oder die sowjetischen Avantgardisten gehören zu den Pionieren des Mediums. Sie loteten als erste seine Möglichkeiten aus und schufen die Grundlage einer Filmsprache. Ihr Variationsreichtum wird vom kommerziellen Kino bis heute nur zu einem Bruchteil genutzt. Überschaubare Raum-Zeit-Beziehungen, deutlich unterscheidbare Zeit- und Realitätsebenen, chronologische Struktur – schlicht Realismus lautet das Mantra des Unterhaltungsfilms.

Widerstand gegen dieses Dogma kam schon früh auf. Zu groß erschien der Widerspruch zwischen den Möglichkeiten und dem, was daraus gemacht wurde. Die Filme, die aus dieser Haltung entstanden, waren klein, unabhängig produziert und radikal. So arbeitete auch Maya Deren. Ihre Avantgardefilme schienen nicht besonders innovativ, aber nirgendwo war die Regelverletzung so schön und so sinnlich wie bei ihr.

Wellen spülen einen Frauenkörper an Land und ziehen sich zurück, sobald sie ihre Aufgabe erfüllt haben. Die Frau beginnt sich zu bewegen, windet sich im Sand bis sie eine knorrige Wurzel

■ Rauschhafte Bilder: Sequenz aus Maya Derens *At Land* (1944)

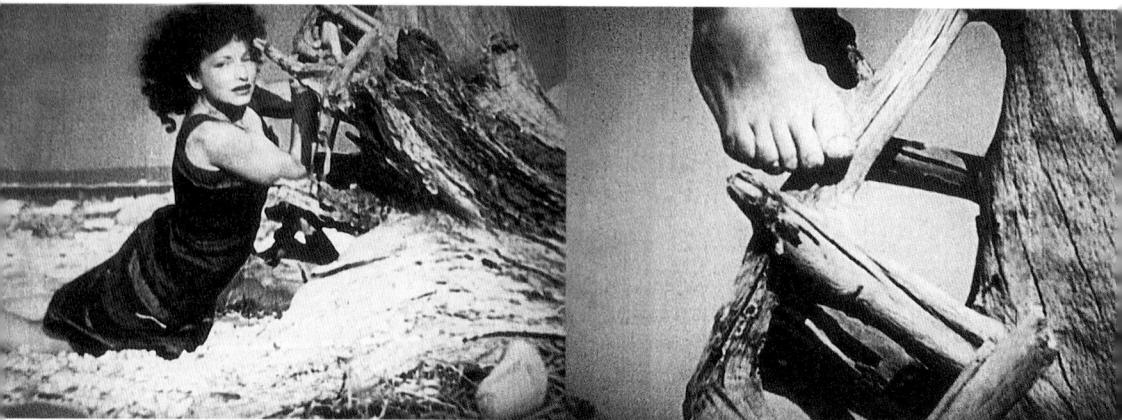

erreicht, an der sie sich hochzieht und unvermittelt auf den festlich gedeckten Tisch einer Abendgesellschaft blickt. Sie schlängelt sich über den Tisch, vorbei an den Gästen, die kaum Notiz von ihr nehmen, bis zu den Schachspielern am anderen Ende. Eine Schachfigur, ein weißer Läufer, fällt vom Brett. Kurz darauf geht die Frau einen Dünenweg entlang, an ihrer Seite immer ein anderer Mann. Wieder allein, gelangt sie später zurück an den Strand, wo jetzt zwei Frauen Schachspielen. Sie kost die Frauen, nimmt unbemerkt einen weißen Läufer und läuft den Strand hinunter, dem Horizont entgegen. *At Land* heißt der Film von 1944, in dem Deren Perspektive, Zeit und Realitätsebenen wechselt, bis Fragen nach Ort und Zeit vollkommen nebensächlich erscheinen. Selbst der Plot, auf den kein »richtiger« Spielfilm glaubt verzichten zu können, bleibt auf der Strecke. Die Beschreibung der Szenen wird zu einem hilflosen Unterfangen, bei dem sich höchstens die Sperrigkeit der Worte in der Erinnerung festsetzen. *At Land* ist aus Emotionen gemacht, aus der Erinnerung an Körpergefühle, aus Flüchtigem, das sich der Sprache entzieht, aber trotzdem vollkommen verständlich ist. *At Land* ist ein Film, den man nicht so sehr zu sehen, als vielmehr zu träumen glaubt.

   Meshes of the Afternoon, Derens erster Film von 1943, erklärt die Handlung noch ausdrücklich zum Traum. Die Augen Maya Derens, die auch hier die Hauptrolle spielt, schließen sich, und die

> **FEST FÜRS LEBEN**
>
> *Die Filme Maya Derens befreien uns von den Studios: Sie beschenken unsere Augen mit sichtbaren Tatsachen, die eine tiefe psychologische Bedeutung enthalten; sie schlagen für unsere Herzen einen Takt, der wechselt, sich gleichbleibt, sich dreht, hämmert oder davonfliegt ... Man befindet sich in der Realität der filmischen Tatsachen, die von Maya Deren an dem Punkt eingefangen werden, wo das Objektiv als ein wunderbarer Entdecker mitarbeitet. Diese Erneuerung des Kontakts zwischen dem Kino und einem wesentlichen Teil seiner Ausdrucksmittel eröffnet so viele Möglichkeiten, mit Intelligenz, Sensibilität und Erfindungsreichtum Gedichte zu erzeugen. Poesie ist schließlich ein Fest, das das Leben denen bereitet, die wissen, wie sie mit ihren Augen und Herzen empfangen, und verstehen.* Le Corbusier

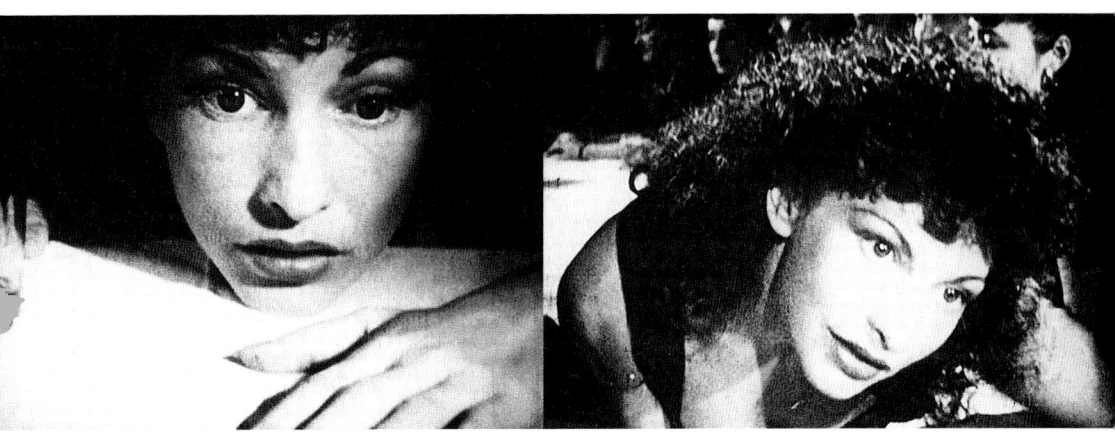

■ Film als räumliches Ereignis: Szenenphoto aus *A Study in Choreography for Camera*. (1945)

Handlung wiederholt sich wie in einer Zeitschleife. Variationen werden ausprobiert und verworfen, bis ein Mann die Schlafende wachküsst und der Traum abbricht. Als eine Choreographie zwischen Deren und der Kamera lässt sich dieser Film beschreiben, in dem Deren weiter ausführt, was ein Regie-Choreograph wie Busby Berkeley (s. S. 94) schon wegen seiner Tänzerinnenarmadas so niemals hinbekommen würde. Den Arabesken und dem Pomp Berkeleys antwortet sie mit Reduktion auf das Wesentliche. Nicht die Begeisterung am ornamentalen Getriebe steht im Mittelpunkt, sondern die Antriebskräfte selbst, die das Räderwerk in Bewegung setzen, werden zum Thema. Der Architekt der Moderne, Le Corbusier, meinte, bei Deren stehe man »räumlichen Ereignissen gegenüber, die sich ihren eigenen Rhythmus verschaffen. Man entkommt der Dummheit des filmischen Scheins.«

Das Leugnen dieses Scheins, die Behauptung, das noch die abgedrehteste Choreographie Busby Berkeleys »real« sei, was immer das in diesem Fall überhaupt bedeuten kann, ist die größte Dummheit des kommerziellen Kinos. Derens Bekenntnis, »im Film kann ich die Welt tanzen lassen«, meint genau dieses Die-Welt-aus-den-Angeln-Heben. Dabei war es weniger die Freude an der Destruktion verfestigter Strukturen als eine Entdeckerlaune, die Deren umtrieb. Ihre Vorstellung von der Bewegung als Meditation, die sie in ihren Choreographien erforschte und die sie später zum Voodoo-Kult auf Haiti brachte, deutet auf eine Suche, die hinter den Schein der Dinge führt, und verweist auf eine Spiritualität, die zu Derens Lebzeiten eher bestaunt als bewundert wurde.

Heute steht Maya Deren für die Symbiose aus hoher Intellektualität und leidenschaftlicher Körperlichkeit. Das machte sie in den 1980er Jahren zu einer Ikone der Frauenbewegung, aber eben auch zur charismatischen Verkörperung der klassischen Avantgarde. Die periodische Wiederentdeckung ihres Werks mit seinen Beziehungen zum modernen Tanz, zu Zen und haitianischem Voodoo hängt mit den Zyklen der auf- und abschwellenden New-Age-Wellen zusammen. Die ungebrochene Freude, die ihre Filme noch immer bereiten, bleibt davon unberührt.

GESCHICK UND GEFÜHL

So viel unserer Erfahrung wird in Bilder übersetzt, was zuweilen weder Musik noch Literatur – ja nicht einmal Malerei vermögen. Maya Deren ... mit ihrer Fähigkeit, klar zu träumen und aus dem Fluss des Unbewussten Wesentliches herauszuziehen, bewältigt eine solche Transkription mit Geschick und einem großen Gefühl für die Bedeutung des bewegten Bildes als neues Medium.

Anaïs Nin

MAYA DEREN

 ## BIOGRAPHIE

Maya Deren wird am 29. April 1917 in Kiew, Ukraine, geboren. Elena Derenkovskaya lautet ihr Geburtsname. Die Eltern, ihr Vater ist Psychiater, emigrieren nach der sowjetischen Revolution nach Los Angeles. Bis 1943 studiert sie dort englische Literatur und tanzt bei der Choreographin Catherine Dunham. 1942 heiratet sie den aus Prag emigrierten Filmemacher Alexander Hammid. Ihr Interesse am Film wird geweckt. Als Maya Deren dreht sie gemeinsam mit ihrem Mann 1943 ihren ersten Film *Meshes of the Afternoon*. Ihr Debütfilm gehört zu ihren populärsten Arbeiten. Deren über Deren: »Ich war eine durchschnittliche Dichterin, bevor ich Filmemacherin wurde.« Kurz darauf zieht das Paar an die Ostküste und trennt sich 1944. In New York beendet Maya Deren 1945 ihr Literaturstudium. 1947 mietet sie das Provincetown Playhouse, um ihre Filme zu präsentieren. Die Veranstaltung wird ein großer Erfolg. Deren, die ihre Filme selbst finanziert und vertreibt, gründet mit der Creative Film Foundation die erste Stiftung, die sich um die Förderung des von großen Produktionsfirmen unabhängigen Films kümmert. Sie arbeitet als Journalistin, schreibt filmtheoretische Essays und beschäftigt sich mit anderen Kulturen. Ausgestattet mit einem Guggenheim-Stipendium dreht sie zwischen 1947 und 1951 einen Dokumentarfilm über Voodoo auf Haiti. Maya Deren lässt sich als Voodoo-Priesterin initiieren. Sie schreibt *Divine Horseman: Voodoo Gods of Haiti* – das erste umfassende Werk über die Voodoo-Mythologie. Am 13. Oktober 1961 stirbt Maya Deren an einer Gehirnblutung.

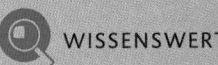 ## WISSENSWERTES

Das Archiv
Maya Deren gilt als die Begründerin des amerikanischen Avantgardefilms. Das ist verständlich, denn ihre Filme und vor allem ihre Person eignen sich zu glamouröser Überhöhung. Vor Derens Debütfilm von 1943 gab es jedoch eine Reihe anderer Filmemacher, die in den USA unabhängig und frei von den Normen des kommerziellen Kinos Filme produzierten. Das Archiv, das solche Entdeckungen ermöglicht, wurde am 30. November 1970 von den Filmenthusiasten und Regisseuren Jerome Hill, P. Adams Sitney, Peter Kubelka, Stan Brakhage und Jonas Mekas gegründet. Erklärtes Ziel des New Yorker Anthology Film Archives ist es, den Reichtum und die Geschichte des Avantgarde- oder Undergroundfilms zu dokumentieren. Hier werden Filme nicht nur gesammelt und restauriert, sondern auch präsentiert. Mit Programmen zu Hollis Frampton, Ernie Gehr, Marjorie Keller, Robert Breer, Yvonne Rainer, Robert Frank, Alain Robbe-Grillet, Alexander Kluge, Bruce Elder, Gunvor Nelson, Emile de Antonio, Su Friedrich, Peter Hutton, Warren Sonbert, Francis Lee, Michael Snow, Rudy Burckhardt wurden gleich in den ersten Monaten des Anthology Film Archive einige der wichtigsten Vertreter des Avantgardefilms dem New Yorker Publikum vorgestellt. Neben Alexander Hammid stand auch Maya Deren im Mittelpunkt eines Programms. Nach ihr ist eines der Kinos dieser weltweit einzigartigen Institution benannt. (http://www.anthologyfilmarchives.org).

 ## EMPFEHLUNGEN

Die fünf Filme:
- *Meshes of the Afternoon*, 1943
- *At Land*, 1944
- *A Study in Choreography for Camera*, 1945
- *Ritual in transfigured Time*, 1946
- *The very Eye of Night*, 1958

Lesenswert:
Maya Deren: *Der Tanz des Himmels mit der Erde. Die Götter des haitianischen Voudou*. University of California 1992

Bill Nichols (Hg.): *Maya Deren and the American Avantgarde*, University of California 2001

Sehenswert:
Martina Kudlácek: *Im Spiegel der Maya Deren*. Dokumentarfilm, Österreich–Schweiz–Deutschland 2002

Anklickenswert:
Maya Deren Homepage (www.algonet.se/~mjsull/)

 ## AUF DEN PUNKT GEBRACHT

Sie war die erste, die zeigte, wie sinnlich und anregend Undergroundfilm sein kann. Das schmale Werk von Maya Deren versammelt ausnahmslos zeitlose Klassiker des Avantgardefilms.

Roberto Rossellini (1906–1977)
Realismus und Moral

Als lästiges, letztlich nicht vermeidbares Übel kamen dem alternden Hitchcock (s. S. 68) die Dreharbeiten zu seinen Filmen vor. Der Dialog, die Bewegungsabläufe, Kamerapositionen und -bewegungen, Einstellungsgrößen – alles war schon vorher in Drehbuch und Storyboards detailliert festgehalten. Unvorhergesehenes oder gar Improvisation waren strikt ausgeschlossen. Die Schauspieler und das Team hatten nur noch zu befolgen, was ihnen vorgegeben war. Von den Räumen über das Licht, die Bewegung, das Wort und die Töne reichte Hitchcocks Allmacht bis hin zur Imagination des Publikums. Die Gedanken, Ängste und Verhaltensweisen der Zuschauer sind wesentlicher Teil seiner Inszenierung. Bei Hitchcock wird man zur Kommunikation gezwungen, ob man will oder nicht.

Roberto Rossellinis Filme folgen einer entgegengesetzten Konzeption. Die Wirklichkeit in eine Form zu zwingen und das Unvorhergesehene so gut es geht auszusperren, um einer bestimmten Vorstellung möglichst nahe zu kommen, wäre ihm nie in den Sinn gekommen. Das Vorgefundene, der Zufall und die spontane Entscheidung prägten seinen Regiestil; von Demut sprach Rossellini, die ein Regisseur empfinden müsse, angesichts einer Realität, die monströser sein könne als jede Fiktion. Doch Demut sollte hier nicht mit Unterwürfigkeit verwechselt werden. Rossellini ging es um Wahrheit und Wirklichkeit, eine Anpassung an Vorgaben oder Weltbilder wäre ihm unmoralisch vorgekommen. Realismus ist bei Rossellini immer eine Frage der Moral.

Seine Trilogie des Krieges, die mit dem zum Teil in Berlin gedrehten *Germania anno zero* (*Deutschland im Jahre Null*, 1947/48) abschließt, zeigt dies besonders eindrucksvoll. Der Film erntete in Deutschland wütende Kritiken. Der aus amerikanischem Exil heimgekehrte Pu-

■ Verweigerte Perspektive: Szenenphoto aus *Germania anno zero* (*Deutschland im Jahre Null*, 1947)

■ Den Bildern trauen: Anna Magnani in *Roma città aperta* (Rom offene Stadt, 1945)

blizist Hans Habe schäumte: »Rossellini pflückt in diesem Film nicht Blumen von dem Grab einer Nation ... er erbricht sich in den Sarg.« Als Fälschung bezeichnete Habe die Geschichte eines Zwölfjährigen, der in die Rolle des Ernährers seiner Familie gedrängt, schließlich zum Vatermörder wird, getrieben vom Vulgärdarwinismus eines früheren Lehrers und den fortwährenden Klagen und Todessehnsüchten seines schwerkranken Vaters.

■ Fernsehpionier Rossellini als Moderator in einer Fernsehproduktion (1967)

Die Geschichte und die Dialoge sind tatsächlich das Schwächste an diesem Film. Was Habe und andere jedoch als unerträglich empfunden haben müssen, ist die tiefe Traurigkeit und das Verweigern jeder Perspektive. Am Ende folgt die Kamera dem verstörten Jungen durch die Trümmerlandschaft Berlins, aus einer Kirchenruine dringt Orgelmusik an sein Ohr, er klettert in die Ruine eines Hauses, zieht seine Jacke aus, damit sie nicht schmutzig wird, und springt in den Tod. Das Ende ähnelt in seiner Ausweglosigkeit denen von *Roma, città aperta* (*Rom, offene Stadt*, 1945) und *Paisà* (1946), den anderen Teilen dieser Trilogie, die ihrem Publikum ebenso jeden Hoffnungsschimmer vorenthalten. Nach dem Zweiten Weltkrieg stand diese Ratlosigkeit und Verstörung für eine Wahrheit, die das faschisti-

■ Realität statt Frohsinn: Szenenphoto aus *Paisà* (1946)

sche Unterhaltungskino mit schunkelndem Frohsinn und Propaganda-Wochenschauen gezielt unterhöhlt hatte. Den Bildern dieser neuen Filme konnte man jedenfalls trauen, auch wenn sie einem nicht gefielen.

Doch das Konzept des Neorealismus, zu dessen wichtigsten Vertretern Rossellini gegen Ende der 1940er Jahre gehörte, verlor in dem Maße seine Wirksamkeit, in dem das Publikum im Kino weniger die Wirklichkeit als vielmehr die Illusion einer Zukunft dargestellt sehen wollte. Rossellini erkannte diese Alltagsmüdigkeit eher als andere, ohne den Realismus zu verraten, dem er sich verpflichtet fühlte. Der Film *Stromboli, terra di dio* (*Stromboli*, 1949), mit dem seine Zusammenarbeit mit Ingrid Bergman begann, ist ein Melodram an dessen Ende – wenn man denn will – eine religiöse Erweckung steht. Karin (Ingrid Bergman) heiratet einen Fischer von der Vulkaninsel Stromboli, um aus dem Internierungslager, in dem sie lebt, herauszukommen. Schließlich flüchtet sie aus der Beengung der Ehe und der Einsamkeit und stirbt am Rande des Vulkans. Ästhetisch bezieht *Stromboli* seine Dynamik aus der dokumentarischen Kraft, mit der zum Beispiel die Arbeit der Fischer geschildert wird, und aus einer Naturmetaphorik, die besonders das Finale überhöht. Als sich die Schwefelnebel am Vulkankrater heben, ruft Karin, am Ende ihrer Kraft,

> **WARTEN KÖNNEN**
> *Prinzipiell dreht man nach einem festgelegten Plan, ich behalte mir allerdings einen Teil Freiheit vor. Auch spüre ich den Rhythmus des Films gleichsam in meinem Ohr. Das lässt mich vielleicht etwas sonderbar erscheinen. Ich weiß, wie wichtig das Warten ist, das einem bestimmten Punkt vorausgeht. Ich beschreibe also nicht den Punkt, sondern die Wartezeit, und gelange so zu der Schlussfolgerung. Ich bin tatsächlich nicht fähig, anders vorzugehen. Wenn man den Punkt, den Kern der Sache hat, und sich daranmacht, ihn auszuformulieren, … verliert dieser Kern seine Form, er ergibt keinen Sinn mehr und verliert seine Emotion.* Roberto Rossellini, 1954

»Gott, mein Gott! Hilf mir!«, während die Kamera vorbeifliegenden Möwen folgt. Das realistische Bild vom einsamen Tod am Rande des Kraters ist unversehens zur Todesphantasie geworden, die ihre zutiefst katholischen Wurzeln nicht verleugnet.

In *Viaggio in Italia* (*Liebe ist stärker,* 1953) verwendet Rossellini das neorealistische Instrumentarium, mit dem das Verhältnis Individuum/Gesellschaft bloßgelegt wurde, für die Schilderung des Scheiterns einer großbürgerlichen Ehe. Ein Paar (Ingrid Bergman und George Sanders) reist im Bentley nach Italien, um eine geerbte Villa zu verkaufen. Am Ende gestehen sie sich das Scheitern ihrer Ehe ein und kommen im Verlauf einer katholischen Prozession, die sie mitreißt, doch wieder zusammen. Entgegen der Behauptung des Filmbildes ist der Schluss vollkommen offen, denn ob dieses Paar zusammenbleibt, ist mehr als fraglich. Formal eröffnet dieser Film eine neue Dimension, in dem er den Dokumentarismus des Neorealismus für den Spielfilm erschließt, wenn mit der Handkamera eher Impressionen einer Szene eingefangen werden, als dass sie in einer Inszenierung durchgestaltet wirkt. Das Flüchtige solcher Momente verleiht dem Film eine alterslose Frische. Für die angehenden Nouvelle-Vague-Regisseure wurde *Viaggio in Italia* zum Initial. Jacques Rivette schrieb 1955: »Es scheint mir unmöglich, dass man nicht erkennt, dass dieser Film eine Bresche schlägt, durch die das ganze Kino hindurch muss.«

■ Melodramatischer Realismus: Ingrid Bergman und Mario Vitale in *Stromboli, terra di dio* (*Stromboli*, 1950)

■ Happyend unwahrscheinlich: Ingrid Bergman und George Sanders in *Viaggio in Italia* (*Liebe ist stärker*, 1953)

Doch das Neue, das Rivette, Truffaut (s. S. 152), Rohmer und andere erkannten, hat Rossellini selbst nicht mehr weiterentwickelt. Ein letzter Höhepunkt wurde *India, matri bhumi* (*Indien, Mutter Erde*, 1957), der Genrekonventionen bricht wie kein Rossellini-Film zuvor. In drei Episoden erzählt Rossellini vom Leben in der indischen Provinz, vom Einbruch des Neuen in eine traditionelle Gesellschaft. Dabei ergeben die knapp skizzierten Geschichten eher den Schlüssel zu einer faszinierenden Welt, die Rossellini sich und uns über die Fabel der Episoden offenbart. *India, matri bhumi* ist ein groß angelegter Essay, »eine Meditation über das Leben, über die Natur und die Tiere« (Truffaut).

Das Vertrauen auf die Intelligenz seines Publikums und die Kraft des dokumentarischen Erzählens zeichnen das Kino Roberto Rossellinis aus. Die Dreharbeiten bildeten dabei keineswegs den Abschluss, sondern markierten eher den Beginn einer Auseinandersetzung mit der Realität. Roberto Rossellini: »Ich muss indessen zugeben, dass ich niemals die Notwendigkeit eines genauen Drehbuchs begriffen habe, es sei denn, um den Produzenten zu beruhigen. Was ist absurder als ›die linke Seite: amerikanische Einstellung seitliche Fahrt, Kamera schwenkt, Bildausschnitt‹? Das wäre dasselbe, als wenn ein Romancier ein genaues Drehbuch seines Buchs entwerfen würde: ein Imperfekt des Konjunktivs auf Seite 212, anschließend eine indirekte Beifügung zum Objekt usw.!«

ROBERTO ROSSELLINI

 **BIOGRAPHIE**

Roberto Rossellini wurde am 8. Mai 1906 als Sohn eines Architekten in Rom geboren. Ab Mitte der 1930er Jahre arbeitete er anfangs als Tontechniker beim Film, dann als Cutter. Seine ersten Filme konnte er im faschistischen Kino realisieren. Wobei selbst vermeintliche Propagandafilme wie *Un pilota ritorna* (*Ein Pilot kehrt zurück*, 1943), nach einem Drehbuch von Mussolinis Sohn Vittorio, oder *L'uomo della croce* (*Der Mann mit dem Kreuz*, 1943) dröhnenden Patriotismus vermeiden und individuell gezeichnete Hauptfiguren in den Mittelpunkt stellen, die den Krieg überleben wollen. Mit *Roma città aperta* (*Rom, offene Stadt*, 1945), *Paisà* (1946) und *Germania, anno zero* (*Deutschland im Jahre Null*, 1947) drehte Rossellini nach dem Krieg eine Trilogie über den Faschismus, die zu den Hauptwerken des italienischen Neorealismus gezählt wird. Aber schon seine nächsten Filme, *Stromboli* (1949), mit seiner Frau Ingrid Bergman in der Hauptrolle, und *Viaggio in Italia* (*Liebe ist stärker*, 1953), verweigerten das politische Statement, das von neorealistischen Filmen erwartet wurde. Rossellini wechselte in seiner Karriere beständig die Genres, Stilrichtungen und Produktionsweisen. Er drehte Dokumentarfilme, inszenierte Kostümfilme und arbeitete für das Fernsehen. Eine Dokumentation über das Pariser Centre Pompidou war 1977 die letzte Regiearbeit des Regisseurs. Roberto Rossellini starb am 3. Juni 1977 in Rom.

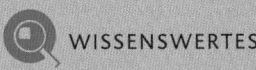 **WISSENSWERTES**

Der Skandal
Dass die verheiratete Protestantin Ingrid Bergman ihren Mann verließ, um dem ebenfalls verheirateten Vater und Katholiken Roberto Rossellini nach Italien zu folgen, war in den USA von 1949 ein unerhörter Skandal. Der Star aus *Casablanca* (Michael Curtiz, 1942) *Gaslight* (George Cukor, 1944), *Notorious* (Alfred Hitchcock, 1947) heiratete 1950 mit Rossellini einen, aus Hollywood-Perspektive, politisch links stehenden Regisseur ärmlicher Filme. Die katholische Kirche in den USA rief zum Boykott der Filme des Ehepaares auf, und der amerikanische Produzent verlangte bei dem Film *Stromboli, terra di dio* (*Stromboli*, 1949) ein Happyend (Karin sollte überleben und zum ungeliebten Ehemann zurückkehren). Die Ehe von Ingrid Bergman und Roberto Rossellini wurde 1957 geschieden. Von ihren drei Kindern arbeitet Isabella Rossellini als Schauspielerin.

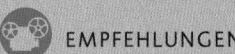 **EMPFEHLUNGEN**

Fünf Filme:
- *Roma, città aperta* (*Rom, offene Stadt*)
- *Paisà*
- *Germania anno zero* (*Deutschland im Jahre Null*)
- *Viaggio in Italia* (*Liebe ist stärker*)
- *India, matri bhumi* (*Indien, Mutter Erde*)

Lesenswert:
Renate Möhrmann: *Ingrid Bergman und Roberto Rossellini. Eine Liebes- und Beutegeschichte*, Berlin 1999

David Forgacs (Hg): *Roberto Rossellini*, London 2001

 AUF DEN PUNKT GEBRACHT

Roberto Rossellini konfrontierte das pompöse Kino der 1930er mit der Realität der späten 1940er Jahre. Der Schock der Gegenwart prägt das Kino des Jungen Films bis heute.

Ingmar Bergman (geb. 1918)
Selbstanalyse als Kunst

»Lange lebte Bergman mit den ›welken Resten einer kindlichen Frömmigkeit‹, aber als er endlich mit sich übereinkam, dass es einen Gott nicht gab, blieb ihm die irdische Hölle, die sich die Menschen erschaffen.«
Robert Weixlbaumer, Berliner Zeitung, 1998

■ Nach eigenem Bekunden sollte *Fanny und Alexander* (1981/82) der letzte Bergman-Film werden, doch 21 Jahre später inszenierte der mittlerweile 84-jährige mit *Sarabande* die Fortsetzung von *Szenen einer Ehe* (1972). Szenenphoto aus *Fanny und Alexander*

Am Ende waren alle glücklich. Ingmar Bergman, der Regisseur, der sein Publikum über Jahrzehnte mit Fragen nach dem Sinn des Lebens im Allgemeinen und dem Unglück in Partnerschaft und Ehe im Besonderen gequält hatte, der mit der Darstellung von Sexualität die Zensoren alarmiert und die konfessionell gebundene Kritik zu immer tolleren Interpretationen seiner hochgelobten Filme getrieben hatte, legte seinen letzten großen Film vor – und es war gut. *Fanny und Alexander (Fanny och Alexander*, 1981/82) sollte nach Wunsch des Regisseurs der gemessen heitere Schlussakkord zu seinem Lebenswerk werden, ein großes Fest für alle, die sich in den letzten Jahren mit Ingmar Bergman auf die Reise begeben hatten, die Erinnerungen des Regisseurs und die eigene Imagination zu erkunden. Die Beziehungskrisen, Liebe, Tod und Sex, das Theater und die verlorene Kindheit – alle seine Themen tauchen hier noch einmal auf. Die Frage nach dem Sinn des Lebens wird auf dem Tableau einer detailbesessenen Ausstattung zu einem opulenten Fest der Erinnerung. So schön sollte es nie wieder sein. Der Film war ein Finale – vorerst.

Anfang der 1980er Jahre, auf dem Höhepunkt des von Bergman zumindest angeregten Beziehungskinos, war *Fanny und Alexander* ein entschiedener Protest gegen das geschwätzige und erschütternd ideenlose Kino, dessen Exponenten sich auch noch auf ihr großes schwedisches Vorbild beriefen. Bergman zog sich zurück, arbeitete fortan für Theater und Fernsehen, und er schrieb.

Ein Sensorium für Zeitströmungen und eine gesunde Abneigung gegen den Mainstream begleiten Ingmar Bergman seit seinen frühen Anfängen. Als in West-Deutschland *Der Förster vom Silberwald* (Alfons Stummer, 1954) sein Unwesen trieb und das Publikum *Grün ist die Heide* (Hans Deppe, 1951) zum erfolgreichsten Film der deutschen Filmgeschichte machte, kam *Die Zeit mit Monika (Sommaren med Monika*, 1952) heraus. Formal dem poetischen Realismus des französischen Kinos und dem italienischen Neorealismus verpflichtet, ist es vor allem die Hauptfigur, dargestellt von Herriet Andersson, die »normale Menschen nicht verstehen, da sie restlos aus fauler Sinnlichkeit besteht« – so eine zeitgenössische Kritik. Eine Frau, die über ihr Leben und ihre Sexualität selbst bestimmen will, passte nicht in die Enge der Adenauer-Republik, und in der DDR wurde der Film gar nicht erst aufgeführt. Trotzdem ist es der richtige Film zur richtigen Zeit. In *Sehnsucht der Frauen (Kvinnors Väntan*, 1952), *Lektion in Liebe (En lektion i kärlek*, 1953), *Frauentraum (Kvinnodröm*, 1954/55) und *Das Lächeln einer Sommernacht (Sommernattens leende*, 1955) stehen Frauen im Mittelpunkt, die den adretten Personen des deutschen Kinos wie Geschöpfe von einem anderen Stern vorkommen müssen. Sie sprechen von einem Leben jenseits von Gelsenkirchner Barock und Nachkriegsärmlichkeit – junge Frauen mit eigenem Willen und eigenen Wünschen, die sich in der Männerwelt mühsam behaupten.

Diese Filme machen Bergman populär, danach widmet er sich den letzten Dingen: Der Glauben an Gott, der Zweifel und das Leben ohne Gott sind

■ Ingmar Bergman und sein langjähriger Kameramann Sven Nykvist

»Bergman spricht und Gott schweigt: das Erfolgsprinzip eines mittlerweile leicht angestaubten Markenartikels.«
Hans Christoph Blumenberg,
Die Zeit, 1978

BERGMANS BALLAST
Über Ingmar Bergman etwas sagen oder schreiben zu wollen, scheint mir vermessen, jeder Kommentar eine Anmaßung: Diese Filme stehen für sich selbst, als mächtige Leuchttürme in der Filmgeschichte. Nichts könnte man ihnen ja mehr wünschen als die Befreiung von allen Kommentaren, von dem ganzen Ballast ihrer Interpretationsgeschichte; auf dass sie wieder weithin leuchten können!   Wim Wenders, 1988

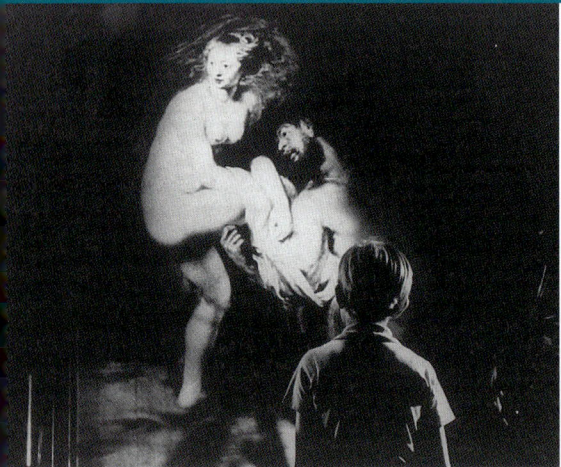

■ »Parabel auf den Zusammenbruch von Lebensverhältnissen«: Ingmar Bergman über *Das Schweigen* (1962)

■ Katholische Gottesdienstordnung des Pfarramtes Mindelheim vom 11. Juni 1964 mit der Aufforderung zum Protest gegen *Das Schweigen*. Allen Protesten zum Trotz machte gerade die konfessionell gebundene Filmkritik das Werk Ingmar Bergmans populär.

zentrale Motive seiner nächsten Filme. An solch existenzialistischen Fragen ist das Publikum Ende der 1950er Jahre interessiert. Bergmans Ritter-Roadmovie *Das siebente Siegel (Det sjunde inseglet*, 1956), *Wie in einem Spiegel (Såsom i en spegel*, 1960), *Licht im Winter (Nattvardsgästerna*, 1961/62) und *Das Schweigen (Tystnaden*, 1962) begeistern die Sinnsucher im Kino. Doch in *Das Schweigen* weitet sich die Perspektive. In dieser Geschichte von zwei Schwestern, die in einer fremden Stadt stranden, in der im wahrsten Sinn die Hölle los ist und das Leben zum Alptraum wird, konfrontiert Bergman seine zentralen Themen – die Suche nach dem Sinn des Lebens und das schwierige, wenn nicht unmögliche Unterfangen, selbstbestimmt in einer Partnerschaft zu leben – mit der Realität einer surrealen, faschistoiden Gesellschaft. Und auch in *Schande (Skammen*, 1967) bricht die Gesellschaft, hier in Gestalt von Polizeitruppen, während eines rätselhaften Bürgerkriegs über ein Künstlerehepaar herein, bis die bürgerlichen Konventionen zerbrechen. In *Das Schlangenei (Ormens ägg*, 1976) wird aus den von Gott verlassenen Phantasieorten das Berlin von 1923. Und was in der Abstraktheit der Orte gelang, scheitert jetzt an der Konkretheit der Verhältnisse, die Bergman im Atelier der Münchner Bavaria bis zur Plattheit überzeichnet. Sein Terrain bleibt die abgeschlossene Privatheit der bürgerlichen Beziehungen, die er in *Persona* (1965), *Stunde des Wolfs (Vargtimmen*, 1966) und *Schreie und Flüstern (Viskningar och rop*, 1971) in wechselnden Konstellationen analysiert. Die fünfstündige Fernsehproduktion *Szenen eine Ehe (Scener ur ett äktenskap*, 1972) ist der Höhepunkt dieses Themenkreises. Die Generalabrechnung eines Ehepaares wurde, auf drei Stunden gekürzt, zu Bergmans erfolgreichstem Kinofilm. Mit *Sarabande* inszenierte Ingmar Bergman 2002 nach über zwanzigjähriger Pause für das schwedische Fernsehen eine Fortsetzung.

Bei ihrer Erstveröffentlichung war es immer der Inhalt, der das Publikum an Bergmans Filmen begeisterte. Seine starken Frauencharaktere, die unter überforderten Männern litten, die strengen Versuchsanordnungen, mit denen er wenn schon nicht die Existenz Gottes, dann wenigstens den Sinn des Lebens herauskristallisieren wollte, die Parabeln auf das bürgerliche Leben waren stets auch ein Kommentar auf die Zeit, der Bergman in seinen Filmen immer ein gutes Stück voraus war. Wie stark er das Kino auch ästhetisch revolutionierte, wurde erst später deutlich. Ähnlich wie der Theater- und Radiomann Welles muss sich auch der Theaterregisseur Bergman wenig an die vermeintlichen Regeln des konventionellen Filmhandwerks gebunden gefühlt haben. Das Erzählen aus unterschiedlichsten Perspektiven, der Wechsel der Zeit- und Realitätsebenen und all das ohne erklärenden Kommentar oder Trickblenden, sondern einfach Schnitt auf Schnitt, der inneren Logik der Erzählung folgend, bedeutete eine radikale Neuerung der Filmsprache.

Während Bergman in *Das siebente Siegel* (1956) zwischen weiten Totalen und Nahaufnahmen einen rauhen, spannungsgeladenen Erzählrhythmus findet, ist es im darauf folgenden *Wilde Erdbeeren (Smultronstället,* 1957) gerade die Eleganz seines Stils, die heute auffällt. Bergman: »In *Wilde Erdbeeren* bewege ich mich unangestrengt und einigermaßen zwanglos zwischen verschiedenen Ebenen – Zeit, Raum, Traum, Wirklichkeit. Ich kann mich nicht erinnern, dass mir diese Bewegung selbst irgendwelche technischen Schwierigkeiten bereitet hätte.«

> **BERGMANS GIFT**
> *Es ist unmöglich, von Bergmans Kino zu reden, ohne gleichzeitig an die Filme zumal der Europäer der letzten vier Jahrzehnte zu denken. Oder an Woody Allen, der sich – so sehen es jedenfalls die Amerikaner – an Bergmans Kino so vergiftet hat, dass er von seiner Raserei gegen Hollywood nicht mehr lassen kann.*
> Peter W. Jansen, *Frankfurter Rundschau*, 1998

■ Von der konfessionellen Filmkritik verehrt und gehasst: Bengt Ekerot in *Das siebente Siegel* (1956)

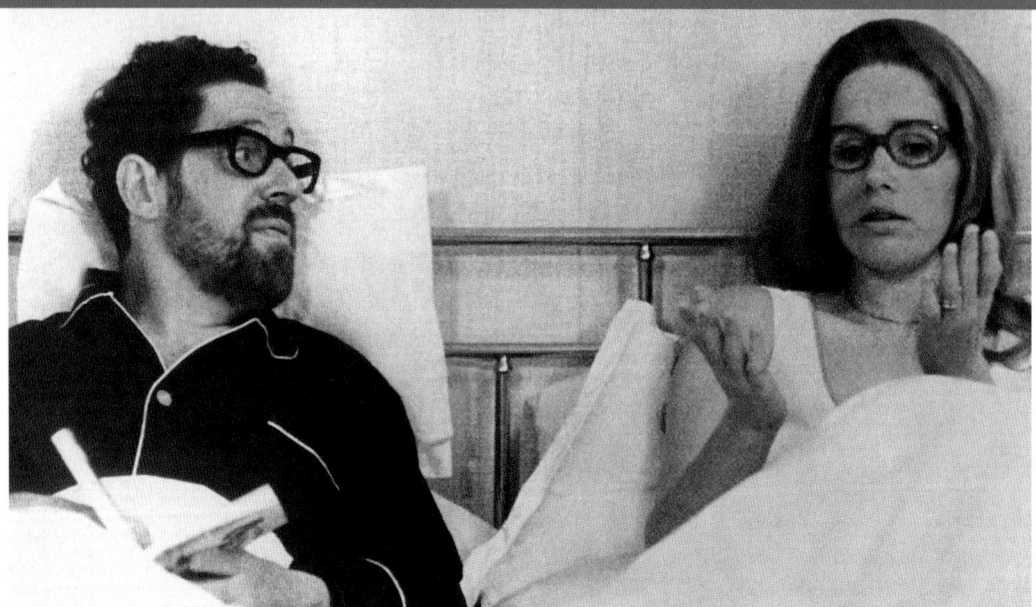

■ Dreißig Jahre Beziehungskrieg: Erland Josephson und Liv Ullmann in dem Film *Szenen einer Ehe* (1972), den Bergman 2002 mit *Sarabande* fortsetzte

Dies alles war nicht das Ergebnis aufwendiger Produktionstechnik. Die enorme Produktivität Bergmans und die relative Freiheit, die ihm schon früh eingeräumt wurde, hängen wesentlich mit den niedrigen Kosten zusammen, die seine Filme verursachten und, ab den 1950er Jahren, ihren hohen Einspielergebnissen. Dass ein so aufwendiger Film wie *Das Schlangenei* (1976) zum – auch von Bergman eingeräumten – künstlerischen Desaster wurde, hinderte ihn nicht, für seinen letzten Kinofilm alles in Stellung zu bringen, was dem europäischen Film Anfang der 1980er Jahre möglich war – von der Filmarchitektur, über die Kostüme der zahlreichen Darsteller bis zur Besetzungsliste, in der viele bekannte Gesichter aus Bergmans Kinouniversum wieder auftauchten. *Fanny und Alexander* (1981/82) wurden 312 sehr private Filmminuten, in der das eigentliche Zentrum der Bergman-Filme endlich im Mittelpunkt stand – die Erinnerung an die eigene Kindheit mit ihrem Zauber und ihren Ängsten. Mit diesem Film machte ein 63-jähriger seinen Frieden mit einer Kindheit, der wir ein einzigartiges Œuvre verdanken. Dafür ehrten ihn seine Regiekollegen 1997 auf dem Filmfestival in Cannes mit der »Palme der Palmen«, eine einmalige Auszeichnung. Ingmar Bergmans Filme hinterlassen Spuren, sie prägen sich ein als ein diffuses Gefühl aus vergangenem Leben – dem eigenen und dem im Kino erlebten. Das Kino Ingmar Bergmans gleicht einer Meditation. Lösungen werden nicht gegeben, der Ausgang ist ungewiss.

INGMAR BERGMAN

BIOGRAPHIE

Ingmar Bergman wird am 14. Juli 1918 in Uppsala, Schweden, geboren. Sein Vater ist Pastor. Mit seinen Geschwistern Dag und Margareta wächst er im Stockholmer Stadtteil Östermalm auf. Im Sommer 1936 ist Ingmar Bergman als Austauschschüler Gast einer hessischen Pastorenfamile. Die nimmt ihn mit zu einem Parteitag der Nationalsozialisten, wo Bergman einen Auftritt Hitlers erlebt. Das in seiner Autobiographie *Laterna Magica* schon 1987 beschriebene Erlebnis löst in Schweden 1999 einen Skandal aus, als Bergman in einem Interview von seiner damaligen Faszination für die Nazis berichtet. Nach dem Abitur studiert er Literatur und Kunstgeschichte und beginnt an verschiedenen Amateurbühnen Stücke zu inszenieren. 1944 verfilmt Alf Sjöberg mit *Hets (Die Hörige)* Bergmans erstes Drehbuch. Zu dieser Zeit leitet er schon das Stadttheater in Helsingborg. 1945 inszeniert Bergman seinen ersten Kinofilm und arbeitet weiter für das Theater. Nach dem Krieg werden in Schweden relativ viele Filme produziert. Junge Talente werden gesucht und gefördert. Bergman ist eines davon. Jedes Jahr dreht er neben seiner Theaterarbeit bis zu drei Filme, für die er meist auch die Bücher schreibt. 1952 hat *Sehnsucht der Frauen (Kvinnors väntan)*, seine fünfzehnte Regiearbeit, den erhofften Erfolg. International bekannt wird Bergman 1956, als *Das Lächeln einer Sommernacht (Sommernattens leende, 1955)* auf dem Festival in Cannes ausgezeichnet wird. Mit *Das siebente Siegel (Det Sjunde Inseglet, 1956)*, *Wilde Erdbeeren (Smultronstället, 1957)* und *Die Jungfrauenquelle (Jungfrukällan, 1959)* folgen weitere international ausgezeichnete und erfolgreiche Filme. Bergman gehört jetzt zu den herausragenden Regisseuren des europäischen Kinos. Einige seiner Filme lösen Skandale aus, wie *Das Schweigen (Tystnaden, 1962)*, das unter Pornographieverdacht gestellt, von der katholischen Filmkritik aber trotzdem gefeiert und in Deutschland allein von 11 Millionen Zuschauern gesehen wird. Erfolgreicher ist nur noch *Szenen einer Ehe (Scener ur ett äktenskap, 1972)*, der von mehr als der Hälfte der schwedischen Bevölkerung gesehen wird und auch international große Beachtung findet. 2002, nach über zwanzigjähriger Pause als Regisseur, inszenierte der 84-jährige für das schwedische Fernsehen mit *Sarabande* die Fortsetzung – die Hauptrollen spielten wieder Liv Ullmann und Erland Josephson.

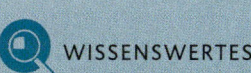

WISSENSWERTES

Der Kameramann
Der am 3. Dezember 1922 im schwedischen Moheda geborene **Sven Nykvist** gehört seit *Abend der Gaukler (Gycklarnas afton, 1953)* zu den wichtigsten Bergman-Mitarbeitern. Filme wie *Die Jungfrauenquelle (Jungfrukällan, 1959)*, *Wie in einem Spiegel (Såsom i en spegel, 1960)*, *Licht im Winter (Nattvårdsgästerna, 1961/62)*, *Das Schweigen (1962)*, *Persona (1965)*, *Schreie und Flüstern (Viskningar och rop, 1971)*, *Szenen einer Ehe (1972)*, *Herbstsonate (Höstsonaten, 1977)* oder *Fanny und Alexander (Fanny och Alexander, 1981/82)* werden durch seine Arbeit geprägt. Das weiche Licht, diffuse Stimmungen sind seine Spezialität. Seine sparsamen Kamerabewegungen folgen oft den inneren Beweggründen einer Figur, und erst die Montage lässt neue Perspektiven zu. Seine unprätentiöse Arbeitsweise, Nykvist arbeitet ohne zweiten Kameramann und Beleuchter, ergänzte sich gut mit der Ingmar Bergmans. Louis Malle, Roman Polanski und vor allem Woody Allen arbeiteten nach Bergmans Rückzug aus dem Filmgeschäft immer wieder mit ihm zusammen. 1991 führte er Regie bei *The Ox*, in dem die Bergman-Schauspieler Liv Ullmann, Max von Sydow und Erland Josephson auftreten.

Fünf Filme:
- *Wilde Erdbeeren (Smultronstället)*
- *Das Schweigen (Tystnaden)*
- *Persona*
- *Herbstsonate (Höstsonaten)*
- *Fanny und Alexander*

Lesenswert:
Ingmar Bergman: *Laterna Magica. Mein Leben*, Berlin 2003

Ingmar Bergman, Roger W. Oliver (Hg.): *Ingmar Bergman. Der Film, das Theater, die Bücher*, Marburg 2001

Ingmar Bergman: *Die besten Absichten*. Köln 1996

AUF DEN PUNKT GEBRACHT

Kein Regisseur benutzte das eigene Leben so sehr als Steinbruch wie Ingmar Bergman. Die Filme, die dabei herauskamen, lösten oft genug Skandale aus. Dabei wird oft übersehen, dass Ingmar Bergman auch filmästhetisch zu den großen Neuerern der Filmkunst gehört.

Federico Fellini (1920–1993)
Der aufrichtige Lügner

■ Italienisches Filmplakat zu *La Strada – Das Lied der Straße* (1954)

■ Federico Fellini: Avantgardist für das große Publikum

Das Photo zeigt die üppige Rückenpartie einer nackten Frau. Wenn sie sich von der äußersten Kante des Besucherstuhls zu dem Mann hinunterbeugt, wirkt der klein wie ein Kind. Verbarrikadiert hinter seinem Schreibtisch mustert er sein Gegenüber unter der hochgeschobenen Hornbrille halb ernst, halb belustigt. Die Aufnahmen vom Casting zu *Casanova* führen ins Herz des Kinos von Federico Fellini. Seine Filme kreisen um Gesichter. Aus Kindheitsgesichtern, Alptraumfratzen, pubertären Pin-ups, Wunschbildern und grellen Karrikaturen entwickeln sich die Episoden, die zum Erkennungszeichen seiner Filmsprache wurden. Die Gesetze der Dramaturgie, das Konturieren von Geschichtssträngen, von Höhe- und Wendepunkten, die zum Finale führen, scheinen außer Kraft gesetzt. Bei der Inszenierung konzentrierte sich Fellini vollständig auf seine Figuren und vertraute seiner und unserer Beobachtungsgabe. »Die Gesichter stimmen, das Leben irrt sich nicht«, lautete eine seiner Maximen.

So wurde die Besetzung oft genug zum Prüfstein für ein Drehbuch, das notfalls überarbeitet werden musste, weil die Darsteller – bei Fellini oft Laien – dem Buch eine ganz neue Note gaben. Bei Fellini stolpern die Charaktere keinem Handlungsfaden hinterher, sondern sie handeln, weil sich in ihnen etwas zu akkumulieren scheint. Sie spielen nicht, sie sind es. Nicht nur mit ihrer Mimik, mit ihrer ganzen Erscheinung kommentieren sie die Handlung, sie dementieren oder ironisieren sie und verweisen oft genug auf eine Geschichte hinter der Geschichte. Oder, wie es der junge Fellini mit Blick auf eine verbiesterte Kritik ausdrückte: »Meine Filme entfalten sich nicht nach einer logischen Handlungsfolge, sondern in den Dimensionen der Liebe.«

So wächst den großbusigen Matronen, eitlen Gecken, zahnlosen Alten, ätherischen Schönheiten und kauzigen Zwergen eine Rolle zu, die sie bei

keinem anderen Regisseur hätten. Sie sind nicht länger die skurrilen Mitglieder der Komparserie, sondern sie bilden das Kernstück einer Bildmythologie, die der Filmtheoretiker André Bazin 1957 als »quasi dokumentarische Offenbarung« beschrieb, bei der die Realität nicht »in Bezug auf die Psychologie oder die Erfordernisse des Dramas korrigiert wird.« Damit versucht Bazin den Regisseur gegen den Vorwurf der bürgerlichen Dekadenz in Schutz zu nehmen, der Fellini spätestens seit *Il bidone* (1955) regelmäßig gemacht wurde.

In *Il bidone* werden Episoden aus den letzten Lebensjahren eines kleinen Gauners erzählt. Augusto (Broderick Crawford) hat sich auf Betrügereien an mittellosen, armen Bauern und obdachlosen Großstädtern spezialisiert. Im Schutz einer offiziösen Verkleidung, als städtischer Angestellter oder als Geistlicher, jagt er den Ärmsten der Armen die letzte Lira ab. Den größten Erfolg hat er mit seinem Bluff als Prälat. Als er wieder einmal in geistlicher Mission unterwegs ist, soll er einem gelähmten Mädchen Trost zu-

DIE KRAFT DER TRÄUME

In der Tat ist allein Fellini imstande, durch seine Interpretationen die (stets außer acht gelassene, übergangene, unverstandene) Essenz der großen ästhetischen Revolution Kafkas brutal und schonungslos zu enthüllen: die radikale Freisetzung der mit träumerischer Leichtigkeit gegen sämtliche Regeln der Wahrscheinlichkeit verstoßenden Imagination. Die moderne Kunst ist für mich persönlich die Geschichte dieser Imagination, die von Fellini heute auf unerreichbare Höhen (und vielleicht zur Vollendung, zur orgiastischen Vollendung) geführt worden ist.

Milan Kundera, Le Messager Européen, 1987

■ Der Filmtitel wurde zum geflügelten Wort: *La dolce vita* (1959/60) mit Anita Ekberg

sprechen. Die Tochter eines zuvor von ihm betrogenen Bauern weckt Augustos schlechtes Gewissen. »Unser Leben, das Leben vieler Menschen hat nichts Schönes. Du versäumst nichts«, beteuert der falsche Prälat, und für einen Moment scheint das schwere Trinkergesicht von Broderick Crawford vor Mitleid zu zerfließen. Doch irgendetwas stimmt an diesem Gesicht nicht. Als seine Kumpanen ihren Anteil an der Beute haben wollen, behauptet Augusto, dass er das Geld dem lahmen Mädchen zurückgegeben habe. Die Komplizen glauben ihm nicht, schlagen ihn und finden tatsächlich die ganze Beute in seinem Schuh. Er wird von seinen Komplizen gesteinigt und liegt nun sterbend auf einem Geröllfeld. Die Nacht bricht herein, Autoscheinwerfer irren über die nahe Landstraße. Am Morgen hört er Gesang. In der Ferne gehen zwei Frauen mit Kindern, die Stockbündel auf dem Rücken tragen. Hinter den so real erscheinenden Bildern vom sterbenden Augusto tauchen andere auf. Die nächtlichen Lichter der Autos erscheinen mit einem Mal wie fallende Sterne und die Frauen mit den Kindern wie vorbeiziehende Engel. Tod und Todesphantasien überlagern sich.

Il bidone stand immer im Schatten von *La strada*, Fellinis Film aus dem Vorjahr, der ihn schlagartig berühmt gemacht hatte. Doch viel stärker als das traurige Märchen von Gelsomina und Zampanò bildet *Il bidone* die Zäsur im Werk Federico Fellinis. Dieser

■ Die Selbstvergewisserung eines erfolgreichen Regisseurs während einer Lebenskrise: Mit *8 1/2* inszenierte Fellini 1963 dazu den Film, der fast ein eigenes Genre schuf. Von Woody Allen über François Truffaut bis zu Maury Yestons Broadway-Musical *Nine* ließ (und lässt) kaum ein Regisseur die Gelegenheit verstreichen, sich wenigstens einmal im Verlauf der eigenen Karriere an einem autobiographischen Selbstzeugnis im Stil des Meisters zu versuchen. Die Ergebnisse unterhalten nicht alle so gut wie Fellinis Klassiker.

ABSCHIED I

Er war in Arkadien, hatte durchmessen die Regenbogenwelt der populären Künste des Tages, dort wo die Volksvergnügen noch fortlebten, die Devotionalien des Überlebenskitschs angeboten wurden: vulgäre, derbe und herzzerreißende Späße und Tragödien der Unschuld und des guten Glaubens, der erborgten Täuschung und der aufflammenden Hoffnungen, Melodrama als Lebensessenz und -elexier. Magma des Trivialen. Wolfram Schütte, 1993

von der zeitgenössischen Kritik verrissene, von Fellini in der Folgezeit verschnittene und erst 1987 wieder vollständig rekonstruierte Film besitzt all das, was seine späteren Filme auszeichnet: Er hat Gesichter, die man ein Leben lang in Erinnerung behält, eine Montage, die auf die Assoziationskraft des Publikums setzt, und er besitzt die Atmosphäre der großen Fellini-Filme – er ist eine Tragödie, die immer wieder durch die Komödie korrigiert wird.

> **ABSCHIED II**
> Die Photographen, die am lautesten reden, halten sich am strengsten an die heiligen Rituale. Sie wissen, wann sie aufstehen müssen, wann sie sich setzen können, wann ein Amen fällig ist, und sie kennen die Texte, die die heilige Mutter Kirche ihren Gläubigen vorschreibt. Sie sprechen sie laut und deutlich. Routiniers heiliger Handlungen. Die meisten Mitglieder der Trauergemeinde dagegen schielen rechts und links, um zu sehen, was zu tun ist. Auch in Santa Maria degli Angeli trauert das laizistische Italien über den Tod seines größten Zauberers.
> Arno Widman, Frankfurter Allgemeine Zeitung, 1993

Le notti di cabiria (Die Nächte der Cabiria, 1957), La dolce vita (1960) und Otto e mezzo (8 1/2, 1963) sind Fellinis Stationen auf dem Weg in das »Fahrwasser der bürgerlichen Moderne«, so die DDR-Tageszeitung Neues Deutschland zu Otto e mezzo. »Hier spricht er in einer subjektivistisch-surrealistischen Sprache, die letzten Endes zu einer dekadenten Auflösung realistischer Filmkunst führt«. Damit hat die Parteizeitung ihr Soll erfüllt – auf dem Moskauer Filmfest erhält Otto e mezzo erst nach dem Protest der ausländischen Jurymitglieder den Hauptpreis – und befindet sich damit auf der gleichen Linie wie Italiens katholische Kirche, die Fellini seit La dolce vita die vorher gewährte Sympathie verweigert. Die Struktur seiner Filme, das Fehlen psychologischer Erklärungen der Figuren und Fellinis Vertrauen in die Intelligenz seines Publikums sind Qualitäten, die einer Kritik entgehen, welche auf eine Botschaft lauert, die Fellini seinem Publikum jedoch vorenthält. »Ich bin ein Lügner, aber ein aufrichtiger«, lautet 1965 sein Eingeständnis.

■ Mit dieser Rolle wurde sie ihr Leben lang identifiziert: Giulietta Masina in La strada (1954)

So vielfältig sein Themenspektrum auch ist, wenn er das vorchristliche Rom (Fellini: Satyricon, 1969), das faschistische Rimini (Amarcord, 1973) oder die Amouren Casanovas (Il casanova, 1976) in Szene setzt, so gibt es bei Fellini

■ Immer auch Showman: Federico Fellini 1969 bei den Dreharbeiten zu *Satyricon*

Konstanten, an denen sich seine Filme jederzeit wiedererkennen lassen. Neben dem Figurenreichtum liegt das vor allem an der Musik von Nino Rota, der bis zu seinem Tod vor der Fertigstellung von *Prova d'orchestra* (*Orchesterprobe*, 1978) den Fellini-Filmen ihre Melodie gab.

Eine andere Konstante im Werk Federico Fellinis ist das Studio. Dort ließ er aufbauen, was er draußen nicht oder zumindest so nicht mehr fand. Das Studio erlaubte Fellini nicht nur, Unmögliches möglich zu machen, sondern vor allem Künstliches so künstlich wirken zu lassen, dass an den realen Wurzeln dieser Traumzustände kein Zweifel bestehen kann. Das Bild vom Nashorn, das in *E la nave va* (*Schiff der Träume*, 1983) im Rettungsboot über ein Meer aus wogenden Plastikbahnen treibt, beschwört einen dieser Momente herauf, für den es seit *La dolce vita* auch ein Wort gibt: fellinesk.

Bei aller Surrealität besitzen Fellinis Filme eine Universalität und Verständlichkeit, wie sie sonst nur das Hollywood-Kino erreicht. Dabei persiflieren seine Filme und ihre Helden ein Italien, das es so kaum mehr gibt. Die lauten Großfamilien mit riesigen Müttern, quengeligen Opas, frustrierten Vätern samt einer unübersichtlichen Zahl von Kindern, Enkeln, Nachbarn und Freunden – in *Amarcord* ausgiebig vorgestellt – bilden die Folie, vor der seine Charaktere erst zum Leben erweckt werden. Dass Fellini mit diesen Karikaturen seinen Landsleuten – und nicht nur denen – regelmäßig auf die Füße trat, hat ihn nicht abgeschreckt, seine Filme aber immer stärker in die Rubrik »Kunstkino« gerückt, wohin sie nicht gehören.

Fellinis Stellungnahmen zu aktuellen Themen waren unübersehbar, auch wenn man, wie sein Freund und Biograph Tulio Kezich bemängelt, sich mit Fellini nicht im herkömmlichen Sinn über die typisch italienischen Themen Fußball und Politik unterhalten konnte. 1978, zur Zeit der Moro-Entführung und dem »historischen Kompromiss« zwischen DC (Christdemokraten) und

KPI (Kommunistische Partei Italiens) drehte Fellini *Prova d'orchestra*. Ein Orchester aus lauter egozentrischen Querköpfen probt ein Stück. Es geht um Autorität, Hierarchie, ein gemeinsames Ziel und endet in einer Endzeitvision mit einem in Trümmern liegenden Probenraum und einem aus der Dunkelheit (im Original auf deutsch) kreischenden Dirigenten: »Ich will einen Ton, der die Farbe des Feuers hat«. Vordergründig ist auch bei diesem Film alles wie immer. Ein fröhliches Nebeneinander von Großen, Kleinen, Dicken, Dünnen, Einfältigen und Philosophen, doch dahinter scheint ein Bezug auf, der bedrohlicher nicht sein kann. Die Abrissbirne, die ohne Vorwarnung den Probenraum einreißt, sieht aus wie ein an die Kette gelegter Planet – danach herrscht Finsternis.

Die erste Vorführung von *Prova d'orchestra* fand am 19. Oktober 1978 im Quirinal statt. Unter den Zuschauern waren der damalige Staatspräsident Sandro Pertini, die Abgeordneten Giulio Andreotti (DC), Pietro Ingrao (KPI), Antonello Trombadori (KPI) und RAI-Chef Paolo Grassi (RAI ist der staatliche Fernsehsender). Ihre von Kezich überlieferten Statements könnten ein von Fellini inszenierter Epilog sein: Pertini fand den Film in Ordnung, wenn die Fabel nicht allein die Situation Italiens widerspiegeln soll. Andreotti sah in dem Film einen Appell, an der ge-

■ Spazierfahrt durch die eigenen Bildwelten: Marcello Mastroianni, Anita Ekberg und Federico Fellini 1987 bei den Dreharbeiten zu *Intervista*

■ Das Fernsehen, eine Marginalie: Federico Fellini und Roberto Benigni bei den Dreharbeiten zu *La voce della luna* (Die Stimme des Mondes, 1990)

■ So künstlich, dass an der Echtheit nicht mehr gezweifelt werden braucht: Szenenphoto aus *Amarcord* (1973)

meinsamen Arbeit wieder Freude zu finden. Ingrao hatte darin einen restaurativen Aufruf zur Ordnung ausgemacht, und Trombadori interpretierte den Film als richtige Antwort auf 1968. Das Schlusswort übernahm Fernsehchef Grassi: »Ich bin nicht für die Autorität, ich bin für Ordnung.«

Die Verblödung durch das Fernsehen gehört zu den Themen, die Fellinis letzte Filme wie ein Leitmotiv durchziehen. Sieht die TV-Show, in der Ginger und Fred (*Ginger e Fred*, 1986) auftreten, noch wie die elektrifizierte Version des Varietés aus, wie es Fellini in seinen frühen Filmen beschwor, wird der Ton in *Intervista* (1987) schärfer, und das Medium wird in seiner ganzen Ignoranz vorgeführt. In *La voce della luna* (*Die Stimme des Mondes*, 1989) ist es dann vollends marginalisiert, die Fernsehantennen sind nur noch das pittoreske Gestrüpp einer mondbeschienenen Dachlandschaft.

Seine letzten Filme gleichen altersweisen Spazierfahrten durch die eigenen Bildwelten, die längst auch unsere geworden sind. 1988, fünf Jahre vor seinem Tod, wird Federico Fellini, der unentwegte Sammler von Gesichtern für seine Filme, gefragt, was er auf den Umschlag schreiben würde, der seine eigenen Photos enthielte: »Ein Gesicht, das sagt, ›Ich bin gleich wieder da‹!«

KEIN FREUND SEINER FILME

Wenn ich gezwungen bin, einen meiner Filme wiederzusehen, empfinde ich denselben Überdruss, wie wenn ich mich unvermutet in einem Schaufenster sehe und jene große, verdrehte Gestalt wiedererkenne. Ich verspüre auch eine große Angst, so als sähe ich mich vor mir selbst auf einem Stuhl sitzen.

Federico Fellini 1983 zu Natalia Aspesi

FEDERICO FELLINI

 **BIOGRAPHIE**

Federico Fellini wird am 20. Januar 1920 in Rimini geboren. Die Zeitschrift *Marc' Aurelio* veröffentlicht ab 1938 erste Texte und Karikaturen. Nach seinem Schulabschluss zieht Fellini nach Rom. Hier beginnt seine Filmkarriere 1939 als Gagschreiber für den Komiker Macario. 1943 heiraten Fellini und die Schauspielerin Giulietta Masina. Bei Roberto Rossellinis PAISÀ arbeitet Fellini als Co-Autor und Regieassistent. Das Drehbuch zu Alberto Lattuadas *Il delitto di Giovanni Episcopo* (*Das Verbrechen des Giovanni Episcopo*, 1950) begründet Fellinis Zusammenarbeit mit Tullio Pinelli, die über zwanzig Jahre anhält. Das Autorenduo arbeitet mehrfach für Alberto Lattuada und Pietro Germi. 1950 gründen Alberto Lattuada, Federico Fellini und ihre Ehefrauen Carla Del Poggio und Giulietta Masina eine Genossenschaft. Die Capitoliumfilm produziert *Luci del varietà* (*Lichter des Varietés*), bei dem Fellini und Lattuada gemeinsam Regie führen. Zusammen mit Tullio Pinelli und Ennio Flaiano schreibt Fellini das Drehbuch zu *Lo seicco bianco* (*Der weiße Scheich*), den er 1952 auch selbst inszeniert. Als Autorenteam arbeiten Pinelli/Flaiano/Fellini die nächsten dreizehn Jahre zusammen. Mit *I vitelloni* (*Die Müßiggänger*), auf dem Festival in Venedig mit dem Silbernen Löwen ausgezeichnet, beginnt die internationale Filmkarriere Federico Fellinis, für die er 1993 mit einem Oscar für sein Lebenswerk ausgezeichnet wird. Federico Fellini stirbt am 31. Oktober 1993.

 AUF DEN PUNKT GEBRACHT

Er war der große Märchenerzähler des Kinos. Dabei übertrug sich die Empathie, die er seinen Figuren entgegenbrachte, auf das Publikum. Wenn man nach einem Fellini-Film das Kino verlässt, glaubt man von einer Familienfeier aufzubrechen.

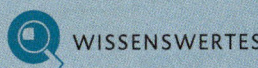 **WISSENSWERTES**

Der Musiker
Nino Rota war »sein« Komponist, und die kinderliedsimplen Märsche, die ans Varieté erinnernden Orchesterstücke und melancholischen Soli wurden zum Signet der Traumwelten, die Fellini im Studio schuf. Nino Rota wurde am 3. Dezember 1911 in Mailand in eine Musikerfamilie hineingeboren. Von klein auf am Konservatorium ausgebildet, komponierte er als Kind seine ersten Opern. Zwischen 1930 und 1932 studierte er in den USA, dann Literaturgeschichte in Mailand. Ab 1937 übernahm er eine Professur am Konservatorium in Bari, die er bis zu seinem Tod behielt. Von *Lo seicco bianco* (1952) bis *Prova d'orchestra* (1978) komponierte Rota die Musik für alle Fellini-Filme. Sein Tod am 10. April 1979 bedeutet einen der größten Einschnitte im Werk von Federico Fellini. Mit Rota starb »die fröhlichste, kindlichste und so sehr mozartsche Komponente seines Wesens« (Tulio Kezich).

Die Stars
Neben den für Fellini so wichtigen Nebendarstellern sind es besonders zwei Hauptdarsteller, deren manchmal Jahre auseinanderliegende Auftritte seinen Filmen die Anmutung von Homemovies geben, von Filmen mit Familienangehörigen, die Jahr für Jahr zu den gleichen Anlässen zu Besuch kommen. Seine Frau **Giulietta Masina**, die Hauptrollen in *Lo seicco bianco* (1952), *La strada* (1954), *Le notti di cabiria* (1957) und *Giulietta degli spiriti* (*Julia und die Geister*, 1965) übernahm, arbeitete durchaus mit anderen Regisseuren zusammen. Ihr Name bleibt jedoch für immer mit ihren Rollen in den Filmen Federico Fellinis verbunden. Giulietta Masina wurde am 22. Februar 1920 geboren und starb wenige Monate nach dem Tod Fellinis am 23. März 1994. **Marcello Mastroianni** besetzte Fellini als sein Alter Ego in *Otto e mezzo* (1963) und *La Città delle donne* (*Stadt der Frauen*, 1980). Hauptrollen spielte Mastroianni in *La dolce vita* (1960) und *Intervista* (1987). Seinen beiden Lieblingsschauspielern schrieb Fellini in *Ginger und Fred* (1986) eine Hommage mit einem Abschiedsblick auf das Hollywoodkino, für das Ginger Rogers und Fred Astaire einmal standen. Der 1924 geborene Mastroianni starb am 19. Dezember 1996.

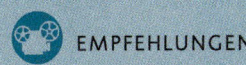 **EMPFEHLUNGEN**

Fünf Filme:
- *Il bidone*
- *Otto e Mezzo (8 1/2)*
- *Amarcord*
- *E la nave va (Schiff der Träume)*
- *Ginger e Fred*

Lesenswert:
Tullio Kezich: *Fellini. Eine Biographie*, Zürich 1989

Federico Fellini: *Fellinis Zeichnungen*, Zürich 1976

Federico Fellini: *Fellinis Faces*, Zürich 1981

Blake Edwards (geb. 1922)
Der Mann der Frauen

- Meister aller Tortenschlachten: der Regisseur Blake Edwards
- Nonchalanter Swing: Audrey Hepburn und George Peppard in *Breakfast at Tiffany's (Frühstück bei Tiffany*, 1961)
- Anarchie ist machbar: Peter Sellers in *The Party* (1968)
- Phantastische Geldmaschine: David Niven in *The Pink Panther* (1964)

Aus seiner Verehrung für Laurel & Hardy hat Blake Edwards nie ein Geheimnis gemacht. Dem Komikerduo widmete er den Film mit der längsten Tortenschlacht der Filmgeschichte (*The great Race*, 1965) und von ihnen hat er das Prinzip übernommen, seinen Hauptfiguren immer nur das absolut Schlimmste widerfahren zu lassen. In Edwards Filmen verlieren erfolgreiche Männer beim Versuch, die Frau fürs Leben zu finden, regelmäßig alles, was ihr Leben bisher ausgemacht hat: Besitz, Gesundheit und Stolz, der bei Edwards immer nur in Form von männlicher Arroganz hervortritt (*Skin deep*, 1989; *Blind Date*, 1986; *Ten/Zehn – die Traumfrau*, 1978). So kehrt ein homophober Macho in Gestalt einer attraktiven Blondine auf die Erde zurück (*Switch*, 1991), oder ein ehrgeizerfressener Kommissar wird ständig von einem sturzdummen Inspektor bloßgestellt, der immer die falschen Schlüsse zieht und trotzdem jeden Fall löst (*The Pink Panther* I – VIII, 1964–1993), oder der Plot wird, wie in der Mafiakomödie *A fine Mess* (1986), umstandslos von einer Slapstick-Kettenreaktion fortgespült.

Damit steht Blake Edwards in einer Filmtradition, die es in Deutschland (und nicht nur dort) lange Zeit schwer hatte, überhaupt verstanden zu werden. Einem Publikum, das Stan Laurel und Oliver Hardy nach dem westdeutschen Verleihtitel nur als *Dick und Doof* kannte, waren diese Witze einfach nicht *ernst* genug. Die ewigen Kämpfe des Inspektor Clouseau mit seinem Diener Cato waren zwar ein launiger Running Gag, doch mehr als die perfekte Choreographie und das Timing dieser *Pink-Panther*-Highlights bewegte die Gemüter die Frage nach dem Sinn des Ganzen. Die *Panther*-Reihe wurde trotzdem ein

> **DIALEKTIK DER GEFÜHLE**
>
> Von allen Talenten ist dies vielleicht sein größtes: Die Fähigkeit, jeder Sache zwei Seiten abzugewinnen, jedem Augenblick ein Moment der Irritation einzupflanzen. Aus der übelsten Demütigung erwächst die größte Ausgelassenheit, aus der überschwenglichsten Freude das tiefste Unglück. Um zu wissen, in welches Wechselbad der Gefühle diese Filme einen stürzen können, muss man sich nur an Frühstück bei Tiffany erinnern, dieses Meisterwerk aus Sophistication und Sentiment.   Michael Althen, 1992

weltweiter Erfolg und machte Blake Edwards, der nach zermürbenden Auseinandersetzungen mit Studioangestellten seine Filme selbst produzierte, zu einem reichen Mann.

Berühmt wurde Edwards jedoch mit einem Film, der immer noch sein Meisterstück ist – *Breakfast at Tiffany's* (*Frühstück bei Tiffany*, 1961). Von Truman Capotes Vorlage behielten Edwards und Billy Wilders langjähriger Co-Autor George Axelrod kaum mehr als die Essenz: junger Mann verliebt sich in junge Nachbarin, beide haben wenig Geld. Doch von der »Verharmlosung« der literarischen Vorlage, die der strengen Zeitschrift *Filmkritik* 1962 auffiel, findet sich keine Spur, denn gerade die ausgestellte Modernität und Eleganz verleihen dem Film erst seinen subversiven Schliff. Er ist die perfekte Entsprechung zum amerikanischen Selbstbild der Zeit: schön, jung, unverbraucht und erfolgreich – all das, wofür JFK und Jacky stehen, verschmilzt hier zu einer strahlenden Lackschicht. Der nonchalante Swing von *Breakfast at Tiffany's* ist im Kino immer noch einzigartig.

Dabei verpasst Edwards mit diesem Film den klassischen Rollenbildern einen Schlag, der alle anderen Hollywood-Romanzen überholt erscheinen lässt; denn auch wenn das wunderschön verdrehte Happyend etwas anderes zu behaupten scheint, so ist die Demontage der männlichen Hauptfigur doch grundsätzlich: Er ist ein Mann, der sich prostituiert (er lebt vom Geld einer Geliebten), er bekommt die Frau erst, nach dem sie ihn verlassen hat, und sie ist die erfahrenere (sie war einmal verheiratet und hatte Liebhaber). Der strahlende Held, dem die lebensuntüchtige Schöne in die Arme sinkt, hat ausgedient, und Edwards, der sich in seinem Spätwerk fast ausschließlich mit Rollentausch und Identität von Frauen und Männern beschäftigen wird, hat sein zentrales Thema gefunden.

In *Switch* (1991) treibt Edwards die Verwicklungen auf die Spitze. Der Macho Steve wird von

■ Reinkarnierter Macho:
Ellen Barkin in *Switch* (1991)

seinen verflossenen Geliebten umgebracht, und Gott und der Teufel streiten sich um seine Seele. Sie einigen sich darauf, dass Steve eine zweite Chance bekommt, wenn er eine Frau auftreiben kann, die ihn wirklich liebt. Und weil das für einen erfahrenen Verführer vielleicht doch zu einfach ist, kehrt Steve in Gestalt einer hübschen Blondinen auf die Erde zurück. In *Switch* schickt Edwards einen überzeugten Macho durch die Hölle einer Machowelt, und die Erlösung gewährt er ihm erst, nachdem die Macho-Blondine Steve – vom ehemals besten Freund vergewaltigt – ein Mädchen gebiert. Jetzt kann er endlich die Frau vorweisen, die ihn aufrichtig lieben wird. Solche Geschichten mit den Mitteln des Hollywoodkinos zu erzählen und sich selbst dabei treu zu bleiben gehört zu der großen Kunst von Blake Edwards. Dabei hat er das Hollywood-Establishment, das ihn früh verstoßen hat, immer verachtet und dessen Bossen einen seiner anarchischsten Filme gewidmet.

In *The Party* (*Der Partyschreck*, 1968) spielt Peter Sellers den indischen Kleindarstellers Hrundi V. Bakshi (»Pardon?« »That is what my name is called.«), der die Party eines Hollywood-Moguls mit der Unschuld eines Kleinkindes aufmischt. Ohne Drehbuch, nach einem 40-Seiten Exposé improvisiert, ist dies der Anschlag auf eine korrupte Branche, wie ihn Laurel& Hardy nicht besser hinbekommen hätten. Noch heute wirkt *The Party* wie der Betriebsausflug eines antiautoritären Kinderladens, und erst als die Feuerwehr zum Aufräumen eintrifft und die Hausherrin in der Zwangsjacke steckt, darf Hrundi V. Bakshi mit seiner Liebsten im Morgan Threewheeler ins Happyend knattern. Hollywood ist immer noch sauer – Blake Edwards hat bis heute keinen Oscar bekommen.

> **MONEY, MONEY**
> *Geld hat eine nicht unwesentliche Rolle gespielt, die Panther-Filme fortzusetzen. Die Filme waren zu einer Institution geworden, die Merchandising-Lizenzen sorgten für große Umsätze, und der Cartoon war im Fernsehen erfolgreich. Ich dachte, ich könnte so etwas wie einen neuen Bond kreieren. Ich möchte einfach nicht erleben, dass diese Geldmaschine versiegt.*
> Blake Edwards 1991 über den Erfolg von *The Pink Panther* (1964)

BLAKE EDWARDS

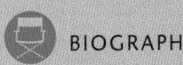

BIOGRAPHIE

Blake Edwards wird am 26. Juli 1922 in Tulsa, Oklahoma, geboren. Sein Stiefvater Jack McEdwards ist Produktionsleiter beim Film und vermittelt Blake schon früh Statistenrollen. Neben der Schauspielerei (in Nebenrollen) beginnt Blake in den 1940ern für Film und Radio zu schreiben. Sein Erfolg mit der Dick-Powell-Radio-Serie *Richard Diamond: Private Detective* verschafft ihm Drehbuchaufträge für Musicals und für eine TV-Sitcom mit Mikey Rooney (*Hey Mulligan*, 1954/55). Mit *Bring your Smile along* inszeniert Edward 1955 sein Regiedebüt. *Operation Petticoat* (1959) mit Cary Grant, Tony Curtis und einem rosa Unterseeboot ist sein erster internationaler Erfolg. Mit *Breakfast at Tiffany's* (Frühstück bei Tiffany, 1961) und *The Pink Panther* (Der rosarote Panther, 1964; bis 1993 gab es sieben Fortsetzungen) gehört er zu den erfolgreichsten Komödienregisseuren Hollywoods. Der deutschen Kritik war Blake Edwards lange Zeit suspekt: Zu glatt, zu platt, zu kommerziell und dann auch noch *Der rosarote Panther* – für diese Art von Humor fehlte jedes Verständnis. Erst als sich Edwards Ende der 1980er mit *Blind Date* (1987), *Sunset* (1988), *Skin deep* (1989) und *Switch* (1991) zurückmeldete, fiel auf, dass er der letzte noch arbeitende Vertreter des großen Hollywood-Kinos war – und einer seiner besten. Das herausragende an den Filmen des Regisseurs Blake Edwards ist jedoch seine Kunst, Frauen zu inszenieren. Julie Andrews, die ehemaligen Photomodelle Bo Derek und Kim Basinger, Ellen Barkin und nicht zuletzt Audrey Hepburn waren selten besser als in seinen Filmen.

WISSENSWERTES

Der Komponist
Zu fast allen Edwards-Filmen hat **Henry Mancini**, der zu den erfolgreichsten Hollywood-Komponisten gehört, die Musik komponiert. Er wurde am 16. April 1924 in Cleveland, Ohio, geboren. Benny Goodman verpflichtete ihn als Arrangeur. Nach 1945 war Mancini bei der neu gegründeten Glenn-Miller-Band. Für Universal schrieb er erste Filmmusiken und war seit dem Erfolg von *The Glenn Miller Story* (Anthony Mann, 1954) ein gefragter Filmkomponist. Seit Edwards Fernsehserie *Peter Gunn* (1958) tauchen in nahezu jedem Edwards-Film Musikthemen von Henry Mancini auf. »Moonriver« für *Breakfast at Tiffany's* (1961) und die Titelmelodie zu *The Pink Panther* (1964) sind Mancini-Ohrwürmer, die man sein Leben lang nachpfeifen kann. Henry Mancini starb am 14. Juni 1994. Seine Kompositionen werden immer noch gern als Filmmusiken eingesetzt.

Die Therapie
»Drei Jahre lang war ich in einer Gruppentherapie mit sehr profilierten Partnerinnen. Diese Frauen waren in puncto Intelligenz echte Kraftbrocken. Und sie waren sehr neurotisch. Wir hatten heftige Dispute über Ehe, Kinder, den Platz der Frau. Ich, der ich mich für durchaus liberal halte, kam da raus mit dem Gefühl, ein Vertreter von ewig gestrigen Werten zu sein.« Blake Edwards, 1991

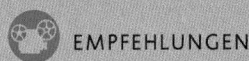

EMPFEHLUNGEN

Fünf Filme:
- *Breakfast at Tiffany's* (Frühstück bei Tiffany)
- *The Pink Panther* (Der rosarote Panther)
- *The Party*
- *Victor/Victoria*
- *Switch*

AUF DEN PUNKT GEBRACHT

Er gehört in die Reihe der großen Komödienregisseure wie Lubitsch und Wilder. Wie diese hat auch Blake Edwards vor keiner Respektlosigkeit je Halt gemacht. Diesem Mut und Eigensinn sind einige der schönsten Filme des Hollywoodkinos zu danken.

François Truffaut (1932–1984)
Der konservative Romancier

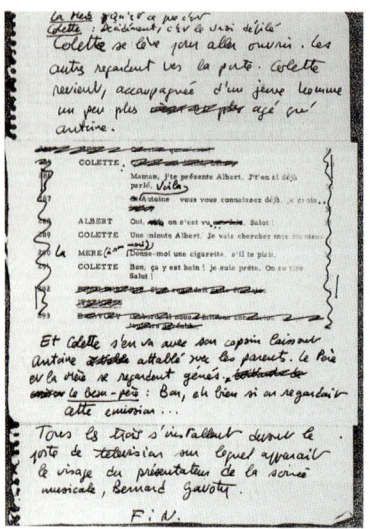

- Drehbuchauszug aus *Antoine und Colette*

- Seine Filme lassen François Truffaut heute als den Romancier der Nouvelle Vague erscheinen, der sich auf populäre Unterhaltungsliteratur spezialisiert hat.

Bücher und schöne Frauen – kein Regisseur hat seine Leidenschaften so unverhohlen ausgestellt wie François Truffaut. Sie sind das Thema, um das alle seine Filme kreisen, und manchmal stehen sie sich unversöhnt gegenüber, wie in *L'homme qui aimait les femmes* (*Der Mann, der die Frauen liebte*, 1977). »Du liest gegen mich«, sagt da eine von Bertrands Interesselosigkeit entnervte Geliebte und schleudert das Buch aus dem Fenster. Später wird Bertrand, der das Buch im dichten Verkehr von der Straße wieder aufsammelte, unter die Räder geraten. Auf der anderen Straßenseite haben ihn Frauenbeine abgelenkt.

Truffauts Helden sind Leser, Schriftsteller, Wissenschaftler. Sie schreiben, lesen, leiden an nie abgeschickten oder nie erhaltenen Briefen. Das Buch und das geschriebene Wort werden bei Truffaut zum Fetisch, und das Schlimmste, was einer zukünftigen Gesellschaft blühen kann, ist ein Schriftverbot. *Fahrenheit 451* (1966) heißt der Film, in dem Truffaut dieses Szenario ausbreitet. Seiner Ray-Bradbury-Verfilmung hat er jede Titelzeile verweigert, der Vorspann erscheint nicht auf der Leinwand, sondern wird aus dem Off gesprochen.

In *Fahrenheit 451* fehlt der Zukunft alles Futuristische. Auf den ersten Blick sieht die Welt aus wie die Welt von 1966, der zweite Blick nimmt den merkwürdigen Autismus der Figuren wahr, die blicklos sich selbst streichelnd und kosend in der Schwebebahn sitzen. Ein Leben ohne Bücher ist ein einziger Alptraum. Eine Frau ist anders. Ihr Blick ist wach, sie ist eine Leserin. Sie trifft auf Montag, der bei dem Kommando arbeitet, das für die Bücherverbrennungen zuständig ist. Die Bücherliebhaberin wird aus dem Bücherverbrenner einen Leser machen. *Fahrenheit 451* ist der einzige Science-Fiction-Film von Truffaut geblieben. Schlimmer mochte er sich die Zukunft nicht vorstellen.

Begonnen hatte seine Regiekarriere ganz anders. *Les 400 coups* (*Sie küssten und sie schlugen ihn*, 1958/59) heißt der erste lange

Spielfilm des Filmkritikers François Truffaut, der 1959 auf dem Festival in Cannes gefeiert wird und seinen Regisseur über Nacht berühmt macht. Die autobiographisch gefärbte Geschichte des Fürsorgezöglings Antoine Doinel wird zum Grundstein einer biographischen Selbsterkundung des Regisseurs. In vier weiteren Filmen – *Antoine et Colette* (*Liebe mit Zwanzig*, 1961/62), *Baisers volés* (*Geraubte Küsse*, 1968), *Domicile conjugal* (*Tisch und Bett*, 1970), *L'amour en fuite* (*Liebe auf der Flucht*, 1978) – verfolgt Truffaut die Lebensgeschichte Antoine Doinels weiter. Jean-Pierre Léaud, der zu Beginn dieser Serie gerade 13 Jahre alt ist, spielt in allen Filmen die Hauptrolle. Antoine Doinel wird als ein Schulschwänzer und begeisterter Leser eingeführt, der später einen autobiographischen Roman schreiben und als Korrektor in einem Verlag arbeiten wird. Die erste Liebe, die ersten Jobs nach der Militärzeit, die Heirat, eine Trennung und anschließende Versöhnung, dann die endgültige Trennung und die Wiederbegegnung mit einer früheren Geliebten sind die Stationen auf Antoines Lebensweg. Mit *L'amour en fuite* beendet Truffaut die Doinel-Biographie. Die Wiederbegegnung mit der ehemaligen Geliebten, die alte Unentschlossenheit Antoines, sein Spiel mit den Frauen, mit ihrer und der eigenen Leidenschaft

■ Aus dem Bücherverbrenner wird ein Leser: Cyril Cusack und Oskar Werner in *Fahrenheit 451* (1966)

■ Truffauts Interpretation des Kaspar-Hauser-Motivs: Jean-Pierre Cargol in *L'enfant sauvage*, (*Der Wolfsjunge* 1969)

■ »Ich war zu jung«, so François Truffaut über seinen Film *Jules et Jim* (1961). Szenenphoto mit Henri Serre, Oskar Werner und Jeanne Moreau

AUF DER SUCHE NACH LIEBE I

Truffaut war der Regisseur der kurzen Wege. Der kurzen Wege zu unserem Herzen. Seinen Filmen war kaum eine Empfindung oder Stimmung des bürgerlichen Individuums – das sich natürlich nach Erlösung durch Liebe sehnt – fremd. Von der gelösten Heiterkeit eines Sommertages über sämtliche denkbaren Leidenschaften der Liebe und die zerklüfteten Schluchten von Eifersucht, Hass und Rache bis hin zu den schattigen, monomanen Freuden der Todessehnsucht – Truffaut versuchte uns, all diese verstörenden, romantischen, lebensfrohen Gefühle so einfach, so klar und so kurzweilig wie möglich nachempfinden zu lassen. Und dabei war er auch meistens erfolgreich. **Dominik Graf, 1999**

beginnt sich zu wiederholen, und Truffaut gibt das Gelegenheit, seine Erzählweise zu radikalisieren. Rückblenden, Einschübe, Zeitsprünge, Off-Kommentar und direkt in die Kamera gesprochener Kommentar rekapitulieren nicht nur Antoines Leben. Die filmischen Mittel lassen sich hier auch als Nouvelle-Vague-Zitat verstehen, deren Stilmittel Truffaut in *L'amour en fuite* benutzt, um sich endgültig von den Freunden der Nouvelle Vague abzusetzen, von deren Filmen sich seine Arbeiten schon immer unterschieden haben.

Truffaut – und das zeigen gerade die Doinel-Filme – erscheint als der Romancier der Nouvelle Vague, einer, der sich auf Unterhaltungsliteratur spezialisiert hat. Seine filmischen Stilmittel betonen Truffauts Literaturbegeisterung. Seine Vorliebe für (in der Originalfassung) selbst gesprochene Off-Kommentare, für lange Abblenden, die einer Kapiteleinteilung gleichen, für Schrift (ob als abgefilmte Buchseite, oder als Brief, der geschrieben oder empfangen wird) lesen sich wie eine Hommage an die Literatur. Dass Truffaut besonders gern literarische Vorlagen adaptierte, versteht sich von selbst.

Zu seinen großen Erfolgen gehört *Jules et Jim* (*Jules und Jim*, 1961). Henri-Pierre Roché schrieb die literarische Vorlage. Eine Frau zwischen zwei Männern, eine Liebesgeschichte, die nur einer der Männer überlebt. Liebe, Eifersucht, Glück, Verzweiflung, Begehren und Hass, was hier an Emotionen entstehen könnte, kondensiert der 29-jährige Regisseur in einer Dialogflut, die sich eng an die literarische Vorlage hält. Angesprochen auf diesen Film, antwortete Truffaut Jahre später: »*Jules und Jim* erschien mir irgendwann ein bißchen zu beschönigend, nicht physisch genug, denn ich war einfach zu jung, als ich ihn drehte.« Zehn Jahre später unternimmt er einen zweiten Versuch. Wieder nach einer Vorlage von Roché dreht er *Les deux anglaises et le continent* (*Zwei Mädchen aus Wales und die Liebe zum Kontinent*, 1971), ein Mann zwischen zwei Frauen. Auch in dieser Liebesgeschichte gibt es keine Erfüllung, dafür aber Bilder für Verzweiflung und Einsamkeit, Lust und Verzicht. *Les deux anglaises et le continent* ist der komplementäre Film zu *Jules und Jim*. Er ist die selbstbewusste Aneignung einer literarischen Vorlage, eine Adaption, die auf ihrer Eigenständigkeit beharrt, ohne den Roman von Henri-Pierre Roché zu verleugnen.

■ Mit *L'amour en fuite* (*Liebe auf der Flucht*) endete 1978 Truffauts Doinel-Zyklus: kubanisches Plakat zu *Baisers volés* (*Geraubte Küsse*, 1968)

In diesem Film kann Truffaut beide Leidenschaften, die des Romanciers und die des Regisseurs vereinen. Claudes Erinnerungen folgend, erzählt er die Geschichte eines jungen Mannes zwischen zwei Frauen in der Form eines Entwicklungsromans, wobei seine Hauptfigur Claude eigentlich gar keine Entwicklung durchmacht. Er bleibt, wie er war, unentschlossen in seiner Liebe zwischen Muriel und Anne. Nicht nur weil Claude von Antoine-Doinel-Darsteller Léaud gespielt wird, können die Charaktere ihre Zugehörigkeit zu einem Truffaut-Film nicht verbergen. Die selbstgewählte Distanz zur Gegenwart – die alle Truffaut-Charaktere verbindet –, jener träumerische Isolationismus bestimmt auch hier die Atmosphäre. Mit *Les deux anglaises et le continent* gelingt es Truffaut, einen Roman in seine eigene Bildwelt zu transponieren, ohne die Komplexi-

■ Truffauts Debütfilm war international erfolgreich: Albert Rémy, Claire Maurier, Jean-Pierre Léaud in *Les 400 coups* (*Sie küssten und sie schlugen ihn*, 1959)

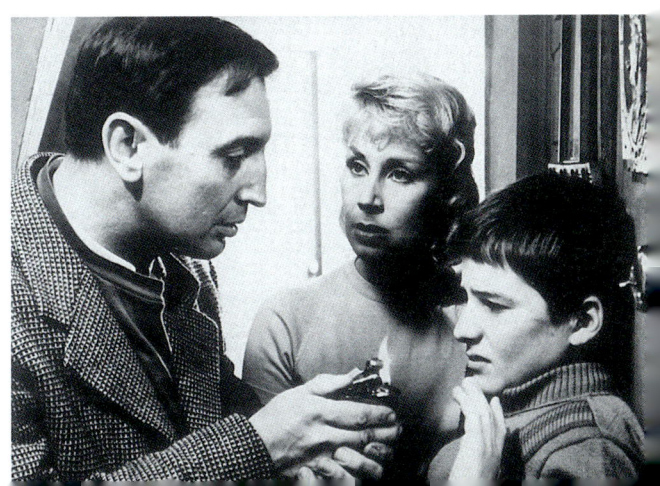

■ Die Doinel-Reihe machte Jean-Pierre Léaud zum internationalen Star. Mit seinen Rollen bei François Truffaut wird er bis heute identifiziert.

> AUF DER SUCHE NACH LIEBE II
> *Das amerikanische Kino beruht sehr oft auf der Idee der Eroberung, es zeigt einen Helden, einen Mann, der ein Ziel hat, das er unter allen Umständen erreichen will. In Europa können wir das nicht so übernehmen. Wir wissen ja, dass so eine radikale Karriere um jeden Preis eher schädlich ist, ungerecht. Um aber dennoch diese dynamische Bewegung von jemandem zu zeigen, der auf etwas zustrebt, habe ich in meinen Filmen über die Liebe immer einen Menschen gezeigt, der die absolute Liebe erreichen will, der eine absolute Vorstellung von der Liebe hat und der mit anderen Menschen konfrontiert wird, für die die Liebe nur eine relative Sache ist.* François Truffaut, 1981

tät und Schönheit der literarischen Vorlage zu beschädigen.

Mit *La nuit américaine* (*Die amerikanische Nacht*, 1972/73) folgt dann ein Film, in dem Truffaut die Arbeit des Filmregisseurs offenlegt, seine Abhängigkeit und seine Freiheit zum Thema macht. Danach ist alles gesagt, Truffaut will sich zurückziehen, um nur noch zu schreiben, wie er sagt. Doch schon zwei Jahre später, im Sommer 1975, kommt mit *L'histoire d'Adéle H.* (*Die Geschichte der Adele H.*, 1975) ein neuer Film von François Truffaut heraus.

Die folgenden, letzten Filme sind Nachträge, manchmal wunderbar gelungen, wie seine Film-Noir-Hommage *Vivement dimanche!* (*Auf Liebe und Tod*, 1982/83), manchmal spektakulär missglückt wie der Film *Le dernier métro* (*Die letzte Metro*, 1980), der kaum über eine Kolportage der Zeit der deutschen Besetzung von Paris hinausgeht. Unter diesen letzten Filmen erscheint *La chambre vert* (*Das grüne Zimmer*, 1978) als eine Art vorgezogener Epilog. Truffaut selbst spielt eine der Hauptrollen, einen Redakteur, der ganz in der Erinnerung an seine früh verstorbene Frau und an die anderen von ihm verehrten oder geliebten Toten aufgeht. Dem Film liegt die Henry-James-Erzählung *The Altar of the Dead* zugrunde, und so einen Altar hat sich der Redakteur mit den Photos seiner Lieben und seiner Leidenschaften errichtet. Hier sind am Schluss noch einmal alle versammelt: Henri-Pierre Roché, Oscar Werner, Maurice Jaubert, Jean Cocteau, Marcel Proust, Oscar Wilde, Guillaume Apollinaire, Sergej Prokofieff und ein Photo aus der Sommerfrische, ein Arbeitsphoto zu *Les deux anglaises et le continent*. Ein paar Schauspieler, ein paar Komponisten, kaum Frauen – sie taugen bei Truffaut nicht zum Objekt stummer Anbetung – dafür um so mehr Bilder von Schriftstellern. So beredt die Bildauswahl auch Auskunft über die Leidenschaften ihres Arrangeurs zu geben scheint, so klar ist das Dementi. Laut Truffaut war diese Bildauswahl reiner Zufall.

FRANÇOIS TRUFFAUT

BIOGRAPHIE

François Truffaut wurde am 6. Februar 1932 in Paris geboren. Der schlechte Schüler flog mit 14 endgültig von der Schule und begann zu arbeiten. Mit 15 gründete er 1947 einen Filmclub, über den er den Filmkritiker André Bazin kennenlernte, der sein Förderer wurde. 1951 verpflichtet er sich zum Militärdienst. Truffaut litt unter dem Soldatenleben. Bazin erreichte, dass der zuletzt in Konstanz Stationierte 1952 frühzeitig entlassen wurde. Ab 1953 schrieb Truffaut regelmäßig für *Cahiers du Cinéma*. Dort waren die späteren Regisseure Jean-Luc Godard, Alain Resnais, Chris Marker, Jacques Rivette, Eric Rohmer und Claude Chabrol seine Kollegen. Versuchte die Festivalleitung in Cannes 1958 noch den vorlauten Filmkritiker Truffaut an der Berichterstattung zu hindern, indem sie die Redaktionen, für die er schrieb, aufforderte, einen anderen Autoren zu akkreditieren, so wurde im folgenden Jahr sein erster langer Film in Cannes gleich mit dem Regie-Preis ausgezeichnet. *Les 400 coups (Sie küssten und sie schlugen ihn*, 1958/59) erzählt Episoden aus dem Alltag eines Fürsorgezöglings. Mit dem autobiographisch gefärbten Film fand Truffaut zu seinem zentralen Thema, und er fand seinen wichtigsten Darsteller, Jean-Pierre Léaud, der hier zum ersten Mal Antoine Doinel spielt. In fünf Filmen setzte Truffaut in den folgenden Jahren die Biographie des Antoine Doinel fort. Mit seinen stilistischen Besonderheiten und den zahlreichen autobiographischen Bezügen ist Truffauts Handschrift in seinen Filmen immer gegenwärtig, egal ob er Literatur verfilmte, für das Fernsehen arbeitete oder, wie 1982/83, eine schwelgerische Hommage auf den Film Noir inszenierte. *Vivement dimanche! (Auf Liebe und Tod*, 1982/83) war eben auch eine Liebeserklärung an Fanny Ardant, die hier neben Jean-Louis Trintignant die Hauptrolle spielte und mit der Truffaut eine gemeinsam Tochter hatte. François Truffaut starb am 21. Oktober 1984.

WISSENSWERTES

Die Komponisten

François Truffaut war kein Neuerer. Doch wie er zum Beispiel die Filmmusik einsetzte, für die er so arrivierte Musiker wie den langjährigen Hitchcock-Komponisten Bernard Herrmann verpflichtete, zeigt die große Individualität seiner Erzählweise. In einem Essay über Truffauts Filmkomponisten stellte der Regisseur Dominik Graf 1999 fest: »Die Musiken der vier Komponisten von Truffauts Filmen zu hören, ist geradezu gleichbedeutend damit, die Filme wiederzusehen. Die Musiken von Georges Delerue, Antoine Duhamel, Bernard Herrmann und Maurice Jaubert sprechen die Emotionen seiner Filme gewissermaßen synchron mit. Sie folgen ganz und gar der Rhetorik des Erzählers Truffaut und verschaffen ihm den Raum, den er braucht. Denn Truffaut führte im Grunde dem Zuschauer einen endlosen Monolog des Autors vor, unter Zuhilfenahme all der ›schönen Dinge‹ und der schrecklichen Dinge, die ihm gefallen, die ihn gerührt oder erschreckt haben.«

EMPFEHLUNGEN

Fünf Filme:
- *Les 400 coups (Sie küssten und sie schlugen ihn)*
- *Fahrenheit 451*
- *L'enfant sauvage (Der Wolfsjunge)*
- *Les deux anglaises et le continent (Zwei Mädchen aus Wales und die Liebe zum Kontinent)*
- *La nuit américaine (Die amerikanische Nacht)*

Lesenswert:

Robert Fischer (Hg.): *Monsieur Truffaut, wie haben Sie das gemacht?*, Köln 1991

Robert Fischer (Hg.): *François Truffaut Briefe 1945–1984*, Köln 1991

Antoine de Baecque, Serge Toubiani: *François Truffaut*, Köln 1999

François Truffaut mit Helen G. Scott: *Truffaut/Hitchcock*, München–Zürich 1999

Robert Fischer (Hg.): *François Truffaut – Die Lust am Sehen*, Frankfurt/M. 1997

Robert Fischer (Hg.): *François Truffaut – Die Filme meines Lebens*, Frankfurt/M. 1999

AUF DEN PUNKT GEBRACHT

Truffauts Filme sind das Werk eines eleganten Erzählers. Den schönen Stunden, die sich das Publikum im Kino machen sollte, fühlte er sich verpflichtet.

Roman Polanski (geb. 1933)
Zweifel am Glück

Strahlende Sieger sind nicht seine Sache. Roman Polanskis Protagonisten sind Wissende, manchmal Ausgestoßene, die um Anerkennung, Einbeziehung oder auch nur um Teilhabe kämpfen. Das ist schon bei *Zwei Männer und ein Schrank* (*Dwaj ludzie z szafa*, 1958) so, einem Kurzfilm, in dem zwei Männer mit einem Kleiderschrank dem Meer entsteigen, ihn durch die Stadt tragen, bis sie verhöhnt und verprügelt mit dem Schrank wieder im Meer verschwinden. Rosemary aus *Rosemary's Baby* (1968) verliert ihr gerade geborenes Kind an den Teufel, was sie im Schlussbild zu akzeptieren scheint, wenn sie in den Kreis der Teufelsanbeter eintritt, um wenigstens ihrem Baby nahe zu sein. Und Paulina findet in *Death and the Maiden* (*Der Tod und das Mädchen*, 1995) zwar ihren Folterer von einst, doch das Geständnis, das sie ihm abpresst, verschafft ihr keine Genugtuung, und der Pianist aus *The Pianist* (2002) überlebt zwar das Warschauer Ghetto und die deutsche Besatzung, wird sich jedoch niemals wieder aus dem Schatten dieser Erinnerung lösen können.

Ein einziger Film bricht mit dieser Regel. In *The fearless Vampire Killers or Pardon me, your Teeth are in my Neck* (*Tanz der Vampire*, 1967) gleiten Professor Abronsius, sein Famulus Alfred und die schöne Sarah im Schlitten ins Happyend, und alles ist so, wie es im Vampirfilm sein soll, inklusive des finalen Kusses, der die Weiterverbreitung des Vampirismus sichert. So übermütig albern hört sonst keiner seiner Filme auf, und man meint Polanski, der den Alfred spielt und von Sarah, seiner künftigen Ehefrau Sharon Tate, geküsst wird, das Glück anzusehen, das er zu dieser Zeit empfunden hat.

Heute überlagern das Wissen um den fürchterlichen Mord an Sharon Tate sowie der Film *The Pianist* den Blick auf Polanskis Werk. Das Jahr 1969, Sharon Tates Todesjahr, stellt einen Bruch

■ Genre-Parodie: Sharon Tate und Roman Polanski in *The fearless Vampire Killers, or Pardon me, your Teeth are in my Neck* (*Tanz der Vampire*, 1967)

in Polanskis Filmographie dar. Nichts war mehr so wie zuvor, selbst das Lachen in den nachfolgenden Filmen klingt verzweifelt. Und der Film *The Pianist* wiederum scheint der Höhepunkt in Polanskis Lebenswerk zu sein, der Film, auf den alles andere zugelaufen ist. Der 2002 mit dem Hauptpreis des Festivals in Cannes und mehreren Oscars ausgezeichnete Film geht auf die Lebenserinnerungen des polnischen Pianisten Wladyslaw Szpilman zurück, der wie Polanski Ghetto und Besatzung überlebte. Doch beeindrucken nicht nur einzelne Szenen, deren autobiographische Bezüge sich kaum verbergen lassen, sondern vor allem die atemberaubende Konzentration dieses Films, die überwältigend ist. Hier gibt es nichts Überflüssiges, jeder Gang, jede Kamerabewegung, jeder Blick und jedes Geräusch folgt einer inneren Notwendigkeit.

■ Geschichten über die Zerbrechlichkeit des Glücks: deutsches Plakat zu *Rosemary's Baby* (1967)

Einmal, die deutschen Besatzer sind schon auf der Flucht, muss der Pianist über eine Mauer klettern, die den Horizont verdeckt. Mühsam zerrt sich der Ausgehungerte an den Mauertrümmern empor, und genauso mühsam arbeitet sich die Kamera hinauf. Dann hat er es geschafft, ein Stück Horizont wird sichtbar, und er steht am Beginn einer ehemals prachtvollen Straße, die jetzt durch ein endloses Trümmerfeld führt. Und wie sich der Pianist langsam auf den Weg macht, den Trümmern, der Freiheit und einer ungewissen Zukunft entgegen, beginnt die Kamera schwerelos in den Himmel zu gleiten, bis der Mann aus einer göttlichen Perspektive nur noch als zwergenhaft kleines Individuum inmitten eines einzigen Trümmermeers auszumachen ist.

Alle Effekte, die Polanski mit einer immer wieder an Hitchcock (s. S. 68) erinnernden Meisterschaft einzusetzen wusste, fehlen in diesem Film. Allein, dass er die Geschichte ausnahmslos aus der subjektiven Sicht seiner Hauptfigur erzählt, an der er bis zu dem Moment festhält, an dem der Pianist die Mauer überwunden hat, erinnert noch an Hitchcock.

Durch *The Pianist* scheint sich Polanskis Vorliebe für bestimmte Charaktere, für Sujets, Strukturen und Stimmungen zu erklären: In den Protagonisten meint man Überlebende auszumachen, denen so Furchtbares widerfahren ist, dass sie sich nie mehr werden heimisch fühlen können. In den

■ Hitchcock-Hommage: Roman Polanski bei den Dreharbeiten zu *Frantic* (1987)

■ Mit Preisen überhäuft: Roman Polanski und Adrien Brody während der Dreharbeiten zu The Pianist (2001)

EIN FILM FÜRS LEBEN

Carol Reeds Odd Man Out (Ausgestoßen, 1946) ist der Schlüssel zu dem, was ich heute mache. Ich habe ihn erstmals im Alter von 13 oder 14 gesehen und versuche mit meinen eigenen Filmen, seine Qualität zu erreichen. Natürlich war mir als Jugendlicher nicht klar, warum mich dieser düstere Film so tief beeindruckt hat. Jahre später habe ich ihn erneut in London gesehen und begriffen, dass mich die klaustrophobe Atmosphäre dieser Stadt unbewusst an das Krakau meiner Kindheit erinnert hat. Erst nach dem nächsten Wiedersehen mit dem Film fiel mir auf, dass es zwischen dem Flüchtling in Reeds Werk und meiner eigenen Kindheit als Gejagter im Ghetto viele Parallelen gab.

Roman Polanski, 2000

immer wiederkehrenden klaustrophobischen Orten, den Hinterhofwohnungen und dunklen Zimmern, die nur unter Lebensgefahr verlassen werden können und allmählich ihren eigenen Schrecken entfalten, meint man die Verstecke zu erkennen, in denen das Kind Roman Polanski die Zeit des Terrors und der Verfolgung überlebte. Und schließlich lassen sich die Kreisstrukturen der Geschichten, die oft genau mit der Situation enden, in der der Film begann, sowie das warme Licht, das keine Wärme, sondern nur die Verletzbarkeit der Geborgenheit ausstrahlt, als das Eingeständnis lesen, dass es keine Erlösung geben kann.

Letztlich erscheinen solche Beobachtungen als händeringender Versuch die Gefühlsausbrüche zu erklären, die selbst Filme vergleichsweise konventioneller Stoffe wie die Privat-eye-Geschichte *Chinatown* (1974), die Hitchcock-Hommage *Frantic* (1988) oder das erotische Melodram *Bitter Moon* (1992) zu wecken vermögen. Die Ambivalenz des Glücks, der übergangslose Wechsel zum namenlosen Schrecken, die Brüchigkeit jeder Geborgenheit – von der Vergänglichkeit des Lebens erzählt kein Regisseur so wie Roman Polanski.

ROMAN POLANSKI

BIOGRAPHIE

Am 18. August 1933 wird Roman Polanski als Sohn eines polnischen Automechanikers in Paris geboren. 1936 kehrt die Familie nach Polen zurück und wird bei Kriegsausbruch im Krakauer Ghetto interniert. Bevor die Eltern und Polanskis Schwester nach Auschwitz deportiert werden, gelingt es Roman zu fliehen. Nur der Vater überlebt die KZ-Haft. Nach dem Krieg arbeitet Roman Polanski zunächst als Schauspieler und studiert dann zwischen 1954 und 1959 an der Filmhochschule in Lodz. *Das Messer im Wasser* (*Nóz w wodzie*, 1962) wird Polanskis erster Erfolg, der ihm ermöglicht, in England *Repulsion* (*Ekel*, 1965) mit Cathérine Deneuve und *Cul-De-Sac* (*Wenn Katelbach kommt*, 1966) zu drehen, die beide auf der Berlinale ausgezeichnet werden. *The fearless Vampire Killers or Pardon me, your Teeth are in my Neck* (*Tanz der Vampire*, 1967) ist Polanskis erster kommerzieller Erfolg. In dem Film spielt auch Polanskis spätere Frau Sharon Tate mit. Das Paar zieht nach Hollywood, wo Polanski 1967 *Rosemary's Baby* mit Mia Farrow inszeniert. 1969, Roman Polanski ist gerade in London, wird seine im achten Monat schwangere Frau zusammen mit Freunden von einer Gruppe um Charles Manson umgebracht. Erst für die Dreharbeiten zu *Chinatown* (1974) kehrt Polanski nach Hollywood zurück. Mit seinen nächsten Filmen, dem 1979 veröffentlichen *Tess* und *Pirates* (*Piraten*, 1986) kann Polanski nicht an den kommerziellen Erfolg seiner früheren Filme anknüpfen. 1989 emigriert er nach Paris, weil ihm in den USA eine Anklage wegen einer sexuellen Beziehung zu einer Minderjährigen droht. Das Verfahren wird erst 1997 eingestellt. Neben seinen Filmen feierte Roman Polanski in den letzten Jahren auch als Theater-, Opern- und Musicalregisseur große Erfolge. 1999 wird Roman Polanski in die französische Académie des Beaux-Arts berufen, wo er den Platz des drei Jahre zuvor verstorbenen Regisseurs Marcel Carnés (*Les enfants du paradis / Die Kinder des Olymp*, 1943–45) einnimmt.

WISSENSWERTES

Die Filmschule
Roman Polanski gehört zu den Absolventen der Filmschule Lodz, auf der auch Regisseure wie Andrzej Munk, Andrzej Wajda und Krzysztof Kieslowski ausgebildet wurden. Der Filmhistoriker Jerzy Toeplitz und der Dokumentarist Jerzy Bossak gehörten zu den ersten Lehrern der 1948 gegründeten Schule. Roman Polanski im Jahr 2000: »Lodz hatte enorme Bedeutung für meine Entwicklung. Ich würde nicht behaupten, dass ich ohne sie nicht zum Film gekommen wäre. Als ich mit dem Studium anfing, war ich verrückt nach Photographien, war ein erfahrener Schauspieler und wusste fast alles über den Film. Was mir Lodz gegeben hat, war der Austausch mit den Kommilitonen. Die nächtelangen Diskussionen über Filme werden mich für den Rest meines Lebens begleiten.«

EMPFEHLUNGEN

Fünf Filme:
- *Das Messer im Wasser* (*Nóz w wodzie*)
- *Wenn Katelbach kommt* (*Cul-de-Sac*)
- *Rosemary's Baby*
- *Chinatown*
- *The Pianist*

Lesenswert:
Roman Polanski: *Roman Polanski*, München 1989

Paul Werner: *Roman Polanski*, Frankfurt/M. 1981

AUF DEN PUNKT GEBRACHT

Im Laufe der Jahre ist Roman Polanski ein Meister der leisen Töne geworden. Keine Effekte, keine Tricks, sondern schlichte Genauigkeit in der Inszenierung zeichnen seine Filme aus.

Satyajit Ray (1921–1992)
Indischer Neorealismus

Nicht nur als Regisseur, sondern auch als Schriftgestalter ist Satyajit Ray heute noch gegenwärtig. Die Schriften *Ray Roman* und *Ray Bizarre* gehen auf seine Entwürfe zurück.

»Ich kann nicht glauben, dass ein Land, das solche Meisterwerke der Malerei, der Musik und der Literatur hervorgebracht hat, nicht auch den Filmkünstler inspirieren sollte. Er muss nichts anderes tun, als Augen und Ohren zu öffnen.« Das Pamphlet von 1948 wurde sein Programm. Ein Jahr zuvor hatte Satyajit Ray mit Chidanda und Haris Das Gupta in Kalkutta die Calcutta Film Society gegründet, einen Filmclub, der sich für das internationale Kino begeisterte. Zur neuen Unabhängigkeit des Landes sollten Filme beitragen, die mit der inhaltlichen, aber auch ästhetischen Dominanz der Kolonialmacht brachen. Ray, der viele Jahre in einer britischen Werbeagentur gearbeitet hatte, wusste, wovon er sprach.

Für den radikalen Neubeginn war der Roman *Pather panchali* von Bibhuti Bhushan Bandyopadhyay der richtige Stoff. Die Geschichte von Apu, dem jungen Bengalen, dessen Vater in die große Stadt geht, um dort sein Glück zu machen, hatte das nötige identitätsstiftende Potential: Das alte Indien der abgelegenen Provinz und das neue Indien mit aufstrebender Industrie, Eisenbahnen und Großstädten; die Gegensätze zwischen arm und reich, das koloniale Erbe und die Schwierigkeit des Neuanfangs – alles, was ein staats-

■ Die Filme von Satyajit Ray bedeuteten für das indische Kino den radikalen Neubeginn: Karuna Banerje in *Aparajito – Der Unbesiegbare* (1956)

tragendes Epos benötigte, war enthalten. Doch Ray zögerte mit der Umsetzung, und das lag nicht allein an der schwierigen Finanzierung.

Erst das Erlebnis der Filme des italienischen Neorealismus, allen voran de Sicas *Ladri di bicicletta* (*Fahrraddiebe*, 1948), und die Begegnung mit Jean Renoir (s. S. 50), der 1949 in Indien *Le fleuve* (*Der Strom*, 1950) drehte, müssen Ray bestärkt haben, das Projekt so anzugehen, wie es ihm vorschwebte – mit Laiendarstellern, weitgehend reduzierter Filmtechnik, Originalschauplätzen und einer wie Originalton anmutenden Akkustik, (die jedoch vollkommen synthetisch im Studio hergestellt wurde). Damit bezog der Bengale Ray in seinem ersten Film auch konzeptionell die Gegenposition zum allgegenwärtigen Hindi-Kino. Die auf Hindi gedrehten Filme mit ihren Produktionszentren in Madras und Bombay vertrauten auf melodramatische Stoffe, Stars, Studio und Gesang. Das trug der Filmindustrie nicht nur den Spitznamen »Bollywood« ein, sondern machte sie auch zum größten Filmproduzenten der Welt mit einem Jahresausstoß von zeitweise bis zu 900 Spielfilmen.

Auf der Straße (*Pather panchali*, 1955) war für das indische Kino tatsächlich ein Neubeginn. Der Blick Apus, der mit seiner Schwester durch die Felder streift und mit einem Mal einen Eisenbahnzug sieht, lieferte eines dieser Bilder, die es zuvor im indischen Kino nicht gegeben hatte. Es sprach nicht nur von einem neuen Selbstbewusstsein, sondern diente aufgrund der Gleichzeitigkeit von Hoffnung und Verzweiflung auch als Parabel auf das moderne Indien. Mit seinem ersten Film hatte Satyajit Ray sein Thema, die indische Gesellschaft zwischen Tradition und Moderne, und

■ Apus Blick als Parabel für das moderne Indien: Subir Bannerjee in *Auf der Straße* (1952–1955)

■ Der Goldene Bär 1973: Satyajit Ray errang die ersten internationalen Auszeichnungen für den indischen Film.

INDISCHER REALISMUS (I)

Sein Geheimnis, wenn es denn eins gab, blieb die genaue Beobachtung des Menschen, deren Würde er auch dann noch respektierte, wenn er ihre Handlungen missbilligte. Selbst Elend und Armut konnte er filmen. Einstellung für Einstellung lässt sich verfolgen, wie er der lebendigen wie der toten Natur mit der gleichen Hochachtung begegnet. In einer Zeit, da auch wir an den Maximen des Beherrschens und Bereicherns zunehmend zweifeln, rücken uns Satyajit Ray und seine Welt immer näher. Hans Stempel, *Frankfurter Rundschau*, 1992

■ Größeres Interesse an den Figuren als an der *Action*: Soumitra Chatterjee in *Apus Weg ins Leben III – Apus Welt* (1959)

> **INDISCHER REALISMUS**
> Rays filmische Rede war immer auch ein Diskurs über die indische Gesellschaft: über den Feudalismus und die Gegensätze zwischen Stadt und Land, über die religiösen und rituellen Ursachen der Stagnation und ihre Folgen für den Einzelnen. Das Besondere seiner Filme aber ist – und hier sind sie auch ein Nachhall des italienischen Neorealismus –, dass sie niemals bloß visualisierte Sozialkritik blieben, sondern ästhetische Entwürfe boten, die über das besondere Schicksal die allgemeine Verfassung darstellen.   Norbert Grob, Die Zeit, 1992

seinen Stil gefunden, der im italienischen Neorealismus begründet, jedoch wesentlich von der visuellen Ausdruckskraft Jean Renoirs geprägt war.

Obwohl Satyajit Ray kein Regisseur dezidiert politischer Filme war, hat er immer wieder in Filmen Stellung bezogen: In *Die Göttin* (*Devi*, 1960) wird eine junge Frau zur Inkarnation der Göttin Kali (Göttin der ewigen Zerstörung und Schöpfung) erklärt. Auch ein aufgeklärter Mann kann sie nicht vor dem religiösen Wahn schützen. In *Die große Stadt* (*Mahanagar*, 1963) und *Charulata* (1965) geht es um die Emanzipation der Frau, in *Der Gegner* (*Pratidwandi*, 1970) um einen jungen Mann auf seinem Weg in die Berufstätigkeit und seinen Bruder, einen Terroristen. Vor dem Hintergrund einer Hungerkatastrophe in Bengalen, bei der 1953 fünf Millionen Menschen starben, spielt *Ferner Donner* (*Ashani sanket*, 1973), und in *Die Schachspieler* (*Shatranj ke khiladi*, 1977) und der Tagore-Verfilmung *Das Heim und die Welt* (*Ghare-baire*, 1984) liefert der Kolonialismus den Hintergrund für eine Emanzipationsgeschichte.

Die Inhaltsangaben täuschen, denn Satyajit Ray geht es weniger um die tagespolitische Aktualität als darum, was diese Ereignisse mit den Menschen machen. Gerade die Ruhe, mit der Ray die Handlung beobachtet – eine mitunter komplex strukturierte Handlung, in der jede der Figuren von anderen Motiven getrieben scheint, sich aber am Ende doch alles fügt – vermeidet alles Spektakuläre. Dabei ist Satyajit Ray kein langsamer Erzähler. Der Eindruck der Ruhe entsteht durch die Harmonie der Kadrierung und ein grundlegend anderes Verhältnis zur »action«. Rays Interesse gilt den Gefühlen, die sich in einer Figur akkumulieren und Handlung auslösen, als der Handlung selbst.

1955 bedeutete der Erfolg von *Auf der Straße* in Cannes für Europa die Entdeckung des Filmkontinents Indien. Mangels Kenntnis der anderen Filme wird die Apu-Trilogie immer noch für Rays Hauptwerk gehalten. Seine späteren Filme wurden regelmäßig ausgezeichnet, einen deutschen Kinoverleih fanden die wenigsten. Darin ähnelt Satyajit Ray dem japanischen Regisseur Yasujiro Ozu (s. S. 80). Ihre Filme wurden zu Lebzeiten für »zu japanisch« oder »zu indisch« gehalten. Ein Wiedersehen offenbart heute die ungebrochene Schönheit und Universalität ihres Werks.

SATYAJIT RAY

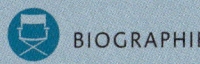

BIOGRAPHIE

Satyajit Ray wurde am 2. Mai 1921 in Kalkutta geboren. Sein Großvater, Uppendrakishore Ray, war eng mit dem Philosophen und Literaturnobelpreisträger (1913) Rabindranath Tagore befreundet. Beide waren Mitglieder der Rahmo-Samaj-Sekte, der hinduistischen Reformbewegung. Satyajit Ray hat seinen Großvater persönlich nie kennen gelernt. Die hinduistische Reformbewegung und der enge Kontakt zur Familie Tagore wurden für seinen Lebensweg jedoch prägend. An der von Tagore gegründeten Universität in Santiniketan studierte Satyajit Ray Kunstgeschichte und Malerei. Die von Tagore propagierte und praktizierte Offenheit, die sich in der intensiven Beschäftigung mit Literatur, Musik, Malerei und Philosophie äußerte, beeinflusst den jungen Ray ebenso wie andere Künstler seiner Generation. Die bengalischen Regisseure Ritwik Ghatak und Mrinal Sen beziehen sich in ihren Filmen ebenfalls stark auf Tagore, doch bei keinem ist die Beziehung so ausgeprägt wie bei Satyajit Ray. Gerade zwanzig Jahre alt geworden, wurde er künstlerischer Leiter einer britischen Werbeagentur. Wie sein Großvater begann Ray, Bücher zu illustrieren, darunter auch Bibhuti Bhushan Bandyopadhyays Roman *Pather panchali*, den er später auch verfilmte. Während eines Aufenthalts in England sah Ray die ersten Filme des italienischen Neorealismus. Alles, was er bisher über Film wusste, schien auf den Kopf gestellt: Kein Glamour, sondern kleine alltägliche Geschichten, aufgenommen mit bescheidener Technik und dargestellt von Laien, die sich selbst, die ihr Leben spielen. Genauso wollte Satyajit Ray Filme machen. Mit bescheidenen Mitteln begann er 1953 mit der Verfilmung von *Pather panchali*. Als das Geld ausging, besorgte er sich Geld von der bengalischen Regierung. Mittel aus dem Straßenbauprogramm finanzierten die Fertigstellung. Der fehlende Optimismus in Satyajit Rays Regiedebüt trug dem Film ein Ausfuhrverbot ein, das erst aufgehoben wurde, als *Apus Weg ins Leben I. – Auf der Straße* (*Pather panchali*, 1955) auf dem Festival in Cannes 1956 ausgezeichnet wurde. Der Film war der Auftakt zur Apu-Trilogie. Satyajit Ray wurde der beständigste Filmemacher Indiens, der unabhängig von Moden und kommerziellen Zwängen in regelmäßigen Abständen neue Produktionen herausbrachte. Bei 35 Filmen führte er bis zu seinem Tod am 23. April 1992 Regie.

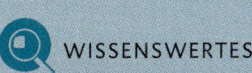

WISSENSWERTES

Personalunion

Weil bei seinem ersten Film der Kameramann aus Furcht vor technischen Schnitzern immer mehr Einstellungen drehen wollte, begann Satyajit Ray sich für die Kamera zu interessieren. Der Blick durch den Sucher wurde zum Schlüsselerlebnis. Weniger um technische Brillanz als um die Ausdruckskraft des Bildes sollte es gehen, so wurde Satyajit Ray, wenn schon nicht zum Kameramann seiner Filme, so doch zu einem Regisseur, der zentrale Einstellungen selbst filmte. Andere Bereiche wie Kostümdesign, Ausstattung und Filmarchitektur, um die sich Ray kümmerte, kamen hinzu. Später komponierte der musikalisch umfassend Ausgebildete auch noch die Filmmusik. Außerdem schrieb Satyajit Ray die Drehbücher seiner Filme selbst und wird bei vielen auch als Cutter angeführt. Satyajit Ray besuchte nie eine Filmschule und lernte das Handwerk, indem er für sich Drehbücher nach literarischen Vorlagen schrieb, die er anschließend mit ihren Verfilmungen verglich.

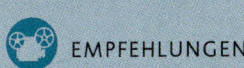

EMPFEHLUNGEN

Fünf Filme:
- *Agantuk – Der Besucher* (*Agantuk*)
- *Ferner Donner* (*Ashani sanket*)
- *Apus Weg ins Leben I. – Auf der Straße* (*Pather panchali*)
- *Apus Weg ins Leben II. – Der Unbesiegbare* (*Aparajito – The unvanquished*)
- *Apus Weg ins Leben III. – Apus Welt* (*Apur sansar*)

Lesenswert:

Satyajit Ray: *My Years with Apu*, New Delhi – New York 1994

Suranjan Ganguly: *Satyajit Ray. In Search of the Modern*, Lanham (USA) 2000

 AUF DEN PUNKT GEBRACHT

Er war der Einzelgänger des indischen Kinos. Unabhängig von der indischen Filmindustrie schuf Satyajit Ray ein Werk, das in seiner Universalität in Europa erst allmählich entdeckt wird.

Stanley Kubrick (1928–1999)
Der Blick des Forschers

So brutal sich das kommerzielle Actionkino auch gibt, so ist es doch immer das Mitleid mit der jeweiligen Identifikationsfigur, das das Publikum bis zum tröstenden Happyend bei der Stange hält. Stanley Kubrick hat Actionfilme gedreht, Krimis, Horror- und Science-Fiction-Filme. Doch Mitleid ist eine Größe, die in seinem Kinokosmos nicht vorkommt. Mitgefühl mit dem Astronauten Pool, der abgetrennt vom Mutterschiff in der Endlosigkeit des Alls verschwindet (*2001: A Space Odyssey/2001: Odyssee im Weltraum*, 1968), mag sich genausowenig einstellen wie mit dem amerikanischen Soldaten, der, von einer nordvietnamesischen Heckenschützin angeschossen, ohne Deckung im Schussfeld liegend verblutet (*Full metal Jacket*, 1987). Gewalt wird bei Stanley Kubrick niemals entschuldigt, sondern lediglich konstatiert, manchmal werden ihre Ursachen analysiert. Das Menschenbild in den Filmen Stanley Kubricks ist untrennbar mit der Grausamkeit verbunden, zu der Menschen fähig sind.

Wenn die Qualität eines Schriftstellers an dem Können, mit dem er Liebe und Tod beschreibt, zu messen wäre, müsste dem Filmregisseur Stanley Kubrick ein vernichtendes Zeugnis ausgestellt werden. Für die Erregung und das Begehren, das Nabokovs *Lolita* durchziehen, fehlt Kubrick in seiner Verfilmung von 1962 jedes Gespür. Selbst in *Eyes wide shut* (1999), seiner Adaption von

■ Zwischen gestern und morgen: Szenenphoto aus *2001: A Space Odyssey* (2001: Odyssee im Weltraum, 1968)

Schnitzlers *Traumnovelle* wirkt die Erotik eher behauptet, als dass sie sich vermittelt. Und der Tod ist bei Kubrick kaum mehr als eine unausweichliche Konsequenz.

Empathie für seine Charaktere, die Fähigkeit zum Mitleiden, Mitfreuen geht Stanley Kubrick vollkommen ab. Die Emotionslosigkeit mit der er seine Figuren positioniert, sie aussetzt, ist in der Filmgeschichte ohne Beispiel. Hier arbeitet ein Wissenschaftler am offenen Herzen der Menschheit. Seine Filme sind Versuchsanordnungen menschlicher Extremzustände. Kampf, Krieg, Hörigkeit, ungebremste Aggression, Wahn und Umnachtung – in seinen Filmen malte Stanley Kubrick keine Idyllen.

Situationen, die Menschen aus dem Takt geraten lassen, sind der Stoff seiner Filme. So wie bei dem Dozenten Humbert Humbert, der sich durch die minderjährige Tochter seiner Vermieterin verführt sieht (*Lolita*, 1962) oder wie bei den Politikern, Militärs und Wissenschaftler in *Dr. Strangelove or: How I learned to stop worrying and love the Bomb* (*Dr. Seltsam oder: Wie ich lernte, die Bombe zu lieben*, 1964), die, verfangen in die stupide Logik der Abschreckungsideologie, eine nukleare Katastrophe auslösen – sie alle haben keinen Einfluss mehr auf ihr Leben. Selbst in *A Clockwerk Orange* (*Uhrwerk Orange*, 1971) und *Barry Lyndon* (1975), Filmen mit einer zentralen Figur, um die sich die Handlung dreht, geht es weit weniger um das Schicksal der Hauptfigur als um die gesellschaftlichen Bedingungen, die das Handeln der Figuren erst ermöglichen.

Sind die Filme *Fear and Desire* (1953) und *The Killing* (1956), mit dem nach Kubricks Zählung seine Filmographie erst beginnt, stilistisch noch dem *Film Noir* verpflichtet und erzählen von Menschen, ihren Träumen vom Glück und ihrem Scheitern, so verweist *Path of Glory* (*Wege zum Ruhm*, 1957) bereits auf die Filme, mit denen Kubrick berühmt werden wird. Hier gleichen die Charaktere eher Funktionsträgern im Räderwerk eines filmischen Getriebes als Menschen, mit denen sich das Publikum identifizieren soll. Das verwirrt um so mehr, als Kubricks Filme hervorragend besetzt sind und Schauspieler wie Sterling Hayden, Peter Sellers, James Mason, Ryan O'Neal oder Tom Cruise selten besser waren als in seinen Filmen.

Mit *2001: A Space Odyssey* hat Kubrick den Höhepunkt der Reduktion erreicht: Zweieinhalb Stunden Kino mit minimalem Dialog und Schauspielern, an

■ Französisches Filmplakat zu *Lolita* (1962)

■ Dem Kino neue Dimensionen erschlossen: Stanley Kubrick bei den Dreharbeiten zu *Full metal Jacket* (1987)

■ Mitleidslos: Szenenphoto aus *Full metal Jacket* (1975)

die sich am Ende kaum jemand erinnern kann. Eine Produktion für die damals gigantische Summe von 10,5 Millionen Dollar – so abstrakt und in ihrer Negation jeglicher Konvention so extrem wie ein Undergroundfilm. Im Walzertakt schwebende Raumschiffe, die nachsichtige Stimme des Computers HAL, die Stille, der Monolith und das Ende, das ein Anfang sein kann; das ist es, was auch Jahre später noch so präsent ist, wie nach dem ersten Sehen.

Stanley Kubrick war ein Perfektionist und neben der Regie auch für Produktion, Drehbuch, Kamera und Schnitt verantwortlich. Sein Kontrollbedürfnis war umfassend. Dass bei so einer Veranlagung Produktionen wie *2001*, der Historienfilm *Barry Lyndon*, der Vietnam-Film *Full metal Jacket* oder auch *Eyes wide shut* möglich waren, ist heute kaum vorstellbar.

Nach dem Erfolg von *2001*, der schon kurz nach seinem Erscheinen zum endgültigen Science-Fiction-Höhepunkt erhoben wurde und diesen Status bis heute besitzt, wurde Kubrick Opfer der selbst befeuerten Legendenbildung. Sein selbst auferlegter Zwang, immer Außergewöhnliches, wenn nicht gar Endgültiges zu schaffen, führte nicht nur dazu, dass ein beklemmend konsequenter, aber in der Wertskala des Regisseurs eher kleiner Film wie *The Shining* (*Shining*, 1980) heute fast vergessen ist, sondern auch dazu, dass er ein Projekt wie *A. I.* nach jahrelanger Vorarbeit letztlich nicht realisierte, sondern es Steven Spielberg (s. S. 222) überließ, im Jahr 2001 daraus einen rührseligen *E. T.*-Nachfolger zu inszenieren.

Stattdessen drehte Kubrick *Eyes wide shut* mit Nicole Kidman und Tom Cruise. Geheimnisumwitterte Dreharbeiten, ein weit überzogener Drehplan und Gerüchte von Schauspielern am Rande des Nervenzusammenbruchs machten die Runde. Unmittelbar nach Fertigstellung des Films starb Stanley Kubrick. Sein letzter Film wurde ein kühler, keineswegs orgiastischer Reigen des sexuellen Begehrens. Bis zuletzt hat er auf jedes Mitleid mit seinen Charakteren verzichtet.

DER STILIST

Seit 1956, seit The Killing, *verfügt dieser Filmemacher bewusst über die Filmgeschichte, über filmische Verfahren. Was er übernimmt, löst er aus dem Kontext, in dem es einmal stand, und bringt es verändert in sein Werk ein. Doch ähnelt dies Verfahren nur ganz oberflächlich denjenigen postmoderner Kunst, weil Kubrick mit den Elementen nicht eigentlich spielerisch umgeht, sie nicht frei kombiniert. Er stellt Filme her, die bestimmte Formen übernehmen, weil sie der jeweils vollendete Ausdruck dieses und keines anderen Geschehens sind. Mit anderen Worten, dass Kubricks Filme keinen eigenen Stil zeigen, liegt daran, dass er ein Stilist ist.* Rainer Rother, 1999

STANLEY KUBRICK

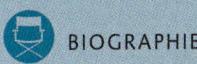 BIOGRAPHIE

Stanley Kubrick wurde am 26. Juli 1928 als Sohn eines Arztes im New Yorker Stadtteil Bronx geboren. Mit 18 arbeitete er als hoch dotierter Photograph für das Magazin *Look*. Ein kurzer Dokumentarfilm über den Boxer Walter Cartier war sein Regiedebüt. *The Day of the Fight* und sein ebenfalls selbst produzierter nächster Kurzfilm *Flying Padre* (1951) über einen katholischen Priester, der seine Gemeinde in New Mexico mit dem Flugzeug bereist, sind finanzielle Flops. *Fear and Desire* (1953) und *Killer's Kiss* (1955), seine ersten inszenierten Filme, verschwieg Kubrick gern in seiner Filmographie, die für ihn erst 1956 mit *The Killing* begann, seinem ersten, unter professionellen Bedingungen entstandenen, Film über einen Überfall auf das Wettbüro einer Pferderennbahn. Der Kriegsfilm *Paths of Glory* (*Wege zum Ruhm*, 1957) mit Kirk Douglas wurde Kubricks erster grosser Erfolg. Ein Jahr später rief Kirk Douglas Kubrick bei einem Projekt zu Hilfe, das der Schauspieler selbst produzierte und bei dem er sich mit dem Regisseur Anthony Mann überworfen hatte. Kubrick sprang ein und rettete, was von einem Film wie *Spartacus* (1959/60) noch zu retten war. Zumindest sicherte der kommerzielle Erfolg dieses Sandalenfilms die Finanzierung des nächsten Projekts, das Kubrick gleich danach in Angriff nahm: *Lolita* (1961). Die Nabokov-Verfilmung brachte den endgültigen Durchbruch. In immer grösser werdenden Abständen drehte Kubrick jetzt Filme, die in ihren jeweiligen Genres Maßstäbe setzten.

Diese Filme – *Dr. Strangelove or: How I learned to stop worrying and love the Bomb* (*Dr. Seltsam oder: Wie ich lernte, die Bombe zu lieben*, 1964), *2001: A Space Odyssey* (*2001: Odyssee im Weltraum*, 1968), *A Clockwerk Orange* (*Uhrwerk Orange*, 1970–71), *Barry Lyndon* (1973–75), *Shining* (1980), *Full metal Jacket* (1987) oder zuletzt seine Schnitzler-Verfilmung *Eyes wide shut* (1999) – waren jeweils die Sensationen der Filmsaison, in denen sie starteten. Die Premiere seines letzten Films hat Stanley Kubrick nicht mehr erlebt. Nach der – wie immer bei ihm – aufwendigen Tonmischung von *Eyes wide shut* starb Stanley Kubrick am 7. März 1999.

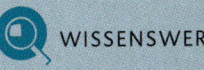 WISSENSWERTES

Die Stars
Die Dreharbeiten mit Stanley Kubrick werden als nervenaufreibend beschrieben. Ein Regisseur, der seine Schauspieler mal zur Freud-Lektüre einlädt und mal zum Schachspielen, der Einstellungen notfalls über ganze Drehtage hinweg wiederholen lässt, bis ihn das Ergebnis zufrieden stellt, der auf absoluter Geheimhaltung gegenüber der Presse besteht und jeden Drehplan überzieht, ist nicht nur für Stars eine Tortur. Trotzdem arbeitete er in seiner Anfangszeit mehrfach mit **Sterling Hayden** und **Peter Sellers** zusammen. Als scheiternder Ganove in *The Killing* und als verrückter General in *Dr. Strangelove or: How I learned to stop worrying and love the Bomb* besetzte er Sterling Hayden. Hier spielte Peter Sellers gleich drei Rollen. Als US-Präsident, britischer Offizier und deutscher Bombenbauer treibt er den Irrsinn dieser Satire auf die Spitze. 1962 hatte Sellers schon als Clare Quilty in *Lolita* unter dem Regisseur Kubrick gearbeitet. Sellers, der mit der *Pink-Panther*-Serie zum Star wurde, und Sterling Hayden, der in Coppolas *The Godfather* (*Der Pate*, 1971) und Bertoluccis *1900* (1976) seine letzten internationalen Erfolge feierte, waren selten besser als in den Filmen Stanley Kubricks.

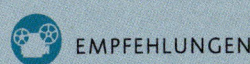 EMPFEHLUNGEN

Fünf Filme:
- *The Killing*
- *Lolita*
- *Dr. Strangelove or: How I learned to stop worrying and love the Bomb*
- *2001: A Space Odyssey*
- *Full metal Jacket*

Lesenswert:
Georg Seeßlen, Fernand Jung: *Stanley Kubrick und seine Filme*, Marburg 1999

Andreas Kilb, Rainer Rother u.a.: *Stanley Kubrick*, Berlin 1999

A. Walker, S. Taylor, U. Ruchti: *Stanley Kubrick. Leben und Werk. Die Autobiographie*, Berlin 1999

Rainer Crone, Petrus Graf Schaesberg: *Still Moving Pictures – Stanley Kubrick: Fotografien 1945–50*, München 1999

 AUF DEN PUNKT GEBRACHT

Hellsichtige Analysen, kalte Träume und aberwitzige Satiren – die Filme Stanley Kubricks gehören zu den Meilensteinen der Filmkunst.

Claude Chabrol (geb. 1930)
Der verkehrte Charme der Bourgeoisie

An Alfred Hitchcock (s. S. 68) schieden sich die Geister. Den einen war er ein geschäftstüchtiger Formalist, der aus Groschenheftgeschichten Unterhaltungsschund produzierte, für die anderen wurde er zum »größten Erfinder von Formen in der ganzen Filmgeschichte«, vergleichbar nur mit Sergej Eisenstein (s. S. 56) und F. W. Murnau (s. S. 38). Das behaupteten wenigstens Claude Chabrol und Eric Rohmer in ihrem Buch *Hitchcock*, das 1957 die Frage der Einschätzung des Suspense-Regisseurs zum Glaubensbekenntnis machte und Hitchcocks Himmelfahrt in das Pantheon der Filmgeschichte beflügelte.

In den Filmen von Howard Hawks (s. S. 74) und Alfred Hitchcock fanden die Autoren von *Cahiers du Cinéma*, zu denen neben Chabrol und Rohmer auch François Truffaut (s. S. 152), Jean-Luc Godard (s. S. 182) und Jacques Rivette gehörten, das Gegenmittel zum »erstickenden Klima des französischen Kinos der fünfziger Jahre« (Serge Daney). Sie bewunderten die Filme der amerikanischen Regisseure, die sie gleich zu Autoren erklärten, um Pflöcke gegen einen allzu literarisch verblendeten Kulturbegriff einzuschlagen. Die Begründer der Nouvelle Vague, die von ihrem Kritikerkollegen André Bazin freundlich als »Hitchcocko-Hawksia-

■ Heucheln bis zuletzt: Philippe Noiret und Claude Chabrol in *Chabrols Quiz-Farce Masques* (Masken, 1986)

ner« verspottet wurden, sahen in Hitchcock und Hawks Künstler, bei denen die Form den Inhalt schafft, wodurch der Film erst zu einer eigenständigen Kunstform wird.

Von den Filmemachern der Nouvelle Vague sind es vor allem François Truffaut und Claude Chabrol, die den Jugendvorbildern immer wieder ihre Reverenz erwiesen haben. So ist bei Truffaut die Nähe zu Hitchcock und Renoir unübersehbar, während bei Chabrol Hitchcock und Fritz Lang (s. S. 42) die Folie bilden, die sein Werk prägt. Chabrols Nähe zu Hitchcock scheint schon durch den gemeinsamen Topos ihrer Geschichten bestätigt: das Böse, das in eine vermeintlich intakte Welt einbricht. Doch bei Hitchcock kommt die Bedrohung immer von außen, von Spionen, Psychopathen, fremden Mächten, von *unsichtbaren Dritten*, während bei Chabrol das Böse immer integraler Bestandteil der Gesellschaft ist, in der die Geschichte spielt. Das Böse ist Teil von uns – und das macht Chabrols Filme um so bedrohlicher.

Bei aller filmtechnischen Finesse, zu der beide Regisseure fähig sind, unterscheiden sich Chabrol und Hitchcock auch ästhetisch in einem zentralen Punkt: während die Identifikation mit dem Kamerablick, also die subjektive Schilderung des Geschehens für Hitchcock typisch ist, bemüht sich Chabrol um strenge Objektivität. Dass der Zuschauer wie bei Hitchcock den handelnden Personen trotzdem voraus ist, verdankt er Chabrols Montage, die wesentlich von den amerikanischen Filmen Fritz Langs beeinflusst ist. Diese betont objektive Erzählperspektive sowie der Befund, dass gerade die materiell gefestigte Mittelschicht der Hort von Unmoral, Verbrechen und Mord ist, verleihen Claude Chabrols Filme eine Schärfe, die oft genug als letzter Beweis des Zynismus ihres Regisseurs interpretiert wurde.

So bezeichnet Rainer Werner Fassbinder (s. S. 226) Chabrol 1975 als »systemimmanenten Zy-

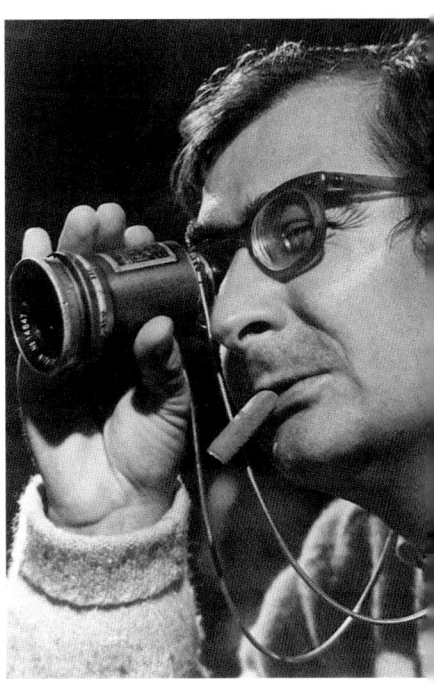

■ Notfalls auch Fernsehfilme: Claude Chabrol 1972

DAS OPFER ALS TÄTER
Chabrol lässt uns »hineinstolpern in die Salons, die mit dem ersten Anflug von Vertrautheit jede Etikette, jeden Anspruch auf Führung und jedes Selbstverständnis von einer ringsum in des Accessoires dargestellten Lebensform verschwinden lässt. Dabei stößt er nicht auf mittelmäßige Halunken, nicht auf Kavalierstäter – er findet im idyllischen, im erotischen oder im repräsentativen Winkel nichts Geringeres als den Mörder, mehr noch: Konfliktsituationen, die die gewaltsamen Lösungen herausfordern ... Die Nachforschungen bringen nicht den ausführenden Täter auf die Anklagebank, sondern stellen den verantwortlichen Toten bloß.« Jürgen Richter, *Frankfurter Allgemeine Zeitung*, 1990

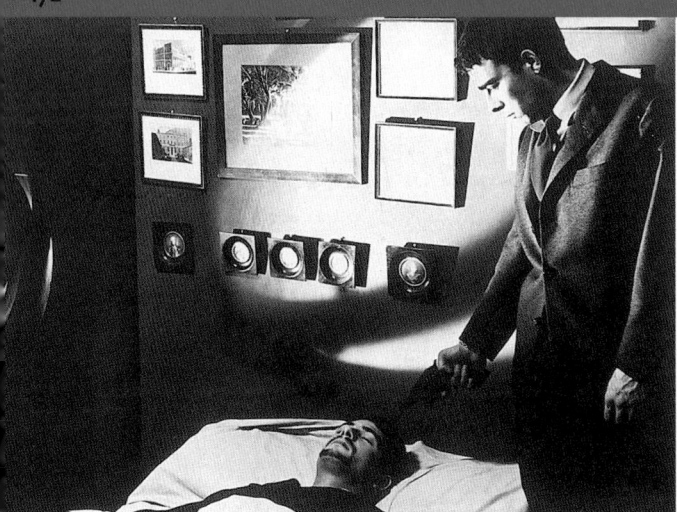

■ Alles stimmt: Chabrols Skandalfilm *Les cousins* (*Schrei, wenn du kannst*, 1958)

niker«, der gelogen habe, als er 1957 seinen Debütfilm *Le beau Serge* (*Die Enttäuschten*) mit der Läuterung seines Helden (mit dem sich Chabrol identifiziere) enden ließ: »Chabrol hat sich nicht geläutert. Im Gegenteil.« Was Fassbinder wie auch viele andere Claude Chabrol immer wieder vorwerfen, ist das unbeteiligte Konstatieren von Immoralität und Verbrechen, die fehlende Anteilnahme und das Verweigern jeglicher Lösung oder eines Happyends – schlicht ausgedrückt werfen sie ihm Kälte vor. Dabei ist es gerade Chabrols Verzicht auf moralische Allgemeinplätze, der seinen frühen Filmen ihre Zeitlosigkeit gibt – *Les cousins* (*Schrei, wenn du kannst*, 1958) ist dafür ein gutes Beispiel.

Erzählt wird die Geschichte von zwei Cousins aus reichem Hause, die beide in Paris Jura studieren. Am Ende fällt einer durch das Examen, während der andere besteht. Am selben Abend lädt der unglückliche Examenskandidat einen Trommelrevolver mit einer Patrone, dreht die Trommel und zielt auf seinen schon schlafenden Cousin – nichts passiert. Am folgenden Morgen erwacht der andere, findet den vermeintlich ungeladenen Revolver, zielt auf den jetzt schlafenden Vetter und drückt ab – diesmal ist eine Kugel im Lauf. Die Kritik störte sich vor allem an Szenen, die auf die latent antisemitische und neofaschistische Haltung der Hauptfiguren anspielen, so wenn einer der beiden einen schlafenden Juden mit »Aufmachen! Gestapo!« weckt und der andere mit einer deutschen Wehrmachtsmütze posiert. Damit beschrieb Chabrol zwar sehr genau die »präfaschistische Disposition, die bei vielen jungen Franzosen in der V. Republik anzutreffen ist« (Enno Patalas 1959 in einer freundlichen Rezension), vermied aber jede weitere Wertung. Es sei ihm darum gegangen, entgegnete Chabrol damals seinen Kritikern, zugleich das Verführerische und das Bedrohliche am Faschismus zu zeigen.

Diese Ambivalenz in Verbindung mit der spürbaren Authentizität der Szenen, bei denen nicht nur die »Austin Healeys, die Windsor-Knoten und das Sagan-Buch im Bücherregal« stimmen, sondern auch »wie man sich bewegt, wie man blickt, wie man sich artikuliert« (Patalas), verstörten besonders, weil Chabrol jede Erklärung für das Verhalten seiner Protagonisten verweigerte. Ihre Kraft erhalten diese frühen Filme durch die genaue Kenntnis des Milieus, in denen sie spielen. Sie werden gemeinhin zur »autobiographischen Phase« (die um 1960 endet) im Werk Chabrols gezählt, eine Einteilung gegen die sich Chabrol selbst vehement wehrt.

Kommerzielle Misserfolge zwingen Chabrol nach eigenem Bekunden in der Folgezeit zu eher konventionellen Filmen und Fernsehaufträgen, die jedoch weitaus spannender sind, als die Filmkritiken vermuten lassen, besonders weil die Begeisterung für filmästhetisch reizvolle – wenn auch inhaltlich oft sinnfreie – Lösungen immer wieder mit ihm durchgeht. Erst mit *Les biches* (*Zwei Freundinnen*, 1967), *La femme infidéle* (*Die untreue Frau*, 1968), *Que la bête meure* (*Das Biest muss sterben*, 1969) und *Le boucher* (*Der Schlachter*, 1969) kehrt Chabrol mit Nachdruck als einer der großen Regisseure des französischen Kinos in die Wahrnehmung der Filmkritik zurück. Dabei gehört Chabrols ganzes Augenmerk dem Bürgertum, das bei ihm, hin- und hergerissen zwischen dem Streben nach saturierter Sicherheit und Sehnsucht nach dem anderen Leben, jeden Konflikt bis zur tragischen Vollendung treibt. Hier kennt er die Sollbruchstellen, die er in seinen Filmen bloßlegt, wenn er die Untreue der erlahmten Eheleute nicht etwa tadelt, sondern haarklein beschreibt, wie das Paar sich müht den Schein zu wahren, bis auch der letzte Funke Hoffnung verflogen ist und die Tragödie ihren Lauf nimmt.

Doch Chabrol hat nicht nur Filme über die moralische Zerrüttung des Bürgertums inszeniert, sondern auch Agentenfilme,

■ Schonungslose Blicke auf die eigene Klasse: Szenenphoto aus *Les bonnes femmes* (*Die Unbefriedigten*, 1960)

> **DER GANZ GEWÖHNLICHE FASCHISMUS**
> *Ich liebe Pornos. Ich bin sehr interessiert am gewöhnlichen Faschismus. Und in Pornos liegt er offen zu Tage. Pornos basieren ganz auf dem Prinzip der Unterwerfung. Die Frau unterwirft sich dem Mann, der Mann der Frau, und beide der Lust des Zuschauers. Pornos sind reine Unterwerfung, niemals Erfüllung. Sehr aufschlussreich! Das einzig Blöde dabei ist, dass man sich ständig diese Sexszenen ansehen muss, die nicht gerade Phantasie haben. Und doch, ganz selten, gibt es manchmal einen Moment, eine Geste ... Man muss schon sehr viel Geduld haben. Auch soziologisch sind Pornos interessant. Sie zeigen untergründige Tendenzen der Gesellschaft ganz offen. Sie sind stets an der Spitze des Fortschritts.*
> Claude Chabrol, 1998

Henry-James-Adaptionen und Kostümfilme gedreht sowie eine phantastisch fehlgeschlagene Hommage an Fritz Lang. Ausgerechnet 1989, im Jahr des Mauerfalls, drehte Chabrol in Berlin *Dr. M*. Doch die Fortführung von Langs Mabuse-Serie scheitert genau an den Punkten, an denen Chabrol die Anknüpfungspunkte zu den Filmen seines Jugendidols sucht. War Langs Mabuse ein Spieler und Hypnotiseur, der mit seinen Manipulationen Erfolg hatte, weil seine obrigkeitshörigen Opfer den Zerfall der gewohnten Ordnung nicht aushielten, so ist Chabrols Medienmogul Dr. M. ein dramaturgisches Konstrukt, das durch die Flut der Erzählperspektiven, Nebenhandlungen, Arabesken und Hilfskonstruktionen des Drehbuchs keineswegs mehr Plausibilität gewinnt.

In den letzten Jahren arbeitet Chabrol mit dem Filmproduzenten Marin Karmitz zusammen. Dieser hatte 1972 in *Coup pour coup* (Regie: Marin Karmitz, mit hundert Arbeiterinnen sowie einer Gruppe von Filmemachern) zu Generalstreik und Revolution aufgerufen, während Chabrol im selben Jahr in *Les noces rouges* (*Blutige Hochzeit*, 1972) die Affäre eines sozialistischen Stadtrats mit der Frau seines gaullistischen Bürgermeisters zum Anlass einer Betrachtung der moralischen Zustände in der Provinz nutzte. Der Alt-Linke und der Bürger, als der sich Chabrol selbst immer darstellt, müssen sich gut verstehen. Die Stoffe, die sie gemeinsam angehen, bieten alles, was Chabrols Kino immer auszeichnete. Die Träume der Bürger und die Abgründe ihrer Seelen haben in Chabrol ihren Meister gefunden.

■ Sympathie für die Mörderinnen: Isabelle Huppert und Sandrine Bonnaire in *La cérémonie* (Biester, 1995)

CLAUDE CHABROL

BIOGRAPHIE

Am 24. Juni 1930 wird Claude Chabrol in Paris geboren. Der Sohn einer alteingesessenen Apothekersfamilie wächst in Sardent im mittelfranzösischen Departement Creuse auf, wo er bei den Großeltern lebt. Mit 13 kümmert er sich um den Cinéclub des Dorfes, der mit Unterstützung des Holzhändlers in einer Garage regelmäßig ein Programm aus Ufa- und französischen Unterhaltungsfilmen vorführt. In Paris absolviert Chabrol das Gymnasium und studiert im Anschluss an der Sorbonne Literaturwissenschaft. Ein Studium an der Pariser Filmhochschule kam für die Eltern Chabrols nicht in Frage. Ab 1952 gehört er zum Freundeskreis um den Filmpublizisten André Bazin, zu dem die *Cahiers-du-Cinéma*-Autoren und künftigen Filmemacher Truffaut, Rivette, Rohmer, Godard gehören, die später neben Chabrol zu den Begründern der Nouvelle Vague werden. 1953 erscheinen erste Filmkritiken Chabrols in *Cahiers du Cinéma*. 1957 kommt *Hitchcock* heraus – das Buch von Claude Chabrol und Eric Rohmer beschreibt den Krimiregisseur erstmals als einen der wichtigsten Filmemacher, nur vergleichbar mit Sergej Eisenstein und F.W. Murnau. Nebenbei bezeugt die Monographie auch die Verehrung für das amerikanische Kino, das bei den jungen französischen Filmemachern in höherem Kurs steht als europäische Produktionen, die als zu bieder empfunden werden. Im selben Jahr inszeniert Chabrol mit *Le beau Serge* (*Die Enttäuschten*) seinen ersten Spielfilm. Chabrol hat zuvor weder als Regisseur noch als Regieassistent praktische Erfahrung gesammelt. Den Film finanziert seine wenige Monate zuvor mit dem Kapital einer Erbschaft seiner Frau gegründete Produktionsfirma AJYM (A nach seiner damaligen Frau Agnes und JY und M nach den gemeinsamen Kindern Jean-Yves und Matthieu). Die Dreharbeiten finden in der Umgebung seines Heimatdorfes Sardent statt, und der Film wird später nicht nur vielfach ausgezeichnet, sondern ist auch kommerziell erfolgreich. Sein zweiter Film *Les cousins* (*Schrei, wenn du kannst*, 1958) ist kommerziell noch erfolgreicher als Chabrols Erstling. Gerade der kommerzielle Erfolg ist es, der Chabrol früh von seinen Nouvelle-Vague-Kollegen entfernt, von denen nur Truffaut ähnlich erfolgreich ist. Hinzu kommen Chabrols unverhohlene Verehrung des Genrekinos und seine ausgestellte Bürgerlichkeit, die dazu führen, dass er als Regisseur lange Zeit nicht ernst genommen wird. Darin gleicht Claude Chabrol seinem großen Vorbild Alfred Hitchcock.

WISSENSWERTES

Der Schauspieler

Claude Chabrol ist ein Meister der Selbstdarstellung. Kein Phototermin, bei dem er nicht mit heraushängender Zunge und verdrehten Augen das strangulierte Opfer gibt oder mit Pfeife und Bauch den saturierten Bürger. In den Filmen seiner Kollegen tritt er meistens als Spießer auf, der seine kleinen schmutzigen Obsessionen hinter Bösartigkeit und einem verschwitzten Lächeln versteckt. Zu seinen erfolgreichsten Filmen als Schauspieler gehört Pierre Zuccas Komödie *Alouette, je te plumerai* (*Alle Vöglein sind schon da*, 1987).

EMPFEHLUNGEN

Fünf Filme:
- *Les cousins* (*Schrei, wenn du kannst*)
- *Les bonnes femmes* (*Die Unbefriedigten*)
- *La femme infidèle* (*Die untreue Frau*)
- *Masques* (*Masken*)
- *La cérémonie* (*Biester*)

Lesenswert:

Peter W. Jansen, Wolfram Schütte (Hg.): *Claude Chabrol* (2. erw. Auflage), München 1989

Guy Austin: *Claude Chabrol*, Manchester 1999

AUF DEN PUNKT GEBRACHT

Er ist der produktivste Regisseur des europäischen Kinos, und das ist Chabrol oft vorgeworfen worden. Dabei spiegelt sich in seinem vielschichtigen Werk ein Autorenbegriff, den Chabrol mit seinen Nouvelle-Vague-Kollegen einst selbst formulierte. Claude Chabrol ist sich treu geblieben.

John Cassavetes (1929–1989)
Die Wahrheit eines Augenblicks

»Ich verstehe mich selbst nicht als Regisseur«, gab John Cassavetes 1968 zu Protokoll. »Ich bin für einen Film auf die gleiche Weise verantwortlich wie alle anderen, die daran beteiligt sind, die sich darin ausdrücken wollen und ihre Teilnahme am Film als etwas empfinden, das für sie selbst wesentlich und umfassend ist.« 1968 war das kein modischer Appell an die kreative Kraft des Kollektivs. Der Regisseur und Schauspieler John Cassavetes formuliert hier die Haltung, die sich schon in seinem Regiedebüt *Shadows* (*Schatten*, 1959) ausdrückt. Der Film, der heute zu den Grundsteinen des New American Cinema gezählt wird und der ähnlich bahnbrechend wirkte wie Godards *À bout de souffle* (*Außer Atem*, 1959), hat den Reiz einer kollektiven Improvisation vor laufender Kamera. Die Plotpartikel, die sich wiedergeben lassen, handeln von drei schwarzen Geschwistern. Eine hat einen weißen Lover, den sie verlässt, als er vor ihrer Familie zurückzuschrecken scheint. Dabei ist die Frage des Rassismus nicht das zentrale Thema des Films, sondern nur das authentische Merkmal, mit dem die Lebenssituation einer Szene gekennzeichnet wird. *Shadows* ist über weite Strecken ein dokumentarischer Film über das Leben der New Yorker Boheme um 1960.

■ Schauspieler und Regisseur: John Cassavetes in *Love Streams* (1983)

Wie Godards *À bout de souffle* formulierte Cassavetes mit seinem Regiedebüt die Gegenposition zum Kino der Unterhaltungsindustrie. Die Unmittelbarkeit, mit der diese Filme ihre Entstehungszeit spiegeln, wird oft mit der Unbekümmertheit verwechselt, mit der in ihnen Anschlussfehler, merkwürdige Kamerapositionen und Unschärfen übergangen wurden. In ihren Debütfilmen verweigern sich Godard (s. S. 182) und Cassavetes dem Diktat des Erzählkinos mit seinen Regeln und Konventionen. Doch während Godard mit Zitaten und Strukturelementen des Kinos nach der Beziehung zwischen Fiktion und Leben fahndet, macht sich Cassavetes auf die Suche nach den wahren Momenten des Lebens. Cassavetes, 1968: »Für mich sind Filme von geringer Wichtigkeit. Die Menschen sind viel wichtiger.«

■ Star aller Cassavetes-Filme: Gena Rowlands hier mit John Adams in *Gloria* (1980)

Ein augenscheinliches Talent, als das sich John Cassavetes mit seinem Regiedebüt ausgewiesen hat, übersieht eine hochprofessionelle Industrie nicht. So bietet ihm die Paramount an, ein kommerzielles Remake von *Shadows* zu drehen. *Too late Blues* (1961) verschafft Cassavetes die Einsicht, dass unter den Produktionsbedingungen eines großen Studios Filme, wie er sie drehen will, nicht möglich sind. Trotzdem unterschreibt er kurz darauf einen Vertrag mit dem Produzenten und Regisseur Stanley Kramer, der mit *Message*-Filmen wie *Judgement at Nuremberg* (*Urteil von Nürnberg*, 1961) Erfolg hat. Den Film *A Child is waiting* (*Ein Kind wartet*, 1962) über ein autistisches Kind, das von seinen Eltern in einer Klinik abgegeben wird, stellt am Ende der Produzent Stanley Kramer fertig. Die im Drehbuch angesprochene Problemlage (zerrüttete Ehe, überforderte Eltern, unqualifizierte Ärzte) wird mit soviel Sentiment aufgeladen,

> **DAS LEBEN SELBST**
> *Ehen, die scheitern; Liebe als gegenseitiger Verrat; die Schwierigkeit, miteinander zu kommunizieren: das sind Probleme, mit denen ich konfrontiert wurde und die mich betreffen, die aber auch andere betreffen. Mit meinen Schauspielern versuche ich, das alles zu erkunden und es zu übersetzen in etwas, das sich im Einklang befindet mit dem alltäglichen Leben von jedermann.*
> John Cassavetes, 1968

■ Nouvelle Vague auf amerikanisch: John Cassavetes, Peter Falk und Ben Gazzara in *Husbands (Ehemänner,* 1977)

dass sich John Cassavetes über diesen Film später nur noch sarkastisch äußert. Dabei ist in der Beziehung zwischen Therapeutin und Jungen »schon das zwischen Zuwendung und Distanzierung, Nähe und Furcht vor Nähe changierende Spiel zwischen Phil und Gloria vorgezeichnet, das Cassavetes in *Gloria* (1980) in Szene setzen wird« (Christa Maerker).

Nach den unerfreulichen Erfahrungen als Auftragsregisseur dauert es sechs Jahre bis John Cassavetes wieder einen Film veröffentlicht. *Faces* (*Gesichter,* 1968) wirkt wie eine direkte Reaktion auf die beiden Vorgängerfilme. Eine Geschichte, die nur aus der Verknüpfung von Situationen besteht, eine Handlung, die in 36 Stunden passiert, ohne dass der Verlauf vorhersehbar wäre und ein Sujet, das alle Beteiligten kennt. *Faces* erzählt von Männern und Frauen um die 40, die sich treffen, sich begehren, verletzen, trennen und wiedersehen, ohne dass es eine Lösung oder auch nur eine Entwicklung gibt. Am Ende sind die Beziehungen vielleicht

> **PORTRÄTS DER MITTELKLASSE**
> Alle diese Ärzte, Jazzmusiker, Sekretärinnen, Geschäftsleute, Barbesitzer, Gangster, Stripperinnen, Hausfrauen, Arbeiter, Penner, Garagenwärter, Schauspieler und Ganoven bilden eine Porträtgalerie des amerikanischen Mittelstandes einschließlich seiner ausgefransten Säume, die im Kino nicht ihresgleichen hat. So wenig Cassavetes mit Hollywoods großen Regisseuren wie Ford, Capra, Hawks und Huston zu vergleichen ist – eines hat er mit ihnen gemeinsam: das Insistieren auf der Würde seiner alltäglichen Helden. Georg Alexander

ein bißchen mehr kaputt als vorher, das ist alles. Zusammen mit *Husbands* (*Ehemänner*, 1970), einem Film über ein Männertrio, das durch den unerwarteten Tod eines gleichaltrigen Freundes verunsichert, für ein paar Tage aus dem Alltagstrott auszubrechen versucht, sind *Shadows* und *Faces* Erkundungen von Figuren und Situationen – Versuchsanordnungen aus dem Labor des Lebens.

»Method acting« ist das Zauberwort, das John Cassavetes mit seinen Schauspielern Gena Rowlands, Ben Gazzara, Peter Falk und Seymour Cassel verbindet. Die Methode besteht im Bemühen, Figur und Darsteller zu verschmelzen, die Rolle nicht zu spielen, sondern sie im Wortsinn zu verkörpern. Das hat Konsequenzen für Regie und Drehbuch. Es geht nicht länger um die Kunst der Schauspielerführung des Regisseurs und das dramaturgische Geschick des Autors, sondern um Einfühlungsvermögen und Ausdruckskraft der Darsteller, der Regie und Drehbuch zu folgen haben. Dass sich der Regisseur Cassavetes im Zweifelsfall immer auf die Seite der Schauspieler schlägt, dass er ihnen Raum und Zeit gibt, wo andere auf das Einhalten von Kamerapositionen dringen und Szenen mit Zwischenschnitten unterbrechen, kennzeichnet seine Arbeit.

■ Peter Falk, John Cassavetes und Ben Gazzara während der Dreharbeiten zu *Husbands* (*Ehemänner*)

Wie sich damit vergleichsweise konventionelle Stoffe erzählen lassen, zeigt Cassavetes mit den folgenden Filmen, bei denen es sich mal um eine erstaunlich glückliche Liebesgeschichte (*Minnie and Moskowitz*, 1971) handelt, mal um das Drama einer bürgerlichen Ehe (*A Woman under the Influence*/*Eine Frau unter Einfluss*, 1974), mal um einen Film Noir (*The Killing of a Chinese Boo-*

■ Suche nach den wahren Momenten des Lebens: Szenenphoto aus *The Killing of a Chinese Bookie (Mord an einem chinesischen Buchmacher*, 1976)

kie/*Mord an einem chinesischen Buchmacher*, 1976), um eine Gesellschaftssatire (*Big Trouble/Sterben... und leben lassen*, 1985) oder einzig um eine Hommage an seine Frau Gena Rowlands (*Opening Night*, 1977). Cassavetes' erfolgreichste Filme werden *Gloria* (1980) und *Love Streams* (1984). Der eine schildert die Geschichte einer Gangsterbraut, die von einem Jungen gegen ihren Willen zu seiner Beschützerin erkoren wird, der andere liefert das Psychogramm eines erwachsenen Geschwisterpaares, das am Leben scheitert – die Filme könnten kaum gegensätzlicher sein.

Die Stoffe seiner Filme interessieren heute wenig. Manchmal wirken sie merkwürdig betulich (*Big Trouble*), manchmal werden sie schamlos ausgeplündert wie in *Léon* (Luc Besson, 1994), der nicht nur das Sujet, sondern gleich die Anfangsszene aus *Gloria* übernimmt. Trotzdem wirken die Filme nach. Man kann sich ihnen nicht entziehen. Martin Scorsese (s. S. 216): »Orson-Welles-Filme kann ich zwanzig Mal wiedersehen. Cassavetes-Filme kann ich immer nur einmal sehen, weil ich weiß, sie treffen mich unmittelbar. Für mich stellen sie so etwas dar wie die Wahrheit, Präsenz, Intimität des Lebens selbst: So möchte ich das Leben im Kino auch einfangen können.«

JOHN CASSAVETES

BIOGRAPHIE

John Cassavetes wurde am 9. Dezember 1929 in New York als Sohn griechischer Einwanderer geboren. Seine Eltern, sein Vater war ein erfolgreicher Geschäftsmann und Politiker, standen den künstlerischen Ambitionen des Sohnes, der nach seinem Armeedienst ein Literaturstudium begonnen hat, abwartend gegenüber. John brach das Studium ab und absolvierte stattdessen eine Ausbildung an der New Yorker Academy of Dramatic Arts. Ab 1953 arbeitete er als Schauspieler und bekam über den Orson-Welles-Freund Gregory Ratoff erste TV-Engagements. Die Rolle eines spanischen Stierkämpfers, den er für einen Fernsehfilm spielte, verschaffte ihm erste Probeaufnahmen mit einem Hollywoodstudio. Kinorollen folgten, in denen Cassavetes auf den *angry young man* mexikanischer oder südeuropäischer Herkunft festgelegt war. 1956 gründete er mit Burt Lane das Variety Arts Studio, ein Ausbildungsprojekt, das mit Ideen des New Yorker Actors Studio und Konstantin Stanislawski experimentierte. Aus dieser Beschäftigung mit dem Method-Acting, einer Methode der vollkommenen Verinnerlichung eines Charakters, entstand der erste Film *Shadows* (*Schatten*, 1959), der, von Spenden finanziert, die im Verlauf einer Radio-Show gesammelt wurden, zum ersten Film des amerikanischen, von Major-Studios unabhängigen Independent-Kinos avancierte. Den Versuch, innerhalb des Studiosystems innovative Filme zu realisieren, gab Cassavetes nach den für ihn ernüchternden Erfahrungen mit *Too late Blues* (1961) und *A Child is waiting* (*Ein Kind wartet*, 1963) auf. Mit *Faces* (*Gesichter*, 1968) konnte Cassavetes an seinen Debüterfolg anknüpfen und galt seither zumindest in Europa als einer der zentralen Vertreter des amerikanischen Independent Kinos. John Cassavetes starb am 3. Februar 1989.

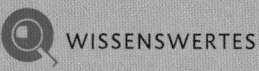
WISSENSWERTES

Der Star
Gena Rowlands wurde am 19. Juni 1934 in Cambria, Wisconsin, geboren. Nach der Highschool und einer Ausbildung an der New Yorker Academy of Dramatic Arts arbeitete sie als Bühnenschauspielerin. Seit 1954 mit John Cassavetes verheiratet, spielte sie in fast allen seinen Filmen zentrale Rollen. In *Faces* (1968) etablierte sie einen Frauentyp, den es im amerikanischen Kino bisher nicht gab. Die schöne, selbstständige, nervös rauchende Großstadtbewohnerin wurde ihr Rollenfach. Gena Rowlands Auftritt an der Seite von Gene Hackman in *Another Woman* (*Eine andere Frau*, 1988) ist Woody Allens Hommage an ihre Arbeit mit John Cassavetes.

Die Familie
Neben Familienmitgliedern, den Kindern und Eltern gehörten Peter Falk, Ben Gazzara, Seymour Cassel und der Produzent Al Ruban zu den regelmäßigen Mitarbeitern von John Cassavetes.

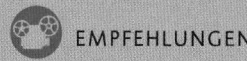
EMPFEHLUNGEN

Fünf Filme:
- *Shadows* (*Schatten*)
- *Faces* (*Gesichter*)
- *The Killing of a Chinese Bookie* (*Mord an einem chinesischen Buchmacher*)
- *Opening Night*
- *Love Streams*

Lesenswert:
John Cassavetes: *Cassavetes über Cassavetes*, Frankfurt/M. 2003

AUF DEN PUNKT GEBRACHT

Situationen statt Handlung, Wahrhaftigkeit statt Pose – in seinen Filmen gab John Cassavetes dem Kino die Unmittelbarkeit zurück.

Jean-Luc Godard (geb. 1930)
Montierte Kunst

■ Jean-Luc Godard hat wie nur wenige Regisseure das Kino des 20. Jahrhunderts geprägt. Er gehörte zu den Begründern der Nouvelle Vague, drehte Agitprop-Filme, war einer der ersten, die im Video ein ernst zunehmendes Medium entdeckten (um schließlich doch wieder beim Kino zu landen) und schuf Filme, die ihrer Zeit um Jahre voraus waren.

Als Filmkritiker hat Jean-Luc Godard gern ausgeteilt. Dem Cinéma-vérité-Idol Richard Leacock (s. S. 188) beschied er kurz, »Ehrlichkeit genügt nicht, um sich in der Avantgarde herumzutreiben, vor allem, wenn man nicht weiß, dass, wenn die Realität die Fiktion hinter sich lässt, diese es ihr heimzahlt«. Der Mangel an Subjektivität würde bei den auf Beobachtung setzenden Dokumentationen in mangelnde Objektivität umschlagen, schreibt Godard und wirft Leacock vor, den »Augenblick dadurch zu töten«, dass er »zu sehr an ihm klebt«. Godard beklagt die mangelnde Montage, und das meint bei ihm mehr als das genregerechte Verknüpfen von Filmszenen.

Schon sein erster abendfüllender Spielfilm *À bout de souffle* (*Außer Atem*, 1959) wirkte wie ein Fanal. Die Zeit- und Achsensprünge, die er dem Publikum und vor allem seinen damaligen Kollegen, den Filmkritikern, zumutete, sprengten zu der Zeit jede Sehgewohnheit. Die Erklärung, die Godard nachschob, gehört längst in den Anekdotenschatz der Filmgeschichte. Von dem viel zu langen Rohschnitt habe er nur die Einstellungen übriggelassen, die ihm besonders gut gefallen hätten. Weiche Übergänge, erklärende Überleitungen, konventionelle Sequenzen waren nicht darunter.

Die Montage verbindet zwei Dinge, um etwas Drittes aufscheinen zu lassen. Bei Godard sind es in den ersten Jahren vor allem die Auslassungen – das Nichtgezeigte, Weggeschnittene –, durch die sich andere, neue Zusammenhänge andeuten und die eine kleine Gangstergeschichte wie *À bout de souffle* zu einem Film über die Liebe, die Mythen, das Kino und zu einem Generationsporträt machen, das bis heute nachwirkt. Später kommt die Schrift dazu, die der wortmächtige Godard (dessen Protagonisten das literarische Raunen beherrschen wie niemand vor und nach ihnen) als Zwischentitel einsetzt – mal leinwandbreit, mal als gekritzelter Bildzusatz, später auch dem goldenen Schnitt folgend.

■ Nach diesem Film waren sie Legenden: Jean-Paul Belmondo und Jean Seberg in À bout de souffle (Außer Atem, 1959)

■ Anne Wiazemsky in La chinoise (Die Chinesin, 1967)

»Man muss undeutliche Ideen mit deutlichen Bildern konfrontieren«, das Graffito aus *La Chinoise* (*Die Chinesin*, 1967) markiert den ersten Bruch in Godards Werk. Explizit politisch soll der Film in Zukunft sein. Die bürgerliche Welt wird, da ist sich Godard damals sicher, an ihren Widersprüchen zugrunde gehen. In *Week-End* (1967) wird eine Massenkarambolage auf der Autobahn zur Metapher des Zerfallsprozesses. Reklame, Kulturindustrie und kapitalistische Ökonomie haben ein anarchisches Endzeitszenario hinterlassen, das die Welt der bürgerlichen Werte zersetzt. Die folgenden Filme wirken wie eine Umsetzung der Parole, die Godard 1967 im Presseheft zu *La Chinoise* formulierte. Um der Hollywood-Dominanz zu entkommen, müssten die Filmemacher mit ihren Mitteln »zwei oder drei Vietnams« schaffen. Damit ist die Verweigerung einer Filmsprache gemeint, die auf die Klischees und Normen des amerikanischen Unterhaltungskinos zurückgreift sowie ihre Revolutionierung. Godard verwendet dokumentarisches Material, inszeniert und kommentiert; er mischt die Genres, der Mai '68, Black Power und Pop Musik finden genauso Eingang wie die Wochenschauästhetik, die er in *Pravda* (1969) persifliert.

Die »Groupe Dziga Vertov«, die Godard mit dem ehe-

■ Eddie Constantine in *Allemagne année 90 neuf zéro (Deutschland Neu(n) Null, 1991)*

■ Nichts scheint zusammenzupassen: Nathalie Baye in *Sauve qui peut – (la vie)*, (1980); Szenenbild aus *Nouvelle Vague* (1989); Domiziana Giordano und Alain Delon in *Nouvelle Vague*

maligen *Le-Monde*-Literaturkritiker Jean-Pierre Gorin gründet, steht für diese Filme, die zunächst am Rand, später vollkommen außerhalb des »Systems« entstehen – die Fernsehsender, die sie in Auftrag gaben, nehmen die Produktionen nicht ab. Godard beginnt mit Video zu arbeiten. Die neue Technik, bei der damals keine dem Kinofilm vergleichbare Montage möglich ist, verändert die Ästhetik. Auch die Zielgruppe ist eine andere. Weder im Fernsehen noch im Kino sind diese Filme zu sehen. Godard ist zum Regisseur für Filmhochschüler, Kunstfreunde und Fans geworden.

Dann 1980, die Überraschung: Mit *Sauve qui peut (la vie) (Rette sich wer kann (das Leben))* startet ein neuer Kinofilm von Godard und mit ihm beginnt, was heute wie das Spätwerk eines Kinoregisseurs wirkt, in das, obwohl Godard gerade erst 50 Jahre alt ist, die Erfahrungen eines langen Künstlerlebens einzugehen scheinen. Nur die Montage, die jetzt immer stärker in die einzelnen Einstellungen verlagert ist, erinnert noch an die collageartigen Filmpamphlete der vergangenen Jahre. Hier wird Unvereinbares zusammengebracht, einzelne Bildelemente reagieren aufeinander, das Bild bekommt eine zusätzliche Bedeutung. In dem Film *Passion* (1981), in dem es um einen Regisseur geht, der für einen Historienfilm Gemälde wie *Die Eroberung von Konstantinopel durch die Kreuzritter* von Delacroix oder *Die kleine Badende* von Ingres nachstellt, verlassen Delacroixs Ritter irgendwann das Bild und jagen im Studio die Nackte von Ingres. Godards Regisseur hat die Inspiration verlassen, und die Bilder machen sich selbstständig,

ohne dass die Montage einzugreifen braucht. Das ist natürlich Unsinn, denn gerade die Tonspur hebt den Montagecharakter hervor. »Die Musik. Und die Musik kann mir helfen. Ich bin blind. Ich sehe nichts. Und die Musik ist meine kleine Antigone«, beschreibt das Szenario von *Passion* die Verzweiflung des Regisseurs, und mit Mozart, Beethoven, Ravel, Dvorák und Faure fährt Godard reichlich auf. Die Musik, wie Godard sie hier einsetzt, produziert die Bilder und Farben, die dem Regisseur in *Passion* nicht mehr gelingen. Hier ist die Montage vollends zur Imagination des Publikums geworden.

»Ich sehe mir am Schneidetisch zunächst die Bilder ohne Ton an. Dann lasse ich den Ton laufen ohne die Bilder. Erst danach setze ich beides zusammen, so wie es gedreht wurde. Manchmal habe ich das Gefühl, irgend etwas stimmt nicht bei einer Szene, womöglich stimmt sie mit einem anderen Ton. Dann ersetze ich beispielsweise einen Ton durch Hundegebell. Oder ich versuche es mit einer Sonate.« So erläuterte Godard 1990 Wim Wenders seine Arbeitsweise. *Nouvelle Vague* heißt der Film, um den es in diesem Gespräch geht. So radikal wie hier ist im Kino nie wieder die Gleichwertigkeit von Bild, Dialog, Musik und Geräusch umgesetzt worden. Nichts scheint zusammenzupassen, jedes Element verweist auf eine andere Geschichte. Godard knüpft kein Netz von Bedeutungen, eher serviert er eine riesige Schichttorte, die immer neue Variationen bietet. Je genauer man sich mit ihr beschäftigt, desto mehr Bezüge fallen einem auf. *Nouvelle Vague* ist Godards letzter großer Kinofilm, der in Deutschland herauskommt. Der Titel spielt auf die kräuselnden Wellen an, in denen Alain Delon versinkt, und auf die Filmwelle, zu deren Mitbegründern Godard

> **DIE KUNST DER BRECHUNG**
> *Godard sagt von sich selbst, er habe immer geschwankt zwischen Fiktivem und Dokumentarischem, zwischen Erzählen und Essay. Die Brüche sind seine Stärke. Die Zeit der Reflexion hat für ihn damit begonnen, nicht dass er Einstellungen machte wie Hitchcock, wie Hawks, wie in der* Lady from Shanghai, *sondern, dass er an sie denkend, sich von ihnen absetzte. Die Distanz macht den ganzen Unterschied und veranlasst den Zuschauer nachzudenken – zum Denken über die Bilder und Töne, die er hört und sieht. Die Gewohnheit, in einzelnen Personen eine Meinung und eine Haltung verkörpert zu sehen, lässt uns aus der Fassung geraten, wenn wir zu überlegen haben, wie etwas gemeint ist.*   Frieda Grafe

»Ich denke nicht, dass es mir gelungen ist, wirklich gute Filme zu machen. Aber da sind Augenblicke, Szenen, ganze Bewegungen, die singen.«
    Godard über Godard

■ Michel Piccoli, Fritz Lang, Jack Palance während der Dreharbeiten zu *Le mépris* (*Die Verachtung*, 1963)

gehörte. Es ist ein Abschiedsblick auf eine Branche, die Godard geliebt und verachtet und über die er bereits 1963 einen Film gemacht hat.

Le mépris (*Die Verachtung*, 1963) handelt von einem Krimiautoren (Michel Piccoli), der von einem amerikanischen Produzenten (Jack Palance) angeheuert wird, um den Film des alten Regisseurs (Fritz Lang) auf Markttauglichkeit zu trimmen. Die Möglichkeit, den Roman von Alberto Moravia zu verfilmen, bekam Godard nur, weil er Brigitte Bardot zum Projekt beisteuern konnte, die unbedingt mit ihm arbeiten wollte. Um sicher zu gehen, dass der Star auch wirkungsvoll eingesetzt wird, beharrten die Produzenten auf einer Nacktszene mit der Bardot, die sie sich vertraglich zusichern ließen. Godard entledigte sich der Nachstellungen seiner Finanziers mit einer Filmelegie, in der es nicht nur um den Verrat an den eigenen Träumen und das Zerbrechen einer Liebe geht, sondern in dem er die Abhängigkeit, unter der auch dieser Film entstanden war, bloßstellte. Als der Film fertig war, gestand Godard im Interview: »Nun hat ausnahmsweise der Film auf das Leben abgefärbt. Alle Punkte der Erzählung wurden, einer nach dem anderen, in der Realität verwirklicht.« Die Realität hatte es der Fiktion gezeigt.

> **SEHEN, WAS NICHT ZU SEHEN IST**
> *Hitchcocks Verfahren der Bildmontage via raffiniertester Kamera- und Kopiertricks ist vollkommen in der Computertechnologie aufgegangen. Godards Montagen nicht. Sie denken Gedanken (oder rufen solche hervor), die der Computer weder denken noch zeigen kann, einmal weil ihm das historische Bewusstsein fehlt, dann aber auch durch die Materialität dessen, was Godard auf Leinwand oder Monitor zeigt: ein Bild das buchstäblich nicht zu sehen, aber da ist.* Klaus Theweleit

JEAN-LUC GODARD

BIOGRAPHIE

Jean-Luc Godard wird am 3. Dezember 1930 in Paris geboren. Sein Vater ist Arzt und betreibt eine Privatklinik, seine Mutter stammt aus einer Schweizer Bankiersfamilie. Vor der deutschen Besetzung flieht die Familie in die Schweiz. Nach dem Krieg studiert Godard an der Sorbonne Ethnologie. Er lernt André Bazin, François Truffaut, Jacques Rivette und Eric Rohmer kennen und beginnt Filmkritiken zu schreiben. Mit dem Geld von Godards Familie werden erste Filme von Rivette und Rohmer finanziert. Auch Godard beginnt an Filmen zu arbeiten. Sein erster unter halbwegs professionellen Bedingungen entstandener Film ist 1959 À bout de souffle (Außer Atem), der gleich ein großer Erfolg wird. In den sechziger Jahren gehört Godard zu den produktivsten Regisseuren des Jungen Films. Die Filme Le petit soldat (Der kleine Soldat, 1960), Une femme est une femme (Eine Frau ist eine Frau, 1961), Vivre sa vie (Die Geschichte der Nana S., 1962), Le mépris (Die Verachtung, 1963), mit einem Gastauftritt von Fritz Lang, sind weitaus radikaler als die seiner Nouvelle-Vague-Mitstreiter Truffaut und Chabrol. Der Vietnamkrieg, die Studentenbewegung und Paris im Mai '68 hinterlassen in Godards Filmen nachhaltig ihre Spuren. Godard versteht sich in dieser Zeit als dezidiert politischer Filmemacher, er arbeitet in verschiedenen Kollektiven. In den siebziger Jahren kann Godard, der 1971 einen schweren Motorradunfall überlebt, keine größeren Kinoprojekte realisieren. Anfang der achtziger Jahre beginnt mit Sauve qui peut (la vie) (Rette sich wer kann (das Leben)), 1980, Passion (1982), Je vous salue, Marie (Maria und Joseph, 1983) und Prénom Carmen (Vorname Carmen, 1983) eine Filmreihe, die man als Spätwerk bezeichnen könnte, hätte diese Filme nicht Jean-Luc Godard inszeniert. Im Umfeld der altgewordenen Jungfilmer wirken seine Filme immer noch wie Anschläge auf die saturierte Ruhe einer müde gewordenen Avantgarde. Doch die Besonderheit dieser neuen Produktionen wird kaum wahrgenommen. Mit Nouvelle vague wirft Godard 1989 einen Abschiedsblick auf die Filmbewegung, die er mit begründet hat und die ihm schnell suspekt geworden ist. In den folgenden Jahren sind das Leben in Deutschland im ersten Jahr nach der Wiedervereinigung, Musikerporträts und die Geschichte des Kinos Themen, mit denen sich Godard in unterschiedlichen Medien beschäftigt hat.

WISSENSWERTES

Die Stars
»Anna Karina, Brigitte Bardot, Marina Vlady, Jane Fonda, Anne Wiazemski, Maruschka Detmers: Frauengesichter beseelen Godards Filme. Unvergesslich. Sie sind die Materie der Filme, sie bilden die Hardware, das Begehren, die Schönheit, das Mysterium. Der Rest – die ganze Welt der Gefühle, der Sehnsüchte, der Gedanken, der Projektionen – das ist die sich ständig erneuernde, schillernde Software.« Der Aufzählung des Regisseurs Dominik Graf müssen Jean Seberg, Macha Méril, Mireille Darc, Isabelle Huppert, Myriem Roussel, Domiziana Giordano hinzugefügt werden. Um die Frauen drehen sich die Montagen im Kino Jean-Luc Godards. Demgegenüber wirken die Männer merkwürdig immobil, auch wenn sie sich so katzenhaft bewegen wie Belmondo in À bout de souffle, so kaltschnäuzig wie Eddie Constantine in Alphaville, une étrange aventure de Lemmy Caution (Lemmy Caution gegen Alpha 60, 1965), so melancholisch wie Alain Delon in Nouvelle vague (1989) oder Eddie Constantine in Allemagne neuf zéro (Deutschland Neu(n) Null, 1991).

EMPFEHLUNGEN

Fünf Filme:
- À bout de souffle (Außer Atem)
- Le mépris (Die Verachtung)
- Sauve qui peut (la vie) (Rette sich wer kann (das Leben))
- Nouvelle vague
- Allemagne neuf zéro (Deutschland Neu(n) Null)

Lesenswert:
Jean-Luc Godard: Einführung in die wahre Geschichte des Kinos, Frankfurt/M. 1992

AUF DEN PUNKT GEBRACHT

Wer diesen Regisseur nicht kennt, kennt das 20. Jahrhundert nicht. Das Diktum eines Verehrers gilt heute mehr denn je. Die Filme von Jean-Luc Godard wirken erstaunlich alterslos. Ihre kühne Montage schafft Zusammenhänge, weckt Assoziationen und besticht durch Transparenz.

Richard Leacock (geb. 1921)
Die Wahrheit, möglicherweise

Der Einbruch des Lebens in die hermetisch abgeschlossene Studiowirklichkeit des Films kennzeichnet in Europa das fortschrittliche Kino der Nachkriegszeit. Ob italienischer Neorealismus oder die französische Nouvelle Vague – hinter der erstrebten Natürlichkeit verbarg sich eine Sehnsucht nach Wahrhaftigkeit, die vom Unterhaltungskino des Faschismus ebenso unterhöhlt worden war, wie von einem Großteil der Hollywoodfilme. Dem Dokumentarfilm erging es nicht anders. Wochenschau und Kulturfilm waren ideologisch so kontaminiert, dass dem Bild, das der dokumentarische Film zeichnete, längst nicht mehr zu trauen war.

Die Antwort auf das Dilemma lautet Cinéma-vérité, Direct Cinema oder Uncontrolled Cinema, was das Gleiche meint. Zu den Wegbereitern dieser Richtung, die sich Ende der 1950er parallel zur Nouvelle Vague entwickelte, gehören Jean Rouch und Richard Leacock – der eine ein Ingenieur mit ethnologischem Interesse, der andere ein Physiker mit Filmambitionen. Sie erlösten den Dokumentarfilm aus seiner ideologischen Instrumentalisierung. Während Rouch bei Aufnahmen, die er anfangs für das Pariser Musée de l'homme in Zentralafrika drehte, sich bemühte, die Perspektive seiner Protagonisten zu übernehmen, um die »afrikanische Welt selbst zur Sprache kommen zu lassen« (Rouch), entwickelte Leacock seine Methode aus der Zusammenarbeit mit Robert Flaherty. Den Regisseur des legendären Films *Nanook of the North (Nanuk, der Eskimo,* 1922) hatte Leacock 1946 kennengelernt, als er Kameramann für Flahertys Film *Louisiana Story* (1948) war.

Die uneingeschränkte Solidarität Flahertys gegenüber den Menschen, die im Mittelpunkt seiner Filme stehen, wird bei Leacock und Rouch zur moralischen Verantwortung gegenüber ihren Protagonisten und führt zu Unvoreingenommenheit und Offenheit. Bei Rouch werden die Pro-

■ Richard Leacock: mit neuer Aufnahmetechnik zu einem neuen Stil

tagonisten immer wieder in den Produktionsprozess des Films einbezogen, so kommentiert etwa der Hauptdarsteller von *Mo, un noir* (1958) den fertigmontierten, noch stummen Film für die Kinofassung, oder Rouch entwickelt mit seinen Protagonisten gleich ganze Spielhandlungen. Leacock wiederum besteht auf der Trennung zwischen Abgebildetem und Abzubildendem. Dabei verzichtet Leacock auf einen wertenden Kommentar. Seine Filme folgen keinem vorher festgelegten Handlungsverlauf, sondern sie begleiten ihre Protagonisten, beobachten ihr Handeln und überlassen die Bewertung dem Publikum.

■ Staatsdokumentarismus: Hans-Eberhard Leupold, Winfried Junge und Team 1978 bei den Dreharbeiten zu *Lebensläufe* (1981), der die Gegenposition zum Konzept Richard Leacocks formuliert (s. S. 191).

Primary (1960), Leacocks 30-Minuten-Film über die Vorwahlkampagne zwischen den demokratischen Präsidentschaftskandidaten Hubert Humphrey und John F. Kennedy 1960 in Wisconsin, verdeutlicht die besondere Qualität seiner Konzeption. Nicht das Ergebnis der Auseinandersetzung steht im Mittelpunkt, sondern die Art, wie sie geführt wird. Die Beobachtung der Wahlkampfauftritte in der Provinz lässt die ganze Unterschiedlichkeit zwischen dem jovialen Humphrey und dem ernsten, jugendlichen Kennedy hervortreten. Die Fülle der Einzelbeobachtungen – hysterische Begeisterung, Skepsis und Ablehnung des Publikums; die sorgfältige Inszenierung eines Fernsehauftritts, die plötzliche Unsicherheit eines Kandidaten angesichts eines indifferenten Publikums – geben einen vielschichtigen Eindruck vom Wahlkampf, den Kandidaten und der Zeit.

Möglich wurden diese Filme erst durch kleine, vor allem leichte Kameras, leistungsfähige Mikrofone, lichtstarke Objektive und empfindliches Filmmaterial. Von den technischen Möglichkeiten, die heute jede Amateur-DVD-Ausrüstung bietet, war man Ende der 1950er noch weit entfernt. Teures Filmmaterial, kurze Filmcassetten, ein Filmton, der selten mit dem Bild synchron lief, machten die bloße Aufzeichnung von Bild und Ton zu einer komplizierten Angelegenheit. Erst die Einführung der quarzgesteuerten Synchronisation von Kamera und Tonband erlaubten Filme wie *Primary*.

■ Dem Blick trauen: Cinéma-vérité-Spezialist Richard Leacock

So entstanden Dokumentationen, wie die über den Rennfahrer Eddie Sachs, der dreimal versuchte das 500 Meilen Rennen von Indianapolis zu gewinnen und jedes Mal scheiterte (*On the Pole*, 1960), *Yanki no!* (1960) verfolgt Castros Machtübernahme in Kuba, *The Chair* (1961) erzählt von den Bemühungen, einen zum Tode Verurteilten zu retten, in *Happy mother's day* (1963) geht es um die Geburt von Fünflingen und wie sich eine amerikanische Kleinstadt auf das Ereignis vorbereitet. Und *Chiefs* (1969) beobachtet eine Versammlung von 3500 Polizeioffizieren samt Ehefrauen am Waikiki Beach auf Hawai. Zum Team von Richard Leacock gehörten die Dokumentarfilmer Robert Drew, Donn Alan Pennebaker, Gregory Shuker, Albert und David Maysles (*Gimme Shelter*, 1971), gefilmt wurde notfalls mit mehreren Kamerateams.

Die endgültige Form ergab sich während der Montage, bei der sich manchmal ganz andere Zusammenhänge als geplant entwickelten, denen Leacock auch Raum gab. Das reizte zum Widerspruch. Von der giftigen Kritik Godards (s. S. 182), für den die Fiktion die Aufgabe hat, die Gegenwart zu interpretieren, weil die nicht zu erkennen ist, »wenn man an ihr klebt«, bis zu Uwe Nettelbeck, der 1964 in der Zeitschrift Filmkritik Stellungnahme einforderte: »Das falsche Bewusstsein ... kommt unterschiedslos bei Leacock zum Zuge, gleich welchem Thema er sich stellt. Ob es sich dann um *Nehru* (*Nehru*, 1961) oder meinetwegen Franco handelt, wird das Wesen seiner Filme nicht beeinflussen. Indem man Vorgegebenes allein beschreibt, hat man es schon ›akzeptiert‹.«

Heute ist es gerade der Verzicht von Bekenntnissen und Selbstverständlichkeiten, ist es die Unvoreingenommenheit der Beobachtung, die Leacocks Filme zu den ganz großen Abenteuern der Filmgeschichte macht. Was passiert, ist absolut unvorhersehbar, nur dass es so passiert ist, steht am Ende fest.

LEACOCK IN DEUTSCHLAND

Der Hamburger Dokumentarfilmer Klaus Wildenhahn machte die Arbeiten Richard Leacocks in der BRD bekannt. Wildenhahns erster reiner Cinéma-vérité-Film *Parteitag 64* (1964) über einen SPD-Parteitag war ein durchschlagender Erfolg. Der NDR versenkte den Film, der die Demontage des Hamburger Alt-Bürgermeisters Max Brauer minutiös schildert, umstandslos im Archiv und sendete erst 1981 eine gekürzte Fassung. Mit Preisen ausgezeichnet, aber oft auch heftig kritisiert wurden die meisten von Wildenhahns Filmen. Seinen Lehrern Jerzy Bossak und Richard Leacock widmete Klaus Wildenhahn 1984 sein Werk *Ein Film für Bossack und Leacock*.

RICHARD LEACOCK

 ## BIOGRAPHIE

Richard Leacock wurde am 18. Juli 1921 in London geboren. Er wuchs auf den kanarischen Inseln auf, wo seine Eltern eine Bananenplantage besaßen. Zwischen 1929 und 1938 ging er in England zur Schule und begann sich für Film zu interessieren. *Canary Bananas* (1935) war sein erster Film, den er in der Plantage seiner Eltern filmte. 1938 bereiste er als Kameramann der David-Lack-Expedition die Galapagos Inseln. Zwischen 1939 und 1942 studierte er in Harvard Physik und beteiligte sich an Theaterproduktionen. Ab 1942 war Leacock Combat Cameraman der amerikanischen Armee, stationiert in der Arktis, Burma und China. 1946 folgte das für Leacock prägende Zusammentreffen mit Robert Flaherty, für den er 14 Monate als Kameramann bei *Louisiana Story* (1946) arbeitete. Diese Erfahrungen versuchte er in den folgenden Jahren mit mehr oder weniger Erfolg bei seiner Arbeit als Kameramann einzubringen. Doch erst mit *Bernstein in Israel* (1958), dem Film über eine Tournee Leonard Bernsteins, bei dem Leacock erstmals eine geblimbte 16mm-Kamera benutzte (hier steuert die Kamera die Tonaufzeichnung), gelang ihm, was für das Direct Cinema stilbildend wurde: das Herauskristallisieren von Authentizität und Wahrheit aus absolut undramatischen Beobachtungen. 1960 wurde er Mitglied von Drews Associates des Time-Life-Fotografen Robert Drew. Gemeinsam mit Drew, Donn Alan Pennebaker, Gregory Shuker, Albert und David Maysles entstanden Filme für *Time Life* über Prominente wie John F. Kennedy, den Rennfahrer Eddie Sachs, Nehru, Fidel Castro. Nach dem Ende der Zusammenarbeit arbeitete Leacock für unterschiedliche Produzenten, darunter den NDR, für den er zusammen mit Rolf Liebermann Musikerporträts realisierte. 1969 wurde er zum Leiter der Filmklasse am Massachusetts Institute of Technology (M.I.T.) in Cambridge, Massachusetts. Hier entwickelte er eine Technologie, mit der die Synchrontontechnik auch für das billige Amateurformat Super-8 möglich wurde. Doch die Erfindung kam zu spät. Die aufkommende Videotechnik setzte die »billige Revolution« in Gang, die Leacock und Co vorschwebten. 1988 legte er seine Professur nieder und zog nach Paris, um fortan mit Video-8 zu arbeiten. Seit 1989 arbeitet er mit Valerie Lalonde zusammen.

 ## WISSENSWERTES

Staatsdokumentarismus
Lebensläufe (**Winfried Junge**, 1981) markiert die diametral entgegengesetzte Position zum Cinéma-vérité. Hier wurde auf kinogerechtem 35mm-Material, anfangs sogar mit Kameraschienen und umfangreicher Lichttechnik, gearbeitet. Ein staatliches Studio machte mobil, um das richtige Bild vom Leben auf dem Land zu vermitteln. Im Mittelpunkt stehen die Kinder einer Schulklasse, die im August 1961 in dem DDR-Dorf Golzow eingeschult werden und deren *Lebensläufe* die Dokumentaristen über mehrere Jahrzehnte begleiten. Schule, Träume, Elternhaus, Jugendweihe, Konfirmation, Schulabschluss bzw. -abbruch, erste Liebe, der Beginn des Erwachsenenlebens – das Leben in der DDR-Provinz sollte ein Spiegel der Verhältnisse im Arbeiter- und Bauernstaat werden. Lebensläufe wurde ein Vier-Stunden-Crashkurs in Sachen DDR-Kultur, der viele Fortsetzungen erfuhr. Der Film belobigt, straft, prüft und stellt am Ende fest, dass doch alles in Ordnung ist. Das Projekt, das nur unter DDR-Bedingungen möglich war, setzte Junge mit seiner Frau **Barbara Junge** auch nach dem Ende der DDR fort. In den nachfolgenden Filmen stehen nicht nur die weiteren Lebensetappen der Golzower im Mittelpunkt, sondern auch die Filmemacher selbst, die zunehmend selbstkritischer das eigene Verhalten und die Produktionsbedingungen ihrer Langzeitdokumentation thematisieren. Das Projekt der Junges ist ein einzigartiges Zeitdokument und eine Reflexion über die Chancen und Grenzen des Dokumentarfilms. Im brandenburgischen Golzow im Oderbruch gibt es zum Film eine Dauerausstellung mit Photos und Dokumenten zur Geschichte der *Kinder von Golzow*.

 ## EMPFEHLUNGEN

Fünf Filme:
- Primary
- On the Pole
- Yanki no!
- The Chair
- A Stravinsky Portrait

 ## AUF DEN PUNKT GEBRACHT

Mit den Filmen von Richard Leacock begann der moderne Dokumentarfilm.

Andrej Tarkowskij (1932–1986)
Zwischen Mystik und Avantgarde

Die hymnische Verehrung, die in den 1980er Jahren den Filmen Andrej Tarkowskijs entgegengebracht wurde, war von kurzer Dauer. Gefeiert wurde ein Künstler, der mit einer kühnen Bildsprache dem Kino eine Welt der Vieldeutigkeit, mithin ein neues Universum erschloss. Die Montagekunst des sowjetischen Kinos, wie sie Eisenstein (s. S. 56), Pudowkin und Romm in ihren Filmen entfalteten, schien hier mit dem Phantastischen, mit dem Kino von Buñuel (s. S. 84) und Fellini (s. S. 140) verbunden. Das Übersinnliche, Geheimnisvolle erschien fast greifbar, und Filmkritik und Publikum fuhren alles Angelesene auf, um die Zeichen und Symbole, die in Tarkowskijs Filmen so reichlich vorhanden sind, zu dechiffrieren.

1985 kam dann in Deutschland *Die versiegelte Zeit* heraus, und der Autor und Regisseur, der hier seine Gedanken zu Kunst, Ästhetik und Poetik des Films formulierte, erwies sich, wenn schon nicht als Reaktionär, so doch zumindest als Mystiker, der auf die Analyse des eigenen Werks genauso gereizt reagierte wie auf ein Publikum, das nicht bereit schien, einem Künstler schlicht zu »glauben« und sich dem Werk in religiöser Meditation zu öffnen. Sein nächster – und letzter – Film *Opfer* (*Offret*, 1985/86) wurde in Deutschland deutlich kühler als seine anderen Arbeiten aufgenommen, was nicht zuletzt an einem Werbetrailer lag, der ganz auf die sakralen Motive des Films von Tarkowskij, der kurz zuvor verstorben war, abhob. Zehn Jahre später waren seine Filme weitgehend vergessen und aus Kinos, Videotheken und Fernsehprogrammen verschwunden.

Nach seinem Debüterfolg mit *Iwans Kindheit* (*Iwanowo Detstwo*, 1962), einem Antikriegsfilm über einen Jungen, der während des Krieges als Kundschafter die deutschen Truppenbewegungen ausspäht, war An-

■ Reizbarer Mystiker: Andrej Tarkowskij bei den Dreharbeiten zu seinem letztem Film

> Um über Lebendiges zu berichten, präsentiert der Künstler Totes, um vom Unendlichen reden zu können, stellt er Endliches vor. Ein Ersatz! Das Unendliche kann man nicht materialisieren, man kann nur dessen Illusion, dessen Bild schaffen. — Andrej Tarkowskij, 1985

■ Bilder der Apokalypse: Alexander Kajdanovskij in *Stalker* (1979)

drej Rubeljow eine imageträchtige Großproduktion der staatlichen Mosfilm. Entsprechend groß war die Aufmerksamkeit der Zensoren, denen der Film über die authentische Figur des Ikonenmalers Andrej Rubeljow zu düster und gewalttätig und die Darstellung der Bauern zu pessimistisch vorkam. Inhaltlich und ästhetisch tauchen in *Andrej Rubeljow* schon viele der Motive aus Tarkowskijs späterem Werk auf: Die Beziehung Künstler – Publikum, Individuum – Staatsmacht, die Aufgabe der Kunst und die Kraft von Erinnerung und Imagination werden bereits reflektiert, ebenso stößt man schon auf die traumwandelnden Kamerafahrten, den Regen, das verdorrte Holz, das Motiv des Fliegens und die sprachlosen Blicke, die direkt der eigenen Erinnerung zu entstammen scheinen. Mit den Dreharbeiten wurde 1964 begonnen, 1966 wurde der Film in Moskau erstmals vorgestellt, aber erst 1973, nach verschiedenen inoffiziellen Aufführungen, kam *Andrej Rubeljow* regulär ins Kino. Fortan wurde die Passionsgeschichte des Ikonenmalers im Westen auch als die eines Regisseurs gelesen, der sich der Zensur nicht gebeugt hatte.

Die Filme *Solaris*, 1971/72, nach dem Roman von Stanislav Lem, Tarkowskijs eher autobiographisches Werk *Der Spiegel* (*Serkalo*, 1973/74) und *Stalker* (1978/79) gleichen Expeditionen in das Innere, wobei die Kraft der Imagination so stark werden kann, dass selbst Tote, wie in *Solaris,* aus dem Totenreich zurückkehren. Damit hatte sich Tarkowskij endgültig vom schematischen Realismusbe-

> **LOCKENDE SCHATTEN**
> *Wenn die Kamera träumt und dennoch die Linse nicht schließt, wenn sie durch abgestorbene Zwischenzonen tastet und dem Dreck der Welt matten Glanz verleiht, wenn jede Nähe schwierig und doch einfach scheint, dann bleibt nur eine Sicherheit: Dahinter steht der sowjetische Filmregisseur Andrej Tarkowskij. Er betreibt das Kino als Feuer- und Wasserprobe des bislang Ungesehenen. Er zeigt in seinen Bildern jenen Vorraum, in dem der Zuschauer Abschied nehmen muss von lauten Farben. Denn auf der Schattenseite lockt das Leben nach dem Tod. Die Katastrophen der Umwelt liegen schon hinter uns. Es bleibt die Erkundung der Ödnis durch die Überlebenden.* Karsten Witte, 1984

■ Anatolij Solonizyn als Andrej Rubeljow

griff der sowjetischen Filmbürokratie verabschiedet, und sein Verweis auf die »prinzipiell aristokratische Natur« künstlerischer Arbeit verbesserte sein Verhältnis zu den staatlichen Institutionen keineswegs.

Nach der italienischen Produktion *Nostalghia* (1982/83) kehrte Tarkowskij nicht mehr in die UdSSR zurück. Im Mittelpunkt des Films steht ein Schriftsteller, der das Leben eines russischen Komponisten recherchiert, der als Leibeigener von seinem Herrn zum Studium nach Italien geschickt wird, in die Leibeigenschaft zurückkehrt und sich aufhängt. Die vermeintlich autobiographischen Bezüge des Stoffs bestimmten im Westen die hymnische Rezeption des Films. Das Finale mit der russischen Holzhütte inmitten einer riesigen Kirchenruine, vor deren Tür der Mann mit seinem Hund liegt, verkörpert die zentrale Perspektive des Kinos Andrej Tarkowskijs, die immer den inneren Bildern und Sehnsüchten der Protagonisten folgt und die Außenwelt nur als Reflex einer Innenwelt darstellt.

Allen verbalen Rundumschlägen zum Trotz, mit denen sich Tarkowskij seine Deuter und Verehrer vom Leib zu halten suchte, befreit gerade sein Beharren auf die Subjektivität der Wahrnehmung – gerade auch der des Publikums – Tarkowskijs Filme vor dem Hemmschuh allzu großer Zeitbezogenheit. Zurecht weist sein Übersetzer Hans-Joachim Schlegel darauf hin, dass Tarkowskijs Widerwillen gegen eine allzu enge Deutung seiner Symbolik im Einklang mit den Vorstellungen der russischen Symbolisten steht, für die das Wort und das Bild »Träger einer letztlich nicht rationalisierbaren ›dynamischen Energie‹« waren.

Nach dem Ende der UdSSR und dem jahrelangen Vergessen der Filme Tarkowskijs wirkt sein Werk zeitloser denn je. Andrej Tarkowskij: »Der einzige Weg, auf dem ein Künstler den Zuschauer im Rezeptionsprozess auf eine gleichberechtigte Ebene hebt, besteht darin, ihn die Einheit eines Films aus dessen Teilen selbst konstituieren zu lassen und dabei Eigenes hinzuzudenken. Ja, auch aus Gründen der gegenseitigen Achtung von Künstler und Rezipient ist eine solche Beziehung die einzig angemessene künstlerische Kommunikation.«

ANDREJ TARKOWSKIJ

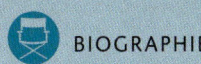

BIOGRAPHIE

Andrej Tarkowskij wurde am 4. April 1932 in Zawrashje geboren. Sein Vater war der Dichter Arsenij Tarkowskij, auf dessen Gedichte der Sohn in mehreren Filmen verweist. Die Eltern trennten sich, und Tarkowskij wuchs zusammen mit seiner Schwester Marina bei der Mutter auf, die als Korrektorin arbeitete. Ihr widmete er *Nostalghia* (1982/83). Seine Schulausbildung wurde durch den Krieg mehrfach unterbrochen. Er begann ein Sprachstudium, das er nach einem Unfall abbrach, und arbeitete im Anschluss für ein Jahr in Kirgisien in einer Forschungsgruppe des Goldinstituts. Ab 1954 studierte er an der Moskauer Filmhochschule unter anderem bei dem Regisseur Michail Romm (*Der gewöhnliche Faschismus/Obyknowenny faschism*, 1965). *Die Straßenwalze und die Geige* (*Katok i skripka*, 1961) war sein Diplomfilm, in dem Marina Adshubj, die Enkeltochter Nikita Chrustschows, auftrat. Tarkowskijs Freund, der spätere Regisseur Andrej Michalkow-Kontschalowski, arbeitete am Drehbuch mit. Gemeinsam schrieben sie auch das Buch zum Film *Andrej Rubeljow* (1964–66), den Tarkowskij nach seinem Erfolg mit *Iwans Kindheit* (*Iwanowo detstwo*, 1962) inszenierte. Allem internationalen und kommerziellem Erfolg zum Trotz wurde Tarkowskijs Verhältnis zu Zensur und staatlicher Filmproduktion von Projekt zu Projekt schwieriger. Zwar ermöglichte ihm Mosfilm den Nachdreh von *Stalker* (1978/79), dessen Negativ im Kopierwerk zerstört wurde, doch ein weiteres Projekt kam nicht mehr zustande. 1983 emigrierte er in den Westen. In Italien inszenierte er *Nostalghia* (1982/83) und für die Londoner Oper Mussorgskijs *Boris Godunow*. Die schwedische Produktion *Opfer* (*Offret*, 1985/86), die prophetisch ein Leben vor dem Hintergrund einer Nuklearkatastrophe reflektiert, war sein letzter Film. Er hatte 1986 auf dem Festival in Cannes seine Uraufführung, während in Tschernobyl ein Reaktorblock heißlief. Andrej Tarkowskij starb am 29. Dezember 1986 in Paris an Krebs. Kurz darauf wurden seine Filme in der Sowjetunion wieder aufgeführt.

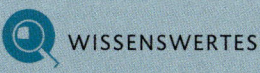

WISSENSWERTES

Tarkowskijs Alterego
Am 30. August 1934 wurde **Anatolij Solonizyn** in Nizni-Tagil geboren. Er studierte an der Schauspielschule in Sverdlovsk, nachdem er an der Moskauer Schauspielschule mehrfach abgelehnt worden war. Der erste Fernsehauftritt des Theaterschauspielers in *Delo Kurta Klauzevetca* (*Die Sache Kurt Klausewitz*) blieb unbemerkt, der Film war lange Zeit verboten und wurde erst 1988 gesendet. Genauso erging es Solonizyn mit seinem Auftritt in *Komissar* (*Die Kommissarin*, Alexander Askoldov, 1967), der ebenfalls verboten und erst 1986 uraufgeführt wurde. Mit der Titelrolle in *Andrej Rubeljow* (1964–66) begann die Zusammenarbeit mit Andrej Tarkowskij, zu dessen wichtigstem Darsteller Solonizyn wurde. Auch bei Theaterinszenierungen arbeiteten die beiden zusammen. 1977 besetzte Tarkowskij seinen Lieblingsschauspieler in der Moskauer Inszenierung von *Hamlet* in der Titelrolle. Anatolij Solonizyn starb 1982 während der Vorbereitungen zu *Nostalghia* (1982/83) an Krebs.

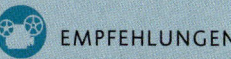

EMPFEHLUNGEN

Fünf Filme:
- *Iwans Kindheit*
- *Andrej Rubeljow*
- *Solaris*
- *Stalker*
- *Nostalghia*

Lesenswert:
Andrej Tarkowskij: *Die versiegelte Zeit. Gedanken zur Kunst zur Ästhetik und Poetik des Films*, Frankfurt/Berlin 2000

Wolfgang Jacobsen u. a.: *Andrej Tarkowskij*, München 1987

AUF DEN PUNKT GEBRACHT

Einst wurde Andrej Tarkowskij als Mystiker des Kinos verehrt, heute überraschen seine Filme mit einer zeitlosen Schönheit, die im Kino selten zu sehen ist.

Francis Ford Coppola (geb. 1939)
Der letzte Tycoon

Grandiose Ausbrüche und fulminante Einbrüche, Siege, Niederlagen und vor allem Leidenschaft sind das Fundament seines Lebenswerks. Als »Opern« und »opulente Kraftwerke des Gefühls« werden die Filme Francis Ford Coppolas regelmäßig beschrieben. Bei diesem »Midas am Pokertisch« (*Der Spiegel*, 1981) ging es immer um Sein oder Nichtsein und das keineswegs nur auf der Leinwand. Von seinen Anfängen in der B-Picture-Manufaktur Roger Cormans bis zu seiner jüngsten Produktion fanden Budget und Produktionsbedingungen ebenso großes Interesse, wie der Inhalt seiner Filme. Das liegt an Coppola selbst, der immer stolz auf gigantische Zahlen und Summen war und auf den »final cut«, den letzten Schnitt, die totale künstlerische Kontrolle. Dazu kommt seine unorthodoxe Produktionsweise, bei der mal die bauernschlauen Tricks des pfennigfuchsenden Billigproduzenten Corman durchschimmern und mal die Gigantomanie eines Citizen Kane. Gegen das Hollywood-Establishment durchgeboxte Projekte wie *The Godfather* (*Der Pate*, 1972) und das Mammutprojekt *Apocalypse now* (1976–79) stehen für die großen Erfolge, *The Conversation* (*Der Dialog*, 1973) und *One from the Heart* (*Einer mit Herz*, 1981) für Pleiten, bei denen Coppola alles zu verlieren drohte, was er sich bis dahin aufgebaut hatte. Die Unabhängigkeit, auf die er stolz ist und die solche Projekte erst ermöglicht, drohte er jedes Mal zu verlieren, doch jedes Mal tauchte er wieder auf.

Als Scriptdoctor, der verpfuschte

■ Francis Ford Coppola: Der Regisseur der gigantischen Erfolge und Niederlagen

---

ESSEN MIT IHM
Francis Coppola in der Küche, das ist die Ehre, seine besondere, die er seinen Freunden zuwendet. Ehre und Freude. Wenn die anderen in Hollywood ihre Dinner und Parties haben, so ist sein Gastgeschenk, dass er für sie das Essen selber macht und in speziellen Fällen mit ihnen an der Seite von seiner Frau Eleanor und den asiatischen Hausmädchen in der Küche arbeitend sein Leben mit ihnen teilt. Die technische Ausstattung der Küche gleicht denen moderner Hotels kleinerer Art, und der Stil des Essens ist italienisch wie der der Väter und Mütter. Hans-Jürgen Syberberg, 1979

Drehbücher aufmöbelte, Filmkompilateur, der günstig erstandene Filmware mit kräftigen Schnitten, Archiv- und im Notfall nachgedrehtem Material, optischen Tricks und neuer Synchronisation auf Verkäuflichkeit trimmte, und schon bald als gefragter Drehbuchautor begann die Karriere Francis Ford Coppolas. *Dementia 13* (1963), sein erster Film, mit den Schauspielern einer anderen Corman-Produktion und auch weitgehend in deren Kulisse realisiert, ist der Prolog zu einer einzigartigen Karriere. Die begann er im System, und als nach den Überraschungserfolgen von *Easy Rider* (Dennis Hopper, 1969) und *Love Story* (Arthur Hiller, 1969), die den ökonomischen Zusammenbruch der alten Studioherrlichkeit verhinderten, in Hollywood der Generationswechsel anstand, schien Coppolas Stunde gekommen. Doch seine ersten Filme waren nicht so erfolgreich wie erhofft, und so war sein Stern schon am Sinken, als ihm 1970 die Verfilmung von Mario Puzos Bestseller *The Godfather* angeboten wurde. Die Paramount erwartete einen Mafia-Film, komplett im Studio gedreht, mit einem Star und soviel Glamour, wie es die bescheidene Produktionssumme von 2,5 Millionen Dollar ermöglichte. Für ein mehrfaches der Summe und nach endlosen Krächen mit seinen Auftraggebern lieferte Coppola das ausladende Gemälde einer Mafia-Dynastie, hinter deren Geschichte die Mythen einer Gesellschaft aufscheinen, deren Träume aus Erfolgsgeschichten bestehen. Dass die Helden ausnahmslos Verbrecher sind, an deren Händen Blut klebt, entzaubert das Gesehene. Es geht um Zerrbilder einer Welt, die weit davon entfernt ist, heil zu sein. In zwei Fortsetzungen 1974 und 1989/90 vervollständigte Coppola die Familiensaga zu einer komplexen Parabel auf den amerikanischen Traum und den Kapitalismus zu Beginn der Globalisierung.

Harmlos lesen sich auch die ersten Beschreibungen zu *Apocalypse Now* (1976–79), für den der damalige Coppola-

■ Aus dem kleinen billigen Mafia-Film wurde eine komplexe Parabel auf den amerikanischen Traum: Robert DeNiro in *The Godfather II* (*Der Pate Teil II*, 1974)

■ Filmen als Grenzerfahrung: Francis Ford Coppola bei den Dreharbeiten auf den Philippinen zu *Apocalypse Now* (1976)

Freund und Drehbuchautor John Milius monatelang Material gesammelt hatte. Eine Geschichte aus Vietnam aus Sicht der GI's sollte es 1969/70 werden, gedreht mit kleinem mobilen 16-mm Equipment und vervollständigt mit Dokumentarmaterial. Bei seiner Premiere 1979 hatte der Film fast dreimal so viel wie die später geplanten 12 Millionen Dollar gekostet, und neben der 35-mm-Fassung gab es auch eine noch längere 70-mm-Kopie mit einem anderen Schluss, der 2001 mit *Apocalypse Now Redux* die endgültige und noch etwas längere Version folgte.

Die Schwierigkeiten mit dem Finale lassen weniger auf handwerkliche Schwächen des Drehbuchs schließen als auf mangelnde Distanz zum Thema, die mit 230 Drehtagen – unterbrochen von Bürgerkrieg, Stürmen, verwüsteten Sets und einer Naturzerstörung ungeahnten Ausmaßes – auf den Philippinen einherging. Coppola: »Mein Film ist nicht über Vietnam – er ist Vietnam. Wir waren im Dschungel, und wir waren zu viele. Uns stand zuviel Geld und zuviel Ausstattung zur Verfügung, und wir wurden langsam, aber sicher verrückt.« Darum geht es im Film: Captain Willard (Martin Sheen) bekommt den Auftrag, den mit einigen Leuten nach Kambodscha desertierten Colonel Kurtz (Marlon Brando) unschädlich zu machen, der im Dschungel ein Schreckensregime führt. Am Ende erschlägt Willard Kurtz, und die unterschiedlichen

> ### ZWISCHEN SIEG UND NIEDERLAGE
> *Mehr und mehr scheint es Parallelen zwischen den Charakteren von Kurtz (Marlon Brando in Apocalypse Now) und Francis zu geben. Da ist die Heiterkeit der Macht, während man alles zu verlieren hat. Das ist wie die Erregung des Krieges, wenn man tötet und Gefahr läuft, selbst getötet zu werden. In der Art, wie Francis diesen Film macht, ist er das größte Risiko eingegangen. Er fühlt die Macht des Schöpfers/Regisseurs und die Angst vor einer totalen Niederlage.*
>
> Eleanor Coppola 1976 in ihrem Tagebuch während der Dreharbeiten zu *Apocalypse Now*

Filmenden unterscheiden sich darin, ob oder wie verrückt Willard das Himmelfahrtskommando übersteht. Coppola: »Ich wollte Kurtz töten, damit er für Amerika stirbt; ich wollte, dass sich Amerika einem Gesicht des Schreckens gegenübersieht und es als sein eigenes Gesicht akzeptiert.« Der aufklärerische Impetus bleibt einem europäischen Publikum verborgen, das von der Mystifizierung von Krieg und Gewalt verstört auf ein klares Statement gegen den Krieg wartet und sich von der ästhetischen Faszination nicht mitreißen lässt, der Coppola immer wieder erliegt. Allen Ungereimtheiten zum Trotz oder vielleicht gerade wegen dieser Widersprüchlichkeit, die den Film bis heute auszeichnet, wurde *Apocalypse Now* neben der *Godfather*-Trilogie auch kommerziell ein großer Erfolg.

Beide Filme bilden das Zentrum seines Werks. Sie katapultierten ihren Regisseur auf den absoluten Gipfel, von dem er jedes Mal schon mit dem nächsten Film hinabgestürzt wurde. Nach *The Godfather* drehte Coppola mit *The Conversation* einen Film über einen Abhörspezialisten, den die Bruchstücke, die er tagtäglich von der Welt oder besser von den Opfern seiner Lauschangriffe erhält, allmählich in den Wahnsinn treiben. Im Vergleich zur ausgestellten Familiarität von *The Godfather*, die ein zentrales Motiv der Erzählung ist, überrascht hier Coppolas spürbare Kälte gegenüber der Hauptfigur, dem Abhörspezialisten Harry Caul (Gene

»Ich kann mir vorstellen, dass in ein paar Jahren ein neunzehnjähriger Junge in Düsseldorf einen Film machen wird, der auf der ganzen Welt eine halbe Milliarde Dollar einspielt, bei Herstellungskosten von sechzehn Dollar.«
Francis Ford Coppola 1982 über die digitale Revolution

■ Ausdruck für das Trauma einer ganzen Nation: Martin Sheen in *Apocalypse Now* (1976–79)

■ Filmästhetisch ist der Film seiner Zeit so weit voraus wie Preston Tuckers Konstruktionen – und ökonomisch ist der Film ähnlich desaströs: Jeff Bridges in *Tucker* (1988)

Hackman). Fast unbeteiligt beschreibt der Film die Zerstörung eines Menschen durch elektronische Überwachungsmedien. Ein heiter surreales Ende, wie es Antonioni mit dem imaginären Tennismatch in *Blow up* (1966) erfand (das den Photographen, der sich im Gestrüpp seiner Observationsphotos verfangen hatte, rettet) fehlt. Der Film, der an Aktualität und Brillanz nichts verloren hat, gehört zu den in Vergessenheit geratenen Schätzen in Coppolas Filmographie.

Der im Anschluss von *Apocalypse Now* gedrehte *One from the Heart* war eine weitaus größere Pleite als der lediglich mit weitgehendem Unverständnis aufgenommene *The Conversation*. Nach dem Erfolg von *Apocalypse Now* (1976–79) hatte sich Coppola seinen Citizen-Kane-Traum von einem eigenen Filmstudio erfüllt, das er zum technischen und ästhetischen Zentrum der Innovation in Hollywood aufbauen wollte. Videostoryboards, eine Videoüberwachung der Filmproduktion und der Einsatz von Computern, sollten die Filmproduktion vereinfachen. Die damals fern am Horizont aufschimmernde digitale Revolution, die das Ende des konventionellen Kinos bedeutet, wollte er so früh wie möglich für seine Vision vom Film erschließen. Dass ein gigantisches Filmprojekt, wie er es gerade im philippinischen Dschungel abgeschlossen hatte, sich in wenigen Jahren für einen Bruchteil des eingesetzten Kapitals und mit entsprechender künstlerischer Freiheit für den Regisseur verwirklichen lassen würde, davon war Coppola überzeugt. Das erste Projekt, das er so realisieren wollte, war eine einfache Liebesgeschichte. Ein Paar trennt sich, beide verlieben sich für eine Nacht, dann finden sie wieder zusammen. Ein komplett im Studio nachgebautes Las Vegas, inklusive eines weiten, ausgemalten Prospekts und umfangreiches Video-Equipment, das jedoch auch für folgende Projekte angeschafft wurde, verdoppelten fast die Produktionskosten von *One from the Heart*. Eine ausgeklügelte Farbdramaturgie, die fließend auf die Emotionen der Charaktere reagiert, Splitscreen, Projektionen, Doppelbelichtungen und Überblendungen erzeugen eine Künstlichkeit, die der einfachen Liebesgeschichte fast archaische Züge verleihen. Heute erscheint Coppolas Film am ehesten mit Murnaus *Sunrise* (1927, s. S. 38), vergleichbar, der eine ebenso banale Geschichte zu einem intensiven filmischen Erlebnis macht.

One from the Heart endet in einem kompletten kommerziellen Disaster. Coppola verliert alles: Studio, Kapital, Reputation. Die amerikanische Kritik hat sich auf ihn eingeschossen. Bemerkenswerte Filme wie *The Outsiders* (1982), *Rumble Fish* (1982) oder *The Cotton Club* (1983/84) werden missmutig besprochen. Die visionäre Kraft dieser Filme, die sowohl in ihrer Produktionsweise – mit elektronischen Storyboards und Videoaufzeichnungen der Kamerabewegungen – als auch in ihrer Ästhetik – durch Licht- und Farbdramaturgie, Rück- und Aufprojektionen, Ein- und Über-

■ In *One from the Heart* (1981) wurde Künstlichkeit zum ästhetischen Konzept erhoben. Szenenphoto mit Teri Garr

■ Nach der Pleite folgten kleine Projekte mit hervorragenden Darstellern: Francis Ford Coppola, Thomas Howell, Ralph Macchio und Matt Dillon bei den Dreharbeiten zu *The Outsiders* (1982)

- Gene Hackman in *The Conversation* (1973). Der Film über die Zerstörung eines Menschen durch elektronische Überwachungsmedien gehört zu den Höhepunkten in Coppolas Filmographie.

blendungen – bis heute gültige Standards setzen, bleibt unerkannt.

In *Tucker* (1988), seinem Film über den amerikanischen Autopionier Preston Tucker, der nach dem Zweiten Weltkrieg mit seinem revolutionären Tucker-Torpedo die Detroiter Großkonzerne herausforderte, fand Coppola ein Sujet, in dem sich mühelos seine Erfahrungen mit den Hollywood-Majors wiedererkennen lassen. Frontantrieb, Scheibenbremsen und Sicherheitsgurte, Merkmale, die damals zumindest – für amerikanische Autos – bahnbrechend waren und die heute aus dem Automobilbau nicht mehr wegzudenken sind, zeichneten Preston Tuckers Entwicklung aus, in die Coppolas Vater Carmine in den 1940er Jahren auch Geld investiert hatte. Anhand der historischen Tatsachen beschreibt Coppola vierzig Jahre später die Winkelzüge, mit der die großen Konzerne den kleinen Konkurrenten in den Ruin trieben. Der Film ist eine lustvolle Hommage auf Coppolas Kindheit. In Preston Tucker (Jeff Bridges) lässt sich unschwer Francis Ford Coppola erkennen, ein Rastloser, der im Kreis seiner Familie und Freunde lebt und arbeitet, der alle mitreißt und alle ausbeutet, der von allen geliebt und deshalb von vielen angefeindet wird. *Tucker*, mit sonnenwarmen Farben in swingendem Tempo inszeniert, mit weiten Totalen aus historischem Filmmaterial und zahlreichen visuellen Einfällen souverän verdichtet, ist Coppolas heiterster Film. Mehr Komödie ist von ihm nicht zu erwarten, große Oper schon eher.

FRANCIS FORD COPPOLA

 BIOGRAPHIE

Francis Ford Coppola wurde am 7. April 1939 im Henry-Ford-Hospital in der Autostadt Detroit geboren, wo sein Vater Carmine als zweiter Dirigent und Arrangeur arbeitete. Schon mit zehn Jahren schneidet Francis 8-mm-Home-Movies neu und führt sie in der Nachbarschaft vor. Coppola studiert am Hofstra-College Drama und gehört als Autor, Regisseur, Schauspieler, Bühnentechniker und Produzent dem College-Theater an. Nach Abschluss seines Studiums geht Coppola nach Los Angeles, wo er an der University of California Film belegt. Über Jobs bei Roger Corman beginnt Coppolas Karriere im kommerziellen Film. Für den Trash- und Horrorspezialisten schneidet er sowjetische Sci-Fi-Spektakel für den amerikanischen Markt zurecht und fügt neu gedrehte Szenen hinzu, schreibt Drehbücher und inszeniert 1963 mit *Dementia 13* seinen ersten Spielfilm. Besonders als Autor ist Coppola in den sechziger Jahren gefragt. Seinen ersten Oscar erhält er 1970 gemeinsam mit Edmund H. North für das Drehbuch zu *Patton (Patton – Rebell in Uniform*, 1969). Nach weiteren Oscars für *The Godfather I (Der Pate*, 1972) und *The Godfather II (Der Pate II*, 1974) ist Coppola auf dem Höhepunkt seines Erfolgs. Er dreht *The Conversation (Der Dialog*, 1973), der für den Oscar nominiert wird, arbeitet an *Apocalypse Now* (1976–79), produziert *American Graffiti* (George Lucas, 1973), schreibt das Drehbuch zu *The great Gatsby (Der große Gatsby*, Jack Clayton 1973), inszeniert für die Bühne unter anderem Gottfried von Einems Oper *Besuch einer alten Dame*, kauft sich das *City Magazine*, San Francisco, den Radiosender KMPX-FM und ein eigenes Theater. Das trägt ihm von Steven Spielberg den Namen »Sultan von San Francisco« ein und ein liebevolles »Bay Area Mussolini« von *Apocalypse Now*-Autor John Milius. Coppola, der Atemlose, der gigantische Projekte bewegt, rastlos umherjettet, und sich für die neueste Technik interessiert, verwirklicht sich den Traum vom eigenen, technisch hochgerüsteten Studio und landet mit dem ersten Film eine Pleite, die seine Firma nicht übersteht. *One from the Heart (Einer mit Herz*, 1981) revolutioniert mit dem Einsatz von Computern und Video die Filmtechnik, spielte seine Produktionskosten aber nicht ein. Seit 1975 besitzt Coppola ein Weingut. Coppolas Wein, der unter dem Namen Rubicon vermarktet wird, gehört zu den besten Kaliforniens.

beteiligt: von Francesco Pennino, dem Vater von Coppolas Mutter, von dem in *Der Pate II* ein Lied seiner Operette »Senza Mama« zu hören ist, über Vater Carmine, der mit Nino Rota die (mit einem Oscar ausgezeichnete) Filmmusik komponierte und als Nebendarsteller auftritt, bis zu seiner Schwester Talia Shire und Coppolas Tochter Sofia, die als Schauspielerinnen auftreten. Auch bei seinem Team fällt die Kontinuität ins Auge. Mit den Kameramännern Wilmer Butler, Gordon Willis, Vittorio Storaro arbeitete Coppola über mehrere Filme hinweg zusammen. Walter Murch war als Tonmann, Cutter, später auch Co-Autor regelmäßig beteiligt, und der Production Designer Dean Tavoularis ist von jeher für die Gestaltung der Sets verantwortlich.

 WISSENSWERTES

Die Familie
Den hohen Stellenwert, den Familie und Freundeskreis bei ihm haben, hat Francis Ford Coppola immer betont. Robert Duvall, Frederic Forrest oder James Caan, den Coppola seit Unizeiten kennt, waren in den 1970er Jahren absolute Coppola-Schauspieler und tauchten in fast allen seiner Filme auf. Allein vier Coppola-Generationen sind an den drei *Paten*-Teilen

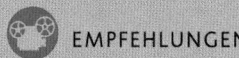 **EMPFEHLUNGEN**

Fünf Filme:
- *The Godfather I – III (Der Pate I – III)*
- *The Conversation (Der Dialog)*
- *Apocalypse Now*
- *One from the Heart (Einer mit Herz)*
- *Tucker*

Lesenswert:
Gabriele Weyand: *Der Visionär. Francis Ford Coppola und seine Filme*, St. Augustin 2000

 AUF DEN PUNKT GEBRACHT

Er ist der große Neuerer des modernen Unterhaltungskinos. Ob Technik, Ästhetik oder konzeptioneller Mut – Francis Ford Coppola setzte Maßstäbe, die bis heute gelten.

Milos Forman (geb. 1932)
Zwischen Sarkasmus und Moral

Der Mann hat sich umständlich ausgezogen und steht jetzt nackt auf dem Tisch. Gerade schmettert er zur Begeisterung seines sturzbetrunkenen Publikums eine Arie aus *La Traviata*, als seine Augen dem Blick seiner Tochter begegnen. Das ist der Höhepunkt von *Taking off* (1971), dem US-Debüt des tschechoslowakischen Regisseurs Milos Forman. Für das große Publikum der Nach-Hippie-Jahre war das zuviel. An lange Haare, Schlaghosen und komische Musik mochte man sich gewöhnt haben, aber die groteske Demontage einer positiven Identifikationsfigur – immerhin ein Vater, der seine vermisste Tochter sucht – ging zu weit. Ist diesem Regisseur denn gar nichts heilig? In *Taking off* ist der sangesfreudige Auftritt der Schlusspunkt einer Kette von Demontagen. Vater, Mutter, Kleinfamilie: am Ende ist nichts mehr so, wie es war.

Kommerziell war *Taking off* ein Desaster und zeigt, dass die Begegnung Forman/Amerika anfangs ein klassisches Missverständnis war. So hatte sein Publikum von dem Dissidenten Forman freundliche Zustimmung für die eigene Lebensweise erwartet, er

■ Milos Forman und Tom Hulce bei den Dreharbeiten zu *Amadeus*

> **BESETZUNGSPOLITIK**
> Es überraschte mich, dass ich in der spröden, engelhaften Louise (Fletcher) Schwester Ratched sah, aber je länger ich darüber nachdachte, um so logischer wurde es. Ich wusste seit langem, es ist besser die Hauptrolle gegen den Typ zu besetzen, die Nebenrolle dagegen dem Typ entsprechend. Aus Gründen der Ökonomie und Klarheit ziehe ich es vor, den Zuschauern einen schnellen Eindruck von den Nebenfiguren zu vermitteln, indem ich Typen mit augenfälliger äußerer Erscheinung auswähle; bei den Hauptrollen jedoch ist es spannender, unter dem augenfälligen Typ eine ganz andere Persönlichkeit zu enthüllen, die falschen Erwartungen abzustreifen und sich von einer tieferen Einsicht in die Figur überraschen zu lassen.
> Milos Forman 1994 über die Besetzung der Schwester Ratched in *Einer flog über das Kuckucksnest* (1975)

■ Höhepunkt der tschechischen Neuen Welle: Vladimir Pucholt und Hana Brejchová in *Die Liebe einer Blondine* (1965)

seinerseits sah sich zu seiner Verblüffung mit Vorwürfen konfrontiert, die ihm früher regelmäßig die Zensoren seiner tschechoslowakischen Filme gemacht hatten: Man unterstellte ihm, er verhöhne die einfachen Leute – was keineswegs zutrifft.

Nobody is perfect – es gibt kaum einen Regisseur, auf dessen Helden diese Erkenntnis besser zutrifft. Das gilt für die Feuerwehrleute von *Der Feuerwehrball* (*Horé, Má Panenko*, 1967), die begeistert feiern und den brennenden Hof nicht mehr löschen können, und das gilt ebenso für Wolfgang Amadeus Mozart (*Amadeus*, 1984), wie auch für den Pornoverleger Larry Flynt (*The People vs. Larry Flynt*, 1996) und für den Komiker Andrew Kaufman (*Man on the Moon/Der Mondmann*, 1999). Gerade ihre Schwächen und Verfehlungen machen sie zu Charakteren mit außergewöhnlichen Eigenschaften, im Guten wie im Schlechten. Mozarts Verspieltheit, Flynts wütendes Beharren und Kaufmans Anarchismus führen bei Forman zu Exzessen, unter denen die Angehörigen seiner Filmhelden leiden, aber Forman zeigt auch, dass es gerade diese Eigenschaften sind, die seine Charaktere

■ La Traviata: Buck Henry in *Taking off* (1970)

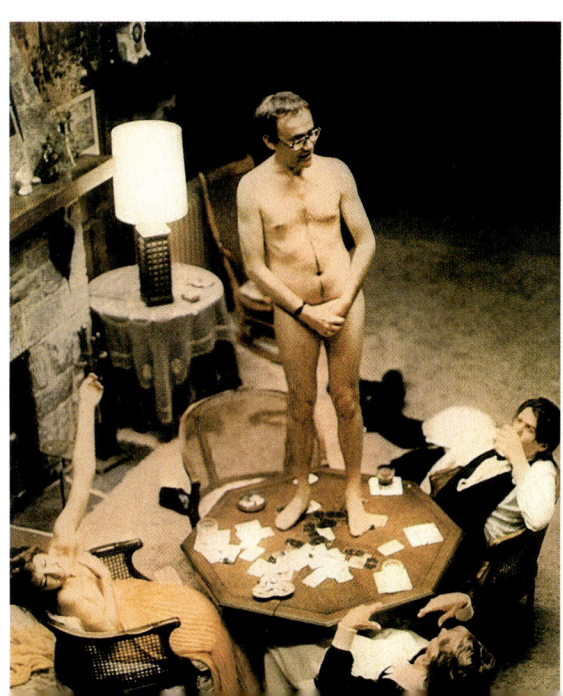

■ Der Showstar als Anarchist: Jim Carrey in *Man on the Moon* (1999)

dazu bringen, das zu tun, was sie tun müssen – komponieren, kämpfen, karikieren.

Die Empörung, die Forman immer wieder auslöst, hängt wesentlich mit der Realitätsnähe seiner Inszenierungen zusammen. Im Spielfilm ist Forman der Dokumentarfilmer geblieben, als der er angefangen ist. Ein Dokumentarist, der sich von der Realität mitreißen lässt, bis er ihr mit einer Inszenierung auf die Sprünge hilft. Für seinen ersten Film *Konkurs* (*Wettbewerb*, 1962) veranstaltete Forman eine Audition, die er dann ins Zentrum seines Films über die Prager Rockszene rückte. Der Ausgangspunkt ist inszeniert, das Vorsingen selbst wird jedoch dokumentarisch erzählt.

Ähnlich verfährt Forman auch in den nächsten Jahren. In *Die Liebe einer Blondine* (*Lásky Jedné Plavovlásky,* 1965) geht es um eine junge Fabrikarbeiterin aus der Provinz, die sich in einen Prager Musiker verliebt und ihm kurzerhand in die Stadt nachreist. Die Szenen in der Fabrik, im Wohnheim der Arbeiterinnen oder beim Tanzvergnügen sind Dokumentarszenen, in denen nur wenige Schauspieler auftreten, die Drehbuchanweisungen folgen.

Noch weiter geht Forman in dem Film *Der Feuerwehrball*, in dem nahezu alle Darsteller tatsächlich Mitglieder der freiwilligen Feuerwehr einer kleinen Gemeinde sind, die jedes Jahr einen Feuerwehrball veranstaltet, inklusive eines Wettbewerbs der Dorfschönen. Gerade die daraus entwickelten Szenen, der Schönheitswettbewerb, die Tombola, deren Preise nach und nach geklaut werden, und die Trinkfreude der Feuerwehrmänner lieferten für die Zensur die Verbotsargumente: Sozialistische Feuerwehrmänner tun so etwas nicht. Den am Film beteiligten Brandexperten

> **LEHRSTUNDE**
> *Der Job eines Filmregisseurs erfordert eine nahezu angeborene Arroganz, eine Arroganz, die besagt, ›ich weiß es am besten, und ich sage dir, was du tun sollst‹. Aber diese Arroganz ist zweischneidig: Sie lässt einen weniger empfindlich für menschliche Situationen, Belastungen und Sorgen werden. Als Schauspieler vor der Kamera zu stehen verlangte von mir jedenfalls eine gesunde Portion Bescheidenheit.*
> Milos Forman 1994 über sein Schauspielerdebüt in *Heartburn* (*Sodbrennen*, Mike Nichols, 1985)

soll ihre Darstellung trotzdem gefallen haben, berichtet Forman in seiner Autobiographie.

Im europäischen Kino der 1960er Jahre ist Milos Forman nicht der einzige, der einfache Geschichten mit Mitteln in Szene setzt, bei denen die Grenze zum Dokumentarfilm verschwimmt. Doch bei keinem anderen Regisseur wendet sich dieser Realismus so stark ins Poetische. Dabei lebt Formans Realismus von einem subversiven Humor, der jede Autorität untergräbt. *Taking off* ist der Höhepunkt dieser Phase. Eine Audition, bei der das ganze Spektrum aus Folk, Soul, Pop und Rock zu hören ist und Laien neben zukünftigen Stars auftreten – Carly Simon sowie Kathy Bates, die als Bobo Bates eine Ballade singt – bildet den Rahmen, in den die Geschichte eines Elternpaares eingebettet ist, die ihre vermisste Tochter suchen. Sie ist zu der Audition gegangen und hat sich in einen der Musiker verliebt. Doch bei aller Begeisterung für die Hippie- und Popkultur der Zeit – selbst ein Auftritt von Ike und Tina Turner fehlt nicht – richtet sich Formans Blick vor allem auf die Generation jener Eltern, die ihre Kinder nicht mehr verstehen, sich in Vereinen zusammenschließen und alles Mögliche veranstalten, ohne zu bemerken, dass ihnen vielleicht das Gefühl zum eigenen Leben abhanden gekommen ist. Der nackte Vater auf dem Wohnzimmertisch steht für eine Gesellschaft, die ihr

■ Szenenphoto aus *Einer flog über das Kuckucksnest* (1975) mit Jack Nicholson (links) und Danny DeVito (Mitte)

■ US-Filmplakat, das ausdrücklich auf die Oscar-Verleihung hinweist.

■ Künstlerischer Einbruch mit der E. L. – Doctorow-Verfilmung: Milos Forman am Set von *Ragtime* (1980)

Ziel verloren hat, was Forman durchaus ins Positive wendet: Das ist die beste Chance für einen Neuanfang. Soviel Veränderung überforderte das Publikum 1970.

Es ist Formans Blick auf die USA, der *Taking off* so interessant macht. Was ist das für eine Gesellschaft, deren Mitglieder sich das Rauchen von einem Hynotiseur abgewöhnen lassen, sich bei Problemen aller Art in Selbsthilfegruppen zusammenschließen und dabei die Fähigkeit, sich mit den eigenen Kindern zu verständigen, verloren haben? Wenn man sich den Spielfilm ansieht, den Forman fünf Jahre später drehte, beschleicht einen der Verdacht, der Regisseur habe seine Beschreibung amerikanischer Zustände jetzt lieber gleich in die Irrenanstalt verlegt.

One flew over the Cuckoo's Nest (*Einer flog über das Kuckucksnest*, 1975) liegt der zum Teil autobiographische Roman Ken Keseys zugrunde, dessen Filmrechte sich Kirk Douglas schon 1963 gesichert hatte und den sein Sohn Michael zusammen mit Saul Zaentz produzierte. Erzählt wird die Geschichte des Kleinkriminellen McMurphy, der sich lieber in die

> **VERTRÄUMTER ZOO**
>
> *Die Situation in den ehemaligen Ostblockstaaten war wie im Zoo: Da lebt es sich bequem. Man wird nicht angegriffen, muss nicht hart arbeiten und verhungert trotzdem nicht, weil sie einem immer wieder etwas hinwerfen. Und das Beste: Jeder kann in seinem Käfig vollkommen gefahrlos von der Schönheit des Urwalds träumen. Plötzlich brechen die Gitterstäbe auf, und du stellst fest, dass die Freiheit des Dschungels gefährlich, ungerecht und voller Fallen ist. Viele Menschen sehnen sich dann zurück nach dem einfachen Leben im Käfig. Wer braucht schon Freiheit?* Milos Forman, *Vogue*, 2000

Psychiatrie einweisen lässt, als wieder in den Knast zu gehen. Forman konzentriert die Handlung auf die geschlossene Abteilung der Anstalt. Mit dem Eintritt McMurphys in die Anstaltswelt werden die Karten neu gemischt, im wörtlichen und übertragenen Sinn. In den Pokerpartien der Patientengruppe geht es plötzlich um »richtige« Einsätze, es geht um Selbstbestimmung und Freiheit. Über den keineswegs sympathischen McMurphy (Jack Nicholson) wird das Publikum in die Patientengruppe hineingezogen. Mit der Zeichnung der unterschiedlichen Charaktere der Insassen gelingt es Forman, die Anstaltssituation als eine hochverdichtete Metapher der gesellschaftlichen Verhältnisse zu dechiffrieren.

Für diesen Film wurde Milos Forman 1975 zum ersten Mal mit dem Oscar für die beste Regie ausgezeichnet, den er neun Jahre später noch einmal für *Amadeus* (1984) erhielt. Dazwischen lagen die weniger geglückten, weil wenig kohärent wirkenden Filme *Hair* (1977) und *Ragtime* (1981). Doch mit *Amadeus* gelang Forman die Verschmelzung der widersprüchlichsten Elemente. Der Film ist eine aufwendige Kostümproduktion für das große Publikum, und er ist eine überraschend subtile Schilderung eines schwierigen Charakters. *Amadeus* gehört zu den großen Hits des Kinos der 1980er Jahre und war, nicht zuletzt wegen seiner musikalischen Qualitäten, über Jahre der Renner der Sonntagsmatineen im Kino. Ein ähnlicher Erfolg blieb Formans letztem Kostümfilm verwehrt. *Valmont* (1989), nach Choderlos de Laclos'

■ Bizarres Zeitstück: Formans Musical *Hair* (1977)

klassischem Briefroman *Les liaisons dangereuses*, kam nach *Dangerous Liaisons* (*Gefährliche Liebschaften*, 1989) von Stephen Frears ins Kino und war, obwohl viel eleganter inszeniert, lange nicht so erfolgreich wie der Frears-Film mit Glenn Close, John Malkovich und Michelle Pfeiffer.

Sieben Jahre später meldete sich Forman mit einem Film zurück, der ähnliches Aufsehen erregte wie seinerzeit *Taking off*. Im Mittelpunkt von *The People vs. Larry Flynt* (1996) steht die authentische Geschichte eines Pornoverlegers, der auf Pressefreiheit und Grundrechten beharrt, um sein Rotlichtimperium vor der bigotten Öffentlichkeit zu retten. Larry Flynt wird bei Forman zu einem Citizen Kane der Pornoindustrie, ein verschrobener Millionär, der alle Attribute einer amerikanischen Ikone in sich vereint, die er zweifellos wäre, wenn er seinen Reichtum nicht mit Pornographie erworben hätte.

Aus den fröhlich-ironischen Gesellschaftsbildern der Anfangszeit haben sich Milos Formans Filme zum Ende seiner Karriere zu opulenten Sittengemälden gewandelt. Nur der Fokus ist verschoben. Statt der großen Helden stehen bei Forman Menschen im Zentrum, denen die Anerkennung vorenthalten wurde, weil sie zu oft angeeckt sind und zu viele Leute gereizt haben. Andy Kaufman ist einer von ihnen. In *Man on the Moon* (1999) verunsichert der Fernsehkomiker so bereitwillig Freund und Feind mit seinen anarchischen Inszenierungen, dass ihm auch seine engsten Freunde nicht glauben, als er von seiner Krebserkrankung spricht. Jahre später füllt ein Kaufman-Doppelgänger die Säle. Hat Kaufman wieder alle hereingelegt? Der Humor Andrew Kaufmans besitzt genau diesen Ton, den Milos Forman in seinen Filmen immer wieder findet. Ein Moment der Verunsicherung bleibt, und irgendwie sind wir es, die nackt auf dem Wohnzimmertisch singen.

■ Einer der erfolgreichsten Regisseure seiner Generation: Milos Forman mit seiner Frau Tina bei der Verleihung der Directors Guild of America Awards (Auszeichnung des amerikanischen Berufsverbandes der Regisseure) in New York, 2002

MILOS FORMAN

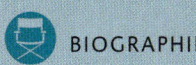

BIOGRAPHIE

Milos Forman kommt 1932 in der tschechischen Kleinstadt Cáslav zur Welt. Nach dem deutschen Überfall auf die Tschechoslowakei werden seine Eltern inhaftiert. Seine Mutter wird 1943 in Auschwitz umgebracht, der Vater in Buchenwald. Milos Forman wächst bei Verwandten und in Heimen auf. Zu seinen Mitschülern gehören Václav Havel und der spätere Regisseur und Autor Ivan Passer. Forman studiert an der Prager Filmhochschule FAMU. Schon sein zweiter abendfüllender Spielfilm *Lásky Jedné Plavovlásky* (*Die Liebe einer Blondine*, 1965) wird für den Oskar nominiert. Nach der Niederschlagung des Prager Frühlings 1968 kehrt Forman nicht in die Tschechoslowakei zurück. Trotz guter Kritiken wird sein erster amerikanischer Film *Taking off* (1970) kein kommerzieller Erfolg. Seit dem Welterfolg *One flew over the Cuckoo's Nest* (*Einer flog über das Kuckucksnest*, 1975), der 1976 fünf Oscars erhält, gehört Forman zu den erfolgreichsten Regisseuren seiner Generation. Seit den siebziger Jahren besitzt Forman die amerikanische Staatsbürgerschaft.

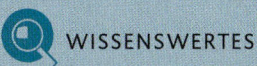

WISSENSWERTES

Der Kameramann
Miroslav Ondricek wird 1934 in Prag geboren. In den Prager Barrandov Studios absolviert er seine Ausbildung. Von dem Dokumentarfilm *Konkurs* (*Wettbewerb*, 1962) bis zu *Valmont* (1989) filmte Ondricek alle Filme Formans. Nur an *One flew over the Cuckoo's Nest* war er nicht beteiligt, weil ihm die Prager Behörden keine Ausreisegenehmigung gaben. Witz, Realismus und unprätentiöse Umsetzungen zeichnen seinen Stil aus, der die Filme von Milos Forman wesentlich prägt. Das fällt auch bei den Filmen auf, die Ondricek für andere Regisseure photographierte. *IF* (Lindsay Anderson, 1968), die Irving-Verfilmung *The World according to Garp* (*Garp und wie er die Welt sah*, George Roy Hill, 1981) oder Penny Marshalls *Awakenings* (*Zeit des Erwachens*, 1990) und *A League of their own* (*Eine Klasse für sich*, 1992) erinnern in ihren besten Szenen an Filme von Milos Forman.

Der Freund
Ivan Passer wird 1933 in Prag als Sohn wohlhabender Eltern geboren. Passer und Forman lernen sich im Herbst 1945 in der Internatsschule in Podebrady kennen, die auch der etwas jüngere Václav Havel besucht. Bevor Passer an der Filmhochschule FAMU angenommen wird, arbeitet er beim Straßenbau und in einem Stahlwerk. Auf der Filmschule dreht er erfolgreiche Kurzfilme und schreibt Drehbücher. Sein langer Debütfilm *Intimní Osvetleni* (*Intime Beleuchtung*, 1965) gehört zu den Klassikern der tschechischen Neuen Welle. »Ein leiser, dichter Film voll genauer Beobachtungen, der auf meiner Liste der zehn besten Filme einen festen Platz hat«. Wie Forman emigriert Passer 1968 in die USA. Hier hat er mit dem Antikriegsfilm *Cutter and Bone* (*Cutter's Way – Keine Gnade*, 1981) und der Peter O'Toole-Komödie *Creator* (*Creator – Der Professor und die Sünde*, 1985) seine größten kommerziellen Erfolge. Aufsehen erregt 1992 Passers Fernsehproduktion *Stalin*, in der Robert Duvall die Titelrolle spielt.

Der Schauspieler
Vincent Schiavelli und Milos Forman lernten sich während der Vorbereitung zu *Taking off* Ende der 1960er Jahre kennen. In Formans US-Debüt erklärt Schiavelli einem wissbegierigen Publikum den korrekten Genuss eines Joints. Seit diesem Auftritt ist der 1948 in Brooklyn geborene Schauspieler in fast jedem Film von Milos Forman dabei. Das schiefe, schmale Gesicht, die hervorstehenden Augen mit den verschlafenen Lidern und der dünne Oberlippenbart lassen Schiavelli, dekadent oder umwerfend freundlich erscheinen, gleichgültig lässt er sein Publikum nie.

Fünf Filme:
- *Die Liebe einer Blondine (Lásky Jedné Plavovlásky)*
- *Taking off*
- *Amadeus*
- *Valmont*
- *Man on the Moon (Der Mondmann)*

Lesenswert:
Milos Forman und Jan Novak: *Rückblende. Erinnerungen*, Hamburg 1994

AUF DEN PUNKT GEBRACHT

Den europäischen Blick auf die amerikanische Gesellschaft hat Forman sich bewahrt. Seine Filme geben dem Hollywood-Kino, was diesem oft fehlt: Leben.

Johan van der Keuken (1938–2001)
Arbeit mit Bildern

Er war ein Reisefilmer, wobei ihn seine Reisen nach Burkina Faso führen konnten, nach Ägypten, Bolivien, die USA, Tschetschenien oder in die Albert Cuypstraat in Amsterdam. Hier, in Johan van der Keukens Nachbarschaft, war ihm das Schaufenster des chinesischen Photographen To Sang aufgefallen: Porträts von Pakistanis, Surinamesen, Chinesen, Kurden und Niederländern, mit sicherer Hand vor pompösem Hintergrund in Szene gesetzt. Zusammen ergab das eine Miniatur des Stadtteils, ein Konzentrat aus *Amsterdam global Village* (1997), dem letzten großen Film, den Johan van der Keuken kurz zuvor abgeschlossen hatte.

To Sang Fotostudio (1997) ist ein kurzer 35-Minuten-Film, der die Einzigartigkeit des Werks von Johan van der Keuken auf den Punkt bringt: die Stadt Amsterdam, die Ausgangs-, Endpunkt und Zentrum seiner Filme war, deren multikulturelles Leben ihn inspirierte, mit ihren Bewohnern, denen er in ihre Herkunftsländer folgte, um in mäandernden Montagen seinen Beobachtungen und Assoziationen zu folgen, bis er wieder in seiner Stadt ankam. Die Globalisierung war bei ihm schon Thema, bevor es diesen Begriff im politischen Diskurs überhaupt gab. Dass er nebenher – und vollkommen uneitel – noch die Möglichkeiten der Montage, die Aussagekraft von Bildern und Tönen, das Sehen, Hören und die Arbeit des Filmemachens erörterte, macht sein Werk einzigartig.

■ Globales Dorf mit zahlreichen Ethnien – Amsterdam ist der Dreh- und Angelpunkt der Filme Johan van der Keukens.

Ramon Gieling begleitete die Dreharbeit zu *To Sang Fotostudio*. Sein Film *Leben mit deinen Augen* (*Leven mit je ogen*, Ramon Gieling, 1997) zeigt den 59-jährigen Regisseur, wie er sich umsieht, freundlich, fast schüchtern, um dann mit Entschiedenheit ans Werk zu gehen. Es erscheint durchaus resolut, wie er die Kamera positioniert, wie er sagt, was er will, und zeigt, was stört. Doch es ist gerade van der Keukens Klarheit, die dem Photographen To Sang, der in ihm einen Kollegen erkennt, seine Unsicherheit nimmt. Wer in Johan van der Keukens Kamera zu sprechen beginnt, hat Vertrauen gefasst.

Dem Film über das Amsterdamer Kulturzentrum Melkweg, *Der Bildersturm* (*De beeldenstorm*, 1982), folgten die großen Reisefilme – *I love $* (1986), *Der Weg in den Süden* (*De weg naar het zuiden*, 1981) und seinem Nord-Süd-Tryptychon aus *Tagebuch* (*Dagboek*, 1972), *Das weiße Schloss* (*Het witte kasteel*, 1973), *Die neue Eiszeit* (*De nieuwe ijstijd*, 1974) –, die sich ökonomisch politisch und kulturell mit Fragen der Globalisierung beschäftigen und ihren Ausgangspunkt in der multikulturellen Gesellschaft Amsterdams haben. Bereits davor hat van der Keuken Filme über Künstler gedreht.

■ Johan van der Keuken und Noshka van der Lely bei der Arbeit – Dreharbeiten zu *To Sang Fotostudio*.

Wobei sein Begriff vom Künstler auch Menschen einbeziehen kann, deren Wahrnehmung durch den Defekt eines Wahrnehmungsorgans sensibilisiert ist wie die eines Künstlers. Herman Slobbe aus *Herman Slobbe – Blindes Kind II* (*Herman Slobbe/ Blind Kind 2*, 1966) ist blind und richtet sich in einem akustischen Traumreich ein, das er inszeniert, wenn er die röhrenden Rennwagen von Zandvoort täuschend echt nachmacht oder ganze Radioshows im Wohnzimmer inszeniert. Ihm ergeht es wie dem Maler und Dichter Lucebert aus *Ein Film für Lucebert* (*Een Film voor Lucebert*, 1967), dessen überdeutliche Wahrnehmung seiner Umwelt und seiner Träume ihn aus einer Gesellschaft hinausdrängt, die nur zur selektiven Wahrnehmung bereit oder fähig ist. Johan van der Keuken: »Um seine Stimme behalten zu können, ist er bereit, das totale Wohlgefallen immer wieder zu stören: Darum ist seine Kreation immer Destruktion.«

Das Hinausgedrängtwerden aus der Gesellschaft taucht in vielen seiner Filme auf. Zum Leitmotiv wird das Thema in *Amsterdam global Village* (1997), dem viereinhalbstündigen Hauptwerk, das um die Migration kreist, die Amsterdam geprägt hat wie kaum eine andere Metropole. Die Menschen in diesem Film sind ruhelos. Der tschetschenische Geschäftsmann Borz-Ali lebt in Deutschland und Moskau, heiratet nach Amsterdam und besucht

Mir sind oft die Kategorien von Dokumentation und Fiktion viel zu streng: Der Film kommt aus einer Wirklichkeit, wird auf der Ebene der Fiktion verarbeitet und geht dann zurück in die Wirklichkeit des Zuschauers.

Johan van der Keuken

■ »Ich habe immer geglaubt, dass das Leben aus 777 Geschichten besteht.« Johan van der Keuken

regelmäßig seine Verwandten in Tschetschenien. Der Mopedkurier Khalid ist marokkanischer Abstammung und rast elf Stunden am Tag durch die Stadt, ehe er mit seinen Skater-Freunden loszieht. Van der Keuken fliegt mit dem bolivianischen Gebäudereiniger Roberto nach Bolivien oder bricht mit Borz-Ali nach Grosny auf. Die Geschichten und Bilder beginnen sich zu überlagern. Verknüpfungen entstehen, unmögliche Montagen: Die jüdische Sängerin Henny und ihr Sohn Adri besuchen in Amsterdam das Haus, in dem sie, bevor die Deutschen kamen, gelebt haben. Ihre Wohnung gehört jetzt einer Frau aus Surinam. Zum Abschied küssen sich die Frauen, und die Surinamesin sagt: »Wir haben dasselbe erlebt.« Der Satz stimmt nicht, aber als Geste der Hilflosigkeit gegenüber dem Leid, das beide Frauen erlebt haben, trifft er den richtigen Ton. »Ich habe immer geglaubt, dass das Leben aus 777 Geschichten auf einmal besteht«, sagt van der Keuken zu Beginn des Films, in *Amsterdam global Village* erzählt er sie.

1999 erfährt Johan van der Keuken, dass er unheilbar an Krebs erkrankt ist. In dem Film *Die großen Ferien* (*De grote vakantie*, 2000) bricht er daraufhin ein letztes Mal zu einer Reise auf. In Kathmandu lässt er sich von einer Schamanin den Krebs aus dem Körper saugen, in Bhutan versucht er es mit tibetischer Heilkunst, in Utrecht befolgt er die Anweisungen seines Arztes. Er steht am Niger und fährt mit dem Auto zum Filmfest nach Rotterdam, bis er in New York das Medikament findet, das zu helfen scheint. Der Film entfaltet noch einmal den ganzen Kosmos seines Kinos. Wie immer fließen Zitate aus früheren Arbeiten ein. Die Ankündigung über den bevorstehenden Tod wird zu einer Meditation über das Leben. Johan van der Keuken stirbt elf Monate nach der Premiere seines Films.

> **GEDANKEN ÜBER DIE WIRKLICHKEIT**
> Ich habe sehr jung als Photograph angefangen. Ein Photograph bewegt sich mit und zwischen den Leuten, er ist einer, der sich auf Reisen begibt. Zweitens bin ich beeinflusst von der Schule des Action Painting, wo ein Bild sich erst in der Anwesenheit der Zuschauer formt und das fertige Produkt immer die Spuren der Aktivität trägt, des Komponierens, des Machens. Dahinter steckt natürlich der Gedanke, der formuliert wurde, als die Künstler vom Marxismus beeinflusst waren: dass die künstlerische Arbeit eben Arbeit ist. Ich habe mich zwar nie als Arbeiter gesehen, aber das Filmemachen ist nicht nur Phantasie und Spaß, sondern auch etwas, wobei man sich anstrengt und müde wird. Und drittens ist das Kino für mich eine Methode zu denken. Meine Filme sind die Berichte über meine Versuche, mir Gedanken über die Wirklichkeit zu machen. Johan van der Keuken, 1997

JOHAN VAN DER KEUKEN

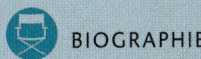 BIOGRAPHIE

Johan van der Keuken wurde am 4. April 1938 in Amsterdam geboren. Dank seines Großvaters, der ein begeisterter Photograph war, begann er sich für die Photographie zu interessieren. 1955 veröffentlichte er sein erstes Photobuch. *Wij zijn 17* (*Wir sind 17*) löste in Holland einen Skandal aus. Die Photos von 17-jährigen, die rauchten, tranken oder Jazz hörten, passten nicht zum adretten Selbstbild einer auf Wiederaufbau und Wachstum konzentrierten Gesellschaft. Die katholische Kirche konterte mit einer Broschüre mit dem Titel *Wir sind auch 17*, die Jugendliche beim Gebet, beim Lernen und in stiller Andacht zeigte. Und wieder etwas später erschien eine satirische Veröffentlichung mit Photos alter Menschen-Titel: *Wären wir doch 17*. *Achter Glas* (*Hinter Glas*) hieß das zweite Photobuch van der Keukens, das 1957 mit einem Text des Lyrikers Remco Campert herauskam. Zu dieser Zeit studierte van der Keuken in Paris am Institut des Hautes Etudes Cinématographique (IDHEC). Während des Filmstudiums entstanden die Aufnahmen zu dem 1963 veröffentlichten Bildband *Paris Mortel*. Neben dem Verfassen von Filmkritiken für die *De Haagse Post* hatte er Photoausstellungen unter anderem in Amsterdam, Paris, Mailand und Roubaix. Remco Campert schrieb das Drehbuch zu van Keukens erstem Kurzfilm *Ein Sonntag* (*Een zoontag*, 1960). 1962 begann seine Zusammenarbeit mit dem freichristlichen, später linksalternativen Fernsehsender VPRO, der bis weit in die 1980er der wichtigste Auftraggeber des unabhängigen Filmemachers Johan van der Keuken wurde. *Big Ben: Ben Webster in Europe*, (1967), das Nord-Süd-Triptychon *Tagebuch* (*Dagboek*, 1972), *Das weiße Schloss* (*Het witte kasteel*, 1973) und *Die neue Eiszeit* (*De nieuwe ijstijd*, 1974) sowie *I love $* (1986) sind die wichtigsten Filme dieser Zusammenarbeit. Nachdem *Cahiers du Cinéma* ihm 1978 eine Ausgabe widmete, wurde man auch in der BRD auf seine Arbeit aufmerksam. 1979 zog die Zeitschrift *Filmfaust* (Heft 15) und 1980 die *Filmkritik* (Nr. 281) nach. Die Internationalen Filmfestspiele in Berlin ignorierten Johan van der Keuken genauso lange wie die Fernsehsender. Das änderte sich erst mit dem Film *Der Bildersturm* (*De beeldenstorm*, 1982), der 1982 im Forum der Berlinale gezeigt wurde. Seither wurden hier alle seine großen Filme präsentiert. Johan van der Keuken starb am 7. Januar 2001.

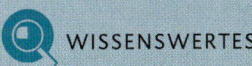 WISSENSWERTES

Teamwork
Seine Filme hat Johan van der Keuken immer selbst photographiert. So sprechen die Menschen direkt in die Kamera zu dem Mann, der sie gefragt hat. Den Ton nahm seine Frau **Noshka van der Lely** auf. Sie waren ein eingespieltes Team. Über die Arbeit mit der Kamera schrieb Johan van der Keuken 1984/85: »Es gibt eine Mystik der Kamera, der man Gehorsam leisten muss. Wenn jemand tanzt und ich filme, dann tanze auch ich mit der Kamera, ich sehe die Bildränder tanzen mit den Rändern der Leute, der Frau. ... Es ist so wunderbar, exakt mit der Kamera zu tanzen, ich weiß, dass Nosh den richtigen Ton aufgreift, sie nimmt mich mit auf die andere Seite der Avenue, die Tonwellen öffnen sich plötzlich in die Ferne, melancholisch wie italienischer Neorealismus.«

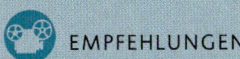 EMPFEHLUNGEN

Fünf Filme:
- *Big Ben: Ben Webster in Europe*
- *Das weiße Schloss* (*Het witte kasteel*)
- *Der flache Dschungel* (*De platte jungle*)
- *Amsterdam global Village*
- *Die großen Ferien* (*De grote vakantie*)

Lesenswert:
Johan van der Keuken: *Abenteuer eines Auges*, Frankfurt/M. 1992

 AUF DEN PUNKT GEBRACHT

Musik, Malerei und Photographie sind Koordinaten seines Kinos, das keine Genregrenzen kennt.

Martin Scorsese (geb. 1942)
Gewalt und Leidenschaft

»I believe in America.« Mit diesem in gebrochenem Englisch hervorgebrachten Bekenntnis eines Italieners, der nicht etwa im nächsten Polizeirevier Vergeltung für seine misshandelte Tochter fordert, sondern bei der lokalen Mafiagröße, beginnt *The Godfather* (*Der Pate*, 1971), Francis Ford Coppolas (s. S. 196) italoamerikanisches Sittengemälde des vergangenen Jahrhunderts. Und wie bei Coppola ist auch das Werk seines Generationskollegen Martin Scorsese durchtränkt von Kindheitserfahrungen im italienischen Viertel einer amerikanischen Metropole. Großfamilie, Mafia, Kirche, die Gewalt der Straße und eine weitgehend machtlose, wenn nicht korrupte Polizei – das sind die gemeinsamen Eckpfeiler ihrer Filme, sie bilden das Bezugssystem, in dem sich das Leben ihrer Protagonisten entfaltet.

Doch anders als Coppola, der sich zeitweise nicht nur als Regisseur und Autor, sondern gleich als Tycoon betrachtete – unvergessen sein desaströser Versuch mit Kapital, Computertechnik und Gottvertrauen ein neues Studio zu etablieren, das dem alten Hollywood den Gnadenstoß verpassen sollte –, konzentriert sich Martin Scorsese auf einzelne Filmprojekte. Denen hängt er nach, realisiert zwischenzeitlich andere Filme, ohne jedoch den einen Stoff zu vergessen, der ihn fasziniert hat. In jahre-, wenn nicht jahrzehntelangem Ringen trotzte Scorsese dem Hollywood-System auf den ersten Blick so gegensätzliche Projekte ab wie *The last Temptation of Christ* (*Die letzte Versuchung Christi*, 1988, nach dem Roman von Nikos Kazantzakis), oder *Gangs of New York* (2002) über die blutigen Anfänge New Yorks, ohne sich mit Haut und Haaren unterwerfen zu müssen, wie es Coppola regelmäßig muss, um seine gigantischen Produktionssummen aufzutrei-

■ Geschichten von amerikanischen Träumen: Robert DeNiro in *Raging Bull* (*Wie ein wilder Stier*, 1980)

ben. Selbst ein 100-Millionen-Dollar-Film wie *Gangs of New York* sieht bei Scorsese noch aus wie ein Autorenfilm, der die Leidenschaften seines Schöpfers nicht verbergen kann.

Der amerikanische Traum, wie ihn Scorsese in seinen Filmen träumt, hat nichts mit den einfältigen Vom-Tellerwäscher-zum-Millionär-Geschichten zu tun. Seine Filme arbeiten sich an den Mythen der amerikanischen Geschichte ab: den historischen (*Boxcar Bertha/Die Faust der Rebellen*, 1972; *Goodfellas*, 1990; *The Age of Innocence/Zeit der Unschuld*, 1993; *Gangs of New York*, 2002); den populären (*New York, New York*, 1977; *The last walz/The Band*, 1978; *Raging Bull/Wie ein wilder Stier*, 1980;); den religiösen (*The last Temptation of Christ*, 1988) und den ideologischen (*Taxi Driver*, 1976; *The King of Comedy*, 1983; *Cape Fear*, 1991). So verbinden sich Historie, Popkultur, Religion und Ideologie zu einem komplexen Amerikabild, das gerade in seiner Widersprüchlichkeit fasziniert. Die Geschichten von manchmal brutalen und am Ende zerbrochenen Aufsteigern, von korrumpierten Kämpfern für Gerechtigkeit und Ordnung unterlaufen den amerikanischen Traum und machen ihn kenntlich als eine identitätsstiftende Heilsversprechung, bei der Scorsese mal die historischen Wurzeln offenlegt und mal die psychologische Wirkung untersucht.

Gerade ein vermeintlich harmloses Remake wie *Cape Fear* (*Kap der Angst*, 1992), nach dem gleichnamigen Film von J. Lee Thompson (1961, mit Robert Mitchum und Gregory Peck), verdeutlicht das. Der Familienvater, der die Seinen bis zur letzten Patrone gegen einen Eindringling verteidigt, ist ein zentraler Hollywood-Topos, und J. Lee Thompson ließ 1961 keine Möglichkeit aus, ihn vollkommen ungetrübt in Szene zu setzen. Bei Scorsese will der Eindringling (Robert DeNiro) Rache für ein vom Familienvater (Nick Nolte) an ihm begangenes Unrecht. Der Vater, als Anwalt ein Verteidiger ethischer Grundsätze, ist jedoch keineswegs unschuldig, und die Familie steht auch nicht auf seiner Seite, denn Ehefrau und Tochter fühlen sich anfangs zu dem anderen Mann hingezogen. Am Ende bringt der Sieg über den Eindringling, der

■ Ein Herzensprojekt: Willem Dafoe und Martin Scorsese während der Dreharbeiten zu *The last Temptation of Christ* (*Die letzte Versuchung Christi*, 1988)

■ Jodie Foster, Robert De-Niro und Martin Scorsese während der Dreharbeiten zu *Taxi Driver* (1976)

mit vereinten Kräften umgebracht wird, keine Erlösung, sondern nur die Gewissheit, dass der Familienvater beruflich und privat ein Heuchler und diese Kleinfamilie am Ende ist.

Die hehren Werte der freien Gesellschaft sind eine hauchdünne Decke, die jederzeit zu zerreißen droht. Brüchig ist sie, weil die Gesellschaft auf Gewalt aufgebaut ist, was diese jedoch verdrängt,

STÜTZEN DER GESELLSCHAFT

Das Weltbild, dem Martin Scorsese am nächsten steht, ist das des christlichen Materialisten Thomas Hobbes: Jeder ist hier dem anderen ein Wolf, der »Kampf aller gegen alle« ist die anthropologische Grundbestimmung. Seine Hauptfiguren sind Helden des Aufbaus, Stadtgründer, Clan- und Stammesführer beziehungsweise Familienoberhäupter, die für das Überleben ihrer Familie und deren Wohlstand Verantwortung übernehmen – und sei es, dass die Familie eine Mafia-Gang ist. Sie sind Stützen der Gesellschaft, selbst wo sie sich, wie Travis Bickle, zu einem Akt apokalyptischer Reinigung hinreißen lassen.

Rüdiger Suchsland

bis es wieder einmal soweit ist und die Gewalt ausbricht, sinnlos und zerstörerisch.« Gewalt ist in jeder Gesellschaft verbreitet, die dabei ist, sich selbst zu definieren«, betont Martin Scorsese in Interviews zu *Gangs of New York*. Diese Phasen der Selbstdefinition hat er von *Boxcar Bertha* über *Taxi Driver*, *Goodfellas* bis zu *Gangs of New York* immer wieder untersucht. Gewalt, Sünde, Erlösung, Reinigung, Gnade – die Begrifflichkeit des Katholizismus ist in der Weltsicht dieser Filme unübersehbar.

Der Stil Martin Scorseses lässt sich am besten als eine Anverwandlung beschreiben. Der filmhistorisch Hochgebildete, der mit seinen Exkursionen in die Filmgeschichte regelmäßig wesentliche Beiträge zur Filmgeschichtsschreibung liefert, nähert sich seinen Stoffen auf unterschiedlichste Art. Kein Film gleicht dem anderen. Kamerabewegungen, Montagestrukturen und Schnittrhythmen, die Musik und das Productiondesign wirken immer vollkommen neu und anders. Das gilt auch für den Stil langjähriger Mitarbeiter. Ein Kameramann wie Michael Ballhaus, dessen Arbeit an ihren stilistischen Eigenarten eigentlich schnell zu erkennen ist, verliert bei Scorsese allen Manierismus. Und Thelma Schoonmaker hat für Scorsese so gegensätzliche Filme geschnitten wie die intime Kunst-Evokation *Life Lessons* (Scorseses Beitrag zu *New York Stories*, 1989) oder den gigantischen *Gangs of New York*.

Zu der Anverwandlung gehört bei Scorsese auch, dass er immer wieder mit den Legenden der Branche zusammenarbeitet. So verpflichtete er Elaine und Saul Bass für Titelvorspänne, die mit ihrer Arbeit für Alfred Hitchcock und andere den Filmvorspann zur Kunst erklärt hatten. Er setzte Filmmusiken von Bernard Herrmann und Georges Delerue ein, die auch für Truffaut, Hitchcock und Jean-Pierre Melville Scores lieferten. Er arbeitete in *Casino* mit Oliver Stones Kameramann Robert Richardson zusammen und in *Cape Fear* mit dem britischen Altmeister Freddie Francis, der mit seiner Arbeit für Karel Reisz in den 1960ern als Vertreter des Jungen Britischen Kinos angesehen worden war, in den 1980ern dann mit

»Das erste Filmbild, an das ich mich erinnern kann, war ein Trailer in Trucolor, in dem Roy Rogers auf seinem Pferd über ein Gatter springt. Dieses wunderschöne Pferd flog mit seiner Mähne wie ein Engel durch die Luft.«   Martin Scorsese

■ Das Ende einer bürgerlichen Idylle: Robert DeNiro und Nick Nolte in *Cape Fear* (Kap der Angst, 1991)

■ Eine 100-Millionen-Dollar-produktion mit dem Charme eines Autorenfilms: Szenenphoto aus *Gangs of New York* (2002)

David Lynch subtilen Horror produzierte und sonst als Regisseur trashiger Vampir- und Horrorfilme auffiel. Solche Kooperationen dienen weder dem Zitat noch der Hommage, sind also auch keine Verbeugung vor der Filmgeschichte. Scorsese nutzt die Fertigkeit seiner Mitarbeiter als lebendigen Teil der eigenen Filmsprache. Die wird neben ihrem Abwechslungsreichtum wesentlich durch die hohe handwerkliche Qualität gekennzeichnet, die alle seine Filmprojekte verbindet.

Thematisch kreist Martin Scorsese seine Arbeit immer deutlicher ein. »Meine ultimative Frage ist: Müssen wir Menschen so sein? ... Kann die Welt nur mit Gewalt zusammengehalten werden? ... Können wir uns weiterentwickeln, unsere bestialische Seite ablegen? Vielleicht wird das in 25 000 Jahren das Ergebnis der Evolution sein.« Mit dem amerikanischen Traum haben solche Fragen nicht mehr viel zu tun. Martin Scorsese hat das amerikanische Kino von seinen Mythen befreit.

MARTIN SCORSESE

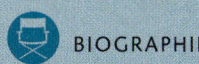

BIOGRAPHIE

Martin Scorsese wurde am 17. November 1942 im New Yorker Stadtteil Queens geboren. Er wuchs in »Little Italy« auf, einer italienischen Enklave im Herzen New Yorks. »In dem Viertel, in dem ich aufwuchs, gab es zwei Mächte: die harten Jungs auf der Straße – und die Kirche.« Weil ein Leben unter den harten Jungs für den kleingewachsenen Asthmatiker Scorsese ausfiel, entschloss er sich, Priester zu werden. Er wechselte in die Filmklasse der New Yorker Universität und schloss sein Studium 1964 ab. Neben ersten Filmen wie *Who's that knocking at my Door?* (1968) und dem von der B-Picture Legende Roger Corman produzierten *Boxcar Bertha (Die Faust der Rebellen*, 1972) arbeitete Scorsese als Cutter und Autor. Nach *Mean Streets (Hexenkessel*, 1973), mit Harvey Keitel und Robert DeNiro, *Alice doesn't live here anymore (Alice lebt hier nicht mehr*, 1974) mit Ellen Burstyn, die für die Darstellung der Alice mit dem Oscar ausgezeichnet wurde, und *Taxi Driver* (1976) mit DeNiro, Keitel und Jodie Foster, gehört Martin Scorsese zu den erfolgreichsten Regisseuren des Jungen Hollywood.

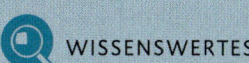

WISSENSWERTES

Der Star
Robert DeNiro wurde am 17. August 1943 in New York geboren. Nach der Trennung der Eltern, die sich als bildende Künstler durchschlugen, wuchs er bei seiner Mutter auf. Mit 16 brach er die Schule ab, um Schauspieler zu werden. Nach Rollen in den Brian-de-Palma-Filmen *Greetings* (1968) und *Hi, Mom!* (1969) stellte *Mean Streets* (1973) seine erste Zusammenarbeit mit Martin Scorsese dar. Seither ist fast jede männliche Hauptrolle in einem Scorsese-Film eine potentielle DeNiro-Rolle.

Der Kameramann
Michael Ballhaus wurde am 5. August 1935 in Berlin geboren. 1959 stellte ihn der Südwestfunk in Baden-Baden als Kameramann an. Über Fernsehprojekte lernte er die wichtigsten Vertreter des Jungen Deutschen Films kennen. Mit Rainer Werner Fassbinder arbeitete Ballhaus nach dem Cinemascope-Film *Whity* (1970) noch bei 13 weiteren Filmen zusammen. In dieser Zeit etablierte er sein Erkennungszeichen, die 360°-Kamerafahrt. Seit *After Hours (Die Zeit nach Mitternacht*, 1985) ist Michael Ballhaus der bevorzugte Kameramann von Martin Scorsese. Experimentierfreude, Perfektionismus und Vertrauen in das Können des anderen zeichnet ihre langjährige Zusammenarbeit aus.

Die Cutterin
Thelma Schoonmaker wurde am 3. Januar 1940 geboren. Martin Scorsese lernte sie während ihres Studiums in New York kennen. Nach der Universität jobbte sie als Cutterin und brachte europäische Kinofilme auf eine fernsehtaugliche Länge. Nebenher arbeitete sie als Cutterin unabhängiger Dokumentaristen an Filmen wie *Woodstock – three Days of Love and Music* (Michael Wadleigh, 1969), an dem auch Martin Scorsese als Cutter beteiligt war. Seit Scorseses Debütfilm *Who's that knocking at my Door?* (1968) hat sie fast alle seine Filme geschnitten. Thelma Schoonmaker war mit dem Regisseur Michael Powell (*The red Shoes*, 1948; *Peeping Tom*, 1959) verheiratet, der 1990 starb.

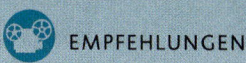

EMPFEHLUNGEN

Fünf Filme:
- Taxi Driver
- Raging Bull (Wie ein wilder Stier)
- After Hours (Die Zeit nach Mitternacht)
- Casino
- Gangs of New York

Lesenswert:
Martin Scorsese: *Scorsese über Scorsese*, Frankfurt/M. 1998

Roberto Lasagna: *Martin Scorsese*, Marburg 2002

Georg Seeßlen: *Martin Scorsese*, Berlin 2003

Sehenswert:
Martin Scorsese: *A personal journey with Martin Scorsese through american movies*, 1995 auf VHS oder DVD

AUF DEN PUNKT GEBRACHT

Die amerikanischen Mythen sind sein Thema, egal ob von Vietnamheimkehrern, Entertainern, Mafiosi oder Christus die Rede ist. Dabei gleitet Scorseses epischer Erzählfluss niemals ins Monumentale ab. Vom Vertreter des Neuen Hollywood ist Martin Scorsese bruchlos zum Klassiker geworden.

Steven Spielberg (geb. 1947)
Hightech-Idyllen für die ganze Familie

■ Steven Spielberg: Filmemacher mit dem sicheren Gespür eines Märchenonkels für die Vorlieben und Ängste, Träume und Alpträume seines Publikums

Regisseure sind fragwürdige Interpreten des eigenen Werks. Als Steven Spielberg 1982 auf der Pressekonferenz des Festivals in Cannes *E. T.* als seinen »persönlichsten Film« bezeichnete, konnte das europäische Publikum darin die etwas verlegene Antwort eines amerikanischen Regisseurs sehen, der mit diesem Hinweis von der gigantischen Marketingkampagne ablenken wollte. Die machte *E. T.* nicht zuletzt durch die Vermarktung seiner Titelfigur damals zur kommerziell erfolgreichsten Produktion aller Zeiten. Doch als der Film 2002 neu herausgebracht wurde, wiederholte der Regisseur seine Einschätzung von 1982. Kann ein Kinderfilm mit einem pekinesengesichtigen Wesen als Held wirklich ein biographisches Selbstzeugnis sein?

Spielberg hat Actionfilme gedreht wie *Jaws* (*Der weiße Hai*, 1974), der sein erster internationaler Erfolg wurde. Mit seiner *Indiana-Jones*-Reihe hat er das Genre des Abenteuerfilms reanimiert und mit *Close Encounters of the Third Kind* (*Unheimliche Begegnungen der dritten Art*, 1977) oder *Twilight Zone – The movie* (*Unheimliche Schattenlichter*, 1983) hat er übernatürliche Erscheinungen als Thema des Mainstreamkinos etabliert. In seiner Filmographie finden sich Literaturadaptionen wie *The Color Purple* (*Die Farbe Lila*, 1985) nach dem gleichnamigen Roman der Literaturnobelpreisträgerin Alice Walker, Märchenfilme wie der Peter-Pan-Stoff *Hook* (1992) und Monsterfilme wie *Jurassic Park* (1993, Fortsetzungen 1997, 2001). In *Schindler's List* (*Schindlers Liste*, 1993) und *Saving Private Ryan* (*Der Soldat James Ryan*, 1998) erzählte er vom Schrecken des Holocaust und des Zweiten Weltkriegs und wurde weltweit bejubelt. Aber ausgerechnet die Geschichte vom Jungen, der ein außerirdisches Wesen in seinem Zimmer aufnimmt, um es vor der Entdeckung zu bewahren, bezeichnet Spielberg als seinen persönlichsten Film.

Elliot heißt der von Henry Thomas gespielte Junge, der den Außerirdischen findet. Das Knautschgesicht und die feuchten Augen des von seinen Leuten zurückgelassenen Weltraumbewohners signalisieren Schutzbedürftigkeit. Doch um seine Seelenqualen richtig darstellen zu können, müssen Elliot und E.T. emotional verschmelzen. Das gelingt dank E.T.'s telepathischer Energie, die den Jungen zum Sprachrohr des Außerirdischen werden lässt. Einsamkeit und Verzweiflung des einen übertragen sich auf den anderen. Elliot, der vaterlose Held, und sein elternloser Freund aus dem All werden zu Brüdern im Geiste.

Damit ist Spielberg wieder bei den Ereignissen angelangt, die in vielen seiner Filme zentrale Bedeutung haben – den traumatischen Kindheitserlebnissen: In *The Color Purple* (1985) konzentriert Spielberg die Handlung auf die leidvolle Kindheit der Hauptfiguren. Die tägliche Erfahrung des Rassismus ist in seiner Romanverfilmung zweitrangig. In *Empire of the Sun* (*Das Reich der Sonne*, 1987) wird der kindliche Held von seiner Mutter getrennt. In *Hook* (1991) werden die Kinder entführt, und der Vater muss in einer kindlichen Phantasiewelt um sie kämpfen. In *Schindler's List* (1993) beobachtet Schindler ein kleines Mädchen, das allein in einem (in dem Schwarzweiß-Film kolorierten) roten Mantel vor SS-Leuten flieht. Später erkennt Schindler den roten Mantel des Mädchens wieder, das zu den Opfern eines Massakers gehört, und er beschließt, den verfolgten Juden zu helfen. In *A.I.* (2001) schließlich wird das Roboter-Kind von seiner menschlichen Adoptivmutter in einem finstern Märchenwald ausgesetzt, und es ist der sehnlichste Wunsch des Kunstwesens, ein

»Um meine Kindheit kümmerte sich Walt Disney. Die Glotze ersetzte mir meine Eltern.« Steven Spielberg

■ Harrison Ford als Indiana Jones in *Raiders of the lost Ark* (*Jäger des verlorenen Schatzes*, 1980). Das Sequel reanimierte das totgesagte Genre des Abenteuerfilms.

DANKE, DANKE
Spielberg nutzt den ganzen kinematographischen Apparat des zeitgenössischen Illusionskinos, um den alten Kinobildern einen glaubhaften Umraum zu bereiten. Wie sagt Julia Roberts in Hook als Tinker Bell? »Thank you for believing!«.
Daniel Kothenschulte, *Frankfurter Rundschau*, 2001

■ Mit *Schindler's List* kam endlich die Anerkennung als Regisseur ernster Themen. Steven Spielberg und Liam Neeson während der Dreharbeiten in Polen 1993

> **ONKEL WALTS NEFFEN**
> *Die beiden Kinder, die den widerstrebenden Wissenschaftler seiner garantiert fruchtbaren Braut in die offenen Arme treiben, stammen direkt aus Onkel Walts Disney-Neverland. Beim zweiten Sehen von Jurassic Park war ich voll auf der Seite der Velociraptoren, welche die süßliche Speise zu verspeisen trachten.*
> Hans C. Blumenberg, *Die Zeit*, 1993

richtiger Mensch zu werden, damit es von seiner Mutter geliebt werden kann.

Das Kind, misshandelt, vereinsamt, vernachlässigt, ausgesetzt – der Schock des Verlusts der Eltern, das Trauma einer schlagartig beendeten Kindheit ist Spielbergs Charaktere wie ein Brandmal aufgeprägt. Hier verspricht nicht der omnipotente Held die Rettung, sondern der vollkommene Rückzug in eine Kinderwelt mit einfachen, Erwachsenen kaum mehr vermittelbaren Regeln. Gerade die führen zur Lösung der Konflikte. Bei Spielberg sind Kinder immer die besseren Menschen, und selbst Helden aus vermeintlichen Ausnahmefilmen wie *Schindler's List* (1993) oder *Saving Private Ryan* (1998) verdanken Mut und Inspiration einem an kindliche Naivität grenzenden Glauben an den Sieg der Gerechtigkeit.

Bei Spielberg behauptet das Filmbild einen Naturalismus, der jede Irrationalität der Geschichte unterläuft. Es sind Idyllen eines perfekten Lebens, aus denen heraus sich die Handlung entwickelt. Die innere Landschaft dieser Mythologie erinnert an die Szenen, mit denen der amerikanische Maler und Illustrator Norman Rockwell (1894–1973) besonders in den Depressionsjahren großen Erfolg hatte. Dieser amerikanische Spitzweg malte szenische Miniaturen, deren Genauigkeit im Kitsch einer anekdotischen Zuspitzung unterging. Spielberg gehört zu den großen Bewunderern des Idyllikers, dessen verschneite Winterlandschaften zum festen Bestandteil einer amerikanischen Weihnacht gehören.

Das regressive Moment von Spielbergs Filmen, die in gutmenschelnden und in ihrer Pathetik kaum erträglichen Bildern wie dem Finale in *Schindler's List* (1993) kulminieren, gehören zum Kino Steven Spielbergs wie die Mächte des Bösen zur Weltsicht amerikanischer Präsidenten. Dass Steven Spielberg die *E.T.*-Neuauflage digital so verändert hat, dass aus Waffen Funkgeräte und aus dem Halloween-Kostüm eines Jungen, der in der ursprünglichen Fassung als Terrorist Erwachsene erschrickt, im Jahr 2002 ein Hippie-Outfit wurde, passt zur Wahrnehmung der Welt als einem Ort, dem nur noch Kinder helfen können.

STEVEN SPIELBERG

 **BIOGRAPHIE**

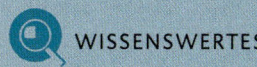 **WISSENSWERTES**

Am 18. Dezember 1947 wird Steven Spielberg in Cincinatti, Ohio, geboren. Er wächst in Phoenix, Arizona, auf, beginnt früh, mit einer 8-mm-Kamera Filme zu drehen. *Amblin* (1968), so wird er später seine Produktionsfirma nennen, heißt der Kurzfilm, der Spielberg Ende der sechziger Jahre sein erstes Engagement in Hollywood einbringt. Er inszeniert Fernsehfilme und hat 1971 mit *Duel* (*Duell*, 1971) seinen ersten Erfolg. Der Fernsehfilm, in dem ein fahrerloser Lastwagen einen Mann im Kleinwagen verfolgt, kommt in Europa sogar ins Kino. Vier Jahre später, 1975, gelingt Spielberg mit *Jaws* (*Der weiße Hai*, 1975) der ganz große kommerzielle Erfolg. Die Indiana-Jones-Reihe, die 1981 mit *Raiders of the lost Ark* (*Jäger des verlorenen Schatzes*, 1981) anfängt, *E. T.* (1982) und das *Jurassic Park*-Sequel, mit dem er 1993 beginnt, machen Steven Spielberg zum kommerziell erfolgreichsten Regisseur der Filmgeschichte. 1993 inszeniert Spielberg in Polen *Schindler's List* (*Schindlers Liste*, 1993), während er gleichzeitig via Sateliten-Schaltung und Internet den Schnitt von *Jurassic Park* (1993) überwacht. *Schindler's List*, sein Film über den Holocaust, bringt Spielberg die langersehnte Anerkennung als Regisseur ernster Themen, die er in den Folgejahren mit Filmen wie *Saving Private Ryan* (*Der Soldat James Ryan*, 1998) oder dem von Stanley Kubrick übernommenen Projekt *A. I.* (2001) auch weiterhin verfolgt.

Die Firma

DreamWorks SKG ist der Name der Firma, die der Musikproduzent David Geffen, (u.a. Aerosmith, Cher, Guns'N'Roses) der ehemalige Disney-Manager Jeffrey Katzenberg und Steven Spielberg 1997 gründeten. Zu einer Zeit, in der die bestehenden Studios in multinationalen Konzernen aufgingen, wirkte die Gründung einer reinen Filmproduktion mit konzerngemäßer Kapitalausstattung und erfolgsverwöhntem Management als Signal. Mit dem Schwerpunkt Animationsfilm versprach die neue Firma in der einstigen Disney-Domäne zu wildern, was mit *The Prince of Egypt* (*Der Prinz von Ägypten*, Brenda Chapman, Steve Hickner, 1998), *Chicken run* (Peter Lord, Nick Park, 2000) und *Shrek* (Andrew Adamson, Vicky Jenson, Scott Marshall, 2001) gelang. Neben Trickfilmen ist DreamWorks mit Projekten wie dem Actionfilm *The Peacemaker* (*Projekt Peacemaker*, Mimi Leder 1997) oder Woody Allens *Hollywood Endings* (2002) mittlerweile in allen Genres aktiv. Die Firma residiert auf dem Gelände, auf dem Howard Hughes einst seine »Spruce Goose« bauen ließ. Das Firmensignet zeigt einen Jungen, der auf einem Halbmond reitet, von dem aus er eine Angel in einen Teich wirft.

Die Stiftung

Die Einnahmen aus dem Kinoerfolg von *Schindler's List* (1993) bildeten 1994 das Grundkapital der amerikanischen Stiftung Survivors of the Shoah Visual History Foundation. Ziel der Stiftung ist es, in möglichst kurzer Zeit möglichst viele Interviews mit den hochbetagten Überlebenden des Holocaust zu führen und öffentlich zugänglich zu machen. Die Eile, die standardisierte Methode und die spielfilmgerechte Montage der Interviews mit stereotyper Schlusseinstellung der Befragten im Kreis ihrer Familie sind die Hauptkritikpunkte an der Arbeit der in Los Angeles angesiedelten Stiftung. Ihre Aktivitäten umfassen neben dem Archiv auch CD-Rom-Veröffentlichungen und verschiedene Fernsehproduktionen, zum Teil von renommierten Regisseuren wie Andrzej Wajda.

 EMPFEHLUNGEN

Fünf Filme:
- *Duel* (*Duell*)
- *Jaws* (*Der weiße Hai*)
- *Raiders of the lost Ark* (*Jäger des verlorenen Schatzes*)
- *E. T. – The Extraterrestrial*
- *Schindler's List*

Lesenswert:
Andrew Yule: *Steven Spielberg. Die Eroberung Hollywoods*, München 1997

Georg Seeßlen: *Steven Spielberg und seine Filme*, Marburg 2001

 AUF DEN PUNKT GEBRACHT

Er ist der unumstrittene Meister, wenn es gilt, weltweit ein Millionenpublikum vor die Leinwand zu locken. Dabei sind seine Filme weniger stromlinienförmig, als man meinen könnte. Spielberg ist der letzte Märchenonkel des Kinos.

Rainer Werner Fassbinder (1945–1982)
Der kurze Reichtum des westdeutschen Films

»Nichts interessiert Fassbinder weniger als die Messer in den Köpfen von Katharina Blum und Christa Klages und sonstige Anstrengungen, deutsche Gegenwart mit den Mitteln eines seriösen Realismus so zu bewältigen, dass in den Köpfen der Zuschauer kaum mehr entsteht als das Editorial einer progressiven Bild-Zeitung in Braille-Schrift.«
H. C. Blumenberg, Die Zeit 1979

■ Rainer Werner Fassbinder, 1980

Selbst wenn sich der junge Bertolt Brecht mit großer Lederjacke und dicker Zigarre furchterregend ausstaffierte, sah er noch immer wie ein verkleideter Gymnasiast aus. Da waren Rainer Werner Fassbinders Auftritte mit angeranzter Lederjacke, Bauch und dicken Stiefeln schon von anderem Kaliber. Auf Photos changiert sein Gesichtsausdruck stets zwischen Verschlossenheit und schlechter Laune. Den Rest besorgten die Bildunterschriften und Schlagzeilen: »Müder Wunderknabe«, »Bühnen-Schreck mit schnellem Schlitten«, »Kraftwerk RWF«, aber auch »Fassbinder, ein linker Faschist?«

Schon die Person »Fassbinder« polarisierte, und dieses Image pflegte er mit einer Selbstinszenierung, hinter der die Erinnerung an Photos vom jungen Brecht stets sichtbar blieb. Der Vergleich mit Brecht bietet sich an, ihre Produktivität, die nur mit der Ausbeutung eines willigen Umfelds zu erklären ist, ihre Vorliebe für Stoffe aus proletarisch kleinstädtischem Milieu und die latente Vergötzung durch ihre jeweiligen Mitarbeiter – RWF und BB waren Brüder im Geiste.

Heute bekommt man den Verdacht, dass Fassbinders Posen das notwendige Mittel waren, um in einem Kulturbetrieb aufzufallen, der nicht in der Lage war, auf sein Werk adäquat zu reagieren. Das schiere Ausmaß seiner Produktivität – in dreizehn Jahren über 40 Filme, dazu regelmäßige Theaterinszenierungen, eine Flut von Drehbüchern und Theaterstücken sowie Filmrollen – widerspricht vollkommen dem Feuilleton-Ideal vom Künstler, der jahrelang an der meisterlichen Ausführung seines Werkes feilt, bevor er es der Öffentlichkeit übergibt.

Fassbinder feilte nur da, wo es ihm wichtig war. In seinen frühen Filmen gibt es immer wieder Szenen, denen man das Desinteresse des Regisseurs ansieht; gelangweilte Statisten und unmotivierte Schnitte, die nichts wei-

■ Von Menschen und Raubtieren: Hanna Schygulla und Rainer Werner Fassbinder in *Katzelmacher* (1969)

ter besagen, als dass hier etwas für das weitere Verständnis der Handlung Unerlässliches abgehakt wird. Solch kaltschnäuzige Souveränität und der Exhibitionismus, mit dem er seine Homosexualität, Drogensucht und psychischen Probleme in seine Filme einfließen ließ, überforderten zeitgenössische Rezensenten. Dazu kam die Düsternis seiner Geschichten, in denen der Selbstmord immer noch die humanste Lösung aller Konflikte darstellt. Die Überzeugung, dass der Mensch des Menschen Raubtier ist, verbindet die Filme Fassbinders mit denen Stanley Kubricks (s. S. 166), dem anderen großen Pessimisten der Filmgeschichte. Doch wo Kubrick kühle Distanz wahrt und seine Charaktere einem Leben ausliefert, dem sie nicht gewachsen sind, ist Fassbinders Liebe zu seinen strauchelnden Helden unübersehbar. Dem gefallenen Proleten Biberkopf (*Berlin Alexanderplatz*, 1979/80) gehört seine ungebrochene Zuneigung ebenso wie dem heimtückischen Angestellten Helmut (*Martha*, 1973), dem fürchterlichen Dichter Walter (*Satansbraten*, 1975/76), der kalten Petra (*Die bitteren Tränen der Petra von Kant*, 1971/72), der skrupellosen Lola (*Lola*, 1981) oder der glücklosen Maria (*Die Ehe der Maria Braun*, 1978). Dieser Humanismus, der selbst durch die brutalsten Szenen schimmert, verstört noch heute.

Die teilweise überfordert wirkenden Darsteller, die improvi-

■ Von Hitler zu Adenauer: Fassbinders Wirtschaftswunder-Trilogie stellt die Kontinuität her. Szenenphoto aus *Die Ehe der Maria Braun*, 1978

sierte Ausstattung, die vielen formalen Nachlässigkeiten der frühen Filme wandelten sich im Lauf der Jahre zu einer streng kalkulierten Bildsprache, die stark den amerikanischen Melodramen Douglas Sirks verpflichtet war. In den späten 1970er Jahren galt das in den Augen der aufgeweckten deutschen Filmkritik als eine besondere Geschmacksverirrung. So blieb weitgehend unbemerkt, dass die Ästhetik von Fassbinders Wirtschaftswunder-Trilogie (*Die Ehe der Maria Braun*, 1978, *Lola*, 1981 und *Die Sehnsucht der Veronika Voss*, 1981) eine Kontinuität herstellt, die in der Weimarer Republik beginnt und im Kino der Adenauer-Ära endet. Soviel Stilbewusstsein hatte es im westdeutschen Kino bis dahin nicht gegeben.

Querelle – Ein Pakt mit dem Teufel (1982), Fassbinders letzter Film, wurde der Höhepunkt seiner kurzen Karriere. Eine Regie, die selbst noch die unauffälligsten Details beachtet, die sich keine Unaufmerksamkeit bei Schauspielführung, Kamerabewegung und Szenenauflösung erlaubt, eine hochgradig künstliche Kulisse, die ein strahlend helles Alptraumszenario entfaltet, und Jeanne Moreau, die einen Text von Oscar Wilde singt, versprachen eine Zukunft, die keiner der nachfolgenden Regisseure des Jungen Deutschen Films einlösen konnte. Fassbinders Tod 1982 beendete eine Epoche, die noch nicht einmal richtig begonnen hatte.

DER NEUE DEUTSCHE FILM

Mit einem hoffnungsvollen »der alte Film ist tot. Wir glauben an den neuen.« sollte das Oberhausener Manifest 1962 die Wende im bundesdeutschen Kino einleiten. Inhaltlich, ästhetisch und ökonomisch war das westdeutsche Kino am Ende. Filme wie *Das Brot der frühen Jahre* (Herbert Vesely, 1962) blieben die Ausnahme. Erst ab 1966 begann mit Werken wie *Der junge Törless* (Volker Schlöndorff, 1966), *Abschied von gestern* (Alexander Kluge, 1966) und *Mahlzeiten* (Edgar Reitz, 1967) die Blüte des Jungen Deutschen Films. Neben Kluge, Schlöndorff und Reitz wurden Werner Herzog, Rainer Werner Fassbinder, Wim Wenders, Werner Schroeter, Reinhard Hauff, Margarethe von Trotta, Helma Sanders-Brahms und Helke Sander zu den wichtigsten Regisseuren. Der internationale Höhepunkt war der Oscar 1980 für *Die Blechtrommel* (Volker Schlöndorff, 1979). Wenig später erklärte Fassbinder in einem Spiegel-Interview, was er von den Regisseuren des Jungen Deutschen Films hielt: »Die gehen dazu über, die eigenen Kritiken zu verfilmen.« Mit dem Tod von Fassbinder war der Junge Deutsche Film mit einem Mal nur noch alt.

RAINER WERNER FASSBINDER

 BIOGRAPHIE

Rainer Werner Fassbinder wurde am 31. Mai 1945 in Bad Wörrishofen geboren. Die Eltern trennten sich früh, und Fassbinder wuchs bei seiner Mutter Liselotte Eder auf, die unter dem Namen Lilo Pempeit in zahlreichen Fassbinder-Filmen Rollen übernahm. Zwischen 1964 und 1966 nahm er Schauspielunterricht, ab 1967 gehörte er zu den Mitgliedern des Münchner Action-Theaters, aus dem sich später das antitheater entwickelte. Nach zwei Kurzfilmen drehte der von der Berliner Film- und Fernsehakademie abgewiesene Fassbinder 1969 seinen ersten Spielfilm – *Liebe ist kälter als der Tod* (mit Fassbinder in der Hauptrolle und mit Mitgliedern des antitheaters inszeniert) fand wenig Beachtung. Aber schon der im selben Jahr folgende Film *Katzelmacher* machte Fassbinder populär. In einem unglaublichen Tempo folgte jetzt Film auf Film: *Warum läuft Herr R. Amok* (1969/70), *Warnung vor einer heiligen Nutte* (1970), *Händler der vier Jahreszeiten* (1971), *Angst essen Seele auf* (1973), *Fontane – Effi Briest* (1972–74), *Bolwieser* (1976/77), *In einem Jahr mit 13 Monden* (1978), *Die Ehe der Maria Braun* (1978), *Berlin, Alexanderplatz* (1979/80), *Lili Marleen* (1980), *Lola* (1981), *Die Sehnsucht der Veronika Voss* (1981) und *Querelle* (1982) sind einige der bekanntesten der über 40 Filme, die Fassbinder in dreizehn Jahren drehte. Dazwischen produzierte er Filme anderer Regisseure, schrieb Drehbücher, inszenierte am Theater und übernahm Rollen. Mit seinem Drogenkonsum und der Ausbeutung der Arbeitskraft seines Teams wird die unglaubliche Produktivität Fassbinders gemeinhin erklärt. Übersehen wird dabei in der Regel seine hohe Professionalität, die nie in fusselfreien Perfektionismus ausartete. Seine Arbeitsorganisation erinnert an ein Miniatur-Hollywood-Studio. Es gab ein festes Ensemble, Kameramänner, Cutter, Produzenten und sogar einen eigenen Verleih (Fassbinder gehörte zu den Gründungsmitgliedern des Filmverlags der Autoren). Gleichzeitig wurde an mehreren Projekten gearbeitet. Auffallend ist, dass viele seiner Mitarbeiter später nie wieder so gut in ihren jeweiligen Professionen waren wie gerade bei Fassbinder-Filmen. Ruhelose Arbeit und regelmäßiger Drogenkonsum forderten schließlich ihren Preis. Rainer Werner Fassbinder starb am 10. Juni 1982 in München.

 WISSENSWERTES

Die Stars
Hanna Schygulla und Irm Herrmann gehörten am längsten zum Fassbinder-Clan. Von ersten Theaterinszenierungen bis zu seinen größten Filmerfolgen traten sie immer wieder in Fassbinder-Filmen auf. Vom Theater stießen Margit Carstensen, Elisabeth Trissenaar, Barbara Sukowa und Rosel Zech zu Fassbinder, die in seinen Filmen ihre größten Erfolge feierten. Kurt Raab, Uli Lommel, Hark Bohm, Günther Lamprecht gehören zu dem männlichen Teil der Crew. Ebenso gab Fassbinder große Rollen regelmäßig an vergessene oder verkannte Stars wie Brigitte Mira, Eddie Constantin, Ivan Desny, Barbara Valentin, Klaus Löwitsch, den ewigen Sissi-Gemahl Karlheinz Böhm oder die Langzeit-Halbstarke Karin Baal.

 EMPFEHLUNGEN

Fünf Filme:
- *Katzelmacher*
- *Warnung vor der heiligen Nutte*
- *Martha*
- *Chinesisches Roulette*
- *Querelle*

Lesenswert:
Michael Töteberg: *Rainer Werner Fassbinder*, Hamburg 2002

Thomas Elsaesser: *Rainer Werner Fassbinder*, Berlin 2001

Peter Märthesheimer, u. a.: *Die Sehnsucht der Veronika Voss. Ein Drehbuch für Rainer Werner Fassbinder*, München 1998

Peter Märthesheimer, u. a.: *Die Ehe der Maria Braun. Ein Drehbuch für Rainer Werner Fassbinder*, München 1997

Peter Märthesheimer, u. a.: *Lola. Ein Drehbuch für Rainer Werner Fassbinder*, München 1997

Fritz Rudolf Fries, u. a.: *Berlin Alexanderplatz (Drehbuch)*, Frankfurt/M. 1996

 AUF DEN PUNKT GEBRACHT

Fassbinders Filmen verdankt das Junge Deutsche Kino seine internationale Reputation.

Woody Allen (geb. 1935)
Geschichten für Bildungsbürger

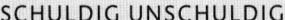

■ Zu seinen Filmen gehört der Jazz: Woody Allen als Klarinettist des New Orleans Funeral and Ragtime Orchestra

Alles weiß – die Wohnung, die Landschaft und die Gesichter sowieso. Kontraste fehlen am Anfang. Dafür gibt es Dialoge, lange, quälende Selbstanalysen und Anklagen. Dann kommt Pearl und sagt: »Das Haus ist ein bisschen blass.« Von Pearl kann man das nicht behaupten. Im roten Kleid, mit knallroten Lippen, dunkler Dauerwelle und einer Stimme, der man Zigaretten und Martinis anhört, markiert sie die Sollbruchstelle inmitten blutleerer Eleganz. Pearl ist die Geliebte des Vaters. Die erwachsenen Kinder erschauern – vor Pearls Geschmack, ihrer Lautstärke, aber noch viel mehr vor der Wahl des Vaters und der Erkenntnis: So blass wie das elterliche Haus ist womöglich das eigene Leben. *Interiors* heißt dieser Woody-Allen-Film von 1978, der seine kurze Kinokarriere in Deutschland als *Innenleben* absolvierte.

Damals erschauerten die Zuschauer dieser weißen Messe ebenso sehr wie die Protagonisten des Films. 1978 war *Interior* der wohlgezielte Anschlag auf ein Publikum, das Allen immer nur als »Woody, den Unglücksraben« – so der kongenial blöde deutsche Verleihtitel von *Take the Money and run* (1969) – sehen wollte. Nach Film-Cartoons wie *Bananas* (1971), *Sleeper* (*Der Schläfer*, 1973) und *Love and Death* (*Die letzte Nacht des Boris Gruschenko*, 1975) galt Allen als würdiger Nachfahre von Groucho Marx und W. C. Fields. Für sein Publikum war Allen einer, der witzige, schnelle Filme inszenieren konnte und sich für anspruchsvollere Aufgaben wie der Verfilmung seines Bühnenerfolgs *Play it again, Sam* lie-

> **SCHULDIG UNSCHULDIG**
> Woody Allen, das traurige Glückskind, hat immer alles verloren und alles gewonnen. Wie Voltaires Candide wird er in seinen Filmen schuldig, weil er unschuldig ist; wie Goethes Wilhelm Meister erfüllen sich ihm die Wünsche in dem Augenblick, wo er sie alle vergessen hat. Gewiss, vorher muss er fürchten und zittern. Denn weil ihm kein Argwohn die Liebe zur Welt vergiftet, zieht er das Misstrauen und die Feinde an – so, als würden sich auf einmal alle Schicksalsfäden in ihm verknoten.
> Thomas Assheuer,
> Frankfurter Rundschau, 1993

■ Woody Allens Hommage an seine Stadt: Szenenphoto aus *Manhattan* (1978)

ber dem erfahrenen Regisseur Herbert Ross anvertraute. Diese Bogart-Hommage markierte 1971 den Imagewechsel des Schauspielers Allen. Der Kasper wurde zum Großstädter mit hohem Identifikationspotential. Doch es dauerte bis 1977, als mit *Annie Hall* dieser Wandel auch für den Regisseur Allen vollzogen war. Nach dem bejubelten Film *Annie Hall*, der in Deutschland als *Der Stadtneurotiker* Furore und die Hauptdarsteller Woody Allen und Diane Keaton zu Ikonen des Großstadtbürgertums machte, schien es, als wollte Allen jetzt einen »richtigen« Film machen, einen, der ernst genommen wird, der wirklich »Kunst« ist. Angelegt war *Interiors* als Ode an Allens Hausgötter Anton Tschechow und Ingmar Bergman (s. S. 134). Das Vorhaben gelang Allen so perfekt, dass der zeitgenössischen Kritik nur Hohn und Spott blieb. Epigonal sei sein Film, höhnte es, doch dass der Epigone talentiert war, daran bestand 1978 kein Zweifel.

Im Mittelpunkt von *Interiors* steht eine Trennung, und wie die Angehörigen damit umgehen. Das Motiv der Trennung, und wie Freunde darauf reagieren, taucht bei Woody Allen immer wieder auf. In *Manhattan* (1979) erregt sich Isaac (Woody Allen) über die Untreue seines Freundes Yale (Michael Murphy), dem er kurz darauf die Geliebte (Diane Keaton) ausspannt. In

■ Idole des großstädtischen Bildungsbürgertums: Woody Allen und Diane Keaton in *Manhattan*

■ Hommage an die Idole der eigenen Kindheit: Mia Farrow und Woody Allen 1987 bei den Dreharbeiten zu *Radio Days*

Hannah and her Sisters (*Hannah und ihre Schwestern*, 1986) bricht der Konflikt aus, als sich Hannahs Ehemann Elliot (Michael Caine) in ihre Schwester Lee (Barbara Hershey) verliebt. In *September* (1987) treffen in einem Landhaus drei Paare aufeinander, die an ihren vergangenen, aktuellen und zukünftigen Beziehungen laborieren und miteinander zu klären versuchen, was längst nicht mehr zu klären ist. In *Husbands and Wives* (*Ehemänner und Ehefrauen*, 1992) schließlich erträgt das eine Ehepaar (Woody Allen und Mia Farrow) nicht die Trennung des anderen Paares (Judy Davis und Sydney Pollack).

Den Beziehungskrisen und -kriegen, die Allen inszeniert, stehen Filme mit eher spielerischen Geschichten gegenüber, in denen Menschen von der Kinoleinwand hinabsteigen (*The purple Rose of Cairo*, 1985), Mütter weggezaubert werden (*New York Stories*, 1989), katholische Unternehmersgattinnen mit chinesischen Zauberkräutern zum Seitensprung gebracht (*Alice*, 1990) und Morde in Agatha-Christie-Manier aufgeklärt werden (*Manhattan Murder Mystery*, 1993). Man begegnet unbegabten Bühnenautoren, die sich von Mafiosis ihre Stücke schreiben lassen (*Bullets over Broadway*, 1994), Kleinkriminellen, die ganz groß rauskommen, um doch den Depressionen der Neureichen zu verfallen (*Small time Crooks/Schmalspurganoven*, 2000) oder Angestellten, die von einem Hypnotiseur zu Verbrechen und leidenschaftlicher Liebe angestiftet werden (*The Curse of the jade Scorpion/Im Bann des Jade Skorpions*, 2001).

Neben den sich gleichenden Topoi und Figurenkonstellationen seiner Geschichten ist es vor allem der Jazz, der Allens Filme prägt. Schon während des Vorspanns wird das zentrale Thema angeschlagen, um das der Film kreist. Tempo und Rhythmus lassen sich hier ablesen. Und wenn man der Musik folgt, den verschiedenen Soli, die

---

GUTE FILME

1978, nach *Annie Hall* und *Interiors*, sagte Allen im Interview: »Ich will zu gegebener Zeit einen guten Film machen.« Nach Filmen wie *Zelig* (1983), *Hannah and her Sisters* (1986), *Another Woman* (1988) oder *Crimes and Misdemeanors* (1989) gab er zu Protokoll: »Ich möchte ein paar richtig große Filme machen«. Als unter anderem *Shadow and Fog* (1992), *Husbands and Wives* (1992) und *Bullets over Broadway* (1995) hinzugekommen waren, gestand Allen erneut: »Ich möchte eines Tages zurückblicken können und sagen, schaut, ich habe einen wirklich guten, ernsthaften Film gemacht. Das einzige, was mich immer noch aufhält, ist mein eigenes Versagen. Ich weiß, wie man solche Filme macht, ich habe die Mittel, sie zu finanzieren, aber ich stehe mir selbst im Weg.«

das Thema umspielen und es am Ende wieder aufnehmen, damit der nächste Solist mit seiner Improvisation beginnen kann, fällt einem die strukturelle Ähnlichkeit auf, die Allens Drehbüchern zugrunde liegt: Thema, Interpretation, Perspektivwechsel und erneute Interpretation des Themas – so funktionieren auch Allens Filme. Wenn Allen die Musik verweigert, wie in *Interiors,* ist der Jazz trotzdem gegenwärtig. Visuelle Leitmotive strukturieren dann den Film, was bei *Interiors* zu einem, im europäischen Kino der 1970er Jahre durchaus üblichen, Metaphern-Overkill führt. Die beharrlich wiederkehrenden Einstellungen der unmöblierten, im fahlen Licht wartenden Zimmer entstammen einem Totenreich. Dem Blues dieser Bilder kann sich in *Interiors* niemand entziehen. Allens Filmenden gleichen nicht selten dem Finale traditioneller Jazzaufnahmen, bei denen alle Musiker der Band das zentrale Thema noch einmal gemeinsam aufgreifen. So ein Schluss ist kein Happyend, sondern eher ein Neuanfang.

■ Höhepunkt der frühen Phase: Woody Allen in *Love and Death* (*Die letzte Nacht des Boris Gruschenko,* 1974)

Wie kein anderer Regisseur macht Woody Allen seine eigene Arbeit regelmäßig zum Thema seiner Filme. War *Annie Hall* (1977) der erste Versuch, die von Allen selbst gespielte Hauptfigur mit persönlichen Vorlieben, Abneigungen und Ticks auszustatten – was so perfekt gelang, dass sich keiner mehr die Mühe machte, zwischen der Kunstfigur und ihrem Darsteller zu unterscheiden – folgte 1980 mit *Stardust Memories* Allens $8^{1/2}$. Wieder spielt Allen selbst die Hauptrolle. Der erfolgreiche Komödienregisseur Sandy Bates fühlt sich durch Kritiker, Fans und Frauen bis zur Arbeitsunfähigkeit bedrängt. Es entsteht ein komplexes Panoptikum aus Alptraumphantasien, Komödiensequenzen und Reflexionen, das den Vergleich zu Fellinis Selbstanalyse nicht zu scheuen braucht. Siebzehn Jahre später folgt 1997 *Deconstructing Harry* (*Harry außer sich*). Diesmal spielt Allen den Schriftsteller Harry Block, der aus seiner gescheiterten Beziehung zu Lucy (Judy Davis)

■ Immer auf der Höhe der intellektuellen Debatte: Woody Allen 1983 in *Zelig*

einen notdürftig verschlüsselten Roman schustert – der Zorn der verzerrt dargestellten Protagonisten ist Harry gewiss. Das Leben des Autors als geprügelter Hund. Hinter diesem Harry Block kommt der von der Farrow-Allen-Yi-Affäre gezeichnete Autor und Regisseur unübersehbar selbst zum Vorschein.

»Ich mach' Literatur für mich. So wie ein Bourgeois auf seinem Speicher Serviettenringe drechselt«. Was Flaubert George Sand gestand, trifft auch auf Woody Allen zu. Egal was passiert, ob Beziehungen zerbrechen, eine Ehe im Skandal um pornographische Photos und Verleumdungen scheitert oder ein Terroranschlag eine Schneise in die Skyline Manhattans schlägt – bei Woody Allen folgt Film auf Film. 1995, der Skandal um seine Trennung von Mia Farrow war verraucht, *Bullets over Broadway* fertiggestellt und Allen mit seinem neuen Film *Mighty Aphrodite* beschäftigt, da wurde er wieder einmal auf seine unerschütterliche Beständigkeit angesprochen; Allen: »Was soll ich denn machen? Das einzige, was in so einer Situation hilft, ist arbeiten. Ich bin jeden Morgen in den Schneideraum oder auf den Set gegangen, ich habe gedreht, geschnitten, geschrieben, wie vorher auch.« Auf Woody Allens Serviettenringe wartet sein Publikum jedes Jahr sehnsüchtig.

STAR-KINO

Woody Allen ist ein Schauspielerregisseur. Er arbeitet mit Stars zusammen, die, bei ihm meist konsequent gegen ihr Image besetzt, überraschende Eindrücke hinterlassen: Meryl Streep als wütende Ex-Frau (*Manhattan*, 1979), Michael Caine als furchtsamer Ehebrecher (*Hannah and her Sisters*, 1986), William Hurt als kalter Geschäftsmann (*Alice*, 1990), Demi Moore als strenggläubige Analytikerin (*Deconstructing Harry, Harry außer sich*, 1997). Manchmal inszeniert er die Auftritte als eine Hommage an das Lebenswerk seiner Darsteller. So ist *Another Woman* (1988), mag dieser Film auch noch so sehr auf Ingmar Bergman verweisen, durch Gena Rowlands doch vor allem eine Reverenz an das Kino ihres Ehemanns John Cassavetes, mit dem sie 1968 *Faces* drehte.

WOODY ALLEN

 BIOGRAPHIE

Woody Allen wird am 1. Dezember 1935 in Brooklyn geboren. Nach einem schnell abgebrochenen Studium arbeitet er als Gagschreiber für das Fernsehen. Nach dem Drehbuch zu *What's new, Pussicat?* (1965), in dem Allen neben Romy Schneider, Peter O'Toole und Peter Sellers auch auftritt, und dem Buch zur James Bond-Persiflage *Casino Royal* (1966) wird Woody Allen endgültig als Talent gehandelt. Seine ersten Filme *Take the Money and run* (Woody – Der Unglücksrabe, 1969), *Bananas* (1971), *Everything you always wanted to know about Sex, but were afraid to ask* (Was Sie schon immer über Sex wissen wollten…, 1972) sind kommerzielle Erfolge. *Play it again, Sam* (Mach's noch einmal Sam), das von Herbert Ross 1972 verfilmte Theaterstück von Woody Allen, macht ihn Anfang der 1970er Jahre auch in Europa bekannt.

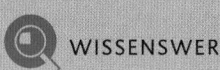 **WISSENSWERTES**

Die Frauen
Am 5. Januar 1946 wird **Diane Keaton** in Los Angeles geboren. Dort studiert sie am Santa Ana College Theaterwissenschaften und zieht später nach New York, um Schauspielerin am Neighborhood Playhouse zu werden. 1970 besetzt sie Woody Allen für die Broadway Inszenierung seines Stücks *Play it again, Sam*, bei dessen Verfilmung sie 1972 ebenfalls mitspielt. Im gleichen Jahr spielt sie in Coppolas *The Godfather* die Ehefrau Al Pacinos. Zum Star wird sie jedoch durch ihre Zusammenarbeit mit Woody Allen, der ihr von *Sleeper* (1973) bis *Manhattan* (1979) in jedem Film eine zentrale Rolle gibt. Mit ihrer Verkörperung der schlagfertigen, etwas neurotischen, liebenswerten Annie Hall im gleichnamigen Film von 1977 wird Diane Keaton zum Idol der Zeit und der androgyne Stil ihrer Bekleidung zum Modetrend. Für diese Rolle erhält Diane Keaton den Oscar. Nach der Trennung von Woody Allen, mit dem sie eine langjährige Partnerschaft verbindet, dreht sie eine Reihe weniger erfolgreicher Filme und beginnt selbst als Regisseurin zu arbeiten. Nach der Trennung von Woody Allen und Mia Farrow übernimmt sie 1993 kurzerhand die für Mia Farrow geschriebene Rolle in *Manhattan Murder Mystery*.

Mia Farrow wurde als Tochter von Maureen O'Sullivan (der Jane aus den Johnny- Weissmüller-Tarzan-Filmen) und dem Regisseur John Farrow am 9. Februar 1945 in Los Angeles geboren. Sie arbeitete hauptsächlich für das Fernsehen, bis ihr Roman Polanski 1967 in *Rosemary's Baby* die Titelrolle anbot und sie über Nacht zum Star avancierte. Der Kurzhaarschnitt, für den der Londoner Friseur Vidal Sassoon extra nach Hollywood flog, wurde zum Symbol eines neuen Frauenbilds. Danach folgten Auftritte in Filmen, von denen *The great Gatsby* (Jack Clayton, 1974) oder das Starvehikel *Death on the Nile* (John Guillermin, 1977) noch die bekanntesten sind. Erst in den Filmen Woody Allens, der sie seit *A Midsummer Night's Sex Comedy* (1982) in jedem Film besetzte, konnte Mia Farrow ihre Vielseitigkeit und ihr Können zeigen – von der Gangsterbraut aus *Broadway Danny Rose* (1984), dem verhärmten Fan aus *The purple Rose of Cairo* (1985), bis zur stockkatholischen Unternehmersgattin aus *Alice* (1990). Die Trennung von Woody Allen 1992 und die anschließenden in der Öffentlichkeit ausgetragenen Auseinandersetzungen beendeten die erfolgreiche Zusammenarbeit. *Husbands and Wives* (1992) war ihr letzter gemeinsamer Film.

 EMPFEHLUNGEN

Fünf Filme:
- Annie Hall (Der Stadtneurotiker)
- Manhattan
- Stardust Memories
- Shadows and Fog (Schatten und Nebel)
- Deconstructing Harry (Harry außer sich)

Lesenswert:
Woody Allen: *Wie du dir, so ich mir*, Reinbeck 1980

Stephan Reimertz: *Woody Allen. Eine Biographie*, Reinbeck 2000

Berndt Schulz: *Woody Allen Lexikon*, Berlin 2000

 AUF DEN PUNKT GEBRACHT

Jahr für Jahr einen neuen Film – kein Regisseur liefert so pünktlich wie er, und keiner leistet sich weniger Ausrutscher. Woody Allens Filme sind die amerikanische Antwort auf das europäische Autorenkino.

Chantal Akerman (geb. 1950)
Denken mit offenen Augen

■ Grenzgängerin zwischen den Genres: die Filmemacherin Chantal Akerman

> Wenn die Fiktion in Ordnung ist, kann man in ihr auch dem Dokumentarischen nicht entgehen. Sehen Sie sich beispielsweise John Hustons The Misfits an, das ist auch ein Dokumentarfilm über Marilyn Monroe am Ende ihres Lebens. Das ist keineswegs nur Fiktion.
> Chantal Akermann, 2002

Eine schwüle Sommernacht in Brüssel. Die Fenster und Türen der Häuser und Wohnungen stehen offen. In den Zimmern vermischen sich die Stimmen mit den nächtlichen Geräuschen der Straße, während draußen Gesprächsfetzen aus den Innenräumen zu hören sind. Die Grenze zwischen innen und außen ist durchlässig geworden. Passanten gehen vorbei; Paare; ein weißes Kleid leuchtet in der Nacht. Eine Frau packt einen Koffer, will ihren Mann verlassen. Ein Taxi bringt sie in die Innenstadt. Auf ihrer Flucht begegnen wir ihr mehrmals wieder. In der Morgendämmerung kehrt sie zu ihrem Mann zurück, macht ihm das Frühstück. Er hat gar nicht bemerkt, dass sie fort war.

Toute une nuit (*Eine ganze Nacht*, 1982) heißt dieser Film, der fast ohne Dialog auskommt. Der Film erzählt keine Geschichte, er versammelt Momente der Verzweiflung, des Glücks, des Wartens und reiht sie aneinander, sodass sie in der Phantasie des Publikums in Beziehung zueinander treten können. Es gibt wenige Filme, die eine derart schwebende Atmosphäre vermitteln, einen Sog, dem man sich nicht entziehen kann. Der kam in den 1980ern vielen Rezensenten nicht ganz geheuer vor. Dem Film erging es wie den anderen von Chantal Akerman: Er wurde freundlich besprochen, die Regisseurin jedoch als »energische Person« dargestellt, die mit »absolutem Stilwillen« letztendlich »Kälte«, wenn nicht gar »Langeweile« erzeuge. In Deutschland blieben Chantal Akermans Filme dem Kunstkino und den Festivals vorbehalten.

Das jahrelange Missverständnis mag auf dem Schock beruhen, den Chantal Akerman sieben Jahre zuvor mit dem Film *Jeanne Dielman, 23 Quai du Commerce, 1080 Bruxelles* (1975) auslöste. Da hatte sie drei Tage aus dem Leben der jungen Witwe Jeanne Dielman zu einem dreieinhalb Stunden dauernden Horror-Film verdichtet. Eine in eine Wohnung eingeschlossene Frau, die Rituale und Monotonie mit ihrem Sohn teilt: zwei wortkarge Dienstleister des Lebens. Jeanne Dielman (gespielt von der Buñuel-Schauspielerin Delphine Seyrig) ist die fleißige Hausfrau, die, immer adrett frisiert, die Wohnung fusselfrei hält, auf das Kind der Nachbarn aufpasst, ihrem Sohn den Brief der Tante aus Kanada vorliest, die Schuhe putzt und das Hackfleisch für den Braten knetet, mit einem Gesichtsausdruck, der ihren Ekel erahnen lässt. Jeanne Dielman arbeitet als Prostituierte. Jeden Nachmittag erscheint ein Mann, der kurze Zeit später verabschiedet wird. Das Geld kommt in die Suppenterrine, das Handtuch, das über dem Bett lag, in die Wäsche, dann steigt Jeanne Dielman in die Badewanne. Das zwanghafte Organisieren bekommt Sprünge. Am Abend verkocht das Essen, am nächsten Morgen wacht sie eine Stunde zu früh auf, der Tag gerät aus dem gewohnten Takt. Die Rituale greifen nicht mehr, Jeanne Dielman verliert den Halt. Nach dem Sex mit dem Nachmittagskunden zieht sie sich an. Da sieht sie eine liegengelassene Schere, nimmt diese und ersticht den schlafenden Freier. Dann geht sie ins Wohnzimmer.

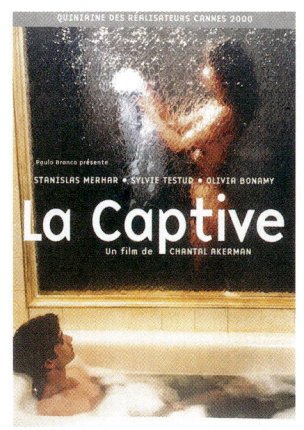

■ Filme über das Verstreichen der Zeit: Französisches Filmplakat zu *La Captive* (*Die Gefangene*, 2000)

»Ich wollte die Gesten und Lebensbedingungen einer Frau zeigen, wie sie niemals zuvor im Kino gesehen und gezeigt worden waren«, stellte Chantal Akerman 2002 in einem Interview fest. 1975 knüpfte sie damit an Maximen des Untergrund- und Avantgardekinos der späten 1960er an. Avantgardefilmer wie Michael Snow, den Akerman damals in New York kennenlernte, versuchten Sehgewohnheiten aufzubrechen, wagten Grenzerkundungen im Niemandsland zwischen Wahrnehmung und Imagination. Doch wo Snow mit der Akribie eines Naturwissenschaftlers seine technisch immer komplexeren Versuchsanordnungen konzipierte, machte sich Akerman auf die Suche nach den Sensationen des Alltags. Den möbelte sie nicht mit einem spektakulären Plot auf – der Schrecken, den Jeanne Dielman verbreitet, liegt in der maschinenhaften Monotonie, mit der sie den Alltag bewältigt, und nicht in dem Mord, der wie eine Befreiung wirkt –, sondern Akerman konzentrierte sich auf Augenblicke, in denen das Leben spürbar wird.

■ Der Horror des Alltags: Delphine Seyrig in *Jeanne Dielman, 23 Quai du Commerce, 1080 Bruxelles* (1975)

Darin ähneln ihre Filme denen von Yasujiro Ozu (s. S. 80), der

■ Begegnung mit dem Mainstream: Amerikanisches Plakat zu Chantal Akermans Psychoanalyse-Komödie *Un divan à New York* (Eine Couch in New York, 1995)

wie kein anderer Regisseur in den banalen Momenten eines Familienlebens dem Leben selbst nahe kommt. Und wie bei Ozu sind es die langen, sorgfältig kadrierten Einstellungen und die ausgesprochen sparsamen Kamerabewegungen, mit denen die Zeit gedehnt wird, bis – wie in Zeitlupe – sichtbar wird, was vorher unter der Schicht des Alltags verborgen war. In Akermans dokumentarischem Film *D'est* (*Von Osten*, 1993) wird dies besonders deutlich. Die wartenden Passanten einer polnischen Stadt scheinen fast eine Kommunikation mit dem Publikum aufzunehmen, wenn die Kamera in einer langen Fahrt an ihnen vorbeigleitet. Die enigmatische Ruhe, die solche Sequenzen vermitteln, geben den Filmbildern eine Präsenz, als erlebe man die Fahrt an den im Schnee stehenden Passanten vorbei gerade selbst.

Filme von Chantal Akerman zu sehen ist wie Träumen mit offenen Augen. Man kann ihre Filme immer wieder sehen, sie wirken immer neu, immer anders. Ein von arte in Auftrag gegebenes Selbstporträt wollte Chantal Akerman dann auch einzig als eine große Collage ihrer Filme konzipieren. Die Redakteure waren dagegen. Die Regisseurin selbst sollte im Bild sein. Jetzt beginnt der Film *Chantal Akerman par Chantal Akerman* (*Chantal Akerman über Chantal Akerman*, 1996) mit einem von ihr in die Kamera gelesenen Text über die Schwierigkeiten der Autobiographin, zu einer Wahrheit über sich selbst zu kommen. Dann folgt eine Collage ihrer Filme aus knapp dreißig Berufsjahren. Eine ganz neue Geschichte entsteht aus gefilmten Augenblicken und dem Leben, das sich hier ausdrückt und das als Filmbild wiederum auch Leben geprägt hat und prägt. Am Ende des Films taucht Chantal Akerman noch einmal selbst auf. Die einzige Wahrheit, die sie über sich mitteilen kann, ist die Nennung ihres Namens und ihres Geburtsortes.

> **WAHRHEIT**
>
> *Von der sozialkritischen Haltung der »kitchen sink«-Filme sind Akermans Betrachtungen jedoch weit entfernt, genau wie der plakative Feminismus es mit dieser »Frauenfilmerin« nicht leicht hat. Die Realität ist bei ihr eine persönliche, intime Konstruktion, die kaum in politischen Strukturen zu fassen ist ... Der Fokus richtet sich nicht auf die gesellschaftliche Relevanz eines Themas, sondern auf die individuelle Erfahrung damit.*   Barbara Schweizerhof

CHANTAL AKERMAN

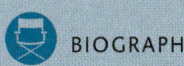 BIOGRAPHIE

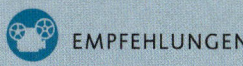 EMPFEHLUNGEN

Chantal Akerman wurde am 6. Juni 1950 als Tochter polnisch-jüdischer Emigranten in Brüssel geboren. Ihre Großeltern kamen in einem deutschen Konzentrationslager um. Mit fünfzehn sah sie im Kino *Pierrot le fout* (*Elf Uhr nachts*, Jean-Luc Godard, 1965). Akerman: »Von da an wusste ich, dass ich Filme machen wollte.« Zwei Jahre studierte sie an der belgischen Filmhochschule. Die Ausbildung brach sie ab, weil sie »Filme machen und nicht in Seminarräumen herumsitzen« wollte. Bei ihrem ersten Film übernahm sie 1968 auch die Hauptrolle, weil die Freundin, die sie besetzen wollte, absprang. In *Saute ma ville* (1968) schließt sich eine junge Frau in einer Küche ein. Sie kocht Spaghetti, räumt in der Küche herum, beginnt sich schließlich mit Schuhcreme einzuschmieren, zündet ein Papier an und dreht den Gashahn auf. 1972 zog Chantal Akerman nach New York, wo sie im Umfeld des Anthology Film Archive Jonas Mekas, Michael Snow und andere Avantgardefilmer kennenlernte. Mit *Jeanne Dielman, 23 Quai du Commerce, 1080 Bruxelles* (1975) wurde die 25-jährige Regisseurin schlagartig berühmt. Chantal Akerman drehte eine Reihe Dokumentarfilme für das Fernsehen, darunter Filme über die Choreographin Pina Bausch (*Un jour Pina m'a demandé*, 1983) und den Pianisten Alfred Brendel (*Les trois dernières sonates de Franz Schubert*, 1989). Eine Sonderstellung nehmen das Musical *Golden eighties* (1986) und der Film *Un divan à New York* (*Eine Couch in New York*, 1996) ein. Während das Musical 1992 in den USA unter dem Titel *Window Shopping* ein Szene-Erfolg wurde, blieb *Un divan à New York* Akermans einziger Kontakt mit dem Mainstream-Kino. Starrer Plot, teure Stars und der Zwang zu Erzählkonventionen ließen wenig Raum für das Besondere ihres Kinos, den ganz speziellen Humor, der manchmal durchbricht, wenn die Statisterie in den Mittelpunkt gerät und etwas aufflackert, was im Drehbuch ganz und gar nicht vorgesehen ist.

Frauen-Filme

»Von einer Musik verlangt man nicht, sie müsste ›feministisch‹ oder ›links‹ sein. ... Es ist zu früh, um über einen weiblichen Filmstil zu reden. Wir werden das später sehen, im Moment ist das für mich keine wichtige Frage. Wenn man Schnitzlers *Fräulein Else* liest, könnte man meinen, das sei von einer Frau geschrieben. Und wenn man Marguerite Yourcenars Buch über Kaiser Hadrian liest, könnte man annehmen, das sei von einem Mann. Ich mache meine Filme. Und niemand anders könnte sie so machen wie ich.«

Chantal Ackermann, 1983

Fünf Filme:
- *Jeanne Dielman, 23 Quai du Commerce, 1080 Bruxelles*
- *Toute une nuit* (*Eine ganze Nacht*)
- *Un divan à New York* (*Eine Couch in New York*)
- *D'est* (*Von Osten*)
- *La captive* (*Die Gefangene*)

Lesenswert:

Chantal Akerman: *Eine Couch in New York*, Frankfurt/M. 1996

Ivone Margulies: *Chantal Akerman's Hyperrealist Everyday*, Duke University, (Durham) 1996

 AUF DEN PUNKT GEBRACHT

Unter den Spielfilmern ist sie die Dokumentartistin und unter den Dokumentaristen die Spielfilmerin. Die Filme von Chantal Akerman gehören zu den schönsten Grenzüberschreitungen des Kinos.

Pedro Almodóvar (geb. zwischen 1949 und 1951)
Ein modebewusster Bürgerschreck

Vom Punk-Filmer mit unzähmbarer Lust am Skandal ist Pedro Almodóvar zum arrivierten Regisseur geworden, der 2000 für *Todo sobre mi madre* (*Alles über meine Mutter*, 1999) sowohl mit dem Oscar als auch mit der Ehrendoktorwürde der Universität Castilla-La Mancha ausgezeichnet wurde. Bei allen Ehrbezeugungen ist die anhaltende Lust an der Regelverletzung, am kleinen respektlosen Schlenker, ungebrochen; diese Lust führt ins Zentrum des Kinos von Pedro Almodóvar. Aufgewachsen in der Provinz zu Zeiten der Franco-Diktatur und wachgerüttelt vom Underground Madrids, hat es diese Reibung zwischen Bürgerlichkeit und Ausbruch immer in seinen Filmen gegeben, sie ist der Motor, der seine Geschichten über Frauen, Männer, die Liebe und die Verwirrung vorantreibt.

■ Almodóvars Filme verbinden spanische Tradition und Moderne: Rosario Flores in *Hable con ella* (*Sprich mit ihr*, 2002)

Im Umfeld der *movida madrileña*, der Undergroundszene Madrids, die unmittelbar nach Francos Tod 1975 aufblühte, begann Pedro Almodóvar seine ersten Super-8-Filme zu drehen. Mit ihren skurrilen pornographischen Geschichten errangen sie in einer Szene schnell Kultcharakter, der die *Frankfurter Allgemeine Zeitung* noch 1992 »Sodom-und-Gomorrha-ähnliche Exzesse« nachsagte. Da war Almodóvar längst über die Grenzen Madrids hinaus ein Star. Den Ruhm hat er sich redlich mit Geschichten erarbeitet, die immer aus dem Rahmen fielen. Ein schwuler Prinz aus dem Orient, der sich in eine junge Nymphomanin aus gutem Haus verliebt (*Laberinto de pasiones*/*Labyrinth der Leidenschaft*, 1982), eine rauschgiftsüchtige Oberin eines Nonnenklosters, die sich in eine Nachtclubsängerin verliebt (*Entre tinieblas*/*Das Kloster zum heiligen Wahnsinn*, 1983), eine Ehefrau, die ihren Mann mit einer Hammelkeule erschlägt (*¿Qué he hecho yo para merecer esto?*/*Womit haben wir das verdient?*, 1984), und ein Psychiatriepatient, der eine Frau so lange ans Bett fesselt, bis sie ihn liebt (*¡Átame!*/*Fessle mich!*, 1990), waren bis dahin nicht das Personal für populäre Kinounterhaltung, doch erfolgreich waren Almodóvars Filme eigentlich immer.

Aber das Überziehen einer Idee bis hin ins Surreale geschieht nicht aus kommerziellem Kalkül. Mit ihrer kleinbürgerlichen Überempfindlichkeit

■ Kleine Schocks fürs Bürgertum: Oswaldo Delgado in ¡Átame! (Fessle mich!, 1990)

gegen das Deftige, manchmal Ordinäre engte die franquistische Bourgeoisie die Kultur jahrzehntelang auf ein bigottes Ideal ein, das es so selbst im streng katholischen Spanien nie gegeben hatte. So lösten die Schocks und merkwürdigen Überzeichnungen Almodóvars beim spanischen Publikum ein befreites Lachen aus und im Ausland vielleicht die Erinnerung an Filme von Luis Buñuel. Selbst Pedro Almodóvars kruden frühen Filme waren nie so eindimensional, wie es die Kürzestbeschreibungen nahelegen. Bis die Ehefrau aus *Womit haben wir das verdient?* ihren Mann mit der Hammelkeule erschlägt, haben wir ihr familiäres Martyrium so stark miterlebt, dass letztlich wir es sind, die dem Ehemann die Keule auf den Schädel krachen lassen. Und den Liebeskummer, der den Psychiatriepatienten in *Fessle mich!* zum Strick greifen lässt, kennen wir auch nur zu gut.

Die Zuspitzung, die Almodóvar mit solchen Überzeichnungen erreicht, rückt seine Filme in die Nähe der Arbeiten eines anderen europäischen Regisseurs. Während Aki Kaurismäki (s. S. 260) die emotionale Verstrickung seiner Helden vermittels extremer Reduktion herausdestilliert, inszeniert Almodóvar einen barocken Überschwang, der

SCHÖNE PACKUNG

Was Kika & Co in verlockender Übertragung vermitteln, ist die Nachricht, dass menschliche Wärme existiert und das der Untergang des Abendlandes bis auf weiteres verschoben bleibt. So lange nämlich, wie man es am Rande des Nervenzusammenbruchs aushalten kann. Almodóvar ist ein Kitschbruder, ein Zitatenklemperer und einer, der in Mogelpackungen des schönen Scheins ein paar bittere Pillen bereithält.

Nicole Müller, *du* 2002

■ Der erste internationale Hit: Julietta Serrano, Rossy de Palma, Maria Barranco, Antonio Banderas und Loles León mit Pedro Almodóvar am Set von *Mujeres al borde de un ataque de nervios* (*Frauen am Rande des Nervenzusammenbruchs*, 1988)

dasselbe bewirkt – wahre Gefühle bis an die Grenze der kindlichen Naivität. Auch ästhetisch sind die beiden sich sehr nah. Die sparsamen, keinesfalls farblosen Interieurs des Finnen funktionieren wie die warm leuchtenden mondänen Räume des Spaniers als Resonanzkörper ihrer Protagonisten. Dass beide in ihrer Licht- und Farbdramaturgie Melodramengrößen wie Douglas Sirk oder Michael Powell folgen, deren Realitätsbegriff sich auch eher an übergeordneten Dingen als an einem Abbildrealismus orientierte, passt ebenso wie die Wahl ihrer Schauspieler. Die wirken so finnisch oder spanisch, dass über ihre Nationalität kein Zweifel herrschen kann, selbst wenn sie, was bei beiden vorkommt, Franzosen oder Engländer besetzen. Für Pedro Almodóvar und Aki Kaurismäki ist das Melodram zum zentralen Genre ihres Werks geworden. Mit ihren Filmen haben sie es vor dem Zuckerguss bewahrt, unter dem dieses Genre, das zwischen 1935 und 1960 seine Blütezeit hatte, zu erstarren drohte.

»Geschichten aus dem modernen Spanien« könnte die Unterzeile zu einer Almodóvar-Werkschau lauten. Die Kirche, der Staat, die Polizei, die Familie, die Mütter und der Sex bilden die Leitmotive. Doch wer außer Almodóvar könnte die Geschichte einer Männerfreundschaft inszenieren, die in einem Krankenhaus beginnt, in dem beide am Bett von komatösen Frauen auf das Wunder einer Genesung warten? Der eine weiß nicht, ob seine Freundin und er sich überhaupt gegenseitig lieben; desto überzeugter ist der andere von den Gefühlen zwischen ihm und seiner Bewusstlosen, obwohl er die Frau vor ihrem Unfall nur aus der Ferne angehimmelt hat. Und weil er sie nicht heiraten kann, schwängert er die Bewusstlose schließlich, was das Drama auslöst. *Hable con ella* (*Sprich mit ihr*, 2002) heißt der Film, in dem auch die merkwürdige Sprechstundenhilfe vom Anfang vorkommt. Pedro Almodóvar: »Wenn ich jetzt *Hable con ella* erzählen würde, hielte man den Film für monströs. Mehr noch, wenn ich den Film wortwörtlich erzählen würde, käme eine Geschichte heraus, die gerade das Gegenteil der Geschichte auf der Leinwand wäre.« Pedro Almodóvars Geschichten aus dem modernen Spanien sind Kinodramen. Nur im Kino kann man sie verstehen, und nur hier entfalten sie ihre Kraft.

PEDRO ALMODÓVAR

BIOGRAPHIE

Pedro Almodóvar wurde am 24. oder 25. September geboren, als Geburtsjahr werden die Jahre zwischen 1949 und 1951 genannt. Geburtsort ist Calzada de Calatrava in der La Mancha. 1959 schicken ihn seine Eltern, die eine Tankstelle betreiben, in ein Internat, das von Franziskanern und Salesianern geleitet wird. Später behauptet Almodóvar, dass er sich mit 12 als Nihilist bezeichnet habe. Filme wie die Paul-Newman-Elisabeth-Taylor-Schlacht Cat on a hot Tin Roof (Die Katze auf dem heißen Blechdach, Richard Brooks, 1958), zu denen die Patres ihre Schüler begleiteten, hätten ihn darin bestärkt. Die Kinobesuche während der Internatszeit hinterlassen prägende Spuren. 1968 zieht Almodóvar nach Madrid. Die nächsten zwölf Jahre verdient er seinen Lebensunterhalt bei der spanischen Telephongesellschaft und lernt den Underground der Metropole kennen. Nach Feierabend schreibt er Szenarien für Comics und beginnt, mit Super-8-Filmen die Filmgeschichte auf den Kopf zu stellen. Als Franco am 20. November 1975 stirbt, gehört Pedro Almodóvar zu den führenden Köpfen der *movida madrileña*, der Madrider Undergroundbewegung, die beherzt britischen Punk mit allen anderen Ausdrucksformen der Subkultur mischt. Für die Szene-Zeitschrift *La Luna* erfindet er die sexbesessene Kolumnistin Patty Dyphusa, die ihren Lesern regelmäßig das Neueste aus der Welt der Subkultur mitteilt. Die Schauspielerin Carmen Maura unterstützt das immer noch bei Telefónica jobbende Talent darin, ein Kinodrehbuch zu schreiben. Der Film *Pepi, Luci, Bom y otras chicas del montón* (*Pepi, Lucy, Bom und andere Mädchen aus der Clique*, 1980), der unter schwierigsten Produktionsbedingungen entsteht, kommt nach einjähriger Dreharbeit ins Kino und wird ein Szenehit. Die internationale Aufmerksamkeit, mit der die Künstler der Madrider *movida* begleitet werden, hilft Almodóvar, dessen Filme schnell professioneller und kommerziell erfolgreicher werden. *¿Qué he hecho yo para merecer esto?* (*Womit haben wir das verdient?*, 1984) wird, obwohl wie fast alle frühen Kinofilme Almodóvars von der spanischen Kritik verrissen, sein erster internationaler Erfolg. Für *Todo sobre mi madre* (*Alles über meine Mutter*, 1999) erhält Pedro Almodóvar im Jahr 2000 seinen 1. Oscar. Als er dem damaligen amerikanischen Präsidenten Bill Clinton begegnet, stellt er sich mit der abgewandelten John-Ford-Formel vor: »Mein Name ist Pedro Almodóvar. Ich drehe 90-Minuten-Filme.«

WISSENSWERTES

Die Stars
Sein erster Star war **Carmen Maura**. Wie Pedro Almodóvar ging auch sie aus der Madrider *movida* hervor. Sie arbeitete als Theater- und Fernsehschauspielerin. Bis zu einem folgenschweren Krach 1989 am Rande der Oscar-Verleihung spielte sie für Pedro Almodóvar die Nonne, Gattenmörderin, Transsexuelle und frustrierte Synchronsprecherin. Ihr folgte **Victoria Abril**, die mit *La lune dans le caniveau* (*Der Mond in der Gosse*, Jean-Jacques Beineix, 1982) international bekannt geworden war. Seit *Kika* (1993) ist in Almodóvars Kosmos der Platz der *Leading Lady* – obwohl zwischenzeitlich mit Schauspielerinnen wie Penélope Cruz attraktiv besetzt – letztlich verwaist. Ihre große Nase machte **Rossy De Palma** zeitweise zu einem Almodóvar Markenzeichen. Zwischen 1986 und 1995 trat sie in jedem seiner Filme auf, seither vermisst man ihre extravagante Schönheit. 1982 trat **Antonio Banderas** zum ersten Mal in einem Almodóvar-Film auf. Sein Auftritt als psychopathischer Liebhaber in *¡Átame!* (*Fessle mich*, 1990) war seine letzte Almodóvar-Rolle. Er arbeitet jetzt in Hollywood und ist für die unabhängig produzierenden Almodóvar-Brüder zu teuer.

EMPFEHLUNGEN

Fünf Filme:
- *Matador*
- *¡Átame!* (*Fessle mich!*)
- *Live Flesh*
- *Todo sobre mi madre* (*Alles über meine Mutter*)
- *Hable con ella* (*Sprich mit ihr*)

Lesenswert:
Christoph Haas: *Almodóvar. Kino der Leidenschaft*, München 2001

Pedro Almodóvar: *Patty Dyphusa und andere Texte*, Hamburg 1997

AUF DEN PUNKT GEBRACHT

Pedro Almodóvar prägte das Kino der Nach-Franco-Zeit und gehört heute zu den kreativsten Regisseuren des europäischen Kinos.

Kathryn Bigelow (geb. 1951)
Action und Intelligenz

■ Einbruch in die Männerdomäne: Action-Kino-Spezialistin Kathryn Bigelow

■ Keine Schnörkel: Jamie Lee Curtis in *Blue Steel* (1990)

Eine Technik, die es ermöglicht andere Menschen an Träumen, Sehnsüchten und Ängsten teilhaben zu lassen – so ließe sich Kino definieren. Doch hier geht es um einen ganz anderen Kick: Die Kappe, die sich die Junkies in *Strange Days* (1995) überziehen, entschlüsselt die geheimsten Assoziationen ihrer Träger und speichert ihre Glücks-, Allmachts-, Sex- und Gewaltphantasien für die Nachwelt. Wer in den Besitz der Kappe kommt, erhält nicht nur einen tiefen Einblick in die Psyche ihres vormaligen Trägers, sondern gerät in einen Zustand, in dem die Grenzen zwischen Realität und Traum, Gestern und Heute, zwischen Innen und Außen, Ich und Es aufgehoben sind. Wer die Maske aufsetzt, befindet sich im freien Fall – jenseits aller Fragen nach Raum und Zeit, Objektivität oder Subjektivität gibt es kein Halten mehr.

Der Voyeurismus, für den Hitchcock (s. S. 68) den Photographen in *Rear Window* (*Das Fenster zum Hof*, 1954) noch aus dem Fenster stürzen ließ und der auch Jahrzehnte später immer wieder moralische Debatten auslöst, ist hier längst kein Thema mehr. In einer Zukunft, in der alle Bilder, die realen wie die imaginären, zu jeder Zeit und von jedem abrufbar sind, wird die Frage nach Moral oder Unmoral zur akademischen Übung. In *Strange Days* gibt es keine fliegenden Autos, keine Klone und keine außerirdische Intelligenz, sondern allein eine Technologie, die an unserer alltäglichen Kinoerfahrung anknüpft und ein biss-

chen darüber hinausgeht. In der Zukunft, von der sie erzählt, ist ein Blick in das Innere unserer Nachbarn ebenso möglich wie der Blick in das eigene Innere. Es geht um das Sehen und um die Konsequenz, die sich für Sehende und Angesehene daraus ergibt.

Sich nicht in »Bildern zu verlieren« hat die ausgebildete Malerin Kathryn Bigelow schon früh als Maxime ihrer Arbeit bezeichnet. Das beginnt bei den Geschichten, die auf ihre schlichte Funktionalität reduziert sind. In *The Loveless* (1981) donnert Willem Dafoe auf seiner Harley in einen kleinen Ort, verliebt sich in die Tochter des Bürgermeisters und setzt eine Kettenreaktion in Gang, in der von Inzest bis Lynchjustiz durchbuchstabiert wird, was die idyllische Provinz zum wahren Ort des Horrors macht. In ihrem nächsten Film *Near Dark* (1987) lässt sich ein junger Cowboy von einem gut aussehenden weiblichen Vampir beißen und macht mit einer Gruppe herumziehender Vampire fortan das Land unsicher, ohne seine Ruhe wiederzufinden. *Blue Steel* (1990), Bigelows erster kommerzieller Erfolg, läuft umstandslos auf das Showdown zwischen der karriereorientierten Polizistin (Jamie Lee Curtis) und dem psychopathischen Killer hinaus, der ihr Ex-Lover ist. Aber gerade die manchmal bis zum Plakativen gesteigerte Klarheit der Geschichten ist es, die den Spielraum für die Entwicklung der Komplexität und Widersprüchlichkeit der Charaktere erweitert.

Die Eindimensionalität, die zum Actionkino genauso zu gehören scheint wie der omnipotente Held, hat Kathryn Bigelow immer unterlaufen. Ihre Hauptfiguren – gespielt von Jamie Lee

> **GEWALTFRAGE**
>
> *Gewalt interessiert mich wegen ihrer dramatischen Intensität. Für mich kann das Kino ein Fenster zu einem anderen Universum sein, zu Erfahrungen, die man im Alltagsleben nicht macht. Gewalt wird nie in einer um Nervenkitzel bemühten oder beliebigen Weise eingesetzt. Sie ist die Wahrheit der Figuren und insofern eine Notwendigkeit, aber ich glaube, mit ihr verantwortungsbewusst umzugehen.*
>
> Kathryn Bigelow, 1995

■ Neudefinition eines abgestandenen Genres: Bigelows Surfer-Film *Point Break (Gefährliche Brandung,* 1990)

■ Die Zukunft als Alptraum: *Strange Days* (1995)

■ Filme über Männer und Mythen: Kathryn Bigelow, Joss Ackland und John Shrapnel während der Arbeit an *K-19: The Widowmaker (K-19: Showdown in der Tiefe)*

Curtis in *Blue Steel*, Keanu Reeves und Patrick Swayze in *Point Break* (1991), Ralph Fiennes und Angela Bassett in *Strange Days* (1995), bis hin zu Liam Neeson und Harrison Ford in *K-19: The Widowmaker (K-19: Showdown in der Tiefe,* 2002) – zeichnet eine verstörende Normalität aus, die jenseits aller übermenschlichen physischen Leistungen, die sie vollbringen müssen, auf ein Leben verweist, das die spiegelglatte Oberfläche des Genres immer wieder durchbricht.

Die Stilisierung, die Bigelow in der Anlage ihrer Geschichten und Charaktere verfolgt, setzt sich in der Bildsprache fort. Ihre Farbpalette reicht vom monochromatischen *Blue Steel*, dem Farbe und Licht ausgetrieben sind, bis auf der dunklen Leinwand nur noch metallische Reflexe zu erkennen sind, über Zwei-Ton-Filme wie *The Loveless* (rot und türkis) und *K-19: The Widowmaker* (gelb und grau) bis hin zu Filmen, in denen mit Licht und Schatten die Ab- und Anwesenheit von Licht zum visuellen Leitmotiv wird (*Near Dark*; *Strange Days*).

Effekte, nur um der Effekte willen, fehlen im Kino der Kathryn Bigelow. Als *Strange Days* 1995 passend zum 100. Geburtstag des Kinos startete, reflektierte ihr Film wie kein anderer das Medium. Ausgerechnet ein handfester Actionfilm fragte nach der letzten Konsequenz der Bildwelten, von denen die Unterhaltungsindustrie lebt. Bigelows Antwort fiel so finster aus, dass auch das überraschende Happyend nicht mehr half. Der Film floppte. Heute gehört *Strange Days* neben *Blade Runner* (Ridley Scott, 1982) zu den zentralen Science-Fiction-Filmen des 20. Jahrhunderts und Kathryn Bigelow zu den wichtigsten Regisseuren der Jahrhundertwende.

DIE FRAU ALS AUTOR

Es liegt Bigelow viel daran, als Regisseur zu gelten. Daran, dass man ihr Frausein aus dem Spiel lässt. Aus der Perspektive einer feministischen Literaturwissenschaft, die eine weibliche Autorenschaft als ein schwieriges Unterfangen begreift, lässt sich das sehr wohl verstehen. Autor und Frau gehen traditionell nicht zusammen. Der Autor ist Schöpfer, ist autonom. In seinem Tun erhebt er sich über alles. Die Frau soll das nicht können, schreibt Barbara Vinken in *Dekonstruktiver Feminismus, weil ihr Schreiben nicht Kreation, sondern nur Ausfluss ihres Seins ist.*   Verena Mund, 1999

KATHRYN BIGELOW

 **BIOGRAPHIE**

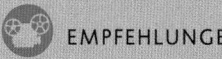 **EMPFEHLUNGEN**

Kathryn Bigelow wurde am 27. November 1951 in San Carlos, Kalifornien, geboren. Schon in ihrer Schulzeit begeisterte sie sich für Malerei. Als Studentin des San Francisco Art Institutes erlangte sie 1971 eines der renommierten Stipendien des Whitney Museums, zu dem neben einem Arbeitsplatz regelmäßige Korrekturen durch prominente Lehrer gehören. So begutachteten Richard Serra und Susan Sontag Arbeiten der jungen Malerin, die sich mit Konzeptkunst beschäftigte und sich der Avantgardegruppe »Art and Language« anschloss. In der Folgezeit arbeitete sie mit dem Konzeptkünstler Vito Acconci zusammen, für dessen Performances sie Einspielfilme drehte. Ihr Filmstudium an der Columbia Film School beendete sie mit dem Kurzfilm *The Set-Up* (1978). Im Mittelpunkt des Films steht die Schlägerei zweier Männer, die zwanzig Minuten lang von zwei Philosophieprofessoren kommentiert wird. Schon Bigelows erster (gemeinsam mit Monty Montgomery) realisierte Spielfilm *The Loveless* (1982) zeigt den Mut und Stilwillen, der ihre Arbeiten in den Folgejahren auszeichnen wird. In seiner ersten Hauptrolle spielt Willem Dafoe einen Motorradfahrer, der in einem Provinznest strandet, was den ländlichen Kosmos so durcheinanderbringt, wie es Lee Marvin in Laslo Benedeks *The Wild One* (1954), auf den sich Bigelow/Montgomery hier beziehen, nicht besser gelang. *Near Dark* (1987), der erste Film, bei dem Bigelow allein Regie führte, bezeichnete ihren Durchbruch als Regisseurin des »poetischen Horrors«, was eine Festlegung bedeutete, die sie gleich mit ihrem nächsten Film unterlief. *Blue Steel* (1990) ist so eisig und sexy wie kein Hollywoodfilm zuvor. Der Film, mit Jamie Lee Curtis in der Hauptrolle, wird ein großer kommerzieller Erfolg. *Strange Days* (1995) ist der zwischenzeitliche Höhe- und (zumindest kommerzielle) Scheitelpunkt ihrer Karriere. Der filmästhetische Parforceritt dieser düsteren Milleniumsapokalypse wurde von der Filmkritik zwar gefeiert, vom Publikum jedoch nicht so beachtet, als dass die hohen Produktionskosten hätten wieder eingespielt werden können. Den nachfolgenden Filmen ging es ähnlich. Eines ihrer Lieblingsprojekte konnte Kathryn Bigelow bislang noch nicht verwirklichen. Nachdem 1996 der Produzent Luc Besson kurz vor Drehbeginn ihr Jean-d'Arc-Projekt gestoppt hatte, um es mit Mila Jovovich in der Titelrolle 1999 selbst zu verfilmen, steht Kathryn Bigelows Interpretation der Legende immer noch aus.

Fünf Filme:
- The Loveless
- Near Dark
- Blue Steel
- Point Break
- Strange Days

Lesenswert:
Heike Depenbrock, Welf Kienast, Wolfgang Struck (Hg.): *Körpereinsatz. Das Kino der Kathryn Bigelow*, Marburg 1999

Anklickenswert:
http://www.kathrynbigelow.com

 AUF DEN PUNKT GEBRACHT

Dass Actionkino mehr sein kann, als die sich zu einem vorhersehbaren Höhepunkt schraubende Verknüpfung optischer und akustischer Schocks, beweist Kathryn Bigelow mit jedem ihrer Filme. Sie gehört zu den stilbildenden Regisseuren ihrer Generation.

Tim Burton (geb. 1958)
Ein amerikanischer Surrealist

■ Tim Burton: Meister aller Zeichen und Codes

■ Rettung für Gotham City: Michael Keaton in *Batman Returns* (*Batmans Rückkehr*, 1992)

»Weitgehend nervtötend« erschien dem Filmdienst-Rezensenten 1986 das Video *Pee-Wees irre Abenteuer*. So und nicht anders muss einem europäischen Publikum dieser Debütfilm vorkommen, der alles besitzt, was der seriösen Filmkritik aufstößt. Der Film ist laut, bunt, seine Dramaturgie gleicht einer Nummernrevue, und er benutzt das falsche Bezugssystem. Wer bei *Pee-Wee's big Adventure* mitlachen will, sollte das amerikanische Fernsehen genauso kennen wie die Langeweile der Kids in den Suburbs der US-Metropolen. Heute erscheint Tim Burtons erster langer Spielfilm als ein vergessenes Meisterstück, das schon ganz die Handschrift seines Schöpfers erkennen lässt, dabei jedoch unvergleichlich härter wirkt als seine eleganten späteren Filme.

Paul Reuben spielt Pee-Wee Herman, das ewige Kind, das allein in einem mit skurrilen Gerätschaften vollgepackten Kinderparadies lebt. Von hier bricht er mit seinem heiß geliebten Fahrrad, einem mit allem erdenklichen Zubehör aufgemöbeltem Cruiser, in die Welt auf. Das Rad wird geklaut. Die Suche danach führt Pee-Wee und sein Publikum durch ein kunterbuntes Amerika, durch ein Land, das der Retorte des Kinderfernsehens entsprungen zu sein scheint. Hier leben Menschen, die es so nur in den schnell heruntergedrehten Vorabendserien und Soaps gibt. Niemand muss wirklich arbeiten, alle sind blitzsauber angezogen oder so verdreckt, dass auch dies nur wie eine Verkleidung wirkt. Es gibt fratzenhafte Schurken, debile Fettklöße, naive Mädchen mit Piepsstimme, tumbe Polizisten, herzensgute Rabauken, und über allem liegt die kreischende Hysterie des Kasperltheaters.

In den USA war der Film ein großer Erfolg, und das lag nicht zuletzt an der Popularität seines Hauptdarstellers. Mit seinen Fernsehshows *The Pee-Wee Herman Show* und *Pee-Wee's Playhouse* gehörte Paul Reuben zwischen

1980 und 1991 zu den beliebtesten Komikern der USA. Seine Karriere endete abrupt, nachdem er in einem Pornokino aufgegriffen und wegen »indecent exposure« (Erregung öffentlichen Ärgernisses) angezeigt wurde. Das passte nicht zu der besonders bei Teenagern beliebten Kunstfigur, die in ihrer androgynen Kostümierung mit Rouge auf den Wangen, gelsatter Frisur und viel zu engem Anzug auf jede sexuelle Konnotation verzichtet. Sex blieb bei Pee-Wee Herman so ausgespart wie in einem Doris-Day-Film, und gerade das ließ reichlich Raum für Interpretationen. In Tim Burtons Film befindet sich Pee-Wee auf dem Höhepunkt seiner Popularität. Alle Macken und Marotten werden ausgespielt, Zitat und Selbstzitat, Klischee und schlechte Kopie – der Fundus der Filmgeschichte wird genauso geplündert wie der des Fernsehens und des eigenen Showprogramms. Die Welt als ein Meer aus Zeichen und Codes und Pee-Wee Herman als ihr postmoderner Clown.

■ Der schlechteste Regisseur aller Zeiten: Johnny Depp in *Ed Wood* (1994)

Damit war Tim Burton nicht nur eine wunderbare Komödie gelungen, er befand sich auch auf der Höhe der Zeit. Denn der postmoderne Diskurs, dem er mit seinen Filmen in den Folgejahren das Anschauungsmaterial lieferte, griff auf, was Burton schon immer gemacht hat und was einen zentralen Bestandteil seiner Ästhetik darstellt. Seit *Vincent* (1982) und *Frankenweenie* (1984), seinen für Disney produzierten Kurzfilmen, arbeitete er mit Bildern, Versatzstücken, vergessenen Stars und Legenden der Popkultur an einer eigenen Mythologie, die so einzigartig ist wie die Federico Fellinis (s. S. 140), der mit dem derbem Humor des Varietés und seinen haarsträubenden Sensationen ebenfalls die Kinderattraktionen seiner Jugend heraufbeschwor. Dafür werden beide von Kritikern und Filmwissenschaftlern gelobt, aber auch das Publikum erfreut sich an den phantastischen Dekors, bizarren Helden und absurden Geschichten. Als gemäßigte Surrealisten sind Burton wie Fellini Teil einer Avantgarde, die den Kontakt zum Massenpublikum nie verloren hat.

Deutlich wird dies bei Burtons Batman-Filmen, die

GEMALTER FILM
Wenn es einen Film gibt, von dem gesagt werden kann, er sei wie mit dem Pinsel gemalt, dann ist es Sleepy hollow. Schlafwandlerisch sicher setzt Burton die filmischen Mittel ein ... Von der Hudson River School beeinflusst, entfaltet sich vor unserem Auge eine suggestive Traumlandschaft, bis in den Hintergrund beseelt von erhabener Naturhaftigkeit, von flirrenden Gewässern, feuergelben Sonnen, die durch dickwattige Wolkendecken aufblitzen, endlosen Feldern und Wiesen, finsteren Wäldern. Die Landschaft atmet Melancholie, strahlt gleichermaßen Energie und Trägheit aus.
Helmut Merschmann, 2000

■ Kino, das nicht nur technisch auf der Höhe der Zeit ist: Szene aus *Mars attacks!* (1996)

■ Burton am Set von *Ed Wood* (1994)
»Ich glaube der Grund, warum ich Fellinis Filme immer mochte, liegt in seiner Kunst, den Geist und die Magie des Filmemachens einzufangen. Er schuf Bilder, die man erfühlen konnte, auch wenn man sie nicht verstanden hatte.« Tim Burton

beide Box-Office-Hits wurden, was nicht nur an der gigantischen Werbekampagne liegen kann. Wie weit sich Burtons Ästhetik vom Blockbuster-Mainstream entfernt, zeigt schon das Intro zu *Batman returns* (*Batmans Rückkehr*, 1992) mit dem in der Kanalisation ausgesetzten Säugling, der von dort lebenden Pinguinen gefunden und aufgezogen wird. Die Exposition erklärt hier den Hintergrund und das Handlungsmotiv (Hass auf die Gesellschaft) des Batman-Gegenspielers Penguin (Danny DeVito), führt aber vor allem in eine märchenhafte Kinderwelt, in der das Grauen knatschbunt ist. Eine phantastische Studiolandschaft (Production Design Bo Welch), eine Mischung aus Realfilm und Puppentrick ergeben eine Ästhetik, die jeden Abbildrealismus verweigert. Tatsächlich lassen sich Burtons Batman-Filme in ihrer comicartigen Überzeichnung auch als abstrakte Abhandlungen über die Beziehung von Individuum und Gesellschaft, Macht und Gewalt lesen. Dass sie blendend unterhalten, steht dazu nicht im Widerspruch.

Seit dem kommerziellen Erfolg dieser Filme genießt Burton begrenzte Narrenfreiheit. Projekte wie *Ed Wood* (1994), über den schlechtesten Regisseur der Welt, die Katastrophenfilm-Groteske *Mars attacks!* (1996) oder *Planet of the Apes* (2001) nach dem erfolgreichen Sequel *Planet of the Apes* (*Planet der Affen*, 1967, 1969, 1971, 1972, 1973) erlauben sich eine Spottlust auf die rastlose Mythenproduktion der Traumfabrik, die selbst wirklichen Liebhabern keineswegs eingeräumt wird. Die Fadenscheinigkeit der Kinoillusionen so auszustellen wird in Hollywood nur erlaubt, wem damit Publikumhits gelingen. Und da ist Tim Burton immer noch der einzige.

TIM BURTON

 ## BIOGRAPHIE

Der am 25. August 1958 geborene Tim Burton wuchs in Burbank auf, dem Stadtteil von Los Angeles, in dem Disney, Warner und Columbia ihre Studios haben. Er studierte am California Institute of the Arts und ergatterte einen Platz in dem dortigen Trickfilmprogramm, was ihn früh mit dem Disney-Studio zusammenbrachte, das seinen Nachwuchs aus diesem Studiengang rekrutierte. 1979 arbeitete der Disney-Angestellte als Zeichner bei The Fox and the Hound (Cap und Capper – Zwei Freunde auf acht Pfoten, Art Stevens, Ted Bergman, Richard Rich, 1981). Hier hatte er vor allem die Szenen mit dem kleinen Fuchs zu zeichnen, was »cute little foxes« fortan zu persönlichen Hassobjekten werden ließ. Seine Vincent-Price-Hommage Vincent (1982), ein Schwarzweiß-Zeichen- und Puppentrickfilm mit dem eleganten Horrordarsteller als Off-Erzähler und der ebenfalls auf Schwarzweiß-Material gedrehte Frankenweenie (1984) sind seine ersten eigenen Filme für Disney, die, eher bestaunt als anerkannt, umstandslos im Archiv verschwanden. Frankenweenie erzählt die Geschichte eines Jungen, der seinen totgefahrenen Hund, mit einem Stromschlag reanimiert. Die liebevolle Paraphrase von The Bride of Frankenstein (Frankensteins Braut, James Whale, 1935) produzierte Burton für Disneys Kinderkanal. Pädagogisch bedenklich und vor allem zu düster fanden die damals Verantwortlichen den mit Shelley Duvall und Daniel Stern prominent besetzten Halbstünder. Der Fernsehkomiker Paul Reuben sah den Film und heuerte Burton als Regisseur für sein Kinodebüt. Pee-Wee's big Adventure (1985), das in Deutschland nur auf Video herausgebracht wurde, war in den USA ein Überraschungshit. Der kommerzielle Erfolg der folgenden Komödie Beetlejuice (1988) und vor allem des Films Batman (1989) sorgte dafür, dass die Hollywood Studios Tim Burton den Freiraum einräumten, der in den Folgejahren Filme wie Edward Scissorhands (Edward mit den Scherenhänden, 1990), Ed Wood (1994), Mars attacks! (1996) oder Planet of the Apes (Planet der Affen, 2001) möglich machte.

 ## WISSENSWERTES

Der Musiker
Am 29. Mai 1953 wurde **Danny Elfman** in Amarillo, Texas, geboren. Für seinen Bruder Richard, mit dem er in den 1970ern in einer Band auftrat, komponierte er seinen ersten Soundtrack. Forbidden Zone (Totaler Sperrbezirk, Richard Elfman, 1980) fiel mit seiner Anlehnung an The Rocky Horror Pictureshow (Jim Sharman, 1974) in Deutschland bei der Kritik durch. Allein die Musik gefiel, was jedoch nicht dazu führte, dass Danny Elfman, der in Forbidden Zone auch in der Rolle des Satans auftritt, weiter für den Film komponierte. In den Folgejahren arbeitete er mit der Band Oingo-Boingo, die einen legendären Ruf erlangte. Durch Oingo-Boingo auf ihn aufmerksam geworden, engagierte Tim Burton Elfman für den Soundtrack zu seinem ersten abendfüllenden Spielfilm Pee-Wee's big Adventure (1985). Seither sind die Kompositionen Elfmans integraler Bestandteil des Kinos von Tim Burton. Elfman gehört zu den vielbeschäftigten Filmkomponisten, der neben der Musik zu Filmen wie Good will hunting (Gus Van Sant, 1997) auch den Score zu Sequels wie Men in Black (Barry Sonnenfeld, 1997/ 2003), Terminator 3: Rise of the machines (Jonathan Mostow, 2003) oder Spider-Man (Sam Raimi, 2002/ 2004) komponierte.

 ## EMPFEHLUNGEN

Fünf Filme:
- Frankenweenie
- Pee-Wee's big Adventure (Pee Wees irre Abenteuer)
- Edward Scissorhands (Edward mit den Scherenhänden)
- Mars attacks!
- Sleepy Hollow

Lesenswert:
Helmut Merschmann:
Tim Burton, Berlin 2000

 ## AUF DEN PUNKT GEBRACHT

Er ist Hollywoods Mann, wenn es gilt, das große Publikum mit der Avantgarde zu versöhnen. So hohen Unterhaltungswert hat moderne Kunst selten.

Lars von Trier (geb. 1956)
Reise ins Licht

■ Stilistischer Höhepunkt: Szenenphoto aus *Europa* (1990)

Schon 1987, da war er gerade 31 Jahre alt, feierte das Hamburger Low Budget Filmforum den »Visonär aus dem Norden« mit einer Werkschau. Da umfaßte Lars von Triers Werk gerade drei längere und vier kürzere Filme, und *Europa* (1991), der seinen internationalen Durchbruch bedeutete, war noch nicht gedreht. Trotzdem schien die frühe Würdigung gerechtfertigt. Zu ungewöhnlich waren seine Filme, ihre mysteriöse Atmosphäre, die Geschichten und die Perfektion, mit der sie gemacht waren. Von angestrengter Filmhochschulkunst keine Spur. Hier wusste einer ganz genau, was er tat.

Europa sollte der Abschluss der Europa-Trilogie werden, die mit *The Element of Crime* (*Forbrydelsens element*, 1984) und *Epidemic* (1987) begann. Lars von Triers Europa ist ein magischer, ein gefährlicher Ort, in dem Menschen wohnen, die ihren Lebensgeschichten eher ausgeliefert sind, als dass sie auf sie Einfluss nehmen könnten. Europa ist eine in Auflösung begriffene Welt, umgeben von apokalyptischer Finsternis, eine Welt, die entweder verschlingt oder ihre Bewohner in ein gleißendes Licht auspuckt. Bei *The Element of Crime* durchdringt eine triefende Nässe die Bilder, bis die Konturen sich aufzulösen beginnen und die Nacht die Geschichte vom Serienmörder und seinem Jäger vollends geschluckt hat. Bei *Epidemic* führt der Versuch, einem abgestürzten Computer das gerade fertiggestellte Drehbuch zu entlocken, zur vollkommenen Dekonstruktion der Gegenwart. Die Grenzen zwischen Raum und Zeit verschwimmen, als ein Arzt eine an einer geheimnisvollen Epidemie erkrankten Frau hypnotisiert, die mit einem Mal Details erzählt, die aus dem Drehbuch stammen, das auf der Festplatte verschollen ist. Lars von Triers Europa ist ein finsterer, unwirtlicher Ort.

Das Finale der Trilogie steigert diesen Eindruck noch. Die Geschichte von *Europa* gleicht einer Umkehrung von Kafkas Amerika-Fragment. 1945 kehrt Leopold, ein deutschstämmiger Amerikaner, in das verwüstete Deutschland zurück. Sein Onkel bringt ihn als Schlafwagenschaffner unter. Er verliebt sich in eine geheimnisvolle Reisende. Sie ist tagsüber eine schöne, begehrenswerte Frau und nachts eine Werwölfin, die Anschläge auf Antifaschisten verübt. Opernhaft ist die Inszenierung des Schwarzweiß-Films, in dessen harte Kontraste unversehens Farbe eindringt, wenn sich eine Blutlache ausbreitet. Die tiefen Räume sind durch Licht und Schatten strukturiert. Sie sind reine Abstraktion, ähnlich den Räumen in Filmen wie *Touch of Evil* (*Im Zeichen des Bösen*, Orson Welles 1957) oder *The Lady from Shanghai* (Orson Welles 1946), die allein in der Imagination der Charaktere zu existieren scheinen. *Europa* endet mit einer der schönsten Plansequenzen der Filmgeschichte: Leopold verlässt das Elternhaus seiner Geliebten, die Kamera zieht sich zurück, erfaßt die umgestürzten Wagen einer Modelleisenbahn, fährt weiter zurück durch das geborstene Dach der Villa, sinkt außen am Haus hinab und schwenkt in die Bewegung eines anfahrenden Zuges, in dem jetzt Leopold mit seiner Geliebten und dem Onkel sitzt.

■ An der Blechpresse singen: Cathérine Deneuve in *Dancer in the Dark* (2000)

Europa markiert das Ende einer Entwicklung. Den technischen Aufwand dieser Studioproduktion muss Lars von Trier als Behinderung empfunden haben. Die anschließende Produktion *Geister* (*Riget*, 1994), ein Fernsehmehrteiler über die geheimnisvollen Vorgänge in einem Krankenhauskomplex, bezieht in nahezu allen Punkten die Gegenposition: Der Stoff stellt eine Mischung aus Krankenhaussoap und Horrorfilm dar, ist ausnahmslos mit der Handkamera aufgenommen, die nah an den Protagonisten bleibt,

■ Antidogmatisch: Dogma-Autor und Regisseur Lars von Trier bei den Dreharbeiten zu *Die Idioten* (*Idioterne*, 1998)

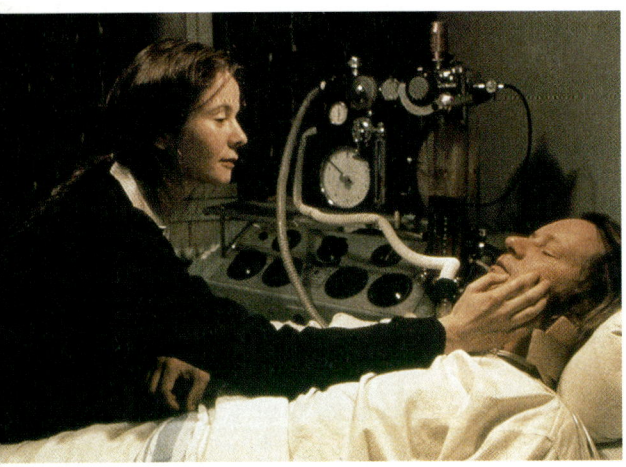

■ Fingerbreit am Kitsch vorbei: Emily Watson und Stellan Skarsgård in *Breaking the Waves* (1996)

und die Atmosphäre gleicht eher einem hysterischen Gelächter als der Bedrohung, die die Europa-Trilogie durchdringt. So einen Befreiungsschlag, als den Lars von Trier *Geister* bezeichnete, wurde auch *Die Idioten* (*Idioterne*, 1998). Der mit Digitalkameras aufgenommene Film um eine Gruppe zwanzig- bis dreißigjähriger, die sich als Behinderte ausgeben, um die Toleranz der Gesellschaft auf die Probe zu stellen, wirkt über weite Strecken wie eine Schauspielimprovisation vor laufender Kamera. Der Film folgt den Regeln des Dogma-Manifests (s. S. 255), das der erklärte Manifest-Freund von Trier mit seinem Kollegen Thomas Vinterberg 1995 formulierte. Vinterbergs *Das Fest* (*Festen*, 1995) war kurz darauf der erste internationale Erfolg eines Dogma-Films.

Dabei bleibt der Verdacht, dass die im Dogma-Manifest geforderte Selbstbeschränkung, im Originaltext: »Keuschheitsgelübde«, – es darf nur an Originalschauplätzen mit Originalton und Handkamera gedreht werden, es sollen keine Genregeschichten erzählt werden – lediglich eine wirkungsvolle Marketingkampagne war. Weder Thomas Vinterberg, dessen nächster Kinofilm *It's all about Love* (2002) eine reine Studioproduktion wurde, noch Lars von Trier unterwarfen sich weiterhin dem rigiden Regelwerk.

Lars von Trier favorisiert sowieso eine andere Interpretation seiner Filme. *Breaking the Waves* (1996), *Die Idioten* und *Dancer in the Dark* (2000) fasst er als »Goldherz-Trilogie« zusammen. Nach der dunklen, in ihrer technischen Brillanz oft kalt wirkenden Europa-Trilogie verkörpern die Goldherz-Filme den Einbruch des Lebens in die Filmwelten von Triers. Doch die verstörenden Momente bleiben bestehen. Die Naivität der Geschichten, die man zu erkennen glaubt, wenn eine Frau durch Selbstaufgabe die Wunderheilung des Mannes bewirkt (*Breaking the Waves*), wenn die anarchischen Spiele einer Wohngemeinschaft eine kaltherzige Gesellschaft läutern (*Die Idioten*) oder wenn die sehbehinderte Mutter sich für die einzige Tochter aufopfert (*Dancer in the Dark*), wirft auch ein Schlaglicht auf die seelische Verfassung eines Publikums, das sich der hohen Emotionalität solcher Geschichten schämt und über die Skrupellosigkeit staunt, mit der von Trier diesen vermeintlichen Kitsch auch noch hervorhebt.

> *Warum Trilogien? Daran sind wohl die Schweden schuld! Bergman mit seinen Trilogien. Andererseits ist es ganz praktisch, man denke da nur an Socken, die im Kaufhaus im Dreierpack angeboten werden. So läuft es auch im Filmgeschäft: Filme werden im Dreierpack verkauft. Für einen guten Film muss ein Verleiher zwei miserable mit in Kauf nehmen.*
>
> Lars von Trier

LARS VON TRIER

 ## BIOGRAPHIE

Lars von Trier wurde am 30. April 1956 in Kopenhagen geboren. Er wurde antiautoritär erzogen und beendete seine Schulausbildung vor Ablauf des 7. Schuljahrs. Durch seinen Onkel, den Dokumentarfilmer Børge Høst, begann er früh, sich für Film zu interessieren. Mit 12 spielte er in der Kinder-TV-Serie *Hemmelig sommer* (*Geheimer Sommer*, Thomas Winding, 1968) mit. Mit 17 bewarb er sich zum ersten Mal erfolglos an der Filmhochschule. Stattdessen wurde er Mitglied eines Amateurfilmclubs, der über eine eigene Filmausrüstung verfügte. Zwei einstündige Filme entstanden, von denen der von Marguerite Duras *India Song* (1975) beeinflusste *Menthe – la bienheureuse* (1979) komplett auf französisch inszeniert wurde, das von Trier nicht spricht. Hier experimentierte er auch zum ersten Mal mit einer Rückprojektion. 1979 wurde er auf Den Danske Filmskole angenommen. *Bilder der Befreiung* (*Befrielsesbilleder*, 1982) über das Ende der deutschen Besatzungszeit in Dänemark, war sein Abschlussfilm. Mit *The Element of Crime* (1984) begann Lars von Trier seine Europa-Trilogie. Ihr Abschlussfilm *Europa* (1991) wurde auf dem Internationalen Festival von Cannes ausgezeichnet. Auch die folgenden Filme *Breaking the Waves* (1996), *Die Idioten* (*Idioterne*, 1998) und *Dancer in the Dark* (2000) wurden große Festival- und Publikumserfolge. Lars von Trier lebt in Kopenhagen.

 ## WISSENSWERTES

Die Lieblingsschauspieler
Seit *Epidemic* (1987) tritt **Udo Kier** regelmäßig in Filmen von Lars von Trier auf. Er wurde am 14. Oktober 1944 in Köln geboren und ist der einzige internationale Filmstar aus Deutschland. Seit 1970 arbeitete er unter anderem mit Paul Morrisey, Rainer Werner Fassbinder, Wim Wenders, Dario Argento und Gus Van Sant zusammen, trat in kommerziellen Hits an der Seite von Michael J. Fox genauso auf wie in indizierten Splatterfilmen oder Avantgardeproduktionen. Udo Kier ist der Patenonkel der Kinder von Lars von Trier. Er lebt in Kalifornien und Köln. **Ernst-Hugo Järegård** spielte in *Europa* den Onkel, der Leopold den Job als Schlafwagenschaffner verschafft. Er war einer der profiliertesten schwedischen Theaterschauspieler. Gelegentlich übernahm er Fernsehrollen. »Seine Person und seine ganze Art strahlen eine große Aggression aus« (von Trier). Mit seiner Rolle des schwedischen Chefarztes Helmer, der seinen Hass auf alles Dänische kultiviert, wurde Järegård in Triers Fernsehmehrteiler *Geister* (*Riget*) populär. Zu einer dänischen TV-Ikone machte ihn sein Auftritt in Lars von Triers Werbeclip für die dänische Abendzeitung »Extrabladet«. Ernst-Hugo Järegård starb am 6. September 1998.

Dogma
Außerdem gelobe ich als Filmemacher, von persönlichem Geschmack Abstand zu nehmen! Ich bin kein Künstler mehr. Ich verspreche davon abzusehen, ein »Werk« zu schaffen, bei dem ich den Augenblick der Ganzheit vorziehe. Mein höchstes Ziel ist es, von meinen Mitwirkenden und meinen Szenerien die Wahrheit einzufordern. Das will ich mit allen Mitteln fördern und auf Kosten des guten Geschmacks und jeglicher Ästhetik. Hiermit lege ich das KEUSCHHEITSGELÜBDE ab.

Schlussabsatz aus
Manifest 4 – Dogma 95

 ## EMPFEHLUNGEN

Fünf Filme:
- *The Element of Crime*
- *Europa*
- *Breaking the Waves*
- *Die Idioten*
- *Dogville*

Lesenswert:
Marion Müller: *Vexierbilder. Die Filmwelten des Lars von Trier*, St. Augustin 2002

Stig Björkman: *Trier über von Trier*, Hamburg 2001

Achim Forst: *Breaking The Dreams. Das Kino des Lars von Trier*, Marburg 1998

 ## AUF DEN PUNKT GEBRACHT

Vom mysteriösen Thriller bis zum Melodram – Lars von Trier gehört zu den vielseitigsten Regisseuren des europäischen Kinos.

Jane Campion (geb. 1954)
Pazifische Bilderstürme

Manchmal scheinen Filme nur für ein einziges Bild gemacht zu sein. Das Klavier und die Frau, die im Meer versinken, verbunden durch das Seil, das sich um den Schnürstiefel der Frau geschlungen hat – zwei im Tod vereinte Liebende auf dem Weg zum Meeresgrund oder in den Himmel. Dagegen fehlt dem Bild aus der Schlussszene von *The Piano* (1993) jede Dramatik, und das unglaubwürdige Happyend ist längst vergessen, wenn das Blau des Pazifiks und die letzten Musikfetzen der Partitur wieder einmal die Erinnerung heimsuchen. Ein ebenso einprägsames Bild liefert das rothaarige Mädchen vor den unfassbar grünen Hügeln, das sich immer die Hand vor den Mund hält, damit man ihre braunen Zähne nicht sieht: Janet aus *An Angel at my Table* (1990) wird einmal Schriftstellerin werden, doch die Erfahrungen mit Armut und Schüchternheit brennen sich dem Zuschauer mit diesem Bild ein. Sweetie, die manisch exaltierte Dicke aus dem gleichnamigen Film von 1989, funkelt nackt und schwarz wie ein vom Zöllner Rousseau gemaltes Raubtier in ihrer uneinnehmbaren Baumhöhle, aus der sie in den Tod stürzen wird, weil sie in der Gesellschaft einfach keinen Platz findet. Und von Isabel Archer sind es der unwahrscheinlich gerade Rücken und die erstaunt geweiteten Augen, von der sich die Erinnerung an *Portrait of a Lady* (1996) nicht lösen will.

■ Bilder, die in Erinnerung bleiben: die Regisseurin Jane Campion

Jane Campion hat diese Bilder erfunden; Bilder, die schon von den Geschichten durchdrungen sind, die Campion in diesen Filmen erzählt. Es geht um junge Frauen auf der Suche nach ihrer Identität, ihrem Platz im Leben, in der Gesellschaft und um ihren Kampf gegen Rollenbilder und Vorurteile. Damit ließe sich Jane Campion hervorragend als Frauenfilmerin bezeichnen, was aber viel zu kurz greift, weil dies bestenfalls die gesellschaftliche Dimension ihrer Geschichten trifft und den visuellen Reichtum ihrer Filmsprache unberücksichtigt lässt.

Sweetie, Jane Campions Spielfilmdebüt, stellte bei seiner Premiere eine filmästhetische Sensation dar und fasziniert auch heute noch. Der virtuose Wechsel von Realitätsebenen und Tagtraumsequenzen, die immer auch kleine Exkurse in das Genre des Experimentalfilms ermöglichen, von schrillen Post-Punk-Tableaus, aus denen sich die anrührendsten Szenen entwickeln sowie einer tagebuchartigen Off-Kommentierung, markierte die Gegenposition zum damals populären Zitatenkino, das beliebig zusammenrührte, was nicht zusammengehörte.

■ Auf Janet Frames Spuren: Alexia Keogh in *An Angel at my Table (Ein Engel an meiner Tafel*, 1990)

Um so größer war das Erstaunen bei Campions nächstem Film. Auf den ersten Blick ist die Fernsehproduktion *An Angel at my Table* überraschend konventionell. Doch je länger der Film dauert, desto deutlicher tritt die innere Landschaft der Hauptfigur hervor: die leuchtend grünen Hügel Neuseelands, der allgegenwärtige Wind und das Meer werden zum Schatten dieser Janet Frame. Schreibend befreit sie sich aus der Vormundschaft von Psychiatrie, Familie, Männern, und Jane Campion folgt ihr in die Welt ihrer Bilder.

Mit ihrem dritten abendfüllenden Spielfilm gelingt Jane Campion dann der ganz große Wurf. *The Piano* erzählt von Ada, die mit Tochter und Klavier von Europa in die neuseeländische Einöde zu einem ihr unbekannten Mann zieht. Die Gewalt der Bilder, die immer auf die Unvereinbarkeit einer städtischen Zivilisation mit Reifrock, Klavierstunde und gestärktem Tischtuch und dem Überlebenskampf am Rande des Buschs hinauslaufen sowie das süßliche musikalische Leitmotiv von Michael Nyman entfachen eine emotionale Dynamik, der sich niemand entziehen kann. Dabei ist der Film in seiner Schilderung eines Konflikts überraschend vielschichtig. Es geht nicht um die Denunziation des richtigen oder falschen Lebens, vielmehr steht die Verwirrung der Gefühle im Mittelpunkt, die Einsamkeit und der Versuch, ihr zu entkommen. Die Beziehung zwischen Ada (Holly Hunter), Stewart (Sam Neil) und Baines (Harvey Keitel) inszeniert Campion als ein Geflecht aus

NEUES SEHEN
Jane Campion zeigt, was man sonst im Kino nicht sieht. Sie setzt in Szene, wofür Menschen sich schämen und was die offizielle Geschichtsschreibung verschweigt: die Menstruationsblutung zum Beispiel. Die Familie als Gewaltakt. Studentenleben nicht als große Party, sondern als schrecklich einsame Angelegenheit. Die Schwierigkeit für eine viktorianische Frau, mit Krinoline zu pinkeln. Und Italien ohne Sonne. Das alte Europa aus dem Blickwinkel einer Neuseeländerin: ein Gefängnis der Konvention. Christiane Peitz, 1997

■ Am Ende der Welt: Filmplakat zu *The Piano* (*Das Piano*, 1992)

Perspektiven. Drei Menschen belauern sich, beobachten sich, verletzen sich, und nur Adas Tochter Flora (Anna Paquin) hält die Distanz, die Ada sich erst dann wieder erkämpft hat, als sie den Befehl gibt, ihr geliebtes Klavier über Bord zu werfen.

Dem visuellen Reichtum der Filme entspricht ihre akustische Komplexität. Fernes Wispern, lautes Kreischen, Knarren, Klopfen, Knarzen, das Rauschen von Wind und Wellen und das Rascheln des Laubes sind allgegenwärtig. Mal folgt die Tonspur der Wahrnehmung einer Figur, bildet den subjektiven Resonanzkörper, der die Impulse der Umwelt verzerrt, bis nichts mehr so ist, wie es war, mal zeichnet die Tonspur einen Originalton auf, der so vielfältig ist, dass sich ein akustisches Universum offenbart.

Portrait of a Lady (1996), nach der gleichnamigen Erzählung von Henry James, verbindet den filmsprachlichen Einfallsreichtum von Campions Debütfilm *Sweetie* mit der formalen Strenge von *The Piano*. Die literarische Vorlage wird nicht unter dem reichen Fundus historischer Kostüme und einer Starbesetzung begraben, sondern geradezu freigelegt, wenn sich die Reiseeindrücke der Lady zu einem Begehren steigern, dass Henry James seiner Protagonistin so nicht zugestanden hat.

Genregrenzen, Strukturen und eine lehrbuchhafte Dramaturgie, wie sie bei Filmprojekten dieser Größenordnung üblich sind, um die Finanziers in Sicherheit zu wiegen, gibt es bei Jane Campion nicht. Auch deswegen dauert es immer länger, bis einer ihrer Filme ins Kino kommt. *Holy Smoke* (1999), die Geschichte einer Indienreisenden (Kate Winselet), deren Familie einen Sektenspezialisten (Harvey Keitel) anheuert, um die Tochter aus den Händen eines Gurus zu befreien, wird in Deutschland derzeit nur auf Video vertrieben – und als Roman, den Jane Campion gemeinsam mit ihrer Schwester Anna geschrieben hat. Manchmal überfordern Jane Campions Bildwelten eben die Phantasie von Kinoverleihen.

JANE CAMPION

 ## BIOGRAPHIE

Jane Campion wird am 30. April 1954 in Wellington, Neuseeland, geboren. Ihre Eltern sind Künstler. Nach der Schule studiert sie Anthropologie und im Anschluss Malerei an der Kunsthochschule in Sidney. Sie beschäftigt sich mit modernem Tanz, inszeniert Theaterstücke und beginnt Anfang der 1980er Jahre ein Studium an der Australien School of Film and Television. Ihr erster Kurzfilm *Peel* (1982) über den Sonntagsausflug einer Familie wird auf dem Internationalen Filmfestival in Cannes mit der *Goldenen Palme* ausgezeichnet. Mit ihrem, ebenfalls in Cannes ausgezeichneten, Spielfilmdebüt *Sweetie* (1989) dreht sie den ersten international erfolgreichen australischen Independent-Film. Das für das australische Fernsehen produzierte dreiteilige Porträt *An Angel at my Table* (1990) über die neuseeländische Autorin Janet Frame erringt bei den Internationalen Filmfestspielen in Berlin einen *Bären* und wird in Europa ein Kinoerfolg. Doch der internationale Durchbruch gelingt Campion erst mit der amerikanischen Independent-Produktion *The Piano*, die ein weltweiter Kinoerfolg wird. Jane Campion lebt in Sidney.

 ## WISSENSWERTES

Der Komponist
Die Musik für *The Piano* komponierte **Michael Nyman**. Das romantische Klavierthema, das sich durch den Film zieht, schrieb er später zu einem Klavierkonzert um, dessen latenter Kitsch dem Minimalart-Komponisten die Kritik eintrug, der »Richard Kleidermann der gebildeten Stände« (*Frankfurter Rundschau*) zu sein. Mit Kompositionen zu Peter-Greenaway-Filmen wurde der am 23. März 1944 in London geborene Nyman international bekannt. Beider Zusammenarbeit endete mit *Prospero's Books* (1991). Seither arbeitet er auch für andere Regisseure.

Filme über Frauen
»Das Wort Frauenfilmerin enthält immer eine Kampfansage gegen die Regisseurin. Filme, die den Stempel Frauenfilm tragen, werden sofort marginalisiert. Es ist aber so, dass, wenn ein Film gelungen ist, man am Ergebnis kaum erkennen kann, ob er von einer Frau oder einem Mann gemacht wurde. Es ist wie in der Literatur: Die Unterschiede in der Sensibilität eines Henry James zum Beispiel und, sagen wir, Emily Brontë sind nur schwer auszumachen. Ich selbst ziehe Geschichten über Frauen vor, da ich mich mit Frauen stärker identifizieren kann. Weil ich eine Frau bin, hätte ich gerne die Welt voller Geschichten über Frauen.« Jane Campion, 1993

Die Frauen
»Alle ihre Heldinnen sind Außenseiterinnen, Verrückte – ein Verrücktsein allerdings, das Teil der weiblichen Normalität ist. Die Wachstumsprozesse dieser Frauen heißen: Verletzungen, Erniedrigungen, Überwindungen, Häutungen, es sind schmerzhafte Metamorphosen. Einem deutschen Kritiker fiel zu Jane Campions Film das Wort ›menschenfreundlich‹ ein. Sie sind es, weil sie frauenfreundlich sind, wenn sie auch das feministische Etikett verweigern.«
Marli Feldvoß, *Die Zeit*, 1993

 ## EMPFEHLUNGEN

Fünf Filme:
- *Sweetie*
- *An Angel at my Table*
- *The Piano*
- *The Portrait of a Lady*
- *Holy Smoke*

Lesenswert:
Jane Campion, Peter Pfaffinger (Mitarb.): *Des Piano. Das Drehbuch zum Film*, München 1994

Jane Campion. Neuseeland. Kino von der anderen Seite. In: *Du*, Nr.10, Zürich 1996

Anna Campion, Jane Campion: *Holy smoke*, München 2000

Dana B. Polan: *Jane Campion (BFI World Directors)*, London 2001

 ## AUF DEN PUNKT GEBRACHT

Sie gehört zu den bildmächtigsten Regisseuren des aktuellen Kinos. Die stilistische Vielseitigkeit ihrer Filme und ihre Vorliebe für unkonventionelle Frauencharaktere zeichnen Jane Campions Werk aus.

Aki Kaurismäki (geb. 1957)
Der lakonische Romantiker

»Wenn du einen Film machen willst, musst du etwas riskieren, notfalls dein Leben.« Ohne einen guten Satz endet kein Kaurismäki-Interview. Doch so markig ein solches Statement klingen mag, so kompliziert ist die Beziehung zu seinem Sprecher. Aki Kaurismäki ist kein »angry old man«, kein Westernheld, er dreht auch keine Dokumentarfilme aus dem ewigen Eis, und doch ist er alles zusammen: Schon seine ersten Filme wechseln souverän zwischen stilistischer Strenge und verspielten Zitaten, als begänne hier einer mit seinem Alterswerk. Jeder seiner Filmhelden ist ein Einzelgänger auf der Suche nach Liebe, Anerkennung, einem Beruf, nach der Teilhabe an einem Leben, von dem er aus den unterschiedlichsten Gründen ferngehalten wird. Und alle Kaurismäki-Filme sind Dokumentationen des Lebens unter extremen Bedingungen wie Gefühlskälte, bittere Armut und absolute Perspektivlosigkeit. Kaurismäki dreht seine Filme mit ganzer Kraft. Seit *Wolken ziehen vorüber* (*Kauas pilvet karkaavat*, 1996) kündigt er den jeweils nächsten stets als den »letzten« Film an. Alkoholkonsum und Unerbittlichkeit beim Schreiben und Vorbereiten seiner Filme lassen die Intervalle zwischen den Premieren größer werden. Aki Kaurismäki riskiert mit jedem Film sein Leben.

■ Keine Posen: Kati Outinen verkörpert das Ideal eines Kaurismäki-Schauspielers. Die Hauptrolle in *Das Mädchen aus der Streichholzfabrik* (1989) gehört zu ihren eindrucksvollsten Rollen.

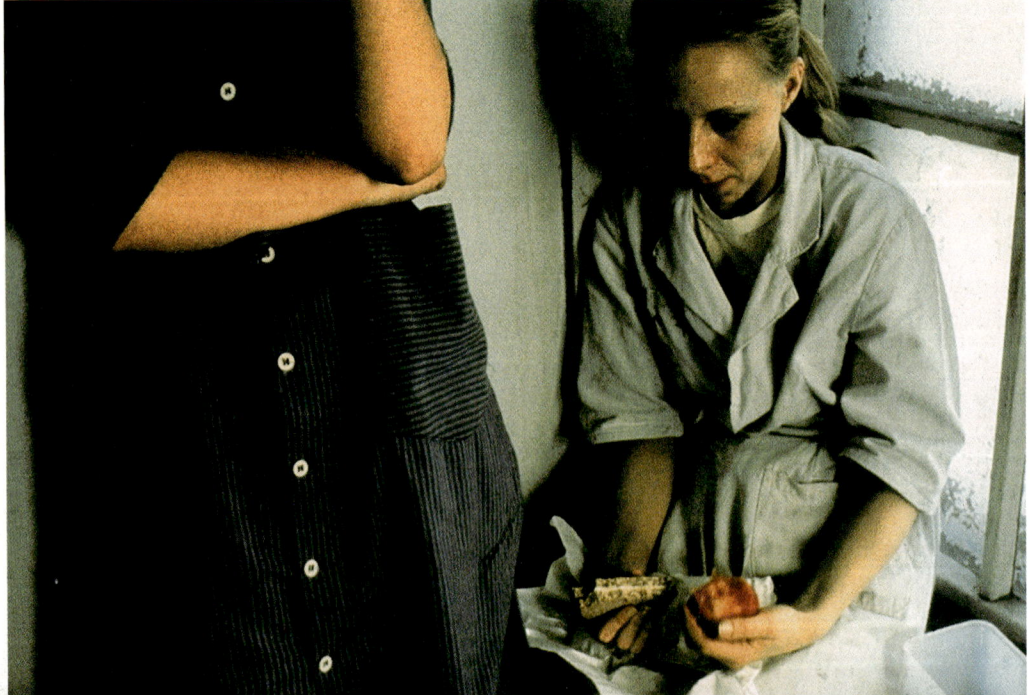

Viele Motive seiner Geschichten, auch der literarischen Vorlagen, die er adaptiert, ähneln sich. Seine Protagonisten leben alle in materieller Not; auch wenn sie in Beziehungen oder in einer Familie leben, sind sie einsam; alle haben einen Traum vom Leben, dessen Verwirklichung zu Verwicklungen, wenn nicht Katastrophen führt; und sie halten auch in der Niederlage trotzig an ihren Träumen fest.

Alle Kaurismäki-Helden sind bis zur Verstocktheit schüchtern und tauen erst unter erheblichem Alkoholeinfluss auf, wobei sie immer eine merkwürdige Etikette wahren. Dass den beiden frisch in eine Weißrussin und eine Estin verliebten Finnen in *Tatjana – Take care of your Scarf* (*Pidä huivista kiini, Tatjana*, 1994) als Trinkspruch nichts anderes als »Auf die Völkerfreundschaft!« einfällt, markiert den Gipfel eines Gefühlsausbruchs. Ab jetzt muss mit allem gerechnet werden.

Regelmäßig fällt zu Beginn einer Kaurismäki-Geschichte ein Mensch aus seinen Lebenszusammenhängen. Er wird arbeitslos (*Ariel*, 1988, *I hired a Contract Killer*, 1990, *Wolken ziehen vorüber*, 1996), verliert seine Wohnung (*Schatten im Paradies/Varjoja paratiissa*, 1986, *Das Leben der Boheme/La vie de bohème*, 1992), seinen Partner (*Juha*, 1999), oder gleich das Gedächtnis (*Der Mann ohne Vergangenheit/Mies vailla menneisyyttä*, 2002). Den Versuch, den Ausgangszustand wiederherzustellen, verstehen die Protagonisten als Chance, die ersehnten Lebensträume zu verwirklichen. Doch obgleich sie scheitern, sind sie am Ende nicht gebrochen. Das Happyend ist bei Aki Kaurismäki keine strahlende Bestätigung irgendeiner Ideologie, sondern formuliert die trotzige Zuversicht des Individuums: »Die Lage ist aussichtslos, aber wir schaffen es!« Kaurismäkis Stoffe sind Parabeln auf das Überleben in einer lebensfeindlichen Gesellschaft. Nur das Festhalten an den eigenen Träumen, das Beharren auf Individualität und Aufrichtigkeit sichert das Weiterleben. Kaurismäkis Geschichten sind hemmungslos romantisch, auch wenn man es seinen Filmen vielleicht nicht ansieht.

Spätestens seit *Das Mädchen aus der Streichholzfabrik* (*Tulitikkutehtaan tyttö*, 1989) ist Kaurismäkis Stil klassisch. 59 Minuten braucht er für die Geschichte von Iris, die in

■ In seinen Filmen geht es um die Suche nach Liebe, Anerkennung und dem anderen Leben: Aki Kaurismäki 2003 in Hamburg

■ Ein Stummfilm im Stil der 1920er Jahre zum Ende des Jahrtausends: Sakari Kuosmanen, Kati Outinen in *Juha* (1998)

■ Nikander und Ilona in Erwartung einer emotionalen Eruption: Matti Pellonpää und Kati Outinen in *Schatten im Paradies* (1986)

der Streichholzfabrik schuftet, den Lohn bei ihren Eltern abgibt und von einem Mann träumt, der sie aus dieser Hölle befreit. Den Retter findet sie nicht, dafür gibt es Rattengift für die Eltern und für die falschen Liebhaber. Der Vorspann zeigt, wie ein mächtiger Fichtenstamm zu Millionen von Streichhölzern wird, die in Tausende von Schachteln gefüllt viele hundert Streichholzpakete ergeben. So unerbittlich der industrielle Produktionsprozess mit dem Baumstamm umgeht, so geht das Leben mit Iris um, und genauso erzählt Kaurismäki ihre Geschichte. Keine Nebenhandlungen, keine Ausflüchte, keine Ausschmückung. Kaurismäki verzichtet auf alles, selbst auf Kamerabewegungen. Wie die Sägen und Messer in der Streichholzfabrik den Baumstamm zurichten, so arbeitet sich Kaurismäki durch seine Bilder. Die Ökonomie dieser Erzählweise, ihr unbestechlicher Rhythmus und die tiefe Menschlichkeit dieser Mordgeschichte machen das *Mädchen aus der Streichholzfabrik* zu einem Meisterwerk.

Eine größere Reduktion und Konzentration ist nicht mehr möglich. Die Geschichten der folgenden Filme mögen verspielter erscheinen, doch formal hat Kaurismäki seinen Stil gefunden. Er erzählt seine Geschichten schnörkellos, verzichtet auf komplexe Zeitstrukturen, kappt Nebenstränge, gebraucht wird nur, was dem Fortgang der Geschichte dient. Einzig ihr Handeln erklärt die Figuren. Der Dialog ist auf ein Minimum reduziert, Gestik und Mimik seiner Schauspieler auch. Die Kamera meidet jeden Effekt, es gibt keine Unschärfen, und wird die Kamera bewegt, gibt es dafür einen Grund. Nur bei der Licht- und Farbgestaltung leistet sich Kaurismäki Extravaganzen. Kontraste, Licht und Schatten sind zentrale Strukturelemente seiner Bildsprache. Damit werden Grenzen gezogen und Verbindungen

GO WEST

Cowboys sind nicht von dieser Welt. Sie sind reine Fiktion, ein moderner Mythos dieses Jahrhunderts. Das ist erstaunlich. Denn eigentlich sind Cowboys meist ausgesprochen dumm, oft häßlich, und zudem haben sie einen der schlechtesten Jobs der Welt. Aber gerade das gefällt mir an ihnen. Sie sind für mich Arbeiter, die fest im Sattel sitzen. Sie haben keine Chance, aber verbreiten dennoch gute Gefühle. Sie sind stur gegen die Kultur und die Zivilisation – und deshalb kann man in ihnen leicht das Urbild einer anderen Welt sehen. ... Überhaupt wimmelt es in Finnland von Cowboys – nur heißen sie nicht so. Cowboys gehören zur Arbeiterklasse oder sind arbeitslos, sie haben ein besonderes Verhältnis zur Natur und zur Freiheit. Sie kommen und gehen, wie sie wollen. Das sind alles typisch finnische Eigenschaften. Aki Kaurismäki

hergestellt. Die Emotionen, für die seine Charaktere oft keinen Ausdruck finden, drückt Kaurismäki mit einer differenzierten Licht- und Farbdramaturgie aus. Dafür benutzt er den Ausdruckskanon des Film Noir ebenso wie den der klassischen Melodramen von Powell bis Sirks.

Die Ausstattung des Sets ist bei Kaurismäki ausgesprochen sparsam und auf wesentliche Zeichen reduziert. Sie entspricht dabei keineswegs der Handlungszeit. Dass der Vermieter aus *Der Mann ohne Vergangenheit* (2002), der den Obdachlosen Geld für eine Schlafgelegenheit in zerbeulten Schiffscontainern abknöpft, einen Moskvitch 400 aus den frühen 1950ern fährt, macht ihn noch lange nicht zum Oldtimerliebhaber. Doch das Bild von Irma und ihrem Geliebten im Auto des Vermieters hat die gleiche intensive Ausstrahlungskraft wie das Bild vom Containerschrottplatz der Obdachlosen, den es heute in jedem Hafen geben könnte. Sie stimmen in einem viel umfassenderen Sinn. Die beiden Liebenden vermitteln im geliehenen Moskvitch das Glücksgefühl einer längst vergangenen Zeit, in der ein Wochenendausflug im Auto keine Selbstverständlichkeit, sondern ein Sommerhöhepunkt war, so ist der Containerschrottplatz das eindrucksvollste Bild für Menschen, denen kein Wert mehr zugemessen wird. Sie leben genau dort, wo sie für die Gesellschaft schon längst sind, auf der Müllhalde. Es geht nicht um zeitgetreue Ausstattung, sondern um wahrheitsgetreue Bilder, um Bilder, die wahre Gefühle wecken.

Reduktion und Konzentration machen Kaurismäkis Filme keineswegs spröde und eindimensional. Nur wenige Filme sind so reich an Spuren der Filmgeschichte wie die von Kaurismäki. Mal werden diese Anspielungen als augenzwinkernde Randbemerkung eingefügt, etwa wenn in *Der Mann ohne Vergangenheit* der für tot Erklärte wie Frankensteins Monster vom

> **GO NORTH**
> Gerüchten zufolge beobachtet die finnische Tourismusindustrie die steigende Popularität Kaurismäkis im Ausland mit eher gemischten Gefühlen. Sie fürchtet – ob zu Recht oder zu Unrecht sei dahingestellt – dass den Kinobesuchern nach einem Kaurismäkifilm die Lust auf eine Reise an die finnischen Seen endgültig vergangen ist. Wahr ist: dem prospektgewordenen Traum der Reiseveranstalter vom mythischen Finnland mit einer jungfräulichen Natur, Mitternachtssonne, Wäldern, Seen und Sauna frönt der Filmemacher nicht.
> Beate Rusch

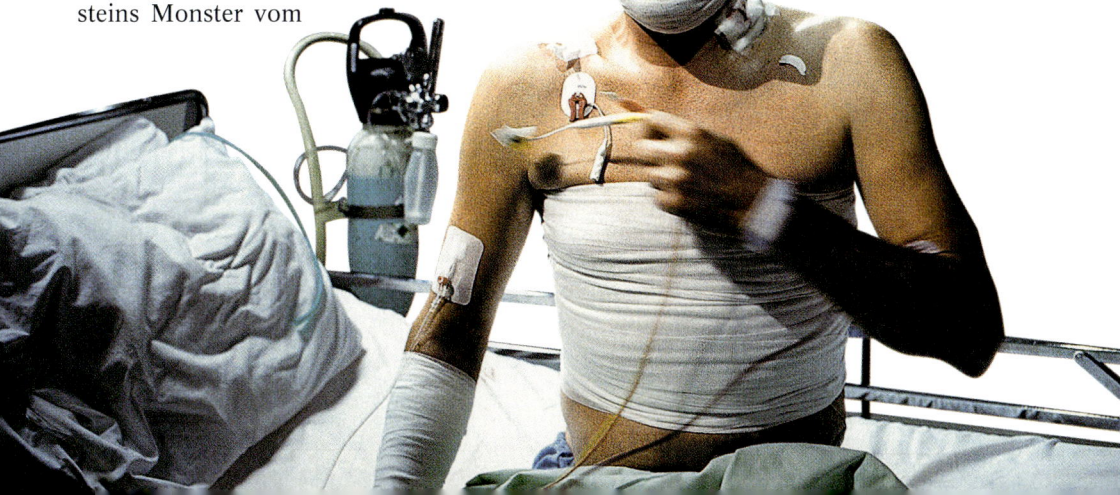

■ Boris Karloffs Nachfahre: Marku Peltola in *Der Mann ohne Vergangenheit* (2002)

■ Bei Aki Kaurismäki wirkt selbst eine Nouvelle-Vague-Ikone wie Jean-Pierre Léaud finnisch.
oben: Aki Kaurismäki und Jean-Pierre Léaud in *I hired a Contract Killer* (1990)
unten: Kati Outinen und Sakari Kuosmanen in *Juha* (1998)

OP-Tisch in die Freiheit springt, und mal haben sie die Deutlichkeit einer Quellenangabe. So ist das erste, was wir von André Wilms in *Juha* (1998) sehen, die polierte Plakette auf der Motorhaube seiner Corvette. Sierk steht da zu lesen: das ist ein Hinweis auf Detlef Sierck, der mit Zarah-Leander-Filmen berühmt wurde, in die USA emigrierte und als Douglas Sirk einer der stilbildenden Melodram-Regisseure wurde. Manchmal sind solche Verweise jedoch so versteckt, dass sie vermutlich nur von einer Handvoll Zuschauer entschlüsselt werden können. So hat Kaurismäki einer Nebenfigur in *Der Mann ohne Vergangenheit* als Lebensgeschichte den Kurzinhalt eines Films in den Dialog geschrieben, der das Junge Finnische Kino Anfang der 1970er Jahre begründete. In Risto Jarvas *Yhden miehen sata* (1973), kauft sich ein Arbeiter einen Bagger auf Kredit, um sich selbstständig zu machen. Als er in Zahlungsschwierigkeiten kommt, verliert er den Bagger an die Bank, und der Jungunternehmer kann seinen Arbeitern keinen Lohn mehr zahlen. Genau diese Geschichte erzählt ein Bankräuber und Ex-Bauunternehmer dem Titelhelden in *Der Mann ohne Vergangenheit*.

Die Filme von Aki Kaurismäki verweigern jede Zugehörigkeit zu einem Genre. Er hat Literaturverfilmungen geschaffen (*Schuld und Sühne/Rikos ja rangaistus*, 1983, *Hamlet goes Business/Hamlet liike maailmassa*, 1987, *Das Leben der Bohème*, 1992, *Juha*, 1998), er hat Komödien inszeniert (*Calamari union*, 1985, *Leningrad Cowboys go America*, 1989, *Leningrad Cowboys meet Moses*, 1994) und Musikclips gedreht (*Rocky VI*, 1986, *Thru the Wire*, 1987, *L. A. Woman*, 1987, *Those were the Days*, 1991, *These Boots*, 1992). Wie bei seinen Melodramen, denen er gegen jede Regel ein Happyend verpasst, bleiben vor allem die Genreverletzungen in Erinnerung, die Farben, das Tempo, die lakonische Atmosphäre. Für einen Film notfalls das Leben zu riskieren, beschreibt die Haltung, mit der hier die Grenzen gesprengt werden. Seine Filme bilden ein Genre für sich – den Kaurismäki-Film.

AKI KAURISMÄKI

 BIOGRAPHIE

Aki Kaurismäki wurde am 4. April 1957 in Orimattila geboren. Er studierte Literatur- und Kommunikationswissenschaften. Für *The Liar (Der Lügner)*, den sein älterer Bruder Mika 1982 inszenierte, schrieb er das Drehbuch und übernahm auch die Hauptrolle. Villealfa heißt die Produktions- und Verleihfirma der Brüder. Der Name spielt auf Godards Lemmy-Caution-Film *Alphaville* von 1965 an. 1983 folgt mit *Crime and Punishment* Aki Kaurismäkis Regiedebüt. Aki Kaurismäki über Aki Kaurismäki: »Der mit fast nietzschianischem Selbstvertrauen ausgestattete Regisseur wählt nur deshalb Dostojewskis *Schuld und Sühne* als Thema für seinen Erstlingsfilm, weil er gehört hat, dass Alfred Hitchcock dieses Werk für schwierig hielt. Später erkennt der junge Mann, dass der alte Mann Recht hat.« Mit *Calamari Union* folgt 1985 Kaurismäkis zweiter abendfüllender Spielfilm. Die Komödie über siebzehn Männer, die alle Frank heißen, erlangt zeitweise Kultstatus. Der absurde Spaß des Films findet ab 1989 seine Fortsetzung in Kauriskäkis *Leningrad-Cowboys*-Filmen, die zu seinen kommerziell größten Erfolgen werden. Die Alltagstrilogie mit den Filmen *Schatten im Paradies (Varjoja paradiissa*, 1986), *Ariel* (1988), *Das Mädchen aus der Streichholzfabrik (Tulitikkutehtaan tyttö*, 1989) begründet Kaurismäkis Renommee als Regisseur. 1989 verlässt er Finnland und lässt sich an der portugiesischen Atlantikküste nieder. Zwischen seinen Wohnsitzen in Portugal und Finnland pendelt der Hundeliebhaber regelmäßig in einem alten Cadillac; Kaurismäki: »Pigs fly, dogs don't«.

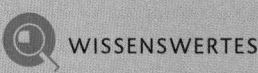 WISSENSWERTES

Die Schauspieler
Aki Kaurismäki bleibt seinen Schauspielern treu. Elina Salo, Saki Kuosmanen, Esko Nikkari, Kari Väänänen tauchen immer wieder auf seinen Besetzungslisten auf. Kati Outinen und Matti Pellonpää nehmen eine Sonderstellung ein. Sie sind nicht nur mit den meisten Hauptrollen vertreten, sie sind zur absoluten Verkörperung des Kinos von Aki Kaurismäki geworden. Der 1951 geborene **Matti Pellonpää** tritt schon in Kaurismäkis Regiedebüt auf. Die Rolle, die er in *Crime and Punishment* spielt, entspricht bereits dem Charakter der folgenden Filme. Den stolzen Looser aus der Vorstadt hob Matti Pellonpää in den Rang einer Kinoikone. Sein Bild hat sich ebenso eingeprägt wie Bogart im Trench oder Marilyn Monroe mit hochwirbelndem Rock. Matti Pellonpääs Tod 1995 war für Aki Kaurismäki ein schwerer Schlag. Wenigstens auf Photos ist der Freund in den späteren Filmen noch präsent. Mit **Kati Outinen** arbeitet Kaurismäki fast genauso lange zusammen. Die junge Fabrikarbeiterin mit dem Traum vom anderen Leben ist ihr Rollenfach in seinen Filmen. Dass sie ausgerechnet für ihre Rolle in der Heilsarmee-Uniform (*Der Mann ohne Vergangenheit/Mies vailla menneisyyttä*) 2002 in Cannes mit dem Darstellerinnenpreis ausgezeichnet wurde, ist eine späte Wiedergutmachung. Verdient hätte sie den Preis für die Titelrolle in *Das Mädchen aus der Streichholzfabrik* (1989).

Der Kameramann
Mit Ausnahme einer TV-Produktion hat der 1952 geborene Timo Salminen alle Filme Aki Kaurismäkis photographiert. An der Licht- und Farbdramaturgie hat er wesentlichen Anteil. Salminen ist der Hauskameramann der Kaurismäki-Produktionsfirma. Außer für Aki arbeitete er bisher nur für Mika Kaurismäki und für Freunde aus dem Kaurismäki-Umfeld.

 EMPFEHLUNGEN

Fünf Filme:
- *Schatten im Paradies (Varjoja paradiissa)*
- *Das Mädchen aus der Streichholzfabrik (Tulitik kutehtaan tyttö)*
- *I hired a Contract Killer*
- *Wolken ziehen vorüber*
- *Juha*

Lesenswert:
Beate Rusch (Hg.): *Schatten im Paradies. Von den »Leningrad Cowboys« bis »Wolken ziehen vorüber«* – die Filme von Aki Kaurismäki, Berlin 1996

 AUF DEN PUNKT GEBRACHT

Er hat das Melodram endgültig vom Kitsch befreit und seinen traurigen Geschichten vom Leben ein Happyend gegeben. Aki Kaurismäki dreht die tröstlichsten Filme des europäischen Kinos.

Wong Kar-wai (geb. 1958)
Sturm über Asien

Die Filme Wong Kar-wais kann man hören wie Hörspiele: die unsichtbaren Schwingungen zwischen den Personen, die Räume, in denen sie sich aufhalten, der Rhythmus, der sie vorantreibt, Anziehung und Abneigung – das ganze Spektrum der Atmosphäre wird von der Tonspur wiedergegeben. Der Dialog ist dabei meistens vollkommen nebensächlich. Bei *In the Mood for Love* (2000) wird der Ton unversehens zur Liebeserklärung an das Hongkong aus Wong Kar-wais Kindheit, wenn dem Lärm und Stimmengewirr von Hinterhöfen und Mehrfamilienwohnungen ein melancholischer Walzer und Nat King Coles »Perhaps, perhaps, perhaps« antworten; Musik, die zu Beginn der 1960er Jahre in Hongkong populär war.

In the Mood for Love erzählt von zerbrochenem Glück und unausgesprochener Liebe. Aber eigentlich gleicht der Film mehr einem kindlich verliebten Blick auf eine schöne Frau und einen traurigen Mann, deren Leid man spürt, denen man aber nicht helfen kann. Dieser Film wird aus einer Kinderperspektive erzählt, ohne dass das Kind überhaupt auftritt. *In the Mood for Love* ist meilenweit entfernt von den Martial-Art-Epen, den Schwertkämpfer- und Kung-Fu-Filmen mit ihrer aberwitzigen Action, die das Hongkong-Kino groß gemacht haben.

■ Wong Kar-wai, 2000

Hongkong, das ist das Konzentrat einer Wirtschaftsmacht mit einer mafiös organisierten Unterwelt, das ist überbordender Futurismus und strenger Traditionalismus, das sind unvereinbare Gegensätze, die sich immer wieder durchmischen. Die Nachfolger desjenigen, der das Hongkong-Kino im Westen berühmt gemacht hat – Bruce-Lee –, haben diese Widersprüche produktiv genutzt und die ehemalige Kronkolonie zum innovativen Zentrum des Kinos gemacht. Ab Ende der 1980er Jahre kamen mit *A better Tomorrow* (*Ying xiong ben se*, John Woo, 1987), den Tsui-Hark-Filmen *Peking Opera Blues* (*Dao ma dan*, 1987), *Shanghai Blues* (*Shanghai zhi ye*, 1987), *Unce upon a Time in China* (*Wong fei hong*, 1992) oder King Hus *Painted Skin* (*Hua pi zhi yinyang*, 1993) wesentliche ästhetische Impulse des Unterhaltungskinos aus Hongkong. Wong Kar-wais

■ Zu früh, zu spät: Maggie Cheung Man-Yuk in *In the Mood for Love* (2000)

Regiedebüt *As Tears go by* (*Wong gok ka moon*, 1988) war einer dieser Filme, die sofort auffielen.

Ein kleiner Ganove blickt aus dem Bus auf seine Freundin hinunter, die er zurücklässt, um zu seinem Bruder zu fahren. Und wie Wongs Kameramann Christopher Doyle diesen Abschied choreographiert, lässt an der Endgültigkeit dieser Trennung keinen Zweifel. Während das Mädchen dem anfahrenden Bus folgt, schwebt die Kamera vom Gesicht ihres Geliebten zu ihr hinunter und umkreist sie ein letztes Mal. *As Tears go by* war eine Filmsensation, an die sich kein deutscher Verleih herantraute. Auch nach dem kommerziellen Erfolg von *Chungking Express* (*Chong qing sen lin*, 1994) blieb er ein Videotheken-Highlight, wie schon zuvor Wongs zweiter Film *Days of being wild* (*Fei jing juen*, 1991).

Die Liebe, für die es entweder zu früh oder zu spät ist, die den einen erfasst, den anderen jedoch nicht, ist Wong Kar-wais Thema. Die nie gestillte Sehnsucht seiner Helden, ihre Einsamkeit, die Trauer und das Glück, das sie erst erleben, wenn es schon zu spät ist, lösen sich trotzdem nicht in Kitsch und visuelle Prätention auf. Das hängt wesentlich mit seiner Ästhetik zusammen, die das absolut Gegensätzliche verbindet: eine extreme Licht- und Farbdramaturgie, harte, die Kontinuität verweigernde Schnitte, und andererseits eine freie, fast dokumentarisch wirkende Kamera sowie ein komplexer, niemals Effekt heischender Ton.

> *Ich bin das Resultat einer multikulturellen Gesellschaft, das hat meinen Blick geprägt. Die westlichen Einflüsse – Godard, Antonioni, Bertolucci, Carax – haben die Form meiner Filme inspiriert, der Inhalt bleibt aber immer eng mit meiner Herkunft verbunden.*
> Wong Kar-wai, 1996

Bahnbrechende Ästhetik: Tony Leung Chiu-Wai in *Chungking Express* (1994)

> **DIE WUNDE NACH DEM KAMPF**
> Wong Kar-wai, der Star des modernen asiatischen Films, macht ein emotionales Kino der mäandernden Verirrung – mit schnellen, skizzenhaften Blicken, mit nervösen hektischen Rhythmen und verstörten, in sich zerrissenen Helden. ... Mal greift er dem Geschehen vor, mal wendet er es zurück, mal verharrt er überlang in einer Szene. Zu seinem ganz eigenen, unnachahmlichen Stil gehört, dass er nur zeigt, was zwischen oder nach den Aktionen passiert: die Wunde nach dem Kampf, nicht den Kampf selbst.
>   Norbert Grob, 1997

Dabei ist einer, der – wie in *Happy together* (*Cheun gwong tsa sit,* 1997) – einen ganzen Spielfilm auf die tosenden Wasserfälle von Iguaçu hinmontiert und dieses Bild auch noch als Metapher für die unstillbare Liebe seiner Helden einsetzt, sowieso jenseits von Gut und Böse. Dass Wong Kar-wais Roadmovie um eine schwules Paar trotzdem nicht in Bombast und Kitsch versinkt, hängt mit der Souveränität zusammen, mit der er sich beim Drehen auf Situationen einlässt, die er wie ein Dokumentarfilmer erst während der Montage interpretiert. Sein Hang zur Improvisation ist unübersehbar. Bei Wong Kar-wai durchkreuzt die Realität beständig die Konstruktionen der Fiktion.

Seine Ästhetik wird gern als postmodern oder MTV-Stil bezeichnet. Das ist Unfug, denn anders als die Musikclips streben die Filme Wong Kar-wais eine Geschlossenheit an, die jene gerade verweigern. Und mit dem inhaltsfreien Eklektizismus der Postmoderne haben seine Filme auch nichts zu tun. *In the Mood for Love* endet mit einer Szene im kambodschanischen Angkor Wat. Und wie der Mann durch die Ruinen der Tempelanlage streicht und von der Frau träumt, die er, ohne es ihr sagen zu können, geliebt hat, werden Bilder aus *Hiroshima, mon amour* (Alain Resnais, 1959) wach. Bei Resnais wird der Ort des Atombombenabwurfs zum Sinnbild der unmöglichen Liebe zwischen einer Französin und einem Japaner. Doch Angkor Wat ist nicht Hiroshima. Die Tempelstadt steht weniger für Vernichtung als für das Vergessen. Das bis ins 15. Jahrhundert benutzte und nach einem Krieg aufgegebene Heiligtum wurde erst 1860 wiederentdeckt. Bei Wong Kar-wai heißt es zum Schluss: »Jene vergangenen Monate und Jahre sind verborgen wie unter einer Glasscheibe, die bedeckt ist mit einem Schleier aus Staub ... Wenn er die Glasscheibe durchbrechen würde, könnte er zu den vergangenen Jahren zurückkehren.« Zum Reichtum seiner Filme gehört die Unbefangenheit, mit der Wong Kar-wai Popkultur, Literatur-, Film- und Kunstgeschichte ebenso durchstreift, wie er Mythen der eigenen Kindheit aufgreift. Die Filme Wong Kar-wais kann man nicht nur hören und sehen, man kann sie auch lesen.

WONG KAR-WAI

 BIOGRAPHIE

 WISSENSWERTES

 EMPFEHLUNGEN

Wong Kar-wai wurde 1958 in Shanghai geboren. 1963 zog er mit seinen Eltern nach Hongkong. Sein Vater arbeitete zu dieser Zeit in einem Nachtclub. Nach der High-School begann Wong Kar-wai ein Graphikstudium. Er beschäftigte sich mit Photographie und begeisterte sich für die Arbeiten von Richard Avedon, Robert Frank und Henri Cartier-Bresson. Nach dem ersten Studienjahr verließ er die Hochschule, um bei Hong Kong Television Broadcasts Ltd. (HKTVB) an einem Drehbuchworkshop teilzunehmen. In den 1970er Jahren beschäftigte dieser Sender fast alle Regisseure des New Hongkong Cinema. Er arbeitete als Produktionsassistent bei verschiedenen Serien und begann Drehbücher zu schreiben. Mit Büchern für die beliebte Krimiserie *Don't look now* hatte er 1981 seine ersten Erfolge. 1982 kündigte er bei HKTVB, weil der innovative Sender sich, wie Wong Kar-wai sagte, »immer mehr in eine ganz normale Fabrik verwandelte«. In den folgenden Jahren schrieb er Drehbücher in allen Hongkong-typischen Genres. New Line Cinema, wo mittlerweile viele ehemalige HKTVB-Kollegen arbeiteten, ermöglichte ihm 1988, *As Tears go by (Wong gok ka moon)* auch selbst zu inszenieren. Seine Filme erfreuten sich sofort großer Aufmerksamkeit. *Chungking Express (Chong qing sen lin*, 1995) wurde sein erster kommerzieller Erfolg.

Der Kameramann
Der Australier **Christopher Doyle** photographiert die Filme Wong Karwais. Seine Vorliebe für monochrome Farbspektren, harte Kontraste, sparsame aber wirkungsvolle Bewegungen und sorgfältige Kadrierung sind sein Erkennungszeichen. Doyle wurde 1952 in Sydney geboren. Er verließ Australien früh, unternahm Weltreisen, fuhr auf einem norwegischen Frachter zur See und beschäftigte sich in Thailand mit Naturheilkunde. In den 1970ern wohnte er in Taiwan, wo er den Regisseur Hou Hsiao Hsien kennenlernte. Er begann für das Fernsehen zu arbeiten und gehörte zu den Gründungsmitgliedern des Lanling Theatre Workshops. *That Day on the Beach* (Edward Yang, 1983) war Doyles erste Kinoarbeit als Kameramann. Der Durchbruch als Kameramann gelang ihm mit Wong Kar-wais Debütfilm *As Tears go by*. Für seine Arbeit zu *In the Mood for Love* (2000) wurde Christopher Doyle auf dem Internationalen Festival in Cannes mit dem Technikpreis ausgezeichnet.

Fünf Filme:
- *Chungking Express (Chong qing sen lin)*
- *Ashes of Time (Dung che sai duk)*
- *Fallen Angels (Duo luo tian shi)*
- *Happy together (Cheun gwong tsa sit)*
- *In the Mood for Love (Dut yeung nin wa)*

Anklickenswert:
http://www.wongkarwai.net

 AUF DEN PUNKT GEBRACHT

Mit Wong Kar-wai hat das Kino das 21. Jahrhundert erreicht.

Zhang Yimou (geb. 1951)
Farbe, Licht und tiefere Bedeutung

Die letzten Bilder sind ein einziger Aufschrei: die Leinwand rot bis zum Horizont, ein Meer aus blühender Hirse, eine Sonnenfinsternis und ein kleiner Junge, der gegen seine Wut, Angst und Trauer ein Lied brüllt. Unter die Kinderstimme mischt sich der Schlag einer Trommel, in den der grelle Chor einer Schalmeienkapelle einfällt. Mit diesem Konglomerat aus Liebe und Wut, Zartheit und Gewalt entlässt Regisseur Zhang Yimou das Publikum aus *Rotes Kornfeld* (*Daihao meizhoubao*, 1987). Der Debütfilm wurde 1988 auf der Berlinale mit dem *Goldenen Bären* ausgezeichnet und soll allein in China bis zu 500 Millionen Zuschauer erreicht haben. Sein Regisseur wird seither im Ausland als Star und Dissident gefeiert, dessen Filme regelmäßig auf versteckte Botschaften und verschlüsselte Kritik an der chinesischen Staatsführung abgeklopft werden.

Die Themen der ersten Filme legen solche Interpretationen auch nahe: *Rotes Kornfeld*, *Judou* (*Ju Dou*, 1990), *Rote Laterne* (*Da hong deng long gao gao gua*, 1991), *Die Geschichte der Qui Ju* (*Qui Ju da guan si*, 1992) und *Leben!* (*Huozhe*, 1994) erzählen Geschichten der Auflehnung gegen Unterdrückung. Diese geht mal von der japanischen Besatzungsarmee aus (*Rotes Kornfeld*) und mal von der repressiven Gesellschaft des vorrevolutionären China.

■ Der erste Weltstar des chinesischen Kinos: Gong Li in *Rote Laterne* (1991)

Kritik am gegenwärtigen System üben, mit freundlich komödiantischer Note, nur *Die Geschichte der Qui Ju* und – weitaus offener – der Film *Leben!*, der trotz aller internationalen Erfolge in China immer noch verboten ist.

Zhang Yimous Filme werden im Westen stets als Metaphern auf den chinesischen Kommunismus verstanden, egal ob sie eine Gangstergeschichte aus dem Shanghai der 1930er erzählen (*Shanghai Serenade/ Yao a yao yao dao waipo qiao*,

1995) oder ob es sich um einen Schwertkämpferfilm aus vorchristlicher Epoche (Hero/Ying Xiong, 2003) handelt. Das Fehlen von Bezügen zur Gegenwart wird genauso leidenschaftlich interpretiert wie ihr vermeintliches Vorhandensein. Die visuelle Kraft und Einzigartigkeit der Filme des Regisseurs Zhang Yimou, die formale Brillanz und erschütternde Einfachheit der Geschichten, in denen es um Liebe, Aufrichtigkeit, individuelle Verantwortlichkeit, das Glück und das Unglück unerfüllter Sehnsucht geht, geraten dabei leicht aus dem Blickfeld. Wie universell selbst ein den chinesischen Alltag so genau kommentierender Film wie *Die Geschichte der Qui Ju* von 1992 immer noch ist, zeigt ein erneutes Anschauen. Die Erlebnisse von Qui Ju, die in die große Stadt kommt, um mit Bauernschläue und Bockigkeit Gerechtigkeit für ihren vom Dorfältesten zu Unrecht malträtierten Mann zu fordern, erweisen sich dabei als Parabel in schwejkscher Manier auf eine selbstherrliche Bürokratie, die es in allen Gesellschaftsformen gibt.

■ Realistische Gegenwartsstoffe unerwünscht: Zhang Yimous in China verbotener Film *Leben!* (1993)

Anders als viele seiner Regiekollegen ist Zhang Yimou in China

DAS LIEBLINGSPROJEKT
Ich würde sehr gerne einen Film über die Kulturrevolution drehen, die ich als Jugendlicher erlebt habe. Ich interessiere mich weniger für die politischen Hintergründe als dafür, wie die Menschen damals reagierten. Wir wissen alle, dass die menschliche Natur in solch turbulenten Zeiten schärfer zu Tage tritt als in friedlichen Zeiten, egal ob es dabei um Liebe oder um Hass geht. Wir Künstler wollen das Wesen der Menschen in diesen Ausnahmesituationen zeigen. Deshalb halte ich Geschichten aus der Kulturrevoution für viel spannender als Geschichten aus der Gegenwart. Aber leider ist das unmöglich. Zhang Yimou, 2002

■ Zhang Yimou und Kameramann Hou Yong bei den Dreharbeiten zu *Heimweg* (1999)

■ Leuchtende Farben für ein trostloses Leben: Szenenphoto aus *Heimweg* (1999)

geblieben, egal, wie sehr er wegen seiner Filme angefeindet wird, egal, wie zäh die Auseinandersetzungen mit der Zensur sind. »Nur wenn man sein Leben mit seinem Publikum lebt, wenn man mit diesem Publikum leidet oder flucht oder unzufrieden ist, kann man das auch im Film ausdrücken.« Zhang Yimous Haltung schlägt sich regelmäßig in Kameraeinstellungen nieder, die die Zuschauer verwirren. So erliegt in *Heimweg* (*Wo de fu qin mu qin*, 1999), die Kamera der Schönheit einer herbstlichen Landschaft, während das Publikum Bilder der Armut und Desillusion erwartet hatte. Dabei leben die Filme vom Gegensatz aus idyllischer oder auch spiegelglatter (*Rote Laterne*, 1991) Oberfläche einerseits und einem rauhen Untergrund andererseits, der sich aus Geschichten speist, in denen es erstaunlich unverschlüsselt um verknöcherte Strukturen, Unterdrückung und den Verlust von Träumen geht. Zhang Yimou vorzuwerfen, dass die augenscheinliche Schönheit seiner Filme Kritiklosigkeit gleichkommt, ist ein spezifisch westeuropäischer Reflex, dem zufolge politisch korrekte Filme nicht durch visuellen Reichtum auffallen dürfen.

So traf *Hero*, Zhang Yimous Martial-Art-Oper, die mit einem Budget von 30 Millionen US-Dollar Chinas teuerste Filmproduktion wurde, im Westen auf ein Publikum, das den Regisseur jetzt endgültig in den Armen des Klassenfeindes wähnte. Während die Offiziellen zur Premierenfeier in Pekings Große Halle des Volkes strömten, um den Regisseur zu ehren, hatte sogar die chinesische »Jugendzeitung« dem Film vorab den Geist »tiefer Unterwürfigkeit« attestiert. Angesiedelt ist die Geschichte von *Hero* am Hof des Kaisers Qin, der China vor rund 2200 Jahren einte. Drei Krieger widersetzen sich dem neuen Despoten, der ein hohes Kopfgeld auf seine Widersacher aussetzt. Wie es dann einem Landvogt gelingt, die legendären Schwertkämpfer zu besiegen, erzählt Zhang Yimou in einem Epos über Liebe, Verrat und die Korrumpierbarkeit. Dass der wirkliche Qin, der mit einer rund 7300-Mann-Starken Terrakottaarmee beerdigt wurde, ein Massenmörder schlimmster Art war, findet im Film tatsächlich keine Erwähnung. Für die Menschenverachtung und Brutalität der Machthaber hat Zhang Yimou schon immer weitaus wirkungsvollere Bilder gefunden, als dass sie direkt benannt werden müssten.

ZHANG YIMOU

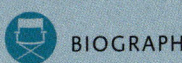 ## BIOGRAPHIE

Zhang Yimou wurde am 14. November 1951 in Xi'an in der chinesischen Provinz Shaanxi geboren. Sein Vater, ein Offizier der Kuomintang, flüchtete nach dem Sieg der Kommunisten nach Taiwan. Gegen Ende der Kulturrevolution (1965-69), an der Zhang Yimou als Rotgardist teilnahm, wurde er zur Umerziehung für drei Jahre aufs Land geschickt. Anschließend arbeitete Zhang sieben Jahre in einer Textilfabrik. Seinen ersten Photoapparat kaufte er 1974. Für den Rollei-Nachbau musste der Fabrikarbeiter damals rund drei Monatslöhne bezahlen. Mit Büchern aus dem vorrevolutionären China brachte Zhang Yimou sich das Photographieren bei. Filme und Photos entwickelte er in einer improvisierten Dunkelkammer. Schon bald begannen Zeitungen Photographien des jungen Arbeiters zu veröffentlichen. 1978 bewarb sich Zhang Yimou an der Filmakademie in Peking. Er bestand die Aufnahmeprüfung, doch bekam er den Studienplatz erst, nachdem er beim zuständigen Minister eine Sondergenehmigung erwirkt hatte. Mit seinen 28 Jahren war er fünf Jahre über der Altersgrenze, was Zhang Yimou mit den durch die Kulturrevolution verloren gegangenen Jahren entschuldigte. 1982 bestand er sein Examen und begann im Filmstudio seiner Heimatstadt Xi'an als Kameramann zu arbeiten. Er filmte unter anderem *Der Morgen der Entscheidung* (Yige he bage, Zhang Junchao, 1982), *Gelbes Land* (Huang tudi, Chen Kaige, 1984) und *Die große Parade* (Da yuebing, Chen Kaige, 1986) und übernahm in *Der alte Brunnen* (Lao jing, Wu Tianming, 1986), bei dem der Studiochef in Xi'an Regie führte, auch die Hauptrolle. Die genannten Filmemacher werden in China als Regisseure der 5. Generation bezeichnet, also als diejenigen, die während der Kulturrevolution Kinder und Jugendliche waren. Nach seinem Regiedebüt *Rotes Kornfeld* (Daihao meizhoubao, 1987), das wesentlich von der liberalen Atmosphäre des Studios in Xi'an geprägt worden war, gehörte auch Zhang Yimou in die Gruppe dieser Regisseure, die als Vertreter der Neuen Welle die Erneuerung des chinesischen Kinos einleiteten. *Rotes Kornfeld* errang 1988 auf der Berlinale den Goldenen Bären und war auch in China ein sensationeller Erfolg. Schon vor dem Massaker auf dem Platz des Himmlischen Friedens am 4. Juni 1989 emigrierten einige der wichtigsten Regisseure der 5. Generation ins Ausland; Zhang Yimou blieb. Seine Filme werden von ausländischen Geldgebern finanziert und in China unter den Augen der Zensur produziert. Bis auf *Leben!* (Huozhe, 1994) wurden bisher alle Filme, wenn auch mit zum Teil erheblichen Verzögerungen, in China gezeigt.

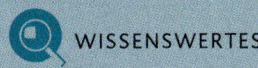 ## WISSENSWERTES

Der Star
Als Zhang Yimou ihr die Hauptrolle in *Rotes Kornfeld* (Daihao meizhoubao, 1987) anbot, ging **Gong Li** noch auf die Schauspielschule in Peking. Die Rolle der selbstbewussten jungen Frau machte die am 31. Dezember 1965 in Shenyang geborene Tochter eines Wirtschaftswissenschaftlers zum Star des chinesischen Kinos. Bis zu *Shanghai Serenade* (Yao a yao yao dao waipo qiao, 1995) spielte sie in allen Filmen Zhang Yimous die Hauptrolle – immer Frauen, die sich gegen die Unterdrückung erfolgreich auflehnen oder an ihr zerbrechen. Dass Zhang Yimou für Gong Li 1987 Frau und Tochter verließ, war in China ein besonderes Politikum. 1995 heiratete sie Ooi Wie Ming, den Manager einer Tabakfirma.

 ## EMPFEHLUNGEN

Fünf Filme:
- *Rotes Kornfeld* (Daihao meizhoubao)
- *Judou* (Ju Dou)
- *Leben!* (Huozhe)
- *Heimweg* (Wo de fu qin mu qin)
- *Hero* (Ying Xiong)

Lesenswert:
Frances K. Gateward (Hg.): *Zhang Yimou: Interviews*, University Press of Mississippi: Jackson 2001

 ## AUF DEN PUNKT GEBRACHT

Farben, Bilder, Geräusche, Klänge – Zhang Yimous Filme sind opulente Meisterwerke mit oft anrührend einfachen Geschichten. Die hartnäckigen Versuche, ihn mit seinen der Zensur abgerungenen Filmen zum Dissidenten zu stempeln, greifen zu kurz.

DER OSCAR

Nominierungen in der Kategorie »Beste Regie«. Die Gewinner sind **fett** hervor gehoben.

Die begehrteste Auszeichnung für Filmschaffende wird jährlich im März von der Academy of Motion Pictures Arts and Sciences in Hollywood verliehen. In der Satzung der 1927 gegründeten Academy heißt es: »Wir werden die Filmkunst und Filmtechnik dadurch voranbringen, dass wir Preise für hervorragende Einzelleistungen verleihen.« 1929 fand die erste Verleihung der von Cedric Gibbons, des Leiters des Art Department bei MGM, entworfenen Oscar-Statuette statt. Die rund 4 kg schwere mit Gold überzogene Figur stellt einen auf einer Filmrolle stehenden stilisierten Ritter dar. Damit sich ein Film für die Oscar-Wahl des Folgejahres qualifizieren kann, muss er eine Mindestlänge von 30 Minuten haben und zwischen dem 1. Januar und dem 31. Dezember in den USA angelaufen sein. Sodann kann er bei der Academy angemeldet werden. Diese erhält eine Kopie des Films zur Vorführung vor den Academy-Mitgliedern. Stimmberechtigt sind rund 6000 Mitglieder der Academy, deren Namen geheimgehalten werden. Bekannt ist nur, dass unter ihnen über 1300 Schauspieler sind. Insgesamt gehören der Academy 13 verschiedene Berufsgruppen an, darunter sind von Regisseuren bis zu Tontechnikern alle Spezialisten vertreten, deren Zusammenwirken einen Film entstehen lässt. Zu den »klassischen« Oscars, die für den besten Schauspieler, die beste Schauspielerin, den besten Regisseur, den besten Film, den besten Drehbuchautor oder Kameramann verliehen werden, sind immer mehr Special Awards hinzugekommen. Die Sieger des Wettbewerbs werden erst bei der Preisverleihung bekannt gegeben – der Oscar für den besten Film wird als Höhepunkt am Ende des Abends verliehen. Im Gegensatz zu allen anderen Kategorien wird dieser von allen Ehren- und aktiven Mitgliedern der Academy nominiert und vergeben.

1927/28 Komödie
Two Arabian Knights – **Lewis Milestone**
Speedy – Ted Wilde

Drama
7th Heaven – **Frank Borzage**
Sorrell and Son – Herbert Brenon
The Crowd – King Vidor

Special Award
To Charles Chaplin – The Circus, für den besten Schauspieler, das beste Drehbuch, die beste Regie und die beste Produktion

1928/29
The Broadway, Madame X – Lionel Barrymore
Beaumont – Melody Harry
In old Arizona – Irving Cummings
The divine Lady – **Frank Lloyd**
Drag und Weary River – Frank Lloyd
The Patriot – Ernst Lubitsch

1929/30
Anna Christie und Romance – C. Brown
The Divorcee – Robert Leonard
The Love Parade – Ernst Lubitsch
All quiet on the Western Front – **Lewis Milestone**
Hallelujah – King Vidor

1930/31
Cimarron – Wesley Ruggles
A free Soul – Clarence Brown
The Front Page – Lewis Milestone
Morocco – Josef von Sternberg
Skippy – **Norman Taurog**

1931/32
Bad Girl – **Frank Borzage**
The Champ – King Vidor
Shanghai Express – Josef von Sternberg

1932/33
Cavalcade – **Frank Lloyd**
Lady for a Day – Frank Capra
Little Women – George Cukor

1934
It happened one Night – **Frank Capra**
One Night of Love – Victor Schertzinger
The thin Man – W. S. Van Dyke

1935
Captain Blood – Michael Curtiz
The Informer – **John Ford**
The Lives of a Bengal Lancer – Henry Hathaway
Mutiny on the Bounty – Frank Lloyd

1936
Dodsworth – William Wyler
The great Ziegfeld – Robert Z. Leonard
Mr. Deeds goes to town – **Frank Capra**
My Man Godfrey – Gregory La Cava
San Francisco – W. S. Van Dyke

1937
The awful Truth – **Leo McCarey**
The good Earth – Sidney Franklin
The life of Emile Zola – William Dieterle
Stage Door – Gregory La Cava
A Star is born – William Wellman

1938
Angels with dirty Faces – Michael Curtiz
Boys Town – Norman Taurog
The Citadel – King Vidor
Four Daughters – Michael Curtiz
You can't take it with you – **Frank Capra**

1939
Gone with the Wind – **Victor Fleming**
Goodbye, Mr. Chips – Sam Wood
Mr. Smith goes to Washington – Frank Capra
Stagecoach – John Ford
Wuthering Heights – William Wyler

1940
The Grapes of Wrath – **John Ford**
Kitty Foyle – Sam Wood
The Letter – William Wyler
The Philadelphia Story – George Cukor
Rebecca – Alfred Hitchcock

1941
Citizen Kane – Orson Welles
Here comes Mr. Jordan – Alexander Hall
How green was my Valley – **John Ford**
The little Foxes – William Wyler
Sergeant York – Howard Hawks

1942
Kings Row – Sam Wood
Mrs. Miniver – **William Wyler**

Random Harvest – Mervyn LeRoy
Wake Island – John Farrow
Yankee Doodle Dandy – Michael Curtiz

1943
Casablanca – **Michael Curtiz**
Heaven can wait – Ernst Lubitsch
The human Comedy – Clarence Brown
The more the merrier – George Stevens
The Song of Bernadette – Henry King

1944
Double Indemnity – Billy Wilder
Going my Way – **Leo McCarey**
Laura – Otto Preminger
Lifeboat – Alfred Hitchcock
Wilson – Henry King

1945
The Bells of St. Mary's – Leo McCarey
The lost Weekend – **Billy Wilder**
National Velvet – Clarence Brown
The Southerner – Jean Renoir
Spellbound – Alfred Hitchcock

1946
The Best Years of our Lives – **William Wyler**
Brief Encounter – David Lean
It's a wonderful Life – Frank Capra
The Killers – Robert Siodmak
The Yearling – Clarence Brown

1947
The Bishop's Wife – Henry Koster
Crossfire – Edward Dmytryk
A double Life – George Cukor
Gentleman's Agreement – **Elia Kazan**
Great Expectations – David Lean

1948
Hamlet – Laurence Olivier
Johnny Belinda – Jean Negulesco
The Search – Fred Zinnemann
The Snake Pit – Anatole Litvak
The Treasure of the Sierra Madre – **John Huston**

1949
All the King's Men – Robert Rossen
Battleground – William A. Wellman
The fallen Idol – Carol Reed
The Heiress – William Wyler
A Letter to three Wives – **Joseph L. Mankiewicz**

1950
All about Eve – **Joseph L. Mankiewicz**
The asphalt Jungle – John Huston

Born Yesterday – George Cukor
Sunset Boulevard – Billy Wilder
The third Man – Carol Reed

1951
The African Queen – John Huston
An American in Paris – Vincente Minnelli
Detective Story – William Wyler
A Place in the Sun – **George Stevens**
A Streetcar named Desire – Elia Kazan

1952
Five Fingers – Joseph L. Mankiewicz
The greatest Show on Earth – Cecil B. DeMille
High Noon – Fred Zinnemann
Moulin Rouge – John Huston
The quiet Man – **John Ford**

1953
From here to Eternity – **Fred Zinnemann**
Lili – Charles Walters
Roman Holiday – William Wyler
Shane – George Stevens
Stalag 17 – Billy Wilder

1954
The Country Girl – George Seaton
The High and the Mighty – William Wellman
On the Waterfront – **Elia Kazan**
Rear Window – Alfred Hitchcock
Sabrina – Billy Wilder

1955
Bad Day at Black Rock – John Sturges
East of Eden – Elia Kazan
Marty – **Delbert Mann**
Picnic – Joshua Logan
Summertime – David Lean

1956
Around the World in 80 Days – Michael Anderson
Friendly Persuasion – William Wyler
Giant – **George Stevens**
The King and I – Walter Lang
War and Peace – King Vidor

1957
The Bridge on the River Kwai – **David Lean**
Peyton Place – Mark Robson
Sayonara – Joshua Logan
12 angry Men – Sidney Lumet
Witness for the Prosecution – Billy Wilder

1958
Cat on a hot Tin Roof – Richard Brooks
The Defiant Ones – Stanley Kramer
Gigi – **Vincente Minnelli**
I Want to Live! – Robert Wise
The Inn of the Sixth Happiness – Mark Robson

1959
Ben-Hur – **William Wyler**
The Diary of Anne Frank – George Stevens
The Nun's Story – Fred Zinnemann
Room at the Top – Jack Clayton
Some like it hot – Billy Wilder

1960
The Apartment – **Billy Wilder**
Never on Sunday – Jules Dassin
Psycho – Alfred Hitchcock
Sons and Lovers – Jack Cardiff
The Sundowners – Fred Zinnemann

1961
The Guns of Navarone – J. Lee Thompson
The Hustler – Robert Rossen
Judgment at Nuremberg – Stanley Kramer
La dolce vita – Federico Fellini
West Side Story – **Robert Wise, Jerome Robbins**

1962
David and Lisa – Frank Perry
Divorce – Italian Style – Pietro Germi
Lawrence of Arabia – **David Lean**
The Miracle Worker – Arthur Penn
To kill a Mockingbird – Robert Mulligan

1963
America America – Elia Kazan
The Cardinal – Otto Preminger
Federico Fellini's 8 1/2 – Federico Fellini
Hud – Martin Ritt
Tom Jones – **Tony Richardson**

1964
Becket – Peter Glenville
Dr. Strangelove or: How I learned to stop worrying and love the Bomb – Stanley Kubrick
Mary Poppins – Robert Stevenson
My fair Lady – **George Cukor**
Zorba the Greek – Michael Kakoyannis

1965
The Collector – William Wyler
Darling – John Schlesinger

Doctor Zhivago – David Lean
The Sound of Music – **Robert Wise**
Woman in the Dunes – Hiroshi Teshigahara

1966
Blow-Up – Michelangelo Antonioni
A Man and a Woman – Claude Lelouch
A Man for all Seasons – **Fred Zinnemann**
The Professionals – Richard Brooks
Who's afraid of Virginia Woolf? – Mike Nichols

1967
Bonnie and Clyde – Arthur Penn
The Graduate – **Mike Nichols**
Guess who's coming to Dinner – Stanley Kramer
In cold Blood – Richard Brooks
In the Heat of the Night – Norman Jewison

1968
The Battle of Algiers – Gillo Pontecorvo
The Lion in Winter – Anthony Harvey
Oliver! – **Carol Reed**
Romeo and Juliet – Franco Zeffirelli
2001: A Space Odyssey – Stanley Kubrick

1969
Alice's Restaurant – Arthur Penn
Butch Cassidy and the Sundance Kid – George Roy Hill
Midnight Cowboy – **John Schlesinger**
They shoot Horses, don't they? – Sydney Pollack
Z – Constantin Costa-Gavras

1970
Fellini Satyricon – Federico Fellini
Love Story – Arthur Hiller
M*A*S*H – Robert Altman
Patton – **Franklin J. Schaffner**
Women in Love – Ken Russell

1971
A Clockwork Orange – Stanley Kubrick
Fiddler on the Roof – Norman Jewison
The French Connection – **William Friedkin**
The last Picture Show – Peter Bogdanovich
Sunday Bloody Sunday – John Schlesinger

1972
Cabaret – **Bob Fosse**
Deliverance – John Boorman
The Emigrants – Jan Troell
The Godfather – Francis Ford Coppola
Sleuth – Joseph L. Mankiewicz

1973
American Graffiti – George Lucas
Cries and Whispers – Ingmar Bergman
The Exorcist – William Friedkin
Last Tango in Paris – Bernardo Bertolucci
The Sting – **George Roy Hill**

1974
Chinatown – Roman Polanski
Day for Night – François Truffaut
The Godfather Part II – **Francis Ford Coppola**
Lenny – Bob Fosse
A Woman under the Influence – John Cassavetes

1975
Amarcord – Federico Fellini
Barry Lyndon – Stanley Kubrick
Dog Day Afternoon – Sidney Lumet
Nashville – Robert Altman
One flew over the Cuckoo's Nest – **Milos Forman**

1976
All the President's Men – Alan J. Pakula
Face to Face – Ingmar Bergman
Network – Sidney Lumet
Rocky – **John G. Avildsen**
Seven Beauties – Lina Wertmüller

1977
Annie Hall – **Woody Allen**
Close Encounters of the third Kind – Steven Spielberg
Julia – Fred Zinnemann
Star Wars – George Lucas
The turning Point – Herbert Ross

1978
Coming Home – Hal Ashby
The Deer Hunter – **Michael Cimino**
Heaven can wait – Warren Beatty, Buck Henry
Interiors – Woody Allen
Midnight Express – Alan Parker

1979
All that Jazz – Bob Fosse
Apocalypse Now – Francis Ford Coppola
Breaking away – Peter Yates
Kramer vs. Kramer – **Robert Benton**
La cage aux folles – Edouard Molinaro

1980
The Elephant Man – David Lynch
Ordinary People – **Robert Redford**
Raging Bull – Martin Scorsese
The Stunt Man – Richard Rush
Tess – Roman Polanski

1981
Atlantic City – Louis Malle
Chariots of Fire – Hugh Hudson
On golden Pond – Mark Rydell
Raiders of the lost Ark – Steven Spielberg
Reds – **Warren Beatty**

1982
Das Boot – Wolfgang Petersen
E. T. The Extra-Terrestrial – Steven Spielberg
Gandhi – **Richard Attenborough**
Tootsie – Sydney Pollack
The Verdict – Sidney Lumet

1983
The Dresser – Peter Yates
Fanny & Alexander – Ingmar Bergman
Silkwood – Mike Nichols
Tender Mercies – Bruce Beresford
Terms of Endearment – **James L. Brooks**

1984
Amadeus – **Milos Forman**
Broadway Danny Rose – Woody Allen
The Killing Fields – Roland Joffé
A Passage to India – David Lean
Places in the Heart – Robert Benton

1985
Kiss of the Spider Woman – Hector Babenco
Out of Africa – **Sydney Pollack**
Prizzi's Honor – John Huston
Ran – Akira Kurosawa
Witness – Peter Weir

1986
Blue Velvet – David Lynch
Hannah and her Sisters – Woody Allen
The Mission – Roland Joffé
Platoon – **Oliver Stone**
A Room with a View – James Ivory

1987
Fatal Attraction – Adrian Lyne
Hope and Glory – John Boorman
The Last Emperor – **Bernardo Bertolucci**
Moonstruck – Norman Jewison
My Life as a Dog – Lasse Hallström

1988
A Fish called Wanda – Charles Crichton
The last Temptation of Christ – Martin Scorsese
Mississippi Burning – Alan Parker
Rain Man – **Barry Levinson**
Working Girl – Mike Nichols

1989
Born on the Fourth of July – **Oliver Stone**
Crimes and Misdemeanors – Woody Allen
Dead Poets Society – Peter Weir
Henry V – Kenneth Branagh
My left Foot – Jim Sheridan

1990
Dances with Wolves – **Kevin Costner**
The Godfather, Part III – Francis Ford Coppola
Good Fellas – Martin Scorsese
The Grifters – Stephen Frears
Reversal of Fortune – Barbet Schroeder

1991
Boyz N the Hood – John Singleton
Bugsy – Barry Levinson
JFK – Oliver Stone
The Silence of the Lambs – **J. Demme**
Thelma & Louise – Ridley Scott

1992
The crying Game – Neil Jordan
Howards End – James Ivory
The Player – Robert Altman
Scent of a Woman – Martin Brest
Unforgiven – **Clint Eastwood**

1993
In the Name of the Father – Jim Sheridan
The Piano – Jane Campion
The Remains of the Day – James Ivory
Schindler's List – **Steven Spielberg**
Short Cuts – Robert Altman

1994
Bullets over Broadway – Woody Allen
Forrest Gump – **Robert Zemeckis**
Pulp Fiction – Quentin Tarantino
Quiz Show – Robert Redford
Red – Krzysztof Kieslowski

1995
Babe – Chris Noonan
Braveheart – **Mel Gibson**
Dead Man walking – Tim Robbins
Leaving Las Vegas – Mike Figgis
The Postman (Il Postino) – Michael Radford

1996
The english Patient – **Anthony Minghella**
Fargo – Joel Coen
The People vs. Larry Flynt – Milos Forman
Secrets & Lies – Mike Leigh
Shine – Scott Hicks

1997
The Full Monty – Peter Cattaneo
Good Will Hunting – Gus Van Sant
L.A. Confidential – Curtis Hanson
The sweet Hereafter – Atom Egoyan
Titanic – **James Cameron**

1998
Life is Beautiful – Roberto Benigni
Saving Private Ryan – **Steven Spielberg**
Shakespeare in Love – John Madden
The thin red Line – Terrence Malick
The Truman Show – Peter Weir

1999
American Beauty – **Sam Mendes**
Being John Malkovich – Spike Jonze
The Cider House Rules – Lasse Hallström
The Insider – Michael Mann
The sixth Sense – M. Night Shyamalan

2000
Billy Elliot – Stephen Daldry
Crouching Tiger, Hidden Dragon – Ang Lee
Erin Brockovich – Steven Soderbergh
Gladiator – Ridley Scott
Traffic – **Steven Soderbergh**

2001
A beautiful Mind – **Ron Howard**
Black Hawk Down – Ridley Scott
Gosford Park – Robert Altman
The Lord of the Rings: The Fellowship of the Ring – Peter Jackson
Mulholland Drive – David Lynch

2002
Chicago – Rob Marshall
Gangs of New York – Martin Scorsese
The Hours – Stephen Daldry
The Pianist – **Roman Polanski**
Talk to her – Pedro Almodóvar

GLOSSAR

Achsensprung Im konventionellen Kino bewegt sich die Kameraachse innerhalb eines 180-Grad-Radius. Dies entspricht der Blickachse eines Betrachters, mit der sich die Kamera von Einstellung zu Einstellung bewegt. So blickt die Kamera zum Beispiel bei einer Dialogszene zuerst der Person A über die rechte Schulter, während sie danach der A gegenüberstehenden Person B über die linke Schulter blickt. Wird der 180-Grad-Radius überschritten und taucht der oben genannte Sprecher A im Verlauf eines Gesprächs mal auf der linken und mal auf der rechten Bildhälfte auf, ohne dass sich die Personen fortbewegt hätten, spricht man von einem Achsensprung.

Anschlussfehler Ein von Geisterhand wieder angefülltes Whiskeyglas, eine sich mit jedem Schnitt erneuernde Zigarette und rückwärts springende Uhren sind sichere Zeichen für Anschlussfehler. Die Fehler entstehen, wenn bei der Montage aus verschiedenen Einstellungen zusammengesetzter Szenen die Chronologie der Ereignisse missachtet wird. Die im Abspann unter »Continuity« oder »Scriptgirl« geführte Person ist für solche Schnitzer verantwortlich.

Autorenfilm Von den Autoren der französischen Zeitschrift *Cahiers du Cinéma* und dem Filmpublizisten André Bazin aufgestellte These, nach der ein Filmregisseur auch Autor seines Werks sein sollte (▶ Nouvelle Vague). Der Autorenfilm und die Autorentheorie wurden zum Ausgangspunkt der Bewegung des Jungen Films, deren Vertreter ab den Sechzigern weltweit den Generationswechsel in der Filmbranche einleiteten.

Cinemascope Von 20th-Century-Fox propagiertes Aufnahme- und Projektionsverfahren für ein extremes Breitwandformat im Verhältnis 1:2,35 (Höhe:Breite). Wegen der breiten Balken am oberen und unteren Bildrand ist Cinemascope im Fernsehen ein unbeliebtes Format. Dafür ist der Eindruck im Kino umso stärker, nicht nur, weil das Format, wie Billy Wilder einmal behauptete, »die Welt aus der Sicht eines Dackels« darbietet.

Director's Cut Vom Regisseur autorisierte Fassung, die sich von der Premierenfassung dadurch unterscheidet, dass vom Filmverleih oder der Zensur verlangte Kürzungen und Veränderungen wieder korrigiert wurden. Der Begriff wird heute vielfach bei der Wiedervermarktung von Filmen verwendet, bei denen lediglich der Ton digital überarbeitet wurde.

Drehbuch In Einstellungen gegliederte Beschreibung des Films, die neben dem Dialog auch eine detaillierte Beschreibung der Einstellung selbst enthält. Sowohl Einstellungsgröße als auch Kamerawinkel, Kamerabewegungen, Lichtführung und Anweisungen für Ausstatter und Kostümbildner können aufgeführt sein.

Einstellung Ungeschnittenes Filmbild. Eine Szene besteht meist aus mehreren Einstellungen. Die Bezeichnungen der Einstellungsgrößen: »Panorama« für Landschaftsaufnahmen oder Massenszenen; die »Totale« erfasst den Raum mit allen Anwesenden, die »Halbtotale« erfasst nur noch einige Anwesende; »Halbnah« oder »amerikanische« einen Einzelnen vom Knie aufwärts, »Nah« vom Gürtel aufwärts, »Close-up« oder »Großaufnahme« nur das Gesicht, »Detail« einen Ausschnitt des Gesichts.

Film Noir Auch unter dem Sammelbegriff »Schwarze Serie« zusammengefasster Filmstil, der in Hollywood besonders durch europäische Emigranten geprägt wurde. Typische Merkmale eines Film Noir: Ein illusionsloser Held, eine »femme fatale«, eine zwiespältige moralische Haltung, eine kontrastreiche Lichtführung mit tiefen Schatten, ein undurchschaubarer Handlungsverlauf und latenter Pessimismus. Einflüsse des Film Noir finden sich auch in aktuellen Filmproduktionen.

Genre Filme mit bestimmten wiederkehrenden Handlungsstereotypen sowie Ähnlichkeiten in Bezug auf Dramaturgie, Besetzung, Ausstattung und Schauplätze werden in Genres zusammengefasst. Genres sind zum Beispiel Western, Actionfilm, Komödie, Melodram, Science Fiction, Thriller. Reine Genrefilme sind heute selten. Meistens werden Genre verbunden oder klassische Genreformen ironisiert.

Independent Film Von Major Studios wie MGM, Fox, Warner, Paramount, Columbia oder Disney unabhängige Filmproduktion, die meist über ein weitaus niedrigeres Produktionsbudget verfügt.

Kadrierung Die Kadrierung (oder Cadrage) meint die Komposition der verschiedenen Bildelemente einer Einstellung nach inhaltlichen und ästhetischen Gesichtspunkten, wie zum Beispiel die Berücksichtigung von Proportion und Symmetrie.

Lichtführung Im deutschen Fernsehen weitgehend unbekannte Kunst, Licht und Schatten als gestalterisches Element zu nutzen. Das Licht bestimmt wesentlich Aussehen und Stil eines Films. Hauptbestandteile der Lichtführung sind das vom Drehort – zum Beispiel einer Fensterfront – vorgegebene Führungslicht, das Fülllicht, mit dem die Kontraste der Lichtquellen gemildert werden, und das Rücklicht, eine schwächere Lichtquelle, mit der die Figuren vom Hintergrund abgehoben werden.

Melodram Nicht Action, sondern Emotion soll das Publikum im Melodram fesseln. Dafür wird kein Mittel gescheut: Schauspieler mit hoher Identifikationskraft, echte Schurken, haarsträubende Verwicklungen, Triebaufschub bis zum Finale, schmelzende Musik und ein dramatischer Schluss. Echte Melodramen sind heute selten, dafür finden sich melodramatische Effekte in fast jedem Film.

Method acting Von Stella Adler und Lee Strassberg aus den Theorien des russischen Theaterpädagogen Konstantin S. Stanislawski entwickelte Schauspieltheorie. Im Mittelpunkt steht die Analyse des Charakters der Rollenfigur. Ziel ist es, mit der Rolle verwandte Empfindungen in sich aufzuspüren und für die Darstellung des Charakters zu nutzen. James Dean, Marlon Brando, Montgomery Clift, John Cassavetes, Gina Rowlands und Robert DeNiro gehören zu den prominentesten Method-Schauspielern.

Mis-en-scène Nicht nur die Inszenierung ist hier gemeint, sondern die gesamte Organisation des filmischen Raums, von Schauspiel-, Kamera- und Lichtführung über die Kulisse bis hin zu Ausstattung und Garderobe.

Montage Der Filmschnitt ist neben Kamera und Licht eines der zentralen Gestaltungsmittel des Films. In der Montage werden verschiedene Einstellungen miteinander verbunden. Die Zeitkonstruktion – zum Beispiel chronologisch, unterbrochen mit Rückblenden, Parallelkonstruktionen – und die Organisation der Bildinformation – was bekommt der Zuschauer zu sehen, was nicht – gehören zu den vorrangigen Aufgaben der Montage. Neben dem Inhalt bestimmt die Montage das Erzähltempo, den Rhythmus und die Perspektive der Erzählung.

Nachsynchronisation Störgeräusche, aber auch der ganz normale Lärm von Stromaggregaten und Kameramotoren machen es oft nötig, die Filmaufnahmen nachträglich zu vertonen.

Neorealismus Als Gegenbewegung zu den pompösen Melodramen zur Zeit des italienischen Faschismus entstandener Stil, bei dem die Authentizität der Figuren und ihrer Geschichte im Mittelpunkt steht. Vorwiegend mit Laien an Originalschauplätzen gedreht, erzählen neorealistische Filme Alltagsgeschichten einfacher Leute. Roberto Rossellini, Giuseppe de Santis, Vittorio de Sica und Luchino Visconti gehören zu den wichtigsten Vertretern des Neorealismus.

Nouvelle Vague Bewegung der französischen ▶ Autorenfilmer. Der Bruch mit inhaltlichen und formalen Konventionen des Films gehört zu den zentralen Motiven der Nouvelle Vague. Bei allem Aufbegehren gegen die Kinokonfektion leiteten die Vertreter der Nouvelle Vague die Wiederentdeckung des klassischen Hollywoodkinos ein.

Off Der Raum außerhalb der Leinwand ist das Off, wobei Raum sich hier sowohl auf den Bereich beziehen kann, der außerhalb des Filmbildes (der Einstellung) liegt, als auch auf den Filmraum, der durch die Fiktion der Filmerzählung vorgegeben wird. Die Spannung, die sich aus dem im Filmbild Gezeigten und dem nicht Gezeigten ergeben kann – zum Beispiel das Geräusch eines splitternden Zimmerfensters außerhalb des Blickfeldes –

gehört zu den zentralen dramaturgischen Gestaltungsmitteln des Films.

Originalton Die neue Kamera- und Mikrophontechnik machte es ab den 1960er Jahren möglich, Bild und Ton gleichzeitig aufzunehmen. In der Regel vermittelt der Originalton den Eindruck größerer Authentizität.

Plansequenz Eine, manchmal mehrere Minuten lang dauernde Einstellung, die in einer aufwendig choreographierten Kamerabewegung mit Schwenks, Fahrten, Schärfenverlagerungen und Zooms unterschiedliche Elemente einer Szene zu einem komplexen Bild vereint. Hitchcocks *Rear Window* beginnt mit einer der populärsten Plansequenzen der Filmgeschichte. Ähnlich furios ist auch die Plansequenz am Beginn von Robert Altmans *The Player*, 1992.

Schuss / Gegenschuss Beliebte Montagelösung bei der Darstellung von Gesprächen. Der Einstellung (Schuss auf einen Sprecher) folgt die Gegeneinstellung (Gegenschuss) auf den Zuhörer.

Score Die Filmmusik, die im Gegensatz zu den anderen im Film verwendeten Musiken extra für den Film komponiert wurde.

Slapstick Damit wird das Geräusch erzeugt, das die Aktion eines Clowns untermalt. Im Film ist damit die Art der Komödie gemeint, in der es um physische Aktion geht, um Zerstörung, Schadenfreude und Tempo.

Storyboard Mit der Comic-artigen Abbildung einer Filmszene lässt sich die Abfolge der verschiedenen Einstellungen einer Szene (die Szenenauflösung) anschaulich darstellen. Das Storyboard wird oft auch für die Präsentation eines geplanten Filmprojekts bei potenziellen Finanziers oder Auftraggebern gebraucht.

Subjektive Kamera Mit subjektiver Kamera werden Einstellungen aufgenommen, die (subjektiv) den Blick eines der Protagonisten übernehmen. Meist wird der damit verbundene Perspektivwechsel in der Erzählung angedeutet, in dem die Einstellung mit einer leicht fahrigen Handkamera aufgenommen wird.

Suspense Wenn das Publikum mehr weiß als der Protagonist, der z. B. ahnungslos ein Zimmer betritt, in dem –

wie zuvor gezeigt wurde – ein Mörder auf ihn wartet, spricht man von Suspense. Alfred Hitchcock ist der Großmeister der Suspense-Szene.

Synchronfassung Das Ersetzen ausländischer Schauspielerstimmen durch deutsche Sprecher ist in Deutschland seit der Besatzungszeit verbreitet. Um Lippensynchronität zu erhalten, unterscheiden sich deutsche Dialoge in der Regel stark von den Originalfassungen. Marilyn Monroe, Eddy Murphy, John Gielgud, Claudia Cardinale sind einige der prominentesten Opfer ihrer deutschen Sprecher. Wer die Originalstimmen einmal gehört hat, glaubt den deutschen Synchronstimmen danach kein Wort mehr.

Szene Eine Szene entsteht aus einer oder mehreren miteinander verbundenen Einstellungen, die durch den Ort oder die Handlung miteinander verknüpft sind.

Szenenauflösung Die Abfolge der verschiedenen Einstellungen ergibt eine Szene. Dabei kommt es nicht immer auf die korrekte chronologische Abfolge des Geschehens an. Die Szenenauflösung kann zum Beispiel den sekundenschnellen Fall einer Vase von einem Tisch zu einem minutenlangen Vorgang dehnen. Die Szenenauflösung ist ein wichtiges Gestaltungsmittel des Films.

Tiefenschärfe Damit ist der scharfe Bereich des Filmbildes gemeint. Mit einer Verlagerung der Tiefenschärfe wird die Aufmerksamkeit des Publikums auf einen anderen Bereich des Filmbildes gelenkt, ohne dass sich die Kamera bewegen muss. Um eine große Tiefenschärfe zu erzeugen, verwendete Hitchcock neben besonders starken Lichtquellen auch immer wieder besonders große Requisiten, die im Vordergrund deutlich zu erkennen sind, während der tatsächliche Schärfenbereich der Kamera beim Hintergrund lag, wodurch Vorder- und Hintergrund scharf erschienen. Besonders theatererfahrene Regisseure wie Orson Welles benutzten die Tiefenschärfe als gestalterisches Mittel.

PERSONENREGISTER

Die Namen der Regisseure, denen ein eigener Artikel gewidmet ist, sind **fett** hervorgehoben.
Ebenfalls hervorgehoben sind die Zahlen der Seiten, auf denen weitere Personen ausführlicher behandelt werden.

Abril, Victoria **243**
Adenauer, Dr. Konrad 23
Agee, James 16, 17
Akerman, Chantal 236
Alexander, Georg 179
Allen, Woody 137, 181, **230–235**
Almodóvar, Pedro 240–243
Althen, Michael 148
Andreotti, Giulio 145
Annunzio, Gabriele D' 106
Arnheim, Rudolf 21, 36
Assheuer, Thomas 230
Atsuta, Yûshun 83
Axelrod, George 149
Bacall, Lauren 74, 75
Balázs, Béla 38
Ballhaus, Michael 219, **221**
Banderas, Antonio **243**
Bazin, André 36, 51, 68, 72, 141, 157, 170, 175, 187
Belasco, David 25
Benedek, Laslo 247
Berger, Helmut **111**
Bergman, Ingmar 134–139, 231, 234
Bergman, Ingrid 133
Berkeley, Busby 94–99, 126
Berr, Jacques 93
Besson, Luc 180, 247
Bigelow, Kathryn 244–247
Blumenberg, Hans C. 64, 66, 77, 135, 224, 226
Bogarde, Dirk **111**
Bogdanovich, Peter 28, 43, 62
Brackett, Charles 117
Brecht, Bert 21, 46, 48, 226
Brustellin, Alf 94
Bulgakowa, Oksana 58
Buñuel, Luis 84–87, 192, 241
Buñuel-Garcia, Conchita 87
Burton, Tim 248–251
Busch, Mae 34
Campert, Remco 215
Cardinale, Claudia **111**
Carey, Ed 20
Cassavetes, John 176–181, 234
Chabrol, Claude 72, 73, **170–175**

Chandler, Raymond 76
Chaplin, Charles 16–21, 52, 88, 91, 92
Chevalier, Maurice 93
Clair, René 15
Clément, René 93
Colette 93
Cobert, Claudette 33
Coppola, Eleanor 198
Coppola, Francis Ford 99, **196–203**, 216
Corman, Roger 196, 203, 221
Cremer, Wilhelm 42
Cromwell, John 99
Crosland, Alan 94
Dalí, Salvador 84, 87
Daney, Serge 170
Delahaye, Michel 54
Delon, Alain **111**
DeMille, Cecil B. 22–25, 64
DeNiro, Robert **221**
Deren, Maya 124–127
Diamond, I. A. L. 116, **117**
Dietrich, Marlene 33, 115
Disney, Walt 224
Donen, Stanley 99
Doyle, Christopher 267, **269**
Edwards, Blake 148–151
Ehrenburg, Ilja 26, 42
Eisenstein, Sergej M. 56–61, 192
Eisler, Hanns 21
Eisner, Lotte H. 36
Elfman, Danny **251**
Elfman, Richard **251**
Fairbanks, Douglas 21
Färber, Helmut 53
Farrow, Mia **235**
Fassbinder, Rainer Werner 171, 172, 221, **226–229**
Faulkner, William 78
Feld, Hans 41
Feldvoß, Marli 259
Fellini, Federico 91, **140–147**, 192, 233, 249
Flaherty, Robert 41, 188, 191
Flaiano, Ennio 147
Flaubert, Gustave 234
Ford, Francis 67
Ford, John 62–67, 77, 81
Forman, Milos 204–212
Frears, Stephen 210
Freelan, Thornton 99

Gabin, Jean **55**
Garbo, Greta 33, 115
Geffen, David 225
Gieling Ramon 212
Godard, Jean-Luc 48, 176, **182–187**, 190
Goldwyn, Samuel 25, 99
Gong Li **273**
Gorin, Jean-Pierre 184
Goulding, Edmound 36
Graf, Dominik 154, 157, 187
Grafe, Frieda 26, 27, 32, 39, 43, 46, 64, 66, 185
Granach, Alexander 33
Grassi, Paolo 146
Greenaway, Peter 259
Gregor, Ulrich 24
Griffith, David W. 14, 23, 35, 37, 124
Grob, Norbert 164, 268
Habe, Hans 129
Hammet, Dashiell 100
Hammid, Alexander 127
Hara, Setsuko 83
Harbou, Thea von 43, 47, **48**
Hardy, Oliver 148
Hauffe, Reinhard 228
Hawks, Howard 74–79, 85, 117, 170, 171
Hayasaka, Fumio **123**
Hayden, Sterling 169
Hays, Will H. 31
Hembus, Joe 79
Hemingway, Ernest 78
Herrmann, Bernard **73**
Herzog, Werner 228
Heuschling, Andrée 52
Hitchcock, Alfred 31, 44, **68–73**, 86, 128, 159, 170, 171, 175, 186, 244, 265
Hopkins, Miriam 33
Houdin, Robert 15
Humphrey, Hubert 189
Huston, Anjelica **105**
Huston, John 100–105, 236
Huston, Walter **105**
Ingram, Rex 36
Ingrao, Pietro 146
James, Henry 258
Jansen, Peter W. 137
Järegård, Ernst-Hugo **255**
Jarvas, Risto 264
Joyce, James 104, 105

Jugert, Rudolf 49
Julian, Rupert 35
Junge, Winfried und Barbara **191**
Karmitz, Marin 174
Karnos, Fred 17
Katzenberg, Jeffrey 225
Kaurismäki, Aki 241, 242, **260–265**
Kaurismäki, Mika 265
Keaton, Buster 91, 92
Keaton, Diane **235**
Keeler, Ruby **99**
Kelly, Gene 99
Kennedy, Joseph 36, 37
Keuken, Johan van der 212–215
Kezich, Tulio 144, 147
Kier, Udo **255**
Killert, Gabriele 85
King Hus 266
Kluge, Alexander 47, 228
Kochenrath, Hans Peter 66, 110
Kohner, Paul 33
Kothenschulte, Daniel 223
Kracauer, Siegfried 19, 31, 44, 45
Kramer, Stanley 177
Kubrick, Stanley 166–169, 227
Kurosawa, Akira 118–123
Lancaster, Burt **111**
Lang, Fritz 42–48, 73, 171, 174
Lasky, Jesse L. 25
Laurel, Stan 148
Le Corbusier 125, 126
Leacock, Richard 182, **188–191**
Lely, Noshka van der **215**
LeRoy, Mervyn 98
Lombard, Carole **79**
Lubitsch, Ernst 26–33, 88, 113, 114, 115, 116, 117
Lucas, George 120
Ludwig II. 110
Lumière, Auguste und Louis 10, 11, 13, 15
Maerker, Christa 178
Mancini, Henry **151**
Mankiewicz, Joseph L. 64
Masina, Giulietta **147**
Mastroianni, Marcello **147**

PERSONENREGISTER

Maura, Carmen **243**
May, Joe 43, 48
Mayer, Carl 39, 40, **41**
Mayer, Louis B. 19
**Méliès, Georges
10–15**, 124
Merschmann, Helmut 249
Michalkow-Kontschalowski, Andrej 195
Milius, John 203
Miller, Arthur 102
Monroe, Marilyn 115
Müller, Nicole 241
Mund, Vera 246
Murnau, Friedrich Wilhelm 38–41, 73, 201
Negri, Pola 33
Neilan, Marshall 79
Nettelbeck, Uwe 190
Nichols, Mike 206
Nin, Anaïs 126
Nykvist, Sven **139**
Nyman, Michael 257, **259**
Ondricek, Miroslav **211**
Outinen, Kati **265**
Ozu, Yasujiro 80–83, 164, 237
Palma, Rossy De **243**
Passer, Ivan **211**
Patales, Enno 49, 92, 172
Pathé, Charles 11, 13
Paul, William 15
Peitz, Christiane 257
Pellonpää, Matti **265**
Pertini, Sandro 145
Pickford, Mary 21, 79
Pinelli, Tullio 147
Polanski, Roman 105, **158–161**, 235

Porten, Henny 33
Powell, Dick **99**
Powell, Michael 242
Ray, Satyajit 162–165
Reed, Carol 48, 160
Reitz, Edgar 228
Renoir, Auguste 50, 53
Renoir, Jean 26, **50–55**, 108, 110, 111, 163, 164, 171
Resnais, Alain 268
Reuben, Paul 248, 249, 251
Richter, Hans 10
Richter, Jürgen 171
Ritt, Martin 120
Rivette, Jacques 78, 131, 187
Roché, Henri-Pierre 155
Rockwell, Norman 224
Rodtschenko, Alexander 97
Rohmer, Eric 170, 175, 187
Romm, Michail 195
Roosevelt, Franklin D. 95
Ross, Herbert 231
Rossellini, Isabella 133
Rossellini, Roberto 107, 108, **128–133**
Rota, Nino 144, **147**
Rother, Rainer 168
Rouch, Jean 188, 189
Rowlands, Gena 181, 234
Rusch, Beate 263
Ryu, Chishu 80, 82, **83**
Salminen, Timo 265
Sander, Helke 228
Sanders-Brahms, Helma 33, 228
Santis, Giuseppe de 107
Sartre, Jean-Paul 103, 104
Sato, Masaru 123
Sato, Tadao 82
Schiavelli, Vincent **211**

Schklowski, Viktor 59
Schlegel, Hans-Joachim 194
Schlöndorff, Volker 228
Schoonmaker, Thelma 219, **221**
Schroeter, Werner 228
Schutko, Kirill 56
Schutko, Nina 56
Schütte, Wolfram 76, 142
Schwarze, Michael 90
Schweizerhof, Barbara 238
Scorsese, Martin 180, **216–221**
Scott, Ridley 246
Sellers, Peter **169**
Sennett, Mack 17, 21, 52
Serreaus, Coline 93
Shinoda, Masahiro 81
Shumlin, Herman 75
Sica, Vittorio de 107, 163
Simon, Michel **55**
Sinclair, Upton 58, 59, 61
Sirk, Douglas 228, 242, 264
Snow, Michael 237
Solonizyn, Anatoli **195**
Spielberg, Steven 120, 168, 203, **222–225**
Spotos, Daniel 73
Stempel, Hans 163
Sternberg, Josef von 36
Stollwerk, Ludwig 11
Stroheim, Erich von 34–37, 51, 52
Sturges, Joe 119
Suchsland, Rüdiger 218
Swanson, Gloria 36, 37
Syberberg, Hans-Jürgen 196
Tagore, Rabindranath 165
Tarkowskij, Andrej 192–195

Tati, Jacques 88–93
Tatischeff, Sophie **93**
Terhechte, Christophe 122
Thalberg, Irvin 35
Theweleit, Klaus 186
Thompson, J. Lee 217
Tisse, Eduard **61**
To Sang 212, 213
Tomicek, Harry 82, 116
Trier, Lars von 252–255
Trombadori, Antonello 146
Trotta, Margarethe von 228
Truffaut, François 69, 73, 132, **152–157**, 171, 175, 187
Tschechow, Anton 231
Tsui-Hark 266
Tucker, Preston 202
Tykwer, Tom 118
Vernes, Jules 13
Vinken, Barbara 246
Vinterberg, Thomas 254
Visconti, Luchino 106–111
Warner, Jack 100
Wayne, John 65, 66, **67**
Weixlbaumer, Robert 134
Welles, Orson 253
Wenders, Wim 83, 135, 185, 228
Whale, James 251
Widman, Arno 143
Wiene, Robert 40, 41, 43
Wildenhahn, Klaus 190
Wilder, Billy 22, 33, 37, **112–117**
Witte, Karsten 71, 194
Wong Kar-wai 266–269
Yamamoto, Kajiro 123
Yimou, Zhang 270–273

WERKREGISTER
(deutschsprachige Titel und fremdsprachige Originaltitel)

¡Átame! 240, 241
¿Qué he hecho yo para merecer esto? 240, 241, 243
2001: A Space Odyssey 166, 167, 169
2001: Odyssee im Weltraum 166, 169
Les 400 coups 152, 157
8 1/2 233
À bout de souffle 176, 182, 187
The Affairs of Anatol 25
A. I. 223
Abend der Gaukler 139
The African Queen 102
After Hours 221
Agantuk 165
Agantuk – Der Besucher 165
The Age of Innocence 217
Air Force 77
The Alamo 67
L'âge d'or 87
Apokalypse Now Redux 198
Alice 232, 235
Alice doesn't live here anymore 221
Alice lebt hier nicht mehr 221
Aleksandr Newskij 59, 61
Allemagne neuf zéro 187
Alles über meine Mutter 240, 243
Alle Vöglein sind schon da 175
Der alte Brunnen 273
Das Alte und das Neue 58
Alexander Newski 59, 61
Alouette, je te plumerai 175
Alphaville 265
Alphaville, une étrange aventure de Lemmy Caution 187
Amadeus 205, 209
Amarcord 143, 144, 147
American Graffiti 203
Die amerikanische Nacht 156, 157
L'amour en fuite 153, 154
Amsterdam global Village 212, 213, 214, 215
Ein andalusischer Hund 84, 87
Eine andere Frau 181
Andrej Rubeljow 193, 195
An Angel at my Table 256, 257, 259

El ángel exterminador 87
Die Ankunft des Kongresses für Photographie in Lyon 10
Anna Boleyn 26
Annie Hall 231, 233, 235
Another Woman 181
Antoine et Colette 153
Aparajito – The unvanquished 165
The Apartment 113
Apocalypse Now 196, 197, 199, 200, 203
Das Appartement 113
Apur sansar 165
Apus Weg ins Leben III.
 – Apus Welt 165
Apus Weg ins Leben I.
 – Auf der Straße 165
Apus Weg ins Leben II.
 – Der Unbesiegbare 165
Ariane – Liebe am Nachmittag 116, 117
Ariel 261, 265
Ärger im Paradies 32
L' Arroseur arrosé 10, 13
Ashani sanket 164, 165
Ashes of Time 269
As Tears go by 267, 269
Asphalt 49
Asphalt Dschungel 101
The Asphalt Jungle 101
At Land 125
Auch Henker sterben 46, 48
Auf der Straße 163, 164, 165
Auf Liebe und Tod 156, 157
Ausgestoßen 160
Außer Atem 176, 182, 187
Eine auswärtige Affäre 115
Awakenings 211
Babes on Broadway 99
Baby wird bestraft 53
Baisers volés 153
Bananas 230, 235
The Band 217
Barry Lyndon 167, 168, 169
Les bas-fonds 53
Batman 249, 251
Batman returns 250
Batmans Rückkehr 250
Beat the Devil 102
Le beau Serge 172, 175
De beeldenstorm 213, 215
Beetlejuice 251
Befrielsesbilleder 255

Der begossene Rasensprenger 10, 13
Belle de jour 84, 87
Belle de jour – Schöne des Tages 84, 87
Berlin Alexanderplatz 227, 229
Bernstein in Israel 191
Berüchtigt 73
Die Beshin-Wiese 59, 60, 61
Bestie Mensch 53
La bête humaine 53
A better Tomorrow 266
Bettler GmbH 43
Bezin lug 59, 60, 61
Die Bibel 103, 105
The Bible 103, 105
Les biches 173
Il bidone 141, 142
Biester 175
Das Biest muss sterben 173
Big Ben: Ben Webster in Europe 215
The big Heat 49
The big Sleep 74, 75, 76, 77, 79
Big Trouble 180
Bilder der Befreiung 255
Der Bildersturm 213, 215
Birdman of Alcatraz 111
Birth of a Nation 23
Bitterer Reis 107
Die bitteren Tränen der Petra von Kant 227
Bitter Moon 160
Blade Runner 246
Blaubarts achte Frau 29, 33, 114, 116
Der blaue Engel 49
Blind Date 148, 151
Blind Husbands 34, 35, 37
Blondinen bevorzugt 77, 79
Blow up 200
Bluebard's eighth Wife 29, 33, 114, 116, 117
Blue Steel 245, 246, 247
Blutige Hochzeit 174
Les bonnes femmes 175
Le boucher 173
Boudu – Aus den Wassern gerettet 55
Boudu sauvé des eaux 55
Boulevard der Dämmerung 22, 24, 25, 37, 115
Boxcar Bertha 217, 219, 221

Breakfast at Tiffany's 149, 251
Breaking the Waves 254, 255
The Bride of Frankenstein 251
Bringing up Baby 77, 79
Bring your Smile along 151
Broadway Danny Rose 235
Broken Blossoms 23
Bronenosez Potjomkin 57, 58, 61
Buddy, Buddy 117
Der Bucklige und die Tänzerin 41
Bullets over Brodway 232, 234
Das Cabinet des Dr. Caligari 40, 41, 43, 49
La caduta degli dei 109, 111
Calamari Union 264, 265
Canary Bananas 191
Cape Fear 217, 219
Cap und Capper – Zwei Freunde auf acht Pfoten 251
La captive 239
Carrasco, der Schänder 120
La carrozza d'oro 52
Casablanca 133
Casanova 140
Il casanova 143
Casino 219, 221
Casino Royal 235
To catch a Thief 73
La cérémonie 175
The Chair 190, 191
Le charme discret de la bourgeoisie 87
La chambre vert 156
Chantal Akerman par Chantal Akerman 238
Chantal Akerman über Chantal Akerman 238
The Cheat 25
Cheun gwong tsa sit 268, 269
Cheyenne autumn 67
Chicken run 225
Chiefs 190
Un chien andalou 84, 87
La chienne 55
A Child is waiting 177, 181
Chinatown 105, 160, 161
Die Chinesin 183
La Chinoise 183

WERKREGISTER

Chong qing sen lin 267, 269
Chungking Express 267, 269
The Circus 21
Citizen Kane 73, 117
La città delle donne 147
City Lights 21
Clash by Night 49
A Clockwork Orange 167
La conquête du pôle 15
Close Encounters of the Third Kind 222
The Color Purple 222, 223
Confidential Agent 75
The Conversation 196, 199, 200, 203
The Cotton Club 201
Eine Couch in New York 239
A Countess from Hong Kong 20
Coup pour coup 174
Les cousins 172, 175
Creator 211
Creator – Der Professor und die Sünde 211
Crime and Punishment 265
Cul – De –Sac 161
The Curse of the jade Scorpion 232
Cutter and Bone 211
Cutter's Way – keine Gnade 211
D'est 238, 239
Über den Dächern von Nizza 73
Dagboek 213, 215
Da hong deng long gao gao gua 270, 272
Daihao meizhoubao 270, 273
Dancer in the Dark 254, 255
Dangerous Liaisons 210
Dao ma dan 266
My Darling Clementine 67
Days of being wild 267
The Day of the Fight 169
Da yuebing 273
The Dead 104, 105
Death and the Maiden 158
Death of the Nile 235
Le débarquement du congrés de photographie à Lyon 10
Deconstructing Harry 233, 235
Le déjeuner sur l'herbe 55
Il delitto di Giovanni Episcopo 147
Dementia 13 197, 203
Le dernier métro 156
Design for Living 31, 33

Deutschland im Jahre Null 128, 133
Deutschland Neu(n) Null 187
Les deux anglaises et le continent 155, 156, 157
Devi 164
The Devil's Passkey 36
Der diabolische Mieter 13, 15
Der Dialog 196, 203
Dick und Doof 148
Directed by John Ford 67
Der diskrete Charme der Bourgeoisie 87
Un divan à New York 239
Dodsworth 105
A Dog's Life 17
La dolce vita 143, 144, 147
Dogville 255
Domicil conjugal 153
Donovan's reef 62
Double Indemnity 114, 117
Dr. M 174
Dr. Mabuse 43
Dr. Seltsam oder: Wie ich lernte, die Bombe zu lieben 167, 169
Dr. Strangelove or: How I learned to stop worrying and love the Bomb 167, 169
Die drei von der Tankstelle 49
Der dritte Mann 48
Duel 225
Duell 225
Dung che sai duk 269
Duo luo tian shi 269
Dut yeung nin wa 269
Dwai ludzie z szafa 158
E la nave va 144, 147
E. T. 222, 223, 224
E. T. 222, 225
Easy Rider 197
Edward mit den Scherenhänden 251
Edward Scissorhands 251
Ed Wood 250, 251
L'école des facteurs 93
Die Ehe der Maria Braun 228
Ehemänner 179
Ehemänner und Ehefrauen 232
Die Ehre der Prizzis 104, 105
Eine Frau ist eine Frau 187
Einer flog über das Kuckucksnest 208, 211
Einer mit Herz 196, 203

Eins, zwei, drei 112, 117
Der einzige Sohn 83
Ekel 161
El Dorado 77
The Element of Crime 252, 255
Elf Uhr nachts 239
Emil und die Detektive 114
The Emperor Waltz 114
Empire of the Sun 223
Les enfants du paradis 161
L'enfant sauvage 157
Entre tinieblas 240
Die Enttäuschten 172, 175
Epidemic 252, 255
Die Eroberung des Pols 15
Europa 252, 253, 255
Everything you always wanted to know about sex, but were afraid to ask 235
Eyes wide shut 166, 168, 169
Faces 178, 179, 181
Fahrenheit 451 152, 157
Fahrraddiebe 107, 163
Fallen Angels 269
Familiengrab 72, 73
Family Plot 72, 73
Fanny och Alexander 134, 138, 139
Fanny and Alexander 134, 135, 138, 139
Le fantôme de la liberté 84, 87
Die Farbe Lila 222
Fat City 103
Faust 38, 39, 41
Die Faust der Rebellen 217, 221
Faustrecht der Prärie 67
Fear and Desire 167, 169
The fearless Vampire Killers or Pardon me, your Teeth are in my Neck 158, 161
Fei jing juen 267
Une femme est une femme 187
La femme infidéle 173, 175
Das Fenster zum Hof 71, 73, 244
Die Ferien des Monsieur Hulot 91, 93
Ferner Donner 164, 165
Fessle mich! 240, 241
Das Fest 254
Festen 254
Der Feuerwehrball 205, 206
Ein Film für Lucebert 213
Een Film voor Lucebert 213

A fine Mess 148
Finian's Rainbow 99
Five Graves to Cairo 37, 114, 117
Der flache Dschungel 215
Le fleuve 55, 163
Flying padre 169
Foolish Wives 34, 35, 37
Footlight Parade 99
Forbidden Zone 251
Forbrydelsens element 252
A foreign Affair 115
Fort Apache 67
Der Förster vom Silberwald 135
Four Devils 21
The Fox and the Hound 251
Eine Frau unter Einfluss 179
Frankensteins Braut 251
Frankenweenie 249, 251
Frantic 160
Frauentraum 135
Fräulein Seifenschaum 26
Frau ohne Gewissen 114, 117
Der Fremde im Zug 70
Frenzy 71, 72
Freud 103, 105
Frühstück bei Tiffany 149, 151
Das Frühstück im Grünen 55
Full metal Jacket 166, 169
Fünf Gräber bis Kairo 37
Fury 48
Der Gang in die Nacht 41
Gangs of New York 216, 217, 219, 221
Eine ganze Nacht 236, 239
Garp und wie er die Welt sah 211
Gaslight 133
Il gattopardo 109, 111
Gay dimanche 93
Gefährliche Liebschaften 210
Der Gegner 164
Geister 253, 254
Gelbes Land 273
Die Generallinie 58, 61
General'naja Inija 58, 61
Gentlemen prefer Blondes 77, 79
Genuine 41
Geraubte Küsse 153
Germania anno zero 128, 133
Die Geschichte der Adele H. 156
Die Geschichte der Nana S. 187

Die Geschichte der Qui Ju 27, 271
Der Geschmack von Makrelen 83
Gesichter 178, 179, 181
Das Gespenst der Freiheit 84
Gewalt und Leidenschaft 111
Der gewöhnliche Faschismus 195
Ghare-baire 164
Gier 36
Gimme Shelter 190
Ginger e Fred 146, 147
Ginger und Fred 146, 147
His Girl Friday 77
Giulietta degli spiriti 147
The Glen Miller Story 151
Gloria 178, 180
Die glorreichen Sieben 119
The Godfather 196, 197, 199, 203, 216, 235
Gold Diggers of 1933 98
Golden eighties 239
Goldrausch 21
The Gold Rush 21
Die goldene Karosse 52
Das goldene Zeitalter 87
Goldgräber von 1933 98
Goodfellas 217, 219
Good will hunting 251
Die Göttin 164
Die Gräfin von Hongkong 20
La grande illusion 37, 51, 54, 55
The great Dictator 19, 21
The great Gatsby 203, 235
The great Race 148
Greed 36
The green Barrets 67
Greetings 221
Der große Diktator 19, 21
Der große Gatsby 203
Die große Illusion 37, 51, 54, 55
Die großen Ferien 214, 215
Die große Parade 273
Die große Stadt 164
De grote vakantie 214, 215
Grün ist die Heide 135
Die grünen Teufel 67
Das grüne Zimmer 156
Gruppo di famiglia in un interno 111
Gyklarans afton 139
Haben und Nichthaben 74
Hable con ella 242
Hafen des Lasters 101
Die Hafenkneipe von Tahiti 62

Hair 209
Halbblut 43, 48
Hamlet goes Buisiness 264
Hamlet liike maailmassa 264
Hangman also die 46, 48
Hannah and her Sisters 232
Hannah und ihre Schwestern 232
Happy mother's day 190
Happy together 268, 269
Harry außer sich 233
Hatari! 77
Heartburn 206
Heaven can wait 33
Das Heim und die Welt 164
Heimweg 272, 273
Herbstsonate 139
Herman Slobbe – Blindes Kind II 213
Herman Slobbe/Blind Kind 2 213
Hero 271, 272, 273
Die Herrin der Welt 43
Hets 139
Hexenkessel 221
Hi, Mom! 221
Hilde Warren und der Tod 42
Hiroshima, mon amour 268
L'histoire d'Adèle H. 156
Hitori musuko 83
Höchstsonaten 139
Die Hochzeit Excentricclub 42
Hollywood Endings 225
Holy Smoke 258, 259
L'homme qui aimait les femmes 152
Hook 222, 223
Horé, Má Panenko 205, 206
Die Hörige 139
The Horse Soldiers 66
Huang tudi 270, 273
Hua pi zhi yinyang 266
Huozhe 270, 273
Husbands 179
Husbands and Wives 232, 235
Ich küsse ihre Hand, Madame 114
Die Idioten 254, 255
Idioterne 254, 255
IF 211
I hired a Contract Killer 261, 265
Ikimono no kiroku 123
Ikiru 121
I love $ 213, 215

Im Bann des Jade Skorpions 232
Im Zeichen des Bösen 253
India, matri bhumi 132, 133
Indiana Jones 222, 225
Indien, Mutter Erde 132, 138
Das indische Grabmal 47, 48
The Informer 63, 64, 67
In the Mood for Love 266, 268, 269
Innenleben 230, 231, 233
L'innocente 106, 110, 111
Interiors 230, 231, 233
Intervista 147
Intime Beleuchtung 211
Intimní Osvetlení 211
Irma la douce 115
The iron Horse 67
It's all about Love 254
Iwan der Schreckliche 59, 61
Iwan Grosni 59, 61
Iwanowo Detstwo 192, 195
Iwans Kindheit 192, 195
Jagd im Nebel 75
Jäger des verlorenen Schatzes 225
Jaws 222, 225
The Jazz Singer 94
Jeanne Dielman, 23 Quai du Commerce, 1080 Bruxelles 236, 239
Jour de fête 91, 92, 93
Un Jour Pina m'a demandé 239
Judou 270, 273
Ju Dou 270, 273
Judgement at Nuremberg 177
Juha 261, 264, 265
Jules et Jim 155
Jules und Jim 155
Juli und die Geister 147
Die Jungfrauenquelle 139
Jungfrukällan 139
Jurassic Park 222, 224, 225
K-19: Showdown in der Tiefe 246
K-19: The Widowmaker 246
Kap der Angst 217
Katok i skripka 195
Katzelmacher 229
Kauas pilvet karkaavat 260
Key Largo 101, 102
The Kid 21
Killers 111
Killer's Kiss 169
The Killing 167, 169

The Killing of a Chinese Bookie 179, 181
Die Kinder des Olymp 161
Ein Kind wartet 177
A King in New York 20, 21
The King of Comedy 217
Eine Klasse für sich 211
Der kleine Soldat 187
Das kleine Theater des Jean Renoir 55
Das Kloster zum heiligen Wahnsinn 240
Ein König in New York 20, 21
Konkurs 206, 211
Kumonosu-jo 119, 123
Kvinnodröm 135
Kvinnors väntan 135, 139
Laberinto de pasiones 240
Labyrinth der Leidenschaft 240
Das Lächeln einer Sommernacht 135, 139
Ladri di biciclette 107, 163
The Lady from Shanghai 253
Eine Landpartie 53
Lao jing 273
Lásky Jedné Plavovlásky 206, 211
The last Temptation of Christ 216, 217
The last walz 217
A League of their own 211
Leben! (Akira Kurosawa) 121, 123
Leben! (Zhang Yimou) 270, 273
Das Leben der Boheme 261, 264
Leben in Angst 123
Leben mit deinen Augen 212
Lebensläufe 191
En Lektion i kärlek 135
Lektion in Liebe 135
Lemmy Caution gegen Alpha 60 187
Leningrad Cowboys go America 264, 265
Leningrad Cowboys meet Moses 264
Léon 180
Der Leopard 109, 111
Leoparden küsst man nicht 77, 79
Der letzte Befehl 66
Der letzte Mann 38, 39, 40, 41, 49, 73
The Liar 265
Die letzte Metro 156

Die letzte Nacht des Boris Gruschenko 230
Die letzte Versuchung Christi 216
Leven mit je ogen 212
Lichter der Großstadt 21
Lichter des Varietés 147
Licht im Winter 136, 139
Liebe auf der Flucht 153, 154
Die Liebe einer Blondine 206, 211
Liebe ist kälter als der Tod 229
Liebe ist stärker 131, 133
Liebe mit Zwanzig 153
Liebling, ich werde jünger 117
Life Lessons 219
Liliom 48, 49
Limelight 19, 21
The little Princess 79
Le locataire diabolique 13, 15
The Lodger 73
Lola 227, 228, 229
Lola rennt 118
Lolita 166, 167, 169
Lo sceicco bianco 147
Lousiana Story 188, 191
Love and Death 230
Love in the Afternoon 116, 117
The Loveless 245, 246, 247
Love Story 197
Love Streams 180, 181
Luci del varietà 147
Der Lügner 265
Ludwig 109, 110, 111
Ludwig II 109, 111
Die lustige Witwe 37
M – Eine Stadt sucht einen Mörder 45, 46, 49
Mach's noch einmal, Sam 235
Madadayo 123
Madame Bovary 53
Madame Dubarry 26
Das Mädchen aus der Streichholzfabrik 261, 262, 265
The magnificent Seven 119
Mahanagar 164
The Major and the Minor 117
Der Major und das Mädchen 117
The Maltese Falcon 100, 101, 102, 105
Manche mögen's heiß 113, 117

Manhattan 231, 235
Manhatten Murder Mystery 232, 235
Man Hunt 48
Der Mann, der die Frauen liebte 152
Der Mann, der König sein wollte 103
Der Mann, der Liberty Valance erschoss 63, 65, 66
Der Mann, der zuviel wusste 71, 73
Der Mann mit dem Kreuz 133
Der Mann ohne Vergangenheit 261, 262, 263, 264, 265
Man on the Moon 205, 210, 211
The Man who knew too much 71, 73
The Man who shot Liberty Valance 63, 65, 66
The Man, who would be King 103
Mars attacks! 250, 251
Maria Stuart 62
Maria und Joseph 187
Marnie 73
Martha 227, 229
Mary of Scotland 62
Masken 175
Masques 175
Mauvaise graine 114
Mean Streets 221
Mein Onkel 88, 91, 92, 93
Men in Black 251
Menschen am Sonntag 114, 117
Menschenjagd 48
Menthe – la bienheureuse 255
Le mépris 48, 186, 187
Merry-Go-Round 35
The merry Widow 37
Meshes of the Afternoon 125, 127
Das Messer im Wasser 161
Metropolis 43, 44, 45, 48, 49, 73
Michael 49
A Midsummer Night's Sex Comedy 235
Mies vailla menneisyyttä 261, 262, 263, 265
Mighty Aphrodite 234
Ministerium der Angst 48
Ministery of Fear 48
Minnie and Moskowitz 179

The Misfits 102, 105, 236
Mo, un noir 189
Modern Times 18, 21
Moderne Zeiten 18, 21
Mord an einem chinesischen Buchmacher 180, 181
Mon oncle 88, 91, 92, 93
Der Mondmann 205, 210, 211
Monkey Business 117
Monsieur Verdoux 16, 17, 20, 21
Der Morgen der Entscheidung 273
Morte a Venezia 109, 111
Der müde Tod 48
Die Müßiggänger 147
Die Nacht an der Kreuzung 53
Nachtasyl 53
Die Nacht des Leguans 105
Die Nächte der Cabiria 143
Nachts auf den Straßen 49
Nanook of the North 41, 188
Nanuk, der Eskimo 41, 188
Närrische Weiber 34, 35, 37
Nattvardsgästerna 136, 139
Near Dark 245, 246, 247
Nehru 190
Die neue Eiszeit 213, 215
New York, New York 217
New York Stories 219, 232
Die Nibelungen 43, 44, 48
De nieuw ijstijd 213, 215
Nicht gesellschaftsfähig 102, 105
The Night of the Iguana 105
Ninotchka 29, 32
Ninotschka 29, 32, 114, 117
Les noces rouges 174
North by Northwest 73
Nosferatu, eine Symphonie des Grauens 38, 41
Nostalghia 194, 195
Notorious 73, 133
Notti bianche 109
Le notti di cabiria 143, 147
Nouvelle Vague 185, 187
Nóz w wodzie 161
La nuit américaine 156, 157
La nuit du carrefour 53
Cet obscur objet du désir 87
Dieses obskure Objekt der Begierde 87
Obyknowenny faschism 195
Odd Man out 160
Offret 192, 195
Oktjabr 58, 61

Oktober 58, 61
Los olvidados 87
On demande un brute 93
On the Pole 190, 191
On purge bébé 53, 55
Once upon a Time in China 266
One flew over the Cuckoo's Nest 208, 211
One from the Heart 196, 200, 201, 203
One Hour with you 30, 31
One, two, three 112, 113, 115, 117
Opening Night 180, 181
Operation Petticoat 151
Opfer 192, 195
Orchesterprobe 144
Ormens ägg 136, 138
Ossessione 106, 107, 108, 111
Otto e mezzo 143, 147
The Outrage 120
The Outsiders 201
The Ox 139
Painted Skin 266
Paisà 129, 133
Panzerkreuzer Potemkin 57, 58, 61
Parade 93
Parteitag 64 190
The Party 150, 151
Une partie de campagne 53
Der Partyschreck 150
Passion 184, 185 187
Der Pate 196, 197, 199, 203, 216
Pather panchali 162, 163, 165
Path of Glory 167, 169
Patton 203
Patton – Rebell in Uniform 203
The Peacemaker 225
Peel 259
Peeping Tom 221
Pee-Wee's big Adventure 248, 251
Pee-Wees irre Abenteuer 248, 251
Pee-Wee's Playhouse 248
The Pee-Wee Herman Show 248
Die Peitsche 42
Peking Opera Blues 266
The People vs. Larry Flint 205, 210
Pepi, Lucy, Bom und andere Mädchen aus der Clique 243
Pepi, Luci, Bom y otras chicas del montón 243

Persona 136, 139
Le petit soldat 187
Le petit théâtre de Jean
  Renoir 55
Phantom 38
The Pianist 158, 159
Der Pianist 159
The Piano 256, 257,
  258, 259
Das Piano 256
Pidä huivista kiini, Tatjana
  261
Pierrot le fout 239
Un pilota ritorna 133
Ein Pilot kehrt zurück 133
The pink Panther 148, 151
Piraten 161
Pirates 161
Planet der Affen 250, 251
Planet of the Apes 250, 251
De platte jungle 215
Play it again, Sam 235
Playtime 88, 89, 93
Point Break 246, 247
Portrait of a Lady 256, 258
The Postman always rings
  twice 105, 107
Pourquoi Pas! 93
Pratidwandi 164
Pravda 183
Prénom Carmen 187
Primary 189, 191
The Prince of Egypt 225
Der Prinz von Ägypten 225
Prizzi's Honor 104, 105
Prospero's Books 259
Prova d'orchestra 144,
  145, 147
Psycho 71
Pulp Fiction 68
The purple Rose of Cairo
  232, 235
Les quatre cents farces du
  diable 13, 15
Qué viva México! 59, 61
Queen Kelly 36, 37
Que la bête meure 173
Querelle – Ein Pakt mit dem
  Teufel 228
The quiet Man 62, 67
Qiu Ju da guan si 270
Die Rache ist mein 45
Raiders of the lost Ark 225
Raging Bull 217, 221
Ragtime 209
Rampenlicht 19, 21
Ran 121, 122
Rashômon 118, 120, 123
Rear Window 71, 73, 244
Rebecca 71, 73

Red River 77
The red Shoes 221
La règle du jeu 50, 53, 55
Das Reich der Sonne 223
Die Reise durch das
  Unmögliche 13
Die Reise zum Mond 15
Repulsion 161
Rette sich wer kann
  (das Leben) 184, 187
Riget 253
Riget 253, 254
Rikos ja rangaistus 264
Ringo 67
Rio Bravo 79
Rio Grande 67
Riso amaro 107
Ritual in transfigured Time
  127
The Road to Glory 79
Rocco e i suoi fratelli 109, 111
Rocco und seine Brüder
  109, 111
The Rocky Horror
  Picture Show 251
Rom, offene Stadt 107,
  129, 133
Roma, città aperta 107,
  129, 133
Rosemary's Baby 158,
  161, 235
Der rosarote Panther
  148, 151
Rote Laterne 270, 272
Rotes Kornfeld 270, 273
Rumble Fish 201
Samson and Delilah 22
Sandra 111
Sanjuro 123
Sanma mo aji 83
Sanshiro Sugata 123
Sarabande 136, 139
Såsom i en in spegel 136, 139
Satansbraten 227
Satyricon 143
Saute ma ville 239
Sauve qui peut (la vie)
  184, 187
Saving Private Ryan 222,
  224, 225
Scarface 77, 79
Scener ur ett äktenskap
  136, 139
Schach dem Teufel 102
Die Schachspieler 164
Schande 136
Schatten 176, 179, 181
Schatten im Paradies
  261, 265
Schatten und Nebel 235

Der Schatz der Sierra Madre
  101, 105
Schieß in die Flanke 55
Schiff der Träume 144, 147
Schindler's List 222, 223,
  224, 225
Schindlers Liste 222, 225
Der Schlachter 173
Der Schläfer 230
Das Schlangenei 136, 138
Das Schloss im Spinn-
  webwald 118, 123
Schloss Vogelöd 41
Schmalspurganoven 232
Schreie und Flüstern
  136, 139
Schrei, wenn du kannst
  172, 175
Schuhpalast Pinkus 26, 33
Schuld und Sühne 264
Der schwarze Falke 63, 67
Das Schweigen 136, 139
Das Schwert der Buße 83
The Searchers 63, 64, 66, 67
Sehnsucht der Frauen
  135, 139
Die Sehnsucht der Veronika
  Voss 228
Sein Mädchen für
  besondere Fälle 77
Sein oder Nichtsein 32,
  33, 113
Sekalo 193
Senso 109
September 232
Serenade zu dritt 31, 33
The Set-Up 247
Seven Women 67
The seven Year Itch 113
Shadows 176, 178, 179, 181
Shadows and Fog 235
Shanghai Blues 266
Shanghai Serenade 270, 273
Shanghai zhi ye 266
Shatranj ke khiladi 164
She wore a yellow Ribbon
  67
Shichinin no samurai 119,
  121, 123
Shining 168
The Shining 168, 169
Sholder Arms 21
Shrek 225
Die sieben Samurai 119,
  121, 123
Das siebente Siegel 136,
  137, 139
Der Sieger 62
Sie küssten und sie
  schlugen ihn 152, 157

Singin' in the Rain 99
Det sjunde inseglet 136, 139
Skammen 136
Skin deep 148, 151
Sleeper 230, 235
Sleepy Hollow 251
Small Time Crooks 232
Smultronstället 137
Soigne ton gauche 93
Sodbrennen 206
Solaris 192, 195
Der Soldat James Ryan 222,
  224, 225
Some like it hot 113, 117
Sommaren med Monika 135
Sommernattens leende
  135, 139
Ein Sonntag 215
Spartacus 169
Spider-Man 251
Der Spiegel 193
Die Spielregel 50, 53, 55
Die Spinnen 43
Sprich mit ihr 242
Die Spur des Falken 100, 105
The Squaw Man 25
Stadt der Frauen 147
Der Stadtneurotiker 231,
  233, 235
Stagecoach 67
Stalin 17
Stalker 193, 195
Stardust Memories 235
Staroe i novoe 58
Staschka 56, 61
Sterben… und Leben
  lassen 180
Die Stimme des Mondes
  146
La Strada 142, 147
Strange Days 244, 246, 247
Strangers on a Train 70
Die Straßenwalze und
  die Geige 195
A Stravinsky Portrait 191
Streik 56, 61
Der Strom 55, 163
Stromboli 130, 133
Stromboli, terra di Dio
  130, 133
A Study in Choreography
  for Camera 127
Stunde des Wolfs 136
Eine Stunde mit Dir 30
Sumurun 26
Sunrise 38, 39, 41, 201
Sunset 151
Sunset Boulevard 22, 37,
  115, 117
Suspicion 71

WERKREGISTER

Sweetie 256, 258, 259
Switch 148, 149, 150, 151
Szenen einer Ehe 136, 139
Tabu 38, 39, 40, 41
Tagebuch 213, 215
Take the Money and run 230, 235
Take me out to the Ball Game 99
Taking off 204, 207, 208, 210, 211
Tanz der Vampire 158, 161
Tartüff 41
Tatis Schützenfest 91, 92, 93
Tatjana – Take care of your Scarf 261
Die tausend Augen des Dr. Mabuse 47
Taxi Driver 73
Taxi Driver 217, 219, 221
Ten/Zehn – die Traumfrau 148
The ten Commandments 22, 24, 25
Tengoku to jigoku 119, 123
La terra trema 108
Das Testament des Dr. Cordelier 53
Das Testament des Dr. Mabuse 48
Le testament du docteur Cordelier 53
That Day on the Beach 269
The third Man 48
Terminator 3: Rise of the machines 251
Der Tiger von Eschnapur 47, 48, 49
Tire au flanc 55
Tisch und Bett 153
To be or not to be 32, 33, 113
To have and have not 74, 77
To Sang fotostudio 212
Tod in Venedig 109
Der Tod und das Mädchen 158
Todo sobre mi madre 240, 243
Toni 55, 111
Too late Blues 177, 181

Topaz 72
The Tornado 67
Torn Curtain 72, 73
Totaler Sperrbezirk 251
Die Toten 104, 105
Tote schlafen fest 74, 79
Touch of Evil 253
Toute une nuit 236, 239
Traffic 93
Les trois dernières sonates de Franz Schubert 239
The Treasure of the Sierra Madre 101, 102, 105
Trouble in Paradise 32, 33
Trunkene Engel 123
Tucker 202, 203
Tulitkkutehtaan tyttö 261, 265
Twentieth Century 79
Twilight Zone – The Movie 222
Tystnaden 136, 139
Uhrwerk Orange 167
Under the Vulcano 104, 105
Unheimliche Begegnungen der dritten Art 222
Unheimliche Schattenlichter 222
Union Pacific 25
Die Unschuld 110, 111
Der unsichtbare Dritte 73
Unter dem Vulkan 104, 105
Der Untermieter 73
Die untreue Frau 173, 175
L'uomo della croce 133
Urteil von Nürnberg 177
Les vacances de Monsieur Hulot 91, 93
Der Vagabund und das Kind 21
Vaghe stelle dell'orsa 111
Vargtimmen 136
Varjoja paratiissa 261, 265
Valmont 209, 211
Die Verachtung 186, 187
Das Verbrechen des Giovanni Episcopo 147
Verdacht 71
Die Verdammten 109, 111
Das verflixte siebte Jahr 113
Die Vergessenen 87

Der Verräter 63, 64, 67
Die versiegelte Zeit 192
The very Eye of Night 127
Vertigo 73
Viaggio in Italia 131, 133
Victor/Victoria 151
La vie de Bohème 261
Die vierhundert Streiche des Teufels 13, 15
Vincent 249, 251
Viridiana 87
Viskningar och rop 136, 139
I vitelloni 147
Vivement dimanche! 157
Vivre sa vie 187
La voce della luna 146
Von Osten 238, 239
Vorname Carmen 187
Le voyage à travers
Le voyage dans la rue 15
L'Impossible 13, 15
Warum nicht! 93
Was Sie schon immer über Sex wissen wollten… 235
The Wedding March 36
Week-End 183
De Weg naar het zuiden 213
Der Weg nach dem Süden 213
Wege zum Ruhm 167, 169
Das Weib des Pharao 26
Der weiße Hai 222
Weiße Nächte 109
Der weiße Scheich 147
Das weiße Schloss 213, 215
Wenn Katelbach kommt 161
Wenn der Postmann zweimal klingelt 105
Wettbewerb 205, 203, 211
What's new, Pussicat? 235
Whoopee 99
Who's that knocking at my Door? 221
Wie ein wilder Stier 217, 221
Wie in einem Spiegel 136, 139
The wild One 247

Wilde Erdbeeren 137, 139
Window Shopping 239
Het witte kasteel 213, 215
Wo de fu qin mu qin 272, 273
Der Wolfsjunge 157
Wolken ziehen vorüber 260, 261, 265
A Woman under the Influence 179
Womit haben wir das verdient? 240, 241, 243
Wong fei hong 266
Wong gok ka moon 267, 269
Woodstock – three Days of Love and Music 221
Woody, der Unglücksrabe 235
The world according to Garp 211
Der Würgeengel 87
Yanki no! 190, 191
Yao yao yao dao waipo qiao 270, 273
Yhden miehen sata
Yige he bage 273
Ying Xiong 271, 273
Ying xiong ben se 266
Yoidore Tenshi 123
Yojimbo 123, 264
Zange no yaiba 83
Die zehn Gebote 22, 23
Zeit der Unschuld 217
Zeit des Erwachens 211
Die Zeit mit Monika 135
Die Zeit nach Mitternacht 221
Der zerrissene Vorhang 72
Zirkus 21
Een zoontag 215
Zwei Freundinnen 173
Zwei Mädchen aus Wales und die Liebe zum Kontinent 155, 157
Zwei Männer und ein Schrank 158
Zwischen Himmel und Hölle 119, 123

BILDNACHWEIS

Der Verlag dankt allen, die uns Bilder zur Verfügung gestellt haben, für die freundliche Genehmigung zum Abdruck. Leider war es uns nicht in allen Fällen möglich, die Rechteinhaber ausfindig zu machen; alle Ansprüche bleiben gewahrt.

Archiv Freunde der Deutschen Kinemathek e.V.: S. 124 rechts und links, 125 rechts und links, 126, 189, 213 und 5 · dpa Hamburg: S. 13, 43 und 4, 46, 63 unten, 84 links, 100, 135 und U1, 138, 163 unten, 204, 210, 222, 230, 248 oben, 261 oben · Filmbild Fundus Robert Fischer: S. 142 · Rainer Hackenberg, Köln: S. 212, 214 · Jauch und Scheikowski, Porep: S. 1, 3, 6, 7, 8 oben links, 8/9 oben, 9 oben rechts, 10, 11, 12, 14 oben und unten, 16 links und rechts, 17 oben und unten links und unten rechts, 18, 18/19, 19, 20 und Buchrücken, 22 und 5, 23, 24, 26, 27, 28, 29, 30, 31, 32, 34, 35, 36, 38, 39 und U4, 40, 42, 44, 45, 47, 50, 51, 52 oben und unten, 53, 54, 56, 57, 58, 59, 60, 62, 63 oben, 64, 65 oben und unten, 66, 68 und U1, 69, 70 oben und unten und 4, 71, 72 oben und unten, 74, 75 oben und unten, 76, 77 oben und unten, 78, 80, 81 oben und unten, 82, 84 rechts, 85 rechts und links, 86 und U4, 88, 89, 90, 91 oben und unten, 92, 94, 95 oben und unten, 96, 97, 98, 101 oben und unten, 102, 103, 104, 106, 107, 108, 109, 110, 112, 113, 114, 115, 116, 118 und 4, 119, 120, 121 oben und unten, 122 oben und unten, 128, 129 oben und unten, 130, 131, 132, 134, 136 oben und unten, 137, 140 oben und unten, 141, 143, 144, 145 oben und unten, 146, 148, 149 Mitte rechts und unten rechts, 150, 152 oben und unten, 153 oben und unten, 154, 155 oben und unten, 156, 158, 159 oben und unten, 160 und U1, 162, 163 oben, 164, 166, 167 oben und unten, 168, 170, 171 und 5, 172, 173, 174, 176, 177, 178, 179, 180, 182, 183 oben und unten, 184 oben und unten links, 184/185 unten, 185 unten rechts, 186, 192, 193, 194, 196, 197, 198, 199, 200, 201 oben und unten und U1, 202, 205 oben und unten und U4, 206, 207 oben und unten, 208, 209, 216, 217, 218, 219, 220, 223, 224, 226 und 5, 227, 228, 231 oben und unten, 232 und U4, 233, 234, 236 und 4, 237 oben und unten, 238, 240, 241, 242 und U1, 244 oben und U1 und unten links, 244/245, 245 unten rechts, 246, 248 unten, 249, 250 oben und 4, und unten, 252, 253 oben und unten, 254, 256, 257, 258, 260, 261 unten, 262, 263 und U4, 264 oben links und Mitte links, 266 und U4, 267, 268, 270, 271 oben und unten, 272 und 5, 288 · NDR-Archiv: S. 188, 190

IMPRESSUM

Bibliografische Information Der Deutschen Bibliothek
Die Deutsche Bibliothek verzeichnet diese Publikation in der Deutschen Nationalbibliografie; detaillierte bibliografische Daten sind im Internet über http://dnb.ddb.de abrufbar.

Copyright © 2003 Gerstenberg Verlag, Hildesheim
Alle Rechte vorbehalten.
Gestaltung und Satz: typocepta, Wilhelm Schäfer, Köln
Satz aus der Berthold Concorde und der DTL Caspari
Druck und Bindung: Westermann Druck, Zwickau
Printed in Germany
ISBN 3-8067-2541-1